Elle a beaucoup aimé

DU MÊME AUTEUR

Mère Jane Slocombe, 1819-1872, 9ᵉ supérieure générale des Soeurs Grises,
Montréal et Paris, Fides 1964

Messire Pierre Boucher, 1622-1717, Montréal, Librairie Beauchemin, 1967;
2ᵉ édition, Montréal, Vac Offset, 1980

Le soleil brille à minuit, Montréal, Librairie Beauchemin, 1970

Le vrai visage de Marguerite d'Youville,
Montréal, Librairie Beauchemin, 1973, 1974, 1978;
The spiritual portrait of Saint Marguerite d'Youville,
Montréal, Vac offset & Printing, 1977; Traduction anglaise Sr J. Kerwin, g.n.s.h.
Et Sr A. Bézaire, s.g.m. ; Traduction japonaise, 1978 ;
Traduction portugaise, 1980 ; Traduction espagnole, 1990

L'Essor apostolique, 1877-1910, tome IV
L'Hôpital général des Soeurs de la Charité de Montréal, «Soeurs Grises»,
Montréal, Typo Graphica, 1981 ;
Traduction anglaise par Sr A. Bézaire, s.g.m. ;
Montréal, Éditions du Méridien, 1991

Les Soeurs Grises de Montréal à la Rivière-Rouge, 1844-1894,
Montréal, Éditions du Méridien, 1987 ;
Traduction anglaise: M.J.F. O'Sullivan et Sr C. Rioux, s.g.m.

Le Curé Charles Youville-Dufrost et sa Mère... 1729-1790,
Montréal, Éditions du Méridien, 1991 ;
Traduction anglaise Sr A. Bézaire, s.g.m., 1993

Les Soeurs Grises de Montréal en Colombie sud-américaine, 1994,
Traduction anglaise Sr M. Bonin, s.g.m. et Sr C. Leclair, s.g.m.

En toute disponibilité, tome V, 1910-1935,
L'Hôpital général des Soeurs de la Charité de Montréal, «Soeurs Grises»
Montréal, Éditions Continentales, 1996, Collection «Pages d'histoire»
With open hearts and ready hands,
Traduction anglaise par Sr B. Bézaire, s.g.m.

À travers vents et marées, tome VI, 1936-1960,
L'Hôpital général des Soeurs de la Charité de Montréal, «Soeurs Grises»,
Montréal, Éditions du Méridien, 1999

Estelle Mitchell, s.g.m.

Membre de la Société historique de Montréal,
de la Société des écrivains canadiens et
du Conseil international des archives

Elle a beaucoup aimé

*Vie de Sainte Marguerite d'Youville, fondatrice
des Sœurs de la Charité, « Sœurs Grises ».*

1701 - 1771

(39ᵉ mille)

Données de catalogage avant publication (Canada)

Mitchell, E. (Estelle),

　Elle a beaucoup aimé

　Comprend des réf. bibliogr.

　ISBN 2-89415-264-7

　1. Youville, Marguerite d', sainte, 1701-1771. 2. Sœurs grises - Histoire.
3. Saints chrétiens - Québec (Province) - Biographies. 4. Sœurs grises -
Biographies. 5. Religieuses - Québec (Province) - Biographies. I. Titre

BX47000.Y59M582 2000　　　　　　282'092　　　　　　C00-940252-7

Éditions du Méridien
1980, rue Sherbrooke Ouest, bureau 540
Montréal (Québec) H3H 1E8

Téléphone : (514) 935-0464
Adresse électronique : info@editions-du-meridien.com
Site Web : www.editions-du-meridien.com

Mise en page : Rive-Sud Typo Service inc.

Illustration de la couverture : A. Lespérance

1er　tirage : 5000 exemplaires, mai 1959
2e　 tirage : 6000 exemplaires, juin 1959
3e　 tirage : 6000 exemplaires, juin 1960
4e　 tirage : 10, 000 exemplaires, 1971
5e　 tirage : 10, 000 exemplaires, 1979
6e　 tirage : 2, 000 exemplaires, 2000

ISBN : 2-89415-264-7

© Éditions du Méridien 2000
Dépôt légal : deuxième trimestre 2000
Bibliothèque nationale du Québec
Bibliothèque nationale du Canada

Sainte Marguerite d'Youville

PRÉFACE

Le 3 mai 1959, Sa Sainteté Jean XXIII accordait les honneurs de la Béatification à Marie-Marguerite Dufrost de Lajemmerais, Mère d'Youville, née à Varennes en 1701, morte à Montréal en 1771 et fondatrice des Sœurs de la Charité, dites sœurs Grises.

*Peu de personnages de notre histoire religieuse ont eu autant de biographes. Des biographes sérieux, consciencieux, vraiment dignes de foi, tels l'abbé Charles, fils de Madame d'Youville; M. Antoine Sattin, p.s.s., pendant près de vingt ans chapelain de l'Hôpital Général et qui a connu quelques-unes des premières compagnes de la Fondatrice; M. Étienne-Michel Faillon, p.s.s., que le recours aux documents authentiques, quel qu'en fût le nombre, ne rebutait pas; les auteurs de la Vie insérée dans l'*Hôpital Général de Montréal; et aussi Madame Albertine Ferland-Angers, dont la biographie, remarquable par ailleurs, nous livre le texte authentique des documents les plus importants.* **Elle a beaucoup aimé,** *dernière en date des grandes biographies de la Mère d'Youville, et que nous avons le plaisir de présenter aujourd'hui au public, se distingue des autres, non par le contenu, mais par la présentation. Pour mieux faire pénétrer le lecteur dans l'âme de la grande Fondatrice, l'auteur a cru qu'il fallait l'installer au cœur même du milieu historique, hommes et choses, que fut celui de la Mère d'Youville. De là il voit* *les personnages, il les entend, il assiste aux événements, il apprend du même coup à connaître cette société montréalaise de la fin du XVIIIe siècle, si intéressante et sur laquelle on a trop peu écrit.*

Le lecteur, avons-nous dit, entend les personnages. L'usage fréquent du dialogue dans une biographie sérieuse n'était pas sans danger. Mais ici, ce danger a été évité, grâce aux vastes connaissances de l'auteur. Celle-ci, en effet, s'est imposé une étude approfondie de la personnalité de la Mère d'Youville, de sa correspondance, de ses relations sociales, des conditions politiques et matérielles dans lesquelles elle a vécu. C'est dire que les dialogues, conformes toujours aux données historiques, ne sont pas vaine imagination de l'esprit; ils ne modifient en rien la substance des choses. Ils ont uniquement pour but de rendre le récit plus concret, plus vivant, plus actuel. La Mère d'Youville a livré au monde un double message: par sa vie, toute de dévouement auprès des pauvres, elle a rendu visible, en quelque sorte, l'amour prévenant de Dieu pour les hommes; par sa confiance filiale, son abandon total à Dieu le Père, elle a enseigné aux hommes la réponse qu'ils doivent apporter à tant d'amour.

Elle a beaucoup aimé, nous redit ce message et nous le fait mieux comprendre. Nous en félicitons et en remercions l'auteur.

Léon POULIOT, s.j.

NDLR.: Marguerite d'Youville était canonisée par Sa Sainteté Jean-Paul II, le 9 décembre 1990.

L'enfant — La jeune fille

1701 – 1721

1708 – *L'Amour choisit l'enfant...*

À PAS feutrés, la fillette traverse vive-
ment le parquet carrelé de la cuisine, déclenche la lourde porte
qu'elle referme sans bruit et, le regard ébloui par l'éclatant soleil de
juin, elle s'arrête avec un gros soupir. Cette lumière chaude, cette
verdure tendre, ces gazouillis d'oiseaux, quels contrastes avec l'ambiance de la maison! Pensive, l'enfant s'achemine d'instinct vers
les bords du Saint-Laurent qui baigne la grève là, tout près.
L'élément liquide exerce un pouvoir fascinateur sur la petite varen-
noise qui croit en saisir le langage. Souvent, pieds nus, elle est
venue, précisément à cet endroit, construire des châteaux de sable,
quitte à les voir se désagréger sous la poussée envahissante des
vagues. Aujourd'hui pourtant, Marguerite n'a pas l'esprit au jeu.
Son âme est lourde d'un chagrin indicible qui pèse à sa septième
année. Depuis quelques jours, on parle à voix basse à la maison:
«Pas de bruit, les enfants!» recommande-t-on aux petits enjoués.
Aux regards interrogateurs, on répond: «Maman a de la peine, vous
le savez.» Mais ce matin, un va-et-vient inaccoutumé a fait place au
programme usuel. Maman, les yeux rougis, est revenue de la messe
de Requiem célébrée à la paroisse, pour le repos de l'âme du

capitaine Christophe Dufrost de la Jemmerais, inhumé le premier juin à Montréal. « Ton père est mort, ma petite, tu ne le verras plus sinon au ciel, plus tard. Prie le petit Jésus de lui donner son paradis. » Sans trop comprendre, la fillette a ployé les genoux et répondu aux prières qu'elle récite sans la moindre hésitation. Maman s'est ensuite relevée, a serré Marguerite sur son cœur et puis a repris le chemin de sa chambre.

Ce qui s'est passé depuis, c'est déjà vague, tant l'enfant a été frappée par la pensée que jamais plus elle ne verra son père. Les larmes de sa mère, la visite des personnes qui sont venues lui exprimer leur sympathie, la perspective que papa est maintenant enfermé dans une affreuse boîte noire qu'on a déposée dans une fosse ainsi qu'on le lui a déjà expliqué, tout cela accapare ses pensées. Elle voudrait poser quelques questions aux grandes personnes, mais tout le monde semble affairé : oncles, tantes, voisins, voisines, jusqu'au bisaïeul Boucher qui semble oublier sa petite-fille... Voilà pourquoi elle a fui le brouhaha, pour venir penser ici, tout près de l'eau. Le clapotis rythmique des vagues, semble chanter cet après-midi une berceuse aux lentes cadences, porteuse de paix et de consolation.

Comme il est rude pour une âme d'enfant ce premier contact avec la mort ! Cette constatation qu'il n'y a pas que les châteaux de sable à se désagréger sous la marée du temps. « Papa est mort, je ne le verrai plus. Plus jamais il ne me fera sauter sur ses genoux en m'appelant sa petite fée ! Il ne me racontera plus ces histoires que j'aimais tant ! » Et des larmes coulent sur les joues de la fillette. « Il ne faut pas pleurer, lui avait dit son papa tout dernièrement. Une fille de brave, console les chagrins des autres mais ne se laisse pas abattre. Et toi, Marguerite, tu dois aider maman. » Papa savait-il qu'il partirait bientôt ? Sans doute, les grandes personnes savent tant de choses ! « Je suis bien petite pour aider maman, mais je puis toujours bercer le bébé, puis essuyer la vaisselle. » Et tandis que la brise sèche les joues de l'enfant, « de l'enfant qui ne peut être longtemps malheureux », Marguerite, les yeux fixés sur l'immense nappe d'azur rutilante de mille feux, songe à la recommandation maternelle : « Prie le petit Jésus de donner le paradis à ton papa ! » Elle décide alors de faire sa prière et, passant immédiatement à l'action, elle ploie un genou ; mais vite, elle se relève... Cette longue robe de velours noir dont on l'a revêtue, il ne faut pas la souiller. Et Marguerite s'agenouille sur un tronc d'arbre renversé qui gît à quelques pas. Le signe de croix tracé, elle commence : « Notre Père qui êtes aux cieux… » et aussitôt lui reviennent en mémoire, les paroles de son arrière-grand-père Boucher : « Le bon Dieu est un bon Père, le meilleur des pères. Il nous aime et nous regarde toujours. Il peut tout et ne refuse jamais rien aux tout-petits qui le prient. »

Et l'enfant de sourire en ouvrant tout simplement son cœur à son Père céleste.

1714 – L'adolescente
et les saintes voies...

Dans le jardin du monastère des Ursulines de Québec, il y a grande animation cet après-midi : c'est l'heure du départ des élèves. Gentilshommes aux pourpoints de velours, aux jabots de dentelle, belles dames aux longues jupes de satin ou de velours, dont le froufrou à lui seul est un charme, adolescentes effilées, au sombre costume de pensionnaires, traversent les allées, s'arrêtent pour saluer les connaissances et forment un peu partout des groupes aux couleurs bigarrées, étincelantes sous le soleil. Des rires fusent de toutes parts, car les jouvencelles n'éprouvent pas trop de regrets à quitter l'enceinte de l'austère couvent. L'une d'elles, pourtant, assise à l'écart sur un banc vermoulu, un livre ouvert sur les genoux, semble méditer profondément, inattentive au brouhaha qui trouble aujourd'hui la paisible atmosphère du jardin.

— Voyez donc Marguerite assise toute seule là-bas, s'écrie une élève ! Ma foi, elle sera sage jusqu'au dernier jour. Ne croyez-vous pas qu'elle finira par entrer au couvent, Elizabeth ?

— C'est plus que je ne saurais dire ; en tout cas si elle y entre, ce ne sera pas par défaut d'attraits physiques. Comme elle est belle ! Voyez ce profil, ce teint éblouissant… et quels yeux ! N'en déplaise à vos fossettes, Louise, Marguerite est notre beauté classique !

— Qui est cette demoiselle ? questionne un gentilhomme.

— Marguerite Dufrost de la Jemmerais! reprend vivement Louise; elle est de Varennes.

— Arrière-petite-fille de Pierre Boucher, sieur de Boucherville?

— Précisément, et petite-nièce de bonne Mère Saint-Pierre. Je soupçonne cette dernière de vouloir faire de sa nièce une ursuline.

— Mais non, Louise, vous exagérez! Mère Saint-Pierre n'influence personne. Elle nous aide à discerner notre voie, c'est tout.

— Oui, mais pour sa nièce, elle a choisi *Les Saintes Voies de la Croix*. C'est le titre du livre que Marguerite dissimule sous son oreiller, mais j'ai fini tout de même par le rejoindre!

— Incorrigible curieuse, reprend Thérèse, il vous fallait absolument voir?

— Certainement, avoue Louise! Je voulais surtout découvrir le secret de la sagesse de Mademoiselle de la Jemmerais qui nous a été citée comme modèle tout le long des deux ans qu'elle a passés ici.

— Cela semble vous avoir mortifiée?

— Pas précisément, car Marguerite n'est pas une pimbêche; elle est si charmante qu'on ne peut s'empêcher de l'aimer.

— Une mise au point s'impose, Louise. Ce livre que vous avez découvert sous l'oreiller de Marguerite ne lui a pas été prêté par Mère Saint-Pierre, mais par Mère Marie-des-Anges.

— Alors je retire ce que j'ai avancé, répond prestement la jeune fille, sans que cela change aucunement mon opinion sur Marguerite. Savez-vous ce qu'elle me disait le soir de notre première communion? «Je n'ai pas une minute à perdre, je dois me hâter d'apprendre le plus et le mieux possible, car je suis pauvre et maman soupire après mon retour à Varennes.»

— En effet, reprend le gentilhomme, la famille est noble mais c'est là son unique richesse, surtout depuis le décès du capitaine Dufrost de la Jemmerais.

— Pauvre Marguerite! L'avenir qui l'attend n'est pas des plus souriants, conclut Louise, tandis qu'elle entraîne le groupe vers l'autre extrémité du parc.

Au moment où l'on va franchir la porte cochère, la silhouette d'une religieuse apparaît dans l'encadrement de verdure.

— Mère Saint-Pierre, s'écrie Elisabeth, quelle coïncidence! Nous allions justement vous faire nos adieux et vous remercier de vos bontés.

La jeune religieuse salue d'une légère inclination la brillante compagnie et, s'adressant aux élèves:

— Ce ne sont pas des adieux, Mesdemoiselles, car vous nous reviendrez l'an prochain?

— À moins que notre vie ait bifurqué, fait Louise.

— Voyez ces jeunes empressées de s'établir! Dieu vous garde, mes enfants! Rappelez-vous que vous êtes toujours bienvenues à votre Alma Mater.

Et après une dernière salutation, elle se dirige de son pas de grande dame vers le fond du jardin où Marguerite, qui l'aperçoit, se hâte à sa rencontre.

— Je vous attendais, ma Mère.

— «Ma tante.» Appelez-moi ainsi, je vous le permets aujourd'hui, car c'est bien notre dernière entrevue, puisque vous nous quittez demain.

— Oui, je ne reverrai plus ces lieux, du moins à titre de pensionnaire.

— Asseyons-nous, ma grande, je voudrais vous parler sérieusement. Même si vous ne comptez que treize printemps, la vie a mûri votre caractère et il me semble que, déjà, vous êtes fixée quant à votre avenir.

Les paupières aux longs cils noirs voilent le regard de la jeune fille qui répond:

— Non tante! Je ne sais pas encore et pour l'instant, je m'en tiens à envisager le rôle de seconde maman à la maison.

— Ce livre-là ne vous a rien dit? interroge la religieuse, pointant du regard le volume que Marguerite tient entre ses mains fines.

— Il m'a dit beaucoup de choses que je me garderai bien d'oublier: «C'est par la Croix qu'est venu le salut du monde et c'est par notre participation à la Croix sous toutes ses formes que nous serons sauvés.»

— Vous avez saisi, Marguerite, le secret de toute sainteté; c'est là une grâce insigne que Dieu vous a faite, il faudra l'exploiter.

— C'est bien mon intention; les occasions d'ailleurs, ne manquent pas au foyer; maman ne perçoit pas encore la pension attendue depuis son veuvage.

— Que comptez-vous faire pour alléger le budget?

— Je broderai des fichus, des falbalas, des vestons; mais j'ai hâte surtout de soulager maman dans les soins ménagers.

— C'est cela, mon enfant, allez et Dieu vous conduise! Il a posé le sceau de son élection sur votre personne. Non, ne tressaillez pas, je ne suis pas prophète… Je laisse parler mon cœur tout simplement. Priez bien le Père Eternel, Marguerite, qu'Il vous tienne lieu de tout. C'est à Lui que Jésus nous conduit tout comme c'est Lui qui nous attire à Jésus.

— Tante, votre affection m'a été un réconfort durant mon séjour ici. Merci pour vos bontés.

— N'en parlez pas, Marguerite. Existe-t-il un plus grand bonheur que de rapprocher les âmes de Dieu?

Le son grêle de la cloche réglementaire interrompt la religieuse, qui, rompue à une discipline sévère, se lève aussitôt et se dirige vers le monastère. Marguerite, silencieuse, lui emboîte le pas. Au moment de franchir la clôture monacale, Mère Saint-Pierre se retourne, serre la jeune fille dans ses bras, lui trace un petit signe de croix sur le front en disant:

— Suivez les voies de la Croix, mon enfant, elles vous mèneront loin.

Ce même soir, sous le toit du monastère, une religieuse prolonge son oraison nocturne aux pieds du Maître: «Seigneur, réalisez sur cette enfant vos desseins miséricordieux. Elle porte sur son front, l'empreinte de votre choix. Guidez-la le long des sentiers de votre volonté.»

1719 – La jeune fille et son premier amour…

MARGUERITE est revenue au foyer de Varennes et depuis cinq ans déjà, y joue le rôle de seconde maman. Cet après-midi, une altercation entre les deux plus jeunes de ses frères, requiert son intervention.

— Voyons, cède à Joseph, tu es le plus âgé, tu as treize ans.

— Oui, mais c'est à moi que l'oncle de la Vérendrye a donné le canot d'écorce et Christophe l'accapare.

— Tu ne sais pas avironner, rétorque le plus jeune. Hier encore, le canot aurait chaviré si je n'avais pas été là.

— Comment veux-tu que j'apprenne? Tu te sauves toujours avec le canot sans même m'embarquer.

— Voilà que vous recommencez? interrompt Marguerite, en déposant la broderie sur sa corbeille. Entendons-nous, voulez-vous? Toi, Joseph, tu dois être le plus raisonnable, tu sais ce que tu as promis à Jésus le jour de ta première communion; il faut prendre l'habitude du sacrifice pour arriver où Il te veut. Quant à toi Christophe...

— Moi, je ferai un explorateur comme l'oncle Pierre, j'irai découvrir des terres nouvelles, me battre avec les Indiens...

— Oui, oui, je sais tout cela. Mais souviens-toi qu'un vrai soldat doit d'abord obéir. D'ailleurs le canot ne t'appartient pas, même si tu es plus habile que Joseph à le manœuvrer. Il me semble que des hommes comme vous deux doivent pouvoir s'entendre. Je parie que si tu t'en donnes la peine Christophe, tu pourras enseigner tes trucs à Joseph en une seule leçon, qu'en penses-tu?

— Bravo Marguerite! tu trouves toujours le tour de nous réconcilier. Viens Christophe, je serai ton élève pour quelque temps.

— Jusqu'à l'heure de la grammaire, alors tu redeviendras professeur...

Les deux frères se dirigent en courant vers la grève, tandis que Marguerite les suit d'un pas mesuré, satisfaite d'avoir rétabli la paix. La frêle embarcation se détache du rivage sous la poussée des quatre bras, et la leçon commence.

— Ne vous éloignez pas trop du rivage, frérots, soyez prudents.

Et, certaine que la consigne sera observée, elle revient à son travail, non sans jeter un regard de complaisance sur l'image que lui renvoie la grande glace du salon. «Le miroir n'est-il pas l'ami sûr qu'on consulte en bien des cas... qui vous fait bouder ou sourire, mais qui ne trahit pas?»... Marguerite aurait mauvaise grâce de le bouder. Avec la fraîcheur de son teint de lis et de rose, l'éclat velouté de ses prunelles, la souplesse ondoyante de sa chevelure, la sveltesse de sa taille, elle semble une fraîche vision de printemps dans le salon quelque peu fané du manoir. Ses mains — fines attaches trahissant la noblesse de ses origines — ont vite fait de reprendre la broderie, et tandis qu'elles entrecroisent les teintes en un harmonieux ensemble, la pensée poursuit un rêve cher qui bientôt se réalisera. Marguerite a rencontré le prince charmant. Hier encore, il lui a parlé d'avenir. «Je demanderai votre main bientôt, Marguerite, car pour moi, vous êtes l'élue.» La jeune fille n'avait acquiescé que du regard, sachant bien qu'en de tels moments, les paroles ne peuvent être que banales. Mais «il» avait compris, puisque lui aussi s'était tu. «Il est riche, je suis pauvre, continue la pensée intime, oui, mais je le rendrai heureux à force de dévouement et d'amour.»

1720 – Chagrin d'amour...

L'ÉTÉ a fui, puis l'automne qui a teinté de ses ors et de ses pourpres les érables dont «la forêt est pleine». En ce soir d'hiver, la poudrerie fait rage, la bise hulule sa plainte monotone; au foyer des De Lajemmerais, on a terminé le repas du soir. La famille fait cercle autour de l'unique chandelier. Les enfants s'acquittent de leurs devoirs de classe. La mère et les deux aînées tirent diligemment l'aiguille, le concours de toutes les bonnes volontés étant requis dans ce foyer pauvre.

À peine l'horloge grand-père égrène-t-elle huit coups, que Madame de Lajemmerais propose :

— Faisons la prière, voulez-vous ? Nous avons bien travaillé aujourd'hui et le froid sera moins pénible à supporter sous nos couvertures.

Un instant de remue-ménage et la voix grave de Marguerite commence les litanies de la Sainte Vierge.

* * *

Les plus jeunes se sont retirés, Marguerite s'apprête à monter dans sa chambre après un dernier bonsoir à sa mère lorsque celle-ci la rappelle :

— Marguerite, viens tout près de moi, j'ai quelque chose à te confier.

Comme si elle se fut attendue à l'invite, la jeune fille est bientôt installée sur un tabouret, les coudes appuyés sur les genoux maternels.

— Dites, maman. Vous savez bien que je partage vos peines, murmure-t-elle, en remarquant l'air soucieux de sa mère.

— Ma vue baisse, Marguerite, je n'y vois plus guère dans les travaux délicats; mes forces déclinent et je sens que je ne puis continuer ce labeur de tous les instants.

— Pauvre maman, s'exclame l'aînée, en emprisonnant dans les siennes, les chères mains prématurément ridées! Comme je voudrais pouvoir faire davantage pour diminuer vos inquiétudes!

— Ne parle pas ainsi, Marguerite, tu te donnes sans compter. Songe donc à ce que je serais devenue si tu n'avais pas été là! Tu es la fille exemplaire, tu m'aides tellement dans l'éducation de tes frères et sœurs! Ma confidence va te surprendre, je t'en préviens.

— Dites quand même, maman, je vous en supplie!

— Les études de Charles et de Joseph ne doivent pas être interrompues: tous deux se destinent à la prêtrise. Il faut également favoriser les attraits de Christophe pour la vie d'explorateur. Et vu l'impossibilité où je me trouve de continuer de travailler à l'aiguille, j'ai décidé d'épouser le docteur Timothée Sylvain qui possède quelques biens et qui m'a renouvelé sa demande la semaine dernière.

Marguerite pâlit sous le choc, sans proférer une seule parole, tant la nouvelle l'atterre.

— Tu ne dis rien, ma grande, tu me désapprouves?

— Comment oserais-je? balbutie Marguerite qui, pour cacher son émotion, blottit sa tête sur les genoux de sa mère, tandis que ses pensées vont leur train. «Quoi, cet émigré irlandais aux origines douteuses, que la société canadienne refuse de s'associer malgré les menées de l'individu qui a changé son nom de Sullivan pour celui de Sylvain?... cet inconnu entrerait dans la famille?»

— Tu comprends que cette solution m'est imposée en quelque sorte par notre gêne actuelle. Tu ne sais pas ce que je souffre de vous voir, toi, Clémence et Louise, travailler comme des mercenaires alors que vous êtes si jeunes!

— Mais maman, nous le faisons de si bon cœur!

— Sans doute, continue la mère, en caressant les cheveux de son aînée, mais il faut songer à vous établir. Et si je ne me trompe, ma grande, ton choix est déjà fait. Monsieur de Langloiserie ne cesse de t'entourer de prévenances.

Ce nom, la jeune fille l'a déjà prononcé dans le secret de son cœur. «Non, la famille De Langloiserie ne permettra pas le mariage de son héritier avec la fille de la veuve De Lajemmerais devenue Madame Sylvain. La pauvreté n'était pas un obstacle, mais cette mésalliance!»

— Tu ne réponds rien, Marguerite? Je me suis trompée? Tu ne caresses pas le rêve que je croyais?

— Pas précisément, maman…

Et la jeune fille se détourne pour essuyer d'un geste furtif, les larmes qui essaient de se frayer un passage.

— Oh! je ne suis pas en peine, continue la mère, tu rencontreras bientôt l'élu.

— N'en parlons pas encore, maman. Dites-moi plutôt quand s'effectuera votre mariage!

— Je pars demain pour Pointe-aux-Trembles de Québec et la semaine prochaine, j'épouse le docteur Sylvain, dans la plus stricte intimité. Garde le secret jusque-là, je préfère mettre toute la parenté en face d'un fait accompli.

— Soyez sans crainte, maman, je respecterai votre secret.

Et Marguerite fixe obstinément le foyer. La bûche de bois franc, léchée par les flammes, rougeoie de toutes parts. Puis, avec un bruit sec, elle s'effondre et les tisons s'éparpillent dans l'âtre. Une dernière contorsion des flammes et tout s'apaise. «Ainsi en va-t-il de mon rêve», songe Marguerite avec la mélancolie d'un jeune cœur frustré dans son projet le plus cher. Mais la voix maternelle interrompt le cours de ses pensées.

— Allons, Marguerite, allons nous reposer! il faudra nous lever tôt demain matin.

Et, posant un baiser sur le front de la jeune fille:

— Comme ta compréhension me console et me rassure, ma grande. Merci!

Et tandis que Marguerite, se tenant prudemment éloignée du candélabre qui révélerait le bouleversement de ses traits, remet quelque peu les meubles en place, la mère se dirige vers sa chambre contiguë au salon. La jeune fille va alors s'agenouiller auprès du grand crucifix d'ébène: «Mon Dieu, sanglote-t-elle, je ne prévoyais pas ce coup. Il est vrai que les quelques visites du docteur Sylvain me parassaient étranges. Mais qui aurait pu prévoir un tel dénouement? Que diront les oncles et les tantes, les connaissances, et lui, mon Dieu?» Les larmes filtrent entre les doigts fuselés… mais n'étant pas de trempe à s'apitoyer longtemps sur elle-même, Marguerite secoue l'étreinte paralysante de son chagrin et, fixant le Christ d'ivoire, elle lui confie: «Cette double croix dont vous venez de charger mon épaule, Ô Jésus, je veux l'accepter, sinon avec amour, du moins avec résignation. Vous m'en donnerez la force, dites?»

L'épouse — La mère

1722 – 1729

1722 – Les épousailles...

Le second mariage de Madame de Lajemmerais a mis fin aux assiduités de Monsieur de Langloiserie; il a entraîné également un changement considérable dans la vie de Marguerite: la famille est venue s'installer à Montréal et c'est là que la jeune fille a rencontré un jeune prince charmant.

Brillante matinée d'août 1722. Dans la petite église Notre-Dame, des serments s'échangent: François d'Youville, sieur de la Découverte, vient tout juste de glisser l'anneau d'or au doigt de Marguerite Dufrost de Lajemmerais. Et, tandis que le Saint Sacrifice se poursuit, la jeune mariée aux brillants atours, implore sincèrement la bénédiction de Dieu sur le ménage qu'elle fonde aujourd'hui. Elle ne compte pas tout à fait vingt et un ans, mais déjà la rude école de la souffrance lui a enseigné bien des choses et l'expérience lui a prouvé, ainsi que l'exprime le psaume 126, que «si le Seigneur ne bâtit lui-même la maison, en vain travaillent ceux qui la construisent».

François, pour sa part, semble un peu plus distrait; plusieurs fois, ses regards se détournent de l'autel et jettent un coup d'œil admiratif sur la compagne qu'il vient de s'unir. «Quelle perle fine j'ai découverte, songe-t-il, en se félicitant intérieurement! Comme elle est belle et racée et pieuse avec cela! Bah! elle le sera pour nous deux. Me voilà entré, par elle, dans la haute société ; de telles relations ne sauraient me nuire. » Et il savoure visiblement son bonheur qui éclate sur ses traits et dans sa démarche altière lorsque, la bénédiction nuptiale terminée, il s'achemine vers la sortie, donnant le bras à Marguerite. Celle-ci, plus modeste, sourit gentiment aux invités avec la simplicité que confère la vraie noblesse.

— Quel couple bien assorti, murmure une jeune invitée !

— Beau mariage ! clame une dame plus âgée en lorgnant le groupe ; vraiment, malgré la mésalliance de sa mère, Marguerite a rencontré un parti avantageux. Fils de parvenu, il est vrai, mais à la fortune rondelette et assez bien vu de la société.

— Mieux que bien vu, reprend une autre ; Monsieur de Vaudreuil, le « grand marquis », assistait hier à la signature du contrat, ainsi que Messieurs de Ramezay, Lemoine, Migeon de la Gauchetière.

— Mais les Boucher ne sont pas venus en foule, interrompt une langue caustique ; on ne pardonne guère à Madame Sylvain. Et les agissements de son pauvre docteur de fortune ne semblent pas présager d'accalmie.

— Le docteur s'est tout de même montré généreux vis-à-vis de Marguerite : sa toilette est jolie à ravir.

Dans les carosses alignés, tout le monde prend place pour se rendre à la réception et Marguerite s'abandonne à la douceur du moment. « Elle aime, elle est aimée », que désirer de plus à son âge ?

La jeune femme éprouve pourtant un serrement de cœur, quand, au cours de l'après-midi, elle franchit le seuil de ce qui sera désormais sa demeure. Elle a déjà fait une apparition ici, lorsque son fiancé l'a présentée à sa mère, mais quelle différence entre passer et demeurer ! Oh ! certes, l'endroit ne manque pas de vie et d'activité : on voisine la Place d'Armes, c'est-à-dire la place du Marché, le cœur de la ville. Mais sa belle-mère l'intimide ; elle ne saisit aucune nuance de tendresse dans le regard énigmatique de la septuagénaire lorsque François clame d'une voix fière :

— Maman, voici Marguerite, la plus belle des « marguerites », qui vient égayer notre maison de sa jeunesse et de son charme.

— Je viens surtout vous aimer comme une fille toute dévouée, reprend Marguerite, en s'inclinant pour recevoir le baiser dont s'accompagne le vague souhait de bienvenue.

Malgré les visibles efforts de François, enjoué et fin causeur, la conversation languit bientôt et c'est un soulagement de part et d'autre lorsque le heurtoir de la porte annonce la visite d'une voisine empressée de faire connaissance.

* * *

Les pensées de Marguerite se succèdent rapidement, ce matin, même si les distractions abondent, car il y a marché sur la place publique. Il lui faudra elle-même, tout à l'heure, aller quérir les provisions. «Attendez que la foule ait diminué, vient de lui recommander Madame de la Découverte, vous obtiendrez vos denrées à prix réduit.» Cette insistance à chercher les aubaines, à épargner le moindre centime, comme cela fatigue la jeune femme qui ne manque pourtant pas de sens pratique, vu son contact précoce avec la pauvreté! «Il est vrai que chez nous, nous devions prévoir, économiser, songe Marguerite, mais sans pousser jusqu'à la lésinerie. Ici, on n'entend parler que de gros et petits sous, on dirait ma foi, que tout s'évalue à prix d'argent... quelle atmosphère étouffante!» Et la jeune femme exhale un profond soupir.

— Vous êtes fatiguée? questionne la voix nasillarde de la maîtresse du logis. Ces jeunes, ça n'a pas de résistance! Qu'auriez-vous fait de notre temps alors que les gros travaux nous accaparaient du matin au soir?

«Encore "notre temps" qui revient», se dit tout bas Marguerite, puis, elle répond:

— Non, mère, je ne suis pas fatiguée.

Sa délicatesse native l'empêche d'ajouter: «J'ai faim, tout simplement!» car à table, elle n'ose pas toujours satisfaire son appétit que semble condamner le jeûne continuel de sa belle-mère. Et ces remarques qui reviennent toujours: «Tout coûte si cher! Si les prix continuent de monter ainsi, c'est à se demander comment on hivernera!» Marguerite en est excédée; au moins si François était là pour lui faciliter l'adaptation. Mais non, il se doit d'exploiter le domaine de l'Île-aux-Tourtes dont il est fermier avec son frère Philippe.

Au cours de ses apparitions au foyer, la jeune femme essaie d'obtenir de lui quelques explications quant à l'attitude à adopter vis-à-vis de sa belle-mère, mais le taquin se dérobe, ou la belle-maman survient mal à propos et la conversation dévie. Elle s'éteint à vrai dire, car monsieur son époux est très cachottier. Dès qu'il s'agit de ses occupations, Marguerite remarque que François élude toute question, à tel point qu'elle a résolu de ne plus aborder le sujet. «Je n'ai pas encore gagné entièrement sa confiance, cela viendra avec le temps, il faut que je la lui inspire d'abord», a-t-elle conclu avec l'humilité et la psychologie du cœur qui aime. Comme elle voudrait voir moins éloignée cependant cette Île-aux-Tourtes, responsable des absences de son mari! Il y passe les trois quarts de la semaine et ce programme a débuté dès le surlendemain du mariage. «Je vous emmènerai là-bas un de ces jours», lui a dit récemment son époux. Elle en a rougi de plaisir; on le dit si beau ce lac des Deux-Montagnes qui entoure l'Île. Puis, elle verra la maison du bout de l'Île où François habite avec son frère, et, qui sait? dans cette intimité, elle pourra lui prouver, sans aucune contrainte, combien elle s'intéresse à tout ce qui le concerne et peut-être lui dévoilera-t-il le secret de ses pensées, de ses projets. Oh! alors, comme elle se fera attentive, comme elle essaiera de saisir les nuances subtiles de son âme d'homme jeune, «ambitieux jusqu'à l'audace» ainsi qu'il le disait de lui-même un jour! Mais déjà septembre tire à sa fin et François n'aborde aucunement le sujet de l'excursion promise. «Devrais-je lui rafraîchir la mémoire?» se demande Marguerite. «Les hommes sont indépendants, a déjà tranché la belle-mère; ils n'aiment guère nos intrusions dans leurs affaires», a-t-elle souligné avec une intention évidente. «Mieux vaut attendre son heure», décide la jeune femme qui, se rapprochant de la croisée, regarde le spectacle que représente la place du Marché. Officiers et soldats y coudoient les coureurs de bois à la ceinture fléchée et les Indiens tatoués, aux panaches emplumés, au teint de cuivre et aux yeux de braise ardente. Ces Indiens retiennent surtout son attention: pour elle, ils sont ces païens, ces infidèles qui ont motivé la fondation de Ville-Marie. L'idéal qui animait les chevaliers mystiques, les «moines armés», Marguerite en trouve un écho dans son propre cœur. Spirituellement, elle se sent des affinités étranges avec ces apôtres laïques, guidés dans leur «folle entreprise» par l'unique motif de procurer la plus grande gloire de Dieu en évangélisant les pauvres tribus sauvages. Les débuts de la colonie, elle les a entendu raconter plus d'une fois et cela dès sa prime jeunesse: le souvenir en est buriné là, dans son esprit et dans son cœur. Quelle fierté elle éprouve d'habiter la jeune cité fondée par ces preux qui y ont laissé une marque indélébile. Et, toujours réaliste, elle se demande si vraiment la lumière de la foi illumine ces pauvres barbares. Certes, la civilisation a mâté, dompté ces peuplades, mais jusqu'à quel point a-t-elle christianisé les âmes?

Marguerite en est là dans le dédale de ses réflexions, lorsqu'elle s'entend rappeler au présent.

— Il est temps de vous rendre au marché; la foule est quasi tout écoulée.

La jeune femme se couvre la tête d'un long châle et passe à son bras un panier multicolore. Mme de la Découverte, qui a délié sa bourse, glisse quelques pièces dans la main de sa belle-fille, tout en disant :

— Voici la liste de ce dont nous avons besoin; si vous êtes habile, vous rapporterez de la monnaie de ces pièces.

Le menton fourchu s'avance résolument et les yeux, si ternes d'habitude, brillent d'un éclat singulier. Marguerite réprime mal un frémissement; ces pièces, elles lui brûlent les doigts. Vivement, elle s'esquive et se calme un peu en respirant l'air frais du dehors; tandis que d'un pas souple, elle s'achemine vers les étalages, un passage des saintes Écritures se présente à son esprit avec un relief saisissant : « Heureux l'homme qui n'a pas couru après l'or et qui n'a pas mis son espérance dans les richesses ! » Se peut-il qu'on s'asservisse à cette idole ? poursuit la pensée, exacerbée par la blessure du cœur, car la belle-fille ne prise guère sa situation passive au foyer, où elle n'a pas même la liberté de choisir ou de diversifier le menu. Et cet argent qu'on lui compte parcimonieusement, tout comme à un enfant ! Vraiment, c'en est trop ! Et la fierté se soulève. Heureuse diversion à la lutte intérieure : voici à l'étalage, les provisions désirées.

Le retour est marqué de pensées plus sereines : forte de l'amour de son mari, Marguerite incline à l'indulgence. De plus, la voix de la conscience crie : gare ! « Je suis portée à la juger, admet la jeune femme, et je n'en ai pas le droit. Mon Dieu, préservez-moi de cet écueil; à votre tribunal, nous avons tous besoin de miséricorde ! »

1723 – Deuil et désillusion...

Oui, tous nous avons besoin de miséricorde, mais sûrement moins qu'un adulte, ce petit, premier-né de Marguerite, que le Ciel vient de lui reprendre. Livide, la minuscule forme repose sur la couche d'un blanc immaculé : François-

Timothée, fils de François-Madeleine You de la Découverte et de Marguerite de Lajemmerais, après tout juste un court sourire à la terre, est retourné à son Créateur. La maman toute pâle, regarde le petit corps inerte qu'elle a vainement essayé d'arracher à la mort. Trois nuits entières, elle a veillé près du berceau, tressaillant au moindre symptôme, le cœur partagé entre l'angoisse et l'espoir, jusqu'à ce qu'un faible souffle, presque imperceptible, ait marqué la fin de la brève existence. « Il est allé rejoindre les anges ses frères. » murmure-t-on à Marguerite en guise de consolation. Consolations banales que ces phrases stéréotypées, que l'habitude a vidées de leur sens. Sa mère seule a su compatir à son chagrin et sans aucun renfort de paroles. Au contraire, elle n'a rien dit; tendrement, elle a serré la jeune maman contre son cœur, l'a baisée au front, tandis que son regard exprimait une compréhension si profonde, que Marguerite — enfin — en pleurant sur l'épaule maternelle, a ressaisi son âme et exhalé son fiat.

Maintenant, seule auprès de « ce qui lui reste de son fils », elle revit en pensée les trois mois qui viennent de s'écouler. « Vierge Marie, accordez-moi un fils ! » avait-elle supplié de toute son âme, escomptant que ce nouveau chaînon au lien de leur amour mutuel, retiendrait au foyer l'époux fantasque qui le déserte de plus en plus. Et Notre-Dame exauçait la supplique en une souriante matinée de mai, alors que le fils tant désiré voyait le jour. Joie immense de la mère, tamisée cependant par l'absence de l'époux. Solitude morale en un tel moment de sa vie. Quelle consolation c'eût été de voir le papa, radieux, sourire à son héritier ! Mais non, le père n'avait paru que quelques jours après la naissance, et Marguerite n'avait pas surpris dans son regard, l'éclair de fierté qu'elle espérait. Il est vrai que le poupon était malingre et la maman s'était demandé avec anxiété si la pénurie du régime alimentaire, auquel elle est soumise dans son foyer, n'était pas, pour une large part, responsable de la faiblesse de cet enfant, par ailleurs parfaitement constitué. « Il survivra, s'obstinait à croire Marguerite, il faut qu'il vive ! » tandis qu'elle prodiguait à l'angelot ses soins les plus tendres. Mais la vie s'était quand même peu à peu retirée du pauvre petit corps et hier, le 17 août, c'était la fin. Cet après-midi, on procédera à la sépulture.

Des pas se rapprochant, mettent fin aux réflexions de la jeune maman. Le docteur Sylvain et Madame de la Découverte, à titre de parrain et marraine, sont là tout près : ils ont le tact de ne pas troubler le silence, ce dont Marguerite leur est reconnaissante. Ce choix du parrain et de la marraine lui a été imposé en quelque sorte par les convenances. La famille a beau ne pas se réconcilier avec le second mariage de Marie-Renée de Varennes, il faut quand même sauver la face en raison de cet esprit de famille déjà très ancré dans le jeune Canada et qui influence la moindre décision.

— Marguerite, je verrai aux détails, va te reposer, ma grande, lui murmure sa mère avec un accent persuasif; tu as une mine qui fait peur.

— Oui, renchérit François, — qui heureusement est là depuis quelques jours, — reposez-vous Marguerite, vous êtes épuisée.

La jeune femme discerne de la compassion dans le regard de son mari. Son cœur se reprend à espérer, tant l'illusion est naturelle aux pauvres humains que nous sommes. Qui sait? le jour n'est peut-être pas très éloigné où elle parviendra à stabiliser, dans le cadre d'une vie normale, ce caractère versatile et superficiel?

* * *

Il y a réception, ce soir, chez les De Joncaire. Les Youville y sont invités. Marguerite qui «aime la bonne société, les plaisirs de l'hospitalité et les élégances du rang» procède à sa toilette avec un soin tout particulier. «Je veux que vous soyez la plus belle», lui avait glissé François en lui faisant part de l'invitation. Et la jeune femme qui veut à tout prix gagner le cœur de son mari, donne au désir exprimé, l'importance d'une consigne. Madame de la Découverte, elle, n'a pas caché son mécontentement. «Heureux temps où l'on trouvait son bonheur au foyer!» vient-elle de décocher à sa belle-fille. «Aujourd'hui, on ne rêve que sorties et toilettes. Où allons-nous de ce pas, Seigneur?»

La belle-fille ne se laisse pas troubler par l'incident et poursuit ses préparatifs. Le savant échafaudage de la chevelure requiert de longs moments, mais, par contre, point n'est besoin de maquillage: la jeunesse est là, maintenant l'éclat aux yeux, la fraîcheur au teint et le carmin aux lèvres. Le coup d'œil scrutateur de François, suivi d'un sourire de satisfaction, autant d'indices révélant la réussite. Il en est d'autres — indices certains, ceux-là — et ce sont les regards des autres invitées lorsque Marguerite franchit, en compagnie de François, le seuil du grand salon éclairé de multiples candélabres. Et la réception, débutant par le grand dîner d'apparat, se poursuit selon toutes les minuties d'un protocole rigoureux : la société mont-réalaise se flatte de rivaliser avec celle de Versailles.

* * *

Il est des êtres pour qui le Seigneur « change les plaisirs en amertume ». Marguerite est de ceux-là. Osera-t-elle reparaître dans le monde à présent qu'elle a découvert l'affreuse vérité ? La lumière s'est faite graduellement : les insinuations de langues perfides, les allusions directes de marchands lésés dans leurs droits, ont révélé à la jeune femme les activités clandestines et illégales de son mari : François exerce la traite de l'eau-de-vie.

Dans une lettre adressée au Ministre de la Marine de France, le 15 octobre dernier, il y a deux semaines, M. de Ramezay, gou-verneur de Montréal, exprimait les griefs des marchands de Ville-Marie contre les agissements du Sieur Youville. Ces griefs ne sont plus un secret pour personne. Malgré le favoritisme dont Vaudreuil fait preuve à l'égard de... l'aventurier, les langues vont bon train et la jeune femme a appris que :

1° - Non seulement Youville corrompt les Indiens domiciliés à l'Île-aux-Tourtes, mais il contraint encore les Outaouais et ceux qui viennent en traite à Montréal, à descendre à l'Île en question où on ne leur donne que de l'eau-de-vie en échange de leurs pelleteries.

2° - Les Indiens de l'Île-aux-Tourtes ont eux-mêmes, le 10 juin dernier, porté plainte à Monsieur de Vaudreuil en ces termes : « Nous te venons dire que nous ne pouvons plus prier Dieu à cause que Youville nous a tous les jours enivrés et nous a fait boire toutes nos pelleteries, de manière que le missionnaire qui nous fait prier Dieu, nous ayant toujours trouvés hors de raison, a emporté la cloche et nous a dit qu'il ne voulait plus nous instruire. Ainsi, nous venons te dire que nous voulons prier Dieu et que, si tu ne chasses Youville de l'Île, nous ne voulons plus y aller. »

Cette dernière révélation a provoqué chez Marguerite une crise morale des plus aiguës. Fille de preux, elle en a hérité la foi, les principes et le zèle. Grande jusqu'au tréfonds de l'âme, elle voue un véritable culte au sens de l'honneur, culte parfaitement subordonné d'ailleurs à la hiérarchie des valeurs surnaturelles. Voir sa destinée irrévocablement unie à un aventurier aux menées malhonnêtes, à un hors-la-loi spéculant sans scrupule aux dépens même du salut des âmes, quel rude coup asséné à ce cœur si noble et si chrétien ! Et des larmes «très amères ont coulé». La tentation est même venue de se retrancher dans la froideur marquée ou l'indifférence ostensible... tant de prétextes surgissaient, légitimant l'une ou l'autre solution. Quoi qu'il en soit, Marguerite n'est pas femme à céder aux impressions. Parfaitement équilibrée, elle sait que toute tempête est suivie d'une accalmie et que, solutions autant que résolutions doivent s'élaborer dans le secret d'un cœur maître de lui-même. Ce calme, cette paix, elle les a cherchés, puis trouvés en Dieu. Aujourd'hui, elle est en mesure de regarder l'épreuve en face, parce que son cœur soumis accepte d'en être broyé. Les *Saintes Voies de la Croix*, dont s'alimentaient ses méditations de jeune fille, ont déposé en son âme des principes de force morale qui arrivent à point, en cette triste conjoncture. Certaine qu'elle y trouvera un baume pour sa plaie vive, elle retourne d'instinct à cet opuscule devenu son livre de chevet. L'ouvrant au hasard, cet après-midi, elle lit : «L'âme ne doit pas s'appesantir sur son épreuve, mais s'abandonner sans réserve à la Divine Providence sans examiner ses desseins, ses conseils, qui dépassent infiniment la portée de nos faibles intelligences, allant tout droit dans les voies de Dieu et s'acquittant fidèlement de ses devoirs ordinaires.» La lumière n'a pas aussitôt brillé que l'adhésion s'effectue dans son âme droite : «Merci mon Dieu de m'éclairer si miséricordieusement ! vos desseins me restent impénétrables, mais votre Volonté est si manifeste. Je marcherai dans la voie que vous m'ouvrez, mais soutenez-moi vous-même dans l'accomplissement de mes devoirs ordinaires.»

Et cette âme sincère qui ne cherche pas les faux-fuyants, les sentiers de traverse, se rappelle ses devoirs d'épouse chrétienne. Les erreurs, les torts de François ne sauraient lui servir de prétexte pour s'en dispenser. Au contraire, il lui faudra désormais redoubler de fidélité afin d'obtenir de la miséricorde divine, la conversion de son mari.

Supporter en silence le déshonneur d'un commerce illicite, le mépris d'un conjoint délaissant le foyer, poussant peut-être même l'indifférence jusqu'à l'infidélité ; garder intacte au fond de son cœur la tendresse qu'on a promise le jour des épousailles ; hausser d'un cran cette tendresse pour qu'elle s'avive au point de se donner sans espoir de retour ; accueillir aimablement, délicatement, le prodigue lors de ses apparitions au foyer ; marcher sur son propre cœur pour sourire sans avoir l'air d'accorder un pardon d'ailleurs non sollicité, quel programme austère ! Et pourtant, il faut aller droit dans les voies de Dieu. Marguerite pressent que l'ascension sera rude. À son cœur de femme, il faut l'amour, l'amour qui rend tout fardeau léger. Où puiser cet amour, sinon dans la «fournaise ardente de charité» qu'est le Cœur de Jésus? Durant son séjour aux Ursulines, Marguerite s'est familiarisée avec cette dévotion qui y régnait déjà: la première fête du Sacré-Cœur de Jésus au Canada n'y avait-elle pas été célébrée dix ans auparavant? «Cœur de Jésus, broyé à cause de nos péchés; Cœur de Jésus brûlant d'amour pour nous; Cœur de Jésus, salut de ceux qui espèrent en vous; Cœur de Jésus, libéral pour tous ceux qui vous invoquent», voilà quelques caractéristiques du Cœur divin, de ce Cœur «qui a tant aimé les hommes» et qui ne demande qu'à les combler malgré leur indifférence. Jamais l'aspect du Cœur de Jésus qui se donne en dépit de l'ingratitude et de la froideur des humains n'a autant frappé Marguerite comme en ce moment où, précisément, lui est demandée à elle-même cette magnanimité envers son mari. «O Cœur divin! vous serez mon appui et mon modèle. Vous me donnerez l'Amour et vous m'enseignerez à aimer comme vous, à aimer véritablement, jusqu'à la fin».

Réconfortée par ces considérations qui, en pacifiant son âme, ont également consolé son cœur meurtri, Marguerite, pour qui une chose décidée est une chose accomplie, acquiesce à l'invitation de n'attendre plus d'autre joie de la terre, que celle de se sacrifier au bonheur de ceux qu'elle aimera désormais du «trop grand amour», de l'amour même du Cœur de Jésus.

1725 – François d'Youville perd son protecteur...

À L'ÉGLISE Notre-Dame, on a célébré ce matin, 15 octobre 1725, un service funèbre pour le repos de l'âme du gouverneur général, Monsieur de Vaudreuil, décédé à Québec le 10 octobre dernier. La foule déplore la perte de cet administrateur habile qui a donné une telle impulsion à l'agriculture, au commerce et à l'industrie et cela, en dépit des ambitions non équivoques de l'Angleterre. Il y a rassemblement sur le perron de la petite église: c'est là que les potins s'échangent.

— Pauvre Monsieur de Vaudreuil! qui le remplacera? La position n'est pas facile à tenir!

— Un changement était à souhaiter: Monsieur de Vaudreuil avait les siens. Youville devra cette fois déguerpir de l'Île-aux-Tourtes; le gouverneur le protégeait. À présent, il ne nous échappera plus.

— Il faudrait être naïf pour croire que cet aventurier renoncera à son trafic. Ne vous bercez pas d'illusions, mon ami.

— Quoi qu'il en soit, il perdra son poste comme il a perdu son protecteur. Je me demande comment il arrivera à vivre.

— Sa mère a du bien.

— Oui, mais elle le tient… si bien! Et puis la famille augmente. Il a deux enfants?

— Oui, un garçon et une fille. Quelle vie intéressante pour sa pauvre femme! Un mari si léger et une belle-mère si avare!

— La Dame Sylvain peut-elle l'aider?

— Elle n'a guère les coudées franches avec son émigré de mari.

— Émigré qui a pourtant obtenu son brevet de naturalisation.

— Grâce à l'influence de Vaudreuil qui a sollicité aussi en sa faveur un brevet de médecine; heureusement que les pourparlers ne sont pas terminés.

— Vous verrez qu'il arrivera à ses fins… rien ne lui résiste à cet homme!

1727 – Marguerite perçoit l'invite de l'Amour

Ces potins, échangés sur le perron de l'église Notre-Dame se vérifient. En dépit des ans qui se multiplient, François ne s'assagit pas. Au contraire son goût du risque semble s'aiguiser ainsi que ses tendances frivoles. Par contre, pour

Marguerite, l'ascension se poursuit. Elle est aidée en ses voies par Monsieur Le Pappe du Lescöat, p.S.S. à qui elle a confié la direction de son âme. Selon l'avis qu'il lui a donné, elle a soumis sa demande d'agrégation à l'archiconfrérie de la Sainte-Famille. Cette demande est étudiée en ce soir de novembre 1727, à l'assemblée tenue en la sacristie de la paroisse.

Ces Dames ont fait connaître leur opinion quant à l'acceptation du nouveau membre, opinion favorable, sauf pour l'une des congréganistes, un peu réticente, qui a attiré l'attention sur quelques points. Selon elle, agréer l'épouse du trafiquant Youville et la belle-fille de l'intrus Sylvain, est de nature à diminuer le prestige de la petite société... tant il est vrai qu'on a beau se piquer de dévotion, on reste femme!

Mme la Supérieure a dissipé toute hésitation en disant:

— Il ne faut pas faire grief à Mme d'Youville de ses malheurs. Il reste qu'elle appartient à une excellente famille. Son frère Charles est nommé curé de Verchères, le second, Joseph, s'achemine également vers le sacerdoce. Quant à Christophe, les autorités militaires fondent sur lui de grands espoirs. Et puis, Mme d'Youville elle-même est irréprochable. Pour ma part, elle m'édifie beaucoup. Je me demande quelle serait mon attitude en face de telles épreuves. À mon avis, elle fera une excellente dame de charité.

Un murmure approbatif parcourt les rangs. Mme la Présidente va déclarer l'assemblée levée lorsque Monsieur Le Pappe du Lescöat fait son entrée dans la salle. Le digne Curé de Notre-Dame n'a que trente-huit ans, mais il en accuse davantage tant l'a prématurément usé une vie austère et toute de labeur. Son visage d'ascète s'éclaire lorsqu'il salue les congréganistes.

— Bonne nouvelle, lui annonce Mme la Présidente! Nous avons admis ce soir un nouveau membre: Mme d'Youville.

— Vous n'aurez pas à vous en repentir, commente M. du Lescöat. Votre confrérie se félicitera un jour de lui avoir ouvert ses rangs.

...En attendant que ces rangs s'ouvrent, la future congréganiste, assise au chevet de François — seul enfant qui lui reste, les petites Ursule et Louise ayant quitté pour un monde meilleur — médite un passage du catéchisme de l'imitation de la Sainte-Famille que lui a remis Mme la Présidente. Elle s'arrête longuement à ces lignes: « Si vous avez peu, donnez peu; si vous avez beaucoup, donnez beaucoup et quoi que vous donniez, donnez-le de bon cœur, et vous

semez peu pour recueillir infiniment. » Elle formule sa résolution :
« Ma pauvreté est extrême, Seigneur. Des biens de ce monde, je
n'en dispose pas, mais je me donnerai moi-même : mon temps, mon
travail. Je sèmerai peu, il est vrai, mais votre miséricorde me fera
récolter infiniment. »

La veuve — L'apôtre

1730 – 1737

1730 – L'Amour
brise les liens...

« Je sèmerai peu », avait dit Marguerite, en considérant sa pauvreté. Mais il est une autre semence que celle des biens de la terre, une semence « accompagnée de larmes et préparant une moisson dans l'allégresse », dont les plus pauvres sont parfois les plus prodigues ; la semence spirituelle qui a nom : souffrance acceptée généreusement.

La triste vie de François d'Youville faisait présager une triste fin. Et voilà que cette fin approche. Depuis les derniers jours de juin, une fausse pleurésie l'a terrassé. Il repose actuellement dans le grand lit méticuleusement propre de sa chambre — place du Marché — et Marguerite, qui n'a pas quitté son chevet, continue de lui prodiguer ses soins dévoués. Madame Sylvain, sa mère, est venue prêter main-forte et s'occupe des enfants.

Le malade oscille en des alternances de conscience et de délire. On ne saisit pas le sens des mots entrecoupés qu'il prononce. Revit-il, par le souvenir, les épisodes de sa vie légère et dissipée ? D'Youville a joué au grand seigneur, surtout après que la mort de sa mère l'eût mis en possession de son patrimoine. Les dés, les cartes, les jeux de hasard ont toutefois rapidement englouti ce patrimoine et c'est ce qui a sans doute acculé le traiteur à continuer son commerce d'eau-de-vie, plus périlleux que jamais : de Vaudreuil n'étant plus là pour l'entourer de sa protection.

Réalise-t-il, en ces heures suprêmes, avoir gâché sa vie et manqué à ses obligations d'époux et de père ? Il a tellement négligé sa famille, que Marguerite a dû reprendre ses habitudes de broderie, de tricot et de couture ; elle est même devenue mercière, à l'instar de feue Mme de la Découverte, sa belle-mère. Les produits du petit commerce ne sont pas fabuleux, certes, mais ils suffisent à la jeune femme pour subvenir aux besoins de ses deux enfants dont le plus jeune, Charles, n'a pas encore un an.

Songe-t-il à ces petits qu'il va laisser orphelins et à sa femme à qui il ne léguera que des dettes ? Aucun indice ne permet de le supposer. L'altération de ses traits est saisissante, cependant, depuis ce matin surtout. Après la visite du médecin, Mme d'Youville a mandé Monsieur le Curé au chevet du moribond ; le prêtre et le mourant sont en tête-à-tête, tandis que la jeune femme, agenouillée dans la chambre voisine, supplie le Seigneur d'avoir miséricorde. Ce qui se passe entre le ministre de Dieu et le malade, elle ne le saura jamais, du moins sur cette terre, mais : « Sauvez-le mon Dieu ! » supplie-t-elle de toute son âme.

La porte s'entr'ouvre : « Vite, fait Monsieur le Curé, je crois que c'est la fin. »

Marguerite et sa mère entrent aussitôt pour recueillir, peu après, le dernier soupir de François, mourant à trente ans, le 4 juillet 1730.

Non ! le cœur ne se rétrécit pas, ne s'annihile pas en se mettant à l'école de l'Amour. La jeune femme le constate à « l'extrême affliction » qu'elle éprouve auprès des restes mortels de son mari. « Celui qui cesse d'être ami, ne l'a jamais été. » affirme l'Ecclésiaste. Elle n'a jamais cessé d'aimer François. Les souffrances qui lui sont venues par lui n'ont pas anéanti cet amour ; elles ont tout simplement contribué à le spiritualiser en le vidant de toute recherche d'amour-propre et c'est sincèrement qu'elle pleure celui dont elle porte le nom. À ses regrets, se mêle l'inquiétude quant au salut de la pauvre âme, ce qui rend le deuil plus pénible. Et puis les deux enfants sont là, petits orphelins, et cet autre qu'elle attend !

Marguerite comble en ce jour sa mesure de larmes : larmes chrétiennes, résignées, expression pathétique de nos pauvres détresses humaines. Larmes que le Christ lui-même a laissées couler sur sa Face adorable.

« Consolez-vous, ma fille, lui dit Monsieur du Lescöat, en guise de condoléances ! Dieu vous destine à une grande œuvre et vous relèverez une maison sur son déclin. »

1731 – La voie, lentement se dessine...

Au cadran de l'horloge, les aiguilles de bronze indiquent à peine cinq heures que, déjà, la vie renaît dans la petite maison de la place du Marché. Marguerite, lestement, quitte le lit et malgré la froide température — on en est à la fin de mars — elle s'apprête à assister à la messe matinale. Elle peut se procurer ce bienfait ce matin, car Louise, sa sœur, lui a dit hier soir : « Va sans crainte, je garderai tes marmots. »

Chère Louise, mariée au riche négociant Ignace Gamelin depuis le 31 janvier dernier ! Mme d'Youville n'a pas paru au mariage, elle mène une existence si austère ! voilà pourquoi Louise, désireuse de s'entretenir avec son aînée, a profité d'un voyage de son mari pour la visiter. Elle est arrivée hier après-midi et ne repartira que ce soir.

Sa toilette terminée, Mme d'Youville se met en devoir, discrètement, d'attiser le feu dans la grande cheminée. Puis elle approche le berceau du grand lit où continue de sommeiller Louise. Délicatement, elle pose la main sur l'épaule de la dormeuse.

— Louise, je t'institue gardienne du foyer. Les enfants dorment et le berceau d'Ignace est à portée de ta main.

— C'est bien, répond la cadette, pars sans crainte, le temps de m'éveiller tout à fait et j'appartiens à ta maisonnée.

Sur ce, Marguerite se dirige d'un pas alerte vers la petite église. Le vent souffle et les vêtements élimés lui opposent une bien piètre protection. Bah ! la distance n'est pas longue et la flamme intérieure tient lieu de tout. C'est une âme affamée de Dieu que la sienne. La longue série d'épreuves providentielles a atteint son but : faire le vide pour laisser place à la Plénitude, à cette Plénitude qui va toujours creusant des avidités nouvelles. Marguerite n'attend plus son bonheur de la terre. Libre, dégagée, elle plane, ainsi que l'a remarqué Louise. Sa foi affermie lui fait voir en les événements qui ponctuent sa vie, les détails d'un plan divin, d'un plan d'amour que le temps parachèvera selon l'horaire du Père céleste. Il lui faut bien s'appuyer de toute sa force sur cette certitude, autrement, multiples seraient les motifs de perdre pied : veuve à vingt-neuf ans, avec trois enfants en bas âge, une pauvreté extrême, compliquée de dettes, — celles de son mari, — dont la succession embrouillée ne cesse de lui causer des ennuis de toutes sortes. Une âme moins courageuse aurait risqué un regard en arrière ou versé des larmes de pitié sur elle-même ; mais grâce à Dieu, cette situation désespérée lui a servi de tremplin, pour s'élever d'un coup à la vertu agréable entre toutes au Père des cieux : la confiance éperdue, l'abandon total. Et puis en chrétienne logique, elle a accepté de «faire toute sa part». Ainsi qu'il arrive pour les âmes se confiant en Dieu, le secours est venu sans se faire attendre. Des amis ont avancé des fonds et la jeune veuve continue sur une plus haute échelle, le commerce de sa belle-mère. L'entreprise donne déjà des résultats encourageants. De plus, son aiguille de brodeuse constitue une autre source de revenus. Bref, elle se tire d'affaire honorablement, sans déchoir. Un esprit mondain trouverait la tâche dure, mais elle, déjà brisée au renoncement, trouve son bonheur dans le labeur austère. L'ascèse du travail, du travail intransigeant qui vous enserre du matin au soir dans ses exigences impitoyables, quelle base pour étayer l'édifice da la perfection ! Le travail qui fait fi de vos préférences, de vos lassitudes, le travail qui vous attend, inéluctable, à tous les méandres du sentier, afin qu'en le saisissant, vous soyez forcé d'abandonner les fantaisies du caprice ou les douceurs de l'oisiveté, quelle œuvre de dépouillement n'accomplit-il pas dans l'âme fidèle ! Marguerite est de ces natures d'élite toujours souples aux appels de la générosité envahissante. À sa vie laborieuse, elle ne craint pas d'ajouter les pratiques d'une dévotion bien entendue, d'une dévotion filiale, avide de faire plus grande, la part de Dieu. Aussi, quelle joie ressent-elle ce matin de pouvoir assister à la messe, de recevoir le Pain des forts ! Ce sont des moments du ciel opérant comme une trouée lumineuse dans la monotonie de son existence. Quelle force elle puise dans sa communion à l'Homme-Dieu ! C'est Lui, le Maître bien-aimé, qui lui inspire la science du don total. Docile à ses enseignements, elle apprend comme Lui, «à faire sa nourriture de la Volonté de son Père».

La messe terminée, Marguerite reprend la route de la maison où elle trouve Louise en train de préparer le frugal déjeûner. François accourt au-devant de sa mère; c'est un bambin éveillé et débrouillard que cet aîné, vivant portrait de son père. La maman, à l'âme encore tout embaumée de sa communion matinale, baise le garçonnet au front: c'est la mère qui doit servir de première intermédiaire entre Dieu et l'enfant.

Charles s'éveille; Ignace, l'enfant posthume, en fait autant. Pauvre petit, il ne compte que cinq semaines. Louise l'entoure de soins, elle estime qu'il lui appartient un peu celui-là, vu qu'Ignace Gamelin est son parrain. Par délicatesse, la jeune épouse a laissé à Marie-Anne Sylvain, sa petite demi-sœur, l'honneur d'être marraine.

La clochette du magasin s'agite. Louise, ébahie, constate ce que représente pour sa sœur, une journée de travail. Les clients se succèdent; il faut préparer François qui fréquente l'école tenue par les Messieurs de Saint-Sulpice; c'est Charles qui revendique soins et attentions. «Je ne tiendrais pas à pareil programme», avoue Louise intérieurement, «quel courage ne faut-il pas à cette pauvre Marguerite pour se l'imposer!»

Elle regarde circuler la jeune veuve qui, souriante, ne semble pas écrasée sous le faix.

— Ma bonne Louise, je te néglige, pardonne-le-moi; ce ne sera pas long. Dans quelques instants je serai à toi. Le temps de répondre à ce petit homme.

De fait, un enfant, pauvrement vêtu, se présente au comptoir. À la vue de Mme d'Youville, son visage s'éclaire.

— Bonjour Bernard, vous allez bien ce matin?

— Bien merci, Madame. C'est grand-mère qui est malade; viendrez-vous la voir?

— J'irai voir votre grand-mère cet après-midi, mon petit. D'ici là, dites-lui bien de rester au lit.

Le bambin, tout heureux, repart après un dernier merci, tandis que Louise s'exclame:

— Mais Marguerite, n'as-tu pas assez à faire ici sans te préoccuper de secourir tes voisines? Franchement je crois que tu exagères.

— Je ne partage pas ton avis, ma bonne. Ce n'est pas à se dévouer que l'on s'appauvrit.

— Tu ne manques pas de causes pour te dévouer ici: tes enfants, ton commerce, tes soucis d'argent.

— Selon toi, je ne devrais pas secourir le pauvre prochain qui m'appelle à l'aide ? Serais-tu sérieuse Louise ?

— Oui Marguerite. C'est là d'ailleurs l'opinion de la famille. Nous admirons le courage dont tu fais preuve dans ta situation, mais nous ne prisons pas autant tes activités… accessoires, je dirais. Tu appartiens toujours à la noblesse, ne l'oublie pas. Les circonstances te font un devoir de gagner ton pain, tu le fais honnêtement, il n'y a pas de déchéance, mais cela nous déplaît de te voir te constituer la servante de tes voisins et voisines. Pardonne-moi de te le dire si franchement.

— Au contraire, je t'en remercie. Tu m'aides à comprendre quelques attitudes jusqu'ici inexplicables. On voudrait que je cesse mes visites aux pauvres ?

— Oui, tu déroges aux traditions, ainsi qu'à ton rang. Tu es jeune encore, l'avenir n'est pas désespéré pour toi, nous pourrions te présenter un parti avantageux.

La sœur aînée sourit doucement.

— Non, Louise, il ne faudrait pas donner corps à cette chimère. J'ai trouvé ma voie. Je veux m'occuper des pauvres, des plus pauvres que moi. Si tu savais quel bonheur j'y trouve !

— Je n'en doute pas, Marguerite. Je m'objecte seulement à ton mode d'action. La parenté fait la moue, on dit que tu te singularises.

Ces commentaires, la jeune veuve les accueille sans sourciller, elle les attendait en quelque sorte ; ils ne la troublent pas, elle y voit comme la rançon inévitable du « petit bien » que sa charité peut répandre autour d'elle. Est-il ici-bas grande œuvre qui ne repose sur la croix ?

Consciente que la conversation a dû blesser son aînée, Louise se fait tendre, s'empresse aux soins du ménage. Puis au début de l'après-midi, elle risque :

— Quand te proposes-tu de faire la visite promise à ta protégée ?

— Lorsque François sera de retour de l'école ; il gardera ses petits frères. La maison de la pauvresse est tout près d'ici.

— Vas-y immédiatement, profite de ma présence !

— Oh ! merci ! Comme tu es bonne, Louise !

— Ne me remercie pas Marguerite, je suis dédommagée par le plaisir que je te procure et j'aurai part à ton mérite, sans doute. Dire que je voulais te dissuader et me voilà ta complice !

Marguerite, toute heureuse, va porter le réconfort de son secours à la pauvre aïeule. À son retour Louise remarque que les traits émaciés de sa sœur s'éclairent étrangement. Il y brille quelque chose d'infiniment doux, de céleste qui lui fait dire au moment de partir :

— Je crois Marguerite que tu as choisi la meilleure part. Fasse le Ciel qu'en dépit des obstacles, elle te soit conservée !

* * *

Cette meilleure part, en effet, n'est pas ôtée à la jeune veuve qui la retrouve en toutes circonstances, puisque celles-ci lui apportent constamment une part de choix, une part de croix.

Tout le long d'avril 1731, Marguerite a dû s'assujettir au long inventaire des biens de son mari. Quel enchevêtrement inextricable où les dettes ont la primauté ! Que résultera-t-il de cet imbroglio ? Elle est à se le demander lorsque Christophe fait une apparition inattendue à la place du Marché. Grand, bien taillé, sanglé dans son costume militaire, le jeune homme incarne la force, l'enthousiasme et la détermination. En quelques mots laconiques, il annonce une nouvelle.

— Alors c'est entendu ? demande la sœur aînée.

— Oui, je pars demain avec l'oncle Pierre de la Vérendrye. Songe donc, Marguerite, mon rêve se réalise. Il y a si longtemps que j'attends.

— Si longtemps ! Tu ne comptes que vingt-quatre ans, mon pauvre enfant. Il me semble que c'est hier que je te tenais sur les fonts baptismaux.

— Tu n'étais pas très haute toi non plus alors, chère Madame, rétorque-t-il, taquin. Puis, redevenant sérieux : pourtant, regarde le long chemin que tu as parcouru !

— Les voies de Dieu sont impénétrables, commente Marguerite avec un regard lointain. Mais revenons-en à toi. Que pense maman de ton départ ?

— Elle voudrait le retarder jusqu'à l'an prochain et invoque toutes sortes de prétextes, par exemple : l'Ordination de Joseph qui aura lieu en octobre. Mais je devine son véritable motif. Maman souffre de nous voir partir à tour de rôle. Elle mène une triste existence avec le sieur Sylvain. Je n'ai jamais rencontré d'homme aussi belliqueux. Il a l'art de se brouiller avec tout le monde et nous complique terriblement la vie.

— Mais il a si bon cœur, objecte Marguerite.

— Oh! toi, tu excuserais même le diable. Songe pourtant au discrédit que les agissements de notre beau-père nous attirent. Tu verras qu'il finira par nous couvrir de honte!

— Pas de noirs pressentiments, Christophe. Tu n'es pas fait pour la tristesse toi dont le nom signifie: Porte-Christ, le Christ, source de joie éternelle.

— Tu as bien raison, Marguerite, aussi ce n'est pas une fuite que mon départ, mais l'exécution d'un dessein depuis longtemps mûri. Tu te rappelles mes querelles avec ce pauvre Joseph, plus habile avec les règles de la syntaxe qu'avec l'aviron du fameux canot d'écorce!

— Si je me rappelle! Je vous revois encore comme deux petits coqs à la crête hérissée.

— Deux petits coqs se calmant tout près de maman-poule. Tu nous arrangeais toujours nos différends; c'était le début de ta mission de charité. Je tiens à te dire Marguerite, comme j'admire ton courage. Ton exemple me sera un réconfort lorsque, là-bas, je serai aux prises avec les misères des découvreurs de pays.

— Compte surtout sur mes prières, Christophe. Il me semble que je suis un peu la mère de ton âme et dans mon affection, tu gardes une large place.

— Merci de me le dire, ça fait du bien! Tu demanderas aussi des prières aux abbés Charles et Joseph, n'est-ce pas? Dis-leur surtout de prier pour moi si un jour, vous apprenez mon départ pour l'au-delà. Allons, c'est un adieu, Marguerite.

— Un au revoir, Christophe. La terre n'est pas notre vraie demeure, nous nous reverrons. En attendant, va vers les contrées qui t'appellent, va ouvrir le sillon aux semeurs de l'Évangile! Ton rôle s'apparente au leur.

Et le galant jeune homme part, après un dernier geste d'adieu. Oh! ces séparations, comme elle les ressent vivement la jeune veuve dont le cœur, profondément humain, entoure les siens de la plus tendre affection! Mais au Maître qui, lentement, gradue ses exigences, sans lassitude, elle répond avec un nouvel élan de générosité.

* * *

Un autre départ s'effectuait le 16 juillet suivant, alors que bébé Ignace, l'enfant posthume, quittait avant de la connaître, cette vallée de larmes. Marguerite compte un autre ange protecteur là-haut, le quatrième de ses enfants rendu à la Maison du Père. À partir de ce jour, sans perdre de vue l'éducation des deux fils qui lui restent, elle consacre ses moindres loisirs au soulagement de ceux qui souffrent.

«Misereor super turbam»... elle aussi a pitié de la foule anonyme de ces malheureux, de ces impuissants dans la caravane humaine, qu'on nomme les pauvres, les malades. Non, elle le sent, elle n'aura de repos qu'elle n'ait tenté l'impossible pour alléger le fardeau des faibles qui vacillent ou qui tombent. À ses activités de conseillère à la Confrérie de la Sainte-Famille, elle joint des initiatives privées, malgré la parenté qui continue de hausser les épaules.

Cet après-midi, Marguerite est allée porter secours à l'Hôtel-Dieu : elle panse la plaie horrible d'un pauvre malade, souffrant d'un cancer au visage. Infirmière-née, elle procède avec une habileté, une délicatesse remarquables.

— Le pauvre vieillard est sourd, explique l'hospitalière ; il nous est arrivé hier de l'Hôpital Général. Les bons Frères auraient dû nous l'envoyer avant que la maladie atteigne ce stade avancé.

— Comment voulez-vous qu'ils y aient songé ? interrompt une domestique qui s'affaire avec des airs d'importance. Ces pauvres Frères sont aux abois depuis l'arrêt qui vient de leur être signifié : Monseigneur Dosquet leur défend d'accepter de nouveaux sujets et même, il dispense de leurs vœux ceux des Frères qui veulent retourner dans le monde. Il paraît que c'est une vraie débandade. Il fallait s'y attendre : depuis la suppression des 3000 livres de rente, les quelques Frères n'ont plus beaucoup d'attraits...

— Vous semblez bien renseignée, de dire la religieuse, avec l'intention évidente de détourner la conversation.

— Dame, tout le monde en parle, explique l'autre ! On dit même que la Communauté est vouée à la ruine et qu'il faudra confier à d'autres, la direction de l'hôpital.

Marguerite s'afflige intérieurement de ces nouvelles ; à vrai dire, elle les connaissait déjà : la sémillante Mme Bégon les commentait en toute liberté lors de la dernière réunion de la Sainte-Famille. Un fait émerge du loquace exposé : c'est que l'hôpital va périclitant depuis la mort prématurée de son Fondateur, François Charon. L'esprit primitif a été absorbé par la multiplicité des œuvres annexes. Énergie ramifiée, énergie diminuée. L'institution végète dans une précarité menaçante. «Ces pauvres Frères», murmure Marguerite, alors que, revenant de l'Hôtel-Dieu elle peut laisser libre cours à ses pensées intimes, «ce serait dommage de les perdre, ils font tant de bien !» Elle a plus d'une fois admiré le zèle animant ces serviteurs des pauvres. Tout, chez eux, respire la plus profonde humilité : depuis la soutanelle noire aux manchettes et aux rabats blancs, avec la croix de laine portée sur la poitrine, jusqu'à leur œuvre principale elle-même, laquelle consiste à recueillir et à soigner les vieillards que le monde abandonne. « Mon Dieu, secourez-les ! implore sa prière ; il ne faudrait pas que cette maison disparaisse. Qui alors, se pencherait sur les déshérités ? » La plausibilité du malheur est un véritable tourment pour son cœur vibrant de la plus pure compassion. La pauvre veuve trempe ses lèvres à un amer calice : celui de se sentir impuissante devant l'immense bien à accomplir. Oh ! ce spectacle des misères qui s'étalent dans leur cynique réalité, quel martyre pour une âme dévorée du feu inextinguible qui a nom : CHARITÉ ! « Mon Dieu, continue-t-elle, m'inspirerez-vous toujours des désirs irréalisables ? Vous savez bien que je veux vous soulager dans les membres souffrants de votre Corps mystique, mais, pauvre moi-même, que puis-je ? »

— « Donne, donne-toi toi-même, arrive l'invariable réponse. Donne ton travail, tes sueurs, ta souffrance, ta vie. Donne jusqu'à l'extinction de tes forces, donne tes désirs, je les comblerai puisque je te les inspire. »

Et tandis qu'en son âme se livrent ces assauts de générosité, Marguerite se dirige vers une pauvre demeure dont elle a déjà franchi le seuil à plusieurs reprises : celle de Mme Pierre Lebœuf, née Françoise Auzon, sexagénaire, menacée de cécité. À ce foyer en détresse, elle apporte, outre le secours de ses services, les consolations de la foi. Ainsi, la vieille Françoise est devenue l'une des ses premières conquêtes de zélatrice. La jeune veuve l'a inscrite membre de l'Archiconfrérie du Sacré-Cœur de Jésus. La pauvre infirme a saisi la beauté de cette dévotion : ses épreuves en ont perdu leur amertume.

Pourtant, aujourd'hui, mère Françoise est plutôt triste, elle confie à sa bienfaitrice :

— Mon pauvre Pierre aurait l'idée de se retirer à l'hôpital général et d'y servir en qualité de « donné ». Il y a longtemps qu'il rumine ça, mais il n'ose pas me quitter. Ah ! si l'on acceptait les vieilles à l'hôpital ! Là, j'y vois encore et je puis toujours me guider, mais dans quelque temps, qu'adviendra-t-il de moi ?

— Ne vous inquiétez pas, mère Françoise. La Providence ne vous manquera pas. Pour ma part, je vous considère comme de ma famille, vous n'en doutez pas ?

— Merci, oh! merci, fait l'aveugle, rassérénée, tandis qu'un rayon de joie ranime un peu les yeux presque éteints.

Après avoir remis un peu d'ordre dans la chambre où vit la pauvre Françoise, Mme d'Youville reprend le chemin du foyer. La joie qui a illuminé le visage de l'aïeule lorsqu'elle lui a promis son appui ne lui a pas échappé. Comme il est doux le rôle de consolatrice et comme elle désirerait soulager tous ceux qui, autour d'elle, pleurent dans la nuit de leur misère inconnue!

1733 – « L'Esprit souffle où il veut... »

Et la vie continue sans ralentir la marche à l'étoile de cette femme forte. Pressée par la charité du Christ qui consumait l'Apôtre, elle inaugure le service social à Ville-Marie. Certes, le cadre en est restreint puisque la veuve ne dispose que de moyens très limités, mais l'idée a vu jour et c'est déjà un commencement... qui ne saurait échapper à l'entourage. La famille, après avoir fait la moue et haussé les épaules, fronce maintenant les sourcils. On pardonnerait à Marguerite de s'en tenir à la visite des malades, mais de se constituer, ainsi que le lui a reproché Louise, la servante de quiconque requiert son aide, semble intolérable aux siens. La jeune veuve n'en a cure tant la clameur des malheureux s'avère toute puissante sur son cœur.

Ses agissements, cependant, ne rencontrent pas que réprobation; ils constituent même en ce matin de janvier 1733, l'objet d'une importante conversation entre Monsieur Louis Normant de Faradon, supérieur du Séminaire, et Monsieur Gabriel Le Pappe du Lescöat, ancien curé de Notre-Dame qui a dû, il y a déjà trois ans, résigner cet office pour raison de santé.

— Je viens vous causer de l'hôpital général, explique Monsieur Normant, vous savez que la situation n'en est pas brillante.

— Il y a déjà plus d'une décennie que je vois péricliter l'institution. Le Fondateur aurait désiré la fusion avec notre Compagnie et, sur notre refus, il a fait la même démarche auprès des Frères des Écoles Chrétiennes, démarches qui restent pendantes.

— Ce qui n'améliore guère le problème, et je m'en alarme. Nos vieillards n'ont pas les soins qu'ils nécessitent et tous ne sont pas acceptés, faute de personnel pour en assumer la charge. Un tel état de choses ne saurait se prolonger sans préjudice pour l'établissement. Nos gouvernants seront forcés d'intervenir.

— Il faudrait les devancer par une sage solution.

— L'idée m'est venue de proposer aux sœurs de l'Hôtel-Dieu ou à celles de la Congrégation de Notre-Dame de se charger de cette œuvre. Mais ce serait les inviter à dévier de leur but principal et l'expérience de ces pauvres Frères prouve que ces déviations sont fatales. J'ai donc abandonné le projet.

Lentement, comme se parlant à lui-même, Monsieur du Lescöat pose une question :

— Que penseriez-vous de Mme d'Youville ?

— C'est précisément à son sujet que je suis ici ce matin. J'observe la dame en question depuis son veuvage, l'examen semble des plus satisfaisants. Il est pourtant une foule de choses que j'ignore.

— Et que je vous ferai connaître dans la mesure où me le permet la discrétion du directeur spirituel. Mme d'Youville a eu bien des croix ; elle s'est laissé façonner par cet instrument que Dieu emploie pour ses prédestinés. Ce n'est pas un vain axiome que : *ad lucem per crucem*. Aux croix, a succédé la lumière.

— Votre direction n'y a pas peu contribué, sans doute.

— Mon rôle est bien secondaire. C'est l'Esprit qui fait le travail, l'Esprit qui souffle où Il veut, mais qui, dans le cas présent, trouve toujours la voile largement déployée.

M. du Lescöat s'interrompt. Ainsi qu'il vient de le dire, la discrétion ne lui permet pas de divulguer les dispositions d'âme de sa pénitente. Il songe cependant combien M. le Supérieur serait rassuré s'il connaissait les merveilles que l'Esprit-Saint opère en Mme d'Youville. Pour sa part, il en reste émerveillé ; il n'a eu pour ainsi dire, qu'à lui proposer les dévotions sulpiciennes à l'Intérieur de Jésus et de Marie, l'étude des sentiments qui animaient le Fils et la Mère au cours de leur séjour terrestre. De la contemplation amoureuse de ces divins Modèles, elle est passée instinctivement à l'imitation passionnée. Ce lui est une preuve que l'Esprit-Saint « agit » en cette âme de choix et qu'Il l'a orientée lui-même vers une vocation spéciale : représenter la Providence du Père Céleste auprès de tous ceux qui souffrent.

Il se contente de souligner :

— Vous avez rencontré Mme d'Youville au cours de vos visites à certains foyers pauvres. Que vous en semble ?

— J'ai remarqué qu'elle allait de préférence vers les plus pauvres, vers les malades les plus répugnants. Plusieurs fois, je l'ai vue au chevet d'un moribond, l'exhortant au repentir ou à la résignation. J'en suis resté frappé et je me demande si ce ne sont pas là des indices providentiels.

Pour ma part, j'ai l'intime conviction qu'un rôle indispensable est réservé à Mme d'Youville dans la jeune Église canadienne, mais il ne m'appartient pas d'empiéter sur la Providence. Je dois attendre l'heure de Dieu, heure que je ne verrai pas, j'en suis maintenant sûr, mais que je suis heureux de voir se rapprocher de plus en plus.

— Vous croyez que votre pénitente pourrait assumer la direction de l'hôpital ?

— Non seulement je le crois, mais j'en suis persuadé. Mme d'Youville est douée d'un jugement sûr, d'un esprit vif et pénétrant et de qualités éminemment pratiques : déjà, elle a liquidé les dettes de feu son mari et cela, malgré des ennuis de toutes sortes.

— En admettant qu'on lui confie cette institution, il faudrait lui adjoindre quelques aides.

— M'est avis que c'est bien ici qu'il ne faut pas empiéter sur la Providence. Mme d'Youville est une entraîneuse, son exemple lui suscitera des émules, j'en suis sûr. Croyez-moi, Dieu prépare son instrument et Mme d'Youville relèvera l'hôpital sur son déclin.

— Vos pronostics sont rassurants, je vous en remercie, reprend M. le Supérieur. J'attendrai en toute confiance l'heure de Dieu.

…Quelques semaines après cet entretien, le 7 février, l'ex-curé de Notre-Dame passait à un monde meilleur, emportant les regrets de tout un jeune peuple qui reconnaissait en lui, le prêtre selon le cœur de Dieu, vénéré à l'égal d'un saint. Mme d'Youville choisit alors Monsieur Normant pour confesseur, choix inspiré par l'Esprit-Saint lui-même, car le digne Supérieur du Séminaire saura guider cette âme magnanime vers les sommets où Dieu la convie.

1734 – La joie en dépit de tout...

La vie n'est cependant pas triste à la place du Marché. La joie est l'attitude normale de toute âme pacifiée. Marguerite rayonne cette joie sur son entourage parce qu'elle la possède au fond de son cœur. La vraie piété — la seule qui mérite ce nom — dilate les âmes en une attitude souriante, car appartenir au meilleur des Pères et le savoir, tout attendre de Lui et posséder la certitude que son espérance sera comblée, n'est-ce pas le trésor par excellence que «ni la rouille ni les vers» ne sauraient atteindre?

On en est au 11 avril 1734, la soirée est jeune. François a terminé ses devoirs de classe; en compagnie de Charles il aide la maman à remettre en ordre les tablettes du magasin. Preuve de confiance, songez donc: aligner les bocaux de pralines tout en résistant à la tentation d'en croquer quelques-unes! Ce soir, maman a permis de se servir. La joie atteint son comble et les deux enfants chantonnent de contentement.

Mme Sylvain s'est arrêtée à cette maison joyeuse au cours de l'après-midi. Marguerite accueille toujours à bras ouverts cette maman que l'épreuve continue d'accabler. La vie n'est pas rose au foyer Sylvain. Heureusement, il se produit une diversion de ce temps-ci. Le docteur s'apprête à quitter pour la France afin d'aller solliciter le poste de médecin du Roy. Tout cède devant cet obstiné. Même le gouverneur M. de Beauharnois, qui lui est hostile, a dû s'avouer vaincu dans ses démarches pour le desservir auprès de la Cour. Le sieur Sylvain a conservé son brevet de médecin et obtenu gratuitement son passage sur le «Rubis» avec place à la table du capitaine. Le départ s'effectuera le 24 mai prochain. Les préparatifs du voyage accaparent littéralement le docteur. «Pauvre mère, songe Marguerite, au moins goûtera-t-elle un peu de paix durant son absence!»

Mais voici que s'agite la clochette du magasin. Une visite à cette heure? Ce ne peut être qu'une voisine en quête d'un service. Mais non, il s'agit de Mme Bégon, dont la conversation toujours spirituelle, s'avère un charme. Mme d'Youville l'accueille avec un sourire.

— Comme je passais devant votre porte, explique l'arrivante, j'ai pensé venir vous donner des nouvelles des pauvres sinistrées d'hier.

Pour la deuxième fois en treize ans, l'Hôtel-Dieu était la proie des flammes. Tous les malades ont pu être sauvés, mais l'épreuve présente d'autres aspects pénibles.

— A-t-on réussi à les loger à l'hôpital général, comme la dernière fois? interroge Mme d'Youville, intéressée.

— Impossible, reprend Mme Bégon, la partie vacante n'en est plus habitable; vous devriez voir le délabrement! Non, il a fallu disperser le pauvre groupe en quelques maisons. Et ça durera jusqu'à ce qu'on puisse reconstruire.

— Pauvres sœurs! s'exclame Marguerite. Comme je voudrais les aider!

L'accent de compassion sincère accompagnant ces quelques mots n'a pas échappé à la visiteuse, pas plus que l'ordre régnant dans la maison et la parfaite éducation des deux enfants qui l'ont saluée gentiment à son entrée. «Cette dame ferait une excellente institutrice pour les postulantes de notre Archiconfrérie! il faudra que je le propose à la prochaine assemblée», se dit tout bas Mme Bégon.

Puis, tout haut, elle poursuit:

— Je ne saurais m'attarder davantage, Madame, il se fait tard déjà. Je vous emmènerai à l'hôpital un des ces jours et vous verrez que je n'ai pas exagéré en parlant de délabrement.

Lorsque, ce soir-là, après sa longue prière habituelle, Mme d'Youville ferme les volets de sa fenêtre, elle s'attarde à contempler la nuit merveilleuse piquée de clous d'or, comme si, par-delà les sphères éthérées, on ne se doutait pas de nos épreuves de la terre. Sa foi ardente ne se laisse pas arrêter par cette apparente placidité. «Le silence éternel des espaces infinis», loin de l'effrayer, l'incite à se jeter avec encore plus de confiance entre les bras tout-puissants de Celui qui en reçoit l'hommage. La supplication de Marguerite monte fervente en faveur des sinistrées. Et puis le corps fatigué consent à prendre quelque repos afin d'assumer à nouveau dès l'aurore du lendemain, l'austère programme de tous les jours.

1735 – La joie
dans le labeur obscur...

L'AIGUILLE de la raccommodeuse ne connaît guère de répit depuis quelques jours. Marguerite a trouvé un nouveau motif de se dévouer. La semaine dernière, lors de sa visite à l'hôpital général en compagnie de Mme Bégon, la charitable veuve a remarqué que les hardes des pauvres nécessitaient le soin d'une main de femme. Spontanément, elle a offert ses services qui ont été acceptés avec empressement. Et Marguerite pousse l'aiguille inlassablement car le travail presse : il faudra retourner ces vêtements par l'occasion de cet après-midi, alors que l'un des Frères hospitaliers s'arrêtera prendre l'énorme colis. Non, vraiment, Mme Bégon n'avait pas exagéré en parlant de délabrement ; Marguerite a senti son cœur se serrer en voyant le lamentable état de l'édifice, lequel, sans menacer de ruine imminente, ne laisse pas cependant d'accuser le besoin urgent de réparations. Et ces pauvres Frères à la démarche si lasse, qui ne suffisent pas à la besogne ! et ces dettes qu'a mentionnées Mme Bégon, ces dettes qui ont atteint la somme de 29,938L. ! Au fait, ce sont ces dettes qui défraient actuellement la chronique montréalaise.

On instruit présentement à Québec, le procès du Frère Chrétien qui les a contractées outre-mer après la mort du Fondateur. Affolé par les revendications des créanciers et se trouvant dans l'impossibilité de répondre à ses engagements, le Frère a fui aux Antilles d'où les Autorités l'ont ramené en 1728. La bonne intention du Frère n'a pas à être mise en doute : il désirait munir l'hôpital de diverses industries afin de lui assurer des revenus, mais les emprunts ont été faits à l'insu de la Communauté. Les parties lésées ont beau être en France, le vacarme est joli autour de cette affaire. Mme Bégon, dont le système d'information semble impeccable, nourrit les plus noirs pressentiments à l'égard des pauvres Frères. Mme d'Youville leur témoigne sa sympathie par ses services de raccommodeuse ; voilà pourquoi la lueur des bougies a trembloté jusqu'à une heure fort avancée dans la nuit, à certaine petite fenêtre de la place du Marché.

Ce travail supplémentaire ne la dispense pas de ses autres besognes : Françoise Auzon, étant devenue complètement aveugle, requiert son aide ; la charge de Supérieure de la Confrérie, à laquelle on l'a élue en mai dernier, accapare la moindre minute libre et tout cela se surajoute au devoir d'état que rien ne pourrait lui faire négliger.

Quelle existence besogneuse pour cette femme de trente-quatre ans qui se refuse systématiquement tout plaisir ! Clémence a insisté hier pour obtenir d'elle une promesse : celle d'assister à son mariage qui aura lieu le 16 novembre prochain. « Beau mariage » à ce qu'on prédit, car Clémence épousera Pierre Gamelin-Maugras, parti enviable quant à l'honnêteté de la famille et à l'aisance de la situation.

Les instances ont été vaines. « J'assisterai à la messe et prierai pour ton bonheur, a promis l'aînée, mais ne m'en demande pas davantage. J'aurais l'impression en acceptant, de dérober un temps précieux à mes protégés. » Et devant la moue significative de sa cadette, elle a ajouté : « D'ailleurs, tu sais bien que j'ai renoncé depuis longtemps à toute réunion mondaine. »

...C'est en revenant de la messe de ce mariage que Marguerite apprend fortuitement la triste nouvelle : le Conseil supérieur de Québec tient l'Hôpital général de Montréal responsable des dettes contractées par son ex-supérieur, le Frère Chrétien. La sentence, hélas, porte un coup mortel à une victime déjà agonisante.

1736 – Réminiscences...

TOUTE une année s'est écoulée depuis les événements précédents. En ce dernier soir de décembre, Marguerite, comme à l'accoutumée, fait le bilan des joies et des peines qui lui ont été départies par la bonne Providence au cours de 1736 qui s'achève. La mélancolie d'un changement d'année, bien peu y échappent ; elle vous étreint l'âme et vous force à mesurer, en quelque sorte, la distance parcourue. Marguerite feuillette ces pages du livre de sa vie où Dieu, en toute liberté, a écrit par la voie des événements, ce qu'Il réservait à son enfant confiante. « Tout est grâce » en dépit des apparences, reconnaît la jeune femme, après tant d'autres.

Elle revit ce jour de juin où la pénible nouvelle du décès de Christophe lui fut communiquée, à elle d'abord, pour qu'elle en fasse ensuite part aux autres membres de la famille ; ce cher Christophe, parti pour l'au-delà après vingt-sept ans et cinq mois d'existence ! Marguerite se remémore la dernière visite du cher cadet, visite éclair, lors de l'hiver 1733-34. Chargé de mission par de La Vérendrye, Christophe apportait au gouverneur général, Monsieur de Beauharnois, une cargaison de pelleteries, une relation des découvertes effectuées à date, ainsi qu'une carte du Nord-Ontario, carte dressée par Christophe lui-même. En reconnaissance de ses services, le Roi de France lui accordait au cours de ce même hiver, le titre d'enseigne. L'enthousiasme et la virilité du jeune homme permettaient cependant d'escompter d'autres exploits. Christophe avait d'ailleurs fait ses preuves lors des expéditions guerrières contre les Renards et les Sioux. C'est précisément la bravoure manifestée alors qui lui avait valu d'être discerné par son oncle de La Vérendrye. Le jeune enseigne repartait vers ses découvertes à la fin de l'hiver 1734 ; on lui assigna, dès l'année suivante, la charge du fort Maurepas à l'embouchure du Lac Winnipeg. Il y passait un hiver excessivement pénible. Au printemps, ses deux cousins, le trouvant dans un état des plus pitoyables, décidèrent de le ramener au Fort Charles, mais il était déjà trop tard : l'explorateur succombait aux fatigues du voyage, le 10 mai, à la Fourche-aux-Roseaux, au Manitoba.

Ô voies insondables de la Providence divine ! Marguerite les adore sans chercher à les comprendre. Ces voies restent mystérieuses pour la courte vue humaine, mais au regard de la foi, elles resplendissent d'une indicible lumière : celle d'un Amour tout-puissant qui veille sur les tout-petits que nous sommes.

Et Marguerite passe à cette autre page : la plus douce à son avis, puisqu'elle enregistre le commencement d'une grande amitié. La rencontre est encore récente, mais comme elle a fait époque ! Tous les moindres détails remontent à la surface en sa mémoire fidèle. Ce jour-là, Marguerite, qui n'en était pas à la première expérience du genre, quêtait de porte en porte... certainement pas en sa faveur, mais en faveur d'un condamné exécuté sur la place publique et à qui personne ne songeait à procurer une sépulture honnête. Et c'est alors qu'elle a fait la connaissance de Mlle Marie-Louise Thaumur de Lasource, la fille du riche chirurgien. L'accueil a été des plus charitables en cette maison. L'hôtesse a versé une large offrande et a bien voulu dire à Marguerite : « Votre bonté m'est connue,

Madame. Je suis même tentée de vous envier cette liberté de secourir les misères.» Marguerite s'est émue devant le regard sincère accompagnant ces paroles si peu banales. «C'est là une tentation à laquelle il faudrait succomber.» a-t-elle répliqué avec un sourire. Les regards se sont croisés, compris. Il y a eu échange mutuel. Cette amitié va se développant car Mlle Thaumur de Lasource suscite les occasions de faire passer par les mains de la veuve, les secours destinés aux pauvres. Chaque rencontre éveille de nouvelles attirances ; déjà, de part et d'autre, les deux jeunes femmes sentent leurs destinées intimement liées. Il est de ces choses que le cœur devine !

Et la gratitude de Marguerite monte vers le Ciel. «Merci mon Dieu, pour cette rencontre d'une âme-sœur. Le frère appuyé sur son frère est comme une ville fortifiée, disent vos Écritures. Qu'il en soit ainsi pour nous, que nos âmes s'unissent pour se rapprocher de Vous d'un élan accéléré !»

La pendule égrène les onze coups de l'heure tardive ; Marguerite dépose la broderie et l'aiguille, sans interrompre son action de grâces. Sa pensée est devenue une prière continuelle ; dès qu'elle se trouve seule, c'est avec le doux Hôte de son âme qu'elle s'entretient. Elle ploie les genoux et continue sa méditation : «Merci mon Dieu pour votre aide visible dans l'éducation de mes fils.» François et Charles grandissent normalement ; leur état physique ne cause aucun souci, leur succès scolaires s'avèrent des plus consolants. La maman ne décèle pas les funestes hérédités qu'elle redoutait. Oh ! certes, les enfants ont leurs défauts, mais par contre, que de bonne volonté !

Nouvel an, que recèlent tes plis mystérieux ? Et Vous, divin Pilote, quel coup de barre imprimerez-vous à la fragile barque de Marguerite ? Lui commanderez-vous d'aller plus au large ? Mme d'Youville en est à un tournant de sa vie, elle le pressent de façon très aiguë. Un zèle inextinguible a envahi son âme ; elle n'aura de repos que lorsqu'il l'aura consumée.

1737 – Marguerite et son destin de fondatrice...

L'HIVER 1737 a sévi avec une rigueur exceptionnelle, aussi est-ce un véritable soulagement que ce printemps hâtif et ensoleillé. Un rite spécial se déroule au foyer de Marguerite ce matin. Agenouillée entre ses deux fils, elle fait la lecture du testament de Pierre Boucher, le bisaïeul, ancien gouverneur des Trois-Rivières, pieusement décédé le 19 avril 1717. Une tradition, encore jeune, exige qu'à chaque anniversaire, les descendants relisent cette pièce magistrale que l'ancêtre, à l'instar des patriarches antiques, a laissée comme programme de vie à ses descendants : «Je donne mon âme à Dieu, mon corps à la terre, je veux mourir dans la foy et religion catholique, apostolique et romaine», commence la maman, et elle poursuit les ultimes recommandations faites d'abord à «ma chère femme que j'ay tant aimée», à chacun des fils, des filles, ainsi qu'à leurs conjoints. «Voulez-vous que Dieu vous bénisse, mes chers enfants? Tenez-vous en paix les uns avec les autres, que l'intérêt ne soit pas capable de vous désunir. Souvenez-vous que le meilleur moyen d'entretenir la paix, c'est de conserver la crainte de Dieu. Faites du bien à tout le monde, ne faites de mal à personne. C'est Dieu qui m'a donné le peu de bien que je vous laisse, Il vous en donnera aussy». Et les «dernières volontez» continuent, imprégnées du plus pur esprit de foi. Marguerite a souvent relu, pour son compte personnel, ces pages inspirées qui lui ont imprimé comme un sceau. Elle commente pour ses enfants les passages où il est question d'union, d'amour mutuel, d'attachement à la Religion et de générosité envers les malheureux.

Et la lecture s'achève sur cette note austère — mais si caractéristique — «Je ne doute point que si quelqu'un de vous veut troubler la paix, Dieu ne l'en punisse. Je l'en prie et l'en prierai de tout mon cœur.»

L'audition de cette pièce semble avoir profondément ému François, le fils aîné.

— Mère, j'aurais quelque chose à te dire.

— Dis, François, je t'écoute.

— C'est beau ce que grand-père Boucher recommande aux grands-oncles prêtres, commence la voix mal assurée.

La maman vient à la rescousse.

— Oui, mon grand, c'est très beau. Grand-père s'adresse à eux comme étant entre tous les autres, les plus solides garants de la paix et de l'union dans la famille.

— Je voudrais devenir prêtre, jaillit l'aveu, quoique d'une voix émue.

Les grandes joies, comme les grandes douleurs sont muettes, dit-on. Marguerite, à l'annonce de cette joie inénarrable, sent son cœur se fondre littéralement. Elle n'a qu'une réponse : celle des larmes. François, se méprenant sur la signification de ces dernières, s'empresse d'ajouter :

— Sois tranquille pourtant, mère, je ne te quitterai pas tout de suite. Marraine, tante Clémence, a dit que je devais t'aider quelques années : tu as tant fait pour nous !

— M'aider et laisser attendre le bon Dieu qui t'appelle ? Non, mon fils. La bonne Providence ne nous a jamais manqué, elle nous aidera encore. À une telle invitation, il faut te hâter de répondre.

— Alors, tu permets ? Je puis commencer les études classiques ?

— Oui, François. La part de sacrifice, ça me regarde. Suis ta vocation ! Tu rencontreras des renoncements, toi aussi, car pour « suivre le Maître, il faut d'abord prendre sa croix ».

Charles qui, jusque-là, n'a pas bronché, interrompt l'entretien. Le bambin n'a que huit ans et cette longue séance de sagesse lui pèse.

— Tu pleures, maman ? fait-il en fixant les yeux maternels.

— Ce sont des larmes de joie, mon petit. Maman est si heureuse.

L'explication déconcerte la philosophie enfantine, mais à cet âge, on a la solution rapide.

— Quand je serai grand, je t'en ferai pleurer de la joie à mon tour car je dirai la messe moi aussi, comme l'oncle Joseph et l'oncle Charles.

* * *

Les enfants ont repris le chemin de l'école, laissant la maman à sa reconnaissance jubilante. Dieu lui fait l'honneur de choisir son fils. Pas un instant, sa pensée ne s'arrête à la considération que Dieu pénètre ordinairement dans le cœur de l'enfant en passant d'abord par celui de sa mère ; elle ne songe pas davantage que François n'a eu qu'à la regarder vivre pour apprendre à aimer jusqu'à l'immolation.

Or, tandis que dans son humble foyer, la pauvre veuve s'abîme dans la gratitude, au salon de Mme Thaumur de Lasource, on cause à l'heure du thé. Madame n'aime guère les brillantes réunions mondaines, mais elle prise ces visites intimes où l'on peut causer cordialement. Aujourd'hui, cependant, la conversation prend une tournure plutôt inattendue : il est vrai que les dames y sont en majorité et que l'une d'elles, véritable chronique ambulante, y apporte l'aliment, toujours savoureux, des plus récentes nouvelles.

— Je tiens de source certaine, affirme-t-elle en ce moment, que la fusion des Frères Charon et des Frères de France n'aura pas lieu. On dit que la dette de l'hôpital général constitue le grand obstacle. Les Frères Denis et Pacifique, délégués des Frères des Écoles Chrétiennes, retourneront en France à bord du vaisseau qui lèvera l'ancre la semaine prochaine.

— Les Frères rendront compte de leur mission à leur Supérieur général, conclut un intime de la maison. C'est lui qui se prononcera en définitive sur le projet. Je crois que nous avons lieu d'espérer encore.

Dépitée que l'annonce de sa nouvelle ne produise pas l'effet désiré, la dame poursuit:

— Espérer encore? Oui peut-être, mais espérer le secours d'une autre source. Les sauveurs de l'hôpital général ne viendront pas d'outre-mer; m'est avis qu'on les trouvera ici même, dans l'enceinte de la ville.

— Que voulez-vous dire? questionne une ancienne demoiselle, visiblement intéressée.

— On me dit que Monsieur le Supérieur nourrit un plan bien arrêté: substituer aux Frères Charon, la veuve d'Youville qui se mêle d'œuvres de bienfaisance sociale, comme chacun le sait. Il y a toutes sortes de façons de tuer le temps, voyez-vous.

Cette allusion, apparemment innocente, s'adresse à Louise de Lasource qui l'a saisie, en même temps que l'œillade rapide dont l'a effleurée la dame.

— C'est tout de même un tue-temps louable, commente Mlle de Lasource, tout en continuant de servir le thé avec une maîtrise parfaite.

— Il y a néanmoins la manière: autre chose de secourir les indigents et autre chose que de s'abaisser à leur niveau.

Le ton est acerbe. Louise songe intérieurement que tous les raisonnements du monde ne parviendront pas à convaincre cet esprit buté. En parfaite hôtesse, elle oriente adroitement la conversation sur un autre sujet et l'incident est bientôt oublié. Après le départ des invités cependant, Mme de Lasource qui a observé les réactions de sa fille avec un immense intérêt, ramène la question en disant:

— Cette dame — elle n'a guère besoin de la nommer — ne semble pas te revenir, Louise.

— Je lui trouve des idées pour le moins étranges. De plus cette tournure qu'elle a de multiplier les insinuations m'agace énormément.

— C'est plus sérieux que je ne croyais, constate la mère en souriant. J'ai remarqué que tu as eu la tentation de te cabrer lorsqu'elle a prononcé le nom de Mme d'Youville.

Ce disant, elle enveloppe sa fille d'un regard pénétrant et elle s'aperçoit que la remarque a porté.

— En effet, mère. Son ironie de mauvais aloi m'a blessée. Vous n'ignorez pas quelle sympathie me lie à Mme d'Youville et j'ai appris à votre école que l'amitié est essentiellement solidaire : lorsqu'on attaque mes amies, on m'atteint à la prunelle de l'œil. J'admire Mme d'Youville et n'éprouve pas de honte à l'admettre devant qui que ce soit.

— Cette admiration te conduira-t-elle à l'imitation ? interroge Madame, d'une voix un peu émue.

— Dieu le veuille, répond Louise en se rapprochant de sa mère ! Mais je n'ai pas l'envergure d'âme de mon amie. Sa vie austère, mortifiée, me fait peur. De plus, il me faudrait vous quitter, ajoute-t-elle, et cette perspective m'enlève tout courage.

Pour dissimuler ses larmes, Louise appuie la tête sur l'épaule maternelle et elle entend — de cette mère qui a déjà donné à Dieu un fils et une fille — ce langage inspiré par la foi et l'amour :

— Va ma fille ! Si Dieu t'appelle dans cette voie, il ne faudrait pas craindre de t'y engager. Ce sera pénible de voir partir mon « bâton de vieillesse » car je t'avais élue entre les autres, à ce poste, mais la vie m'a éclairée sur les vraies valeurs. Une seule chose importe : mourir dans l'amitié de Dieu et, pour cela, s'être efforcé durant sa vie d'accomplir sa sainte Volonté.

Les paroles tombent comme un baume consolateur en l'âme de Louise qui conclut l'entretien en disant :

— J'ai un rendez-vous avec Mme d'Youville la semaine prochaine. Nous devons faire ensemble une visite de pauvres à domicile. Je ne prendrai aucune décision avant cette première tentative. La chose est grave, trop grave pour m'y engager à la légère, n'est-ce pas ?

— Sans doute, ma fille. Trop grave pour nous deux que ton départ affectera… et grave aussi pour les pauvres qui t'attendent.

La conversation s'arrête sur ces paroles, mais les pensées n'en poursuivent pas moins leur cours. La perspective du grand sacrifice se dresse entre ces deux êtres qui méditent sans doute, dans le secret de leur cœur, l'incontestable parole du Maître : « Celui qui aime son père ou sa mère ou son fils ou sa fille plus que *Moi*, n'est pas digne de *Moi*. »

* * *

Mlle de Lasource a été fidèle au rendez-vous. En fait, les rendez-vous se sont multipliés depuis quelques temps. La fille du chirurgien s'est plus d'une fois émerveillée en voyant Mme d'Youville à l'œuvre. De quelle délicatesse ne fait-elle pas preuve en traitant avec les pauvres !

En se livrant à ces exercices de charité, les deux amies ont vu s'accroître leur intimité. Elles en sont venues à parler d'avenir, et toutes deux ont résolu de faire une neuvaine au tombeau de Monsieur du Lescöat dont la renommée de thaumaturge va grandissant depuis la guérison soudaine d'un pauvre cancéreux ; guérison attribuée à l'intercession de l'ancien Curé.

Les saints exercices s'achevaient ce matin. Cet après-midi, les deux amies sont allées solliciter la bénédiction du premier seigneur de l'Île de Montréal, Monsieur Louis Normant, supérieur du Séminaire. Il les a reçues avec une bonté toute paternelle et les a entretenues de la grandeur du commandement divin : « Ce que vous ferez aux plus petits d'entre les siens, le Christ le tient comme fait à Lui-même. »

Les paroles convaincantes ont brisé les derniers liens, du moins pour Mme d'Youville. Au sortir de cette visite, alors que les deux compagnes marchent gravement, sensibles à la beauté de cet après-midi d'octobre où les flancs boisés du Mont-Royal étaient la gamme de leurs teintes multicolores, Marguerite confie spontanément à Louise : C'en est fait, ma décision est prise. J'emploierai ma vie au service des pauvres.

Louise tressaille d'admiration, sans pourtant proférer la parole qu'attend la jeune veuve. Mlle de Lasource va-t-elle céder aux hésitations et laisser passer la grâce ? Mme d'Youville se refuse d'y croire. La lutte sera âpre cependant, il est facile de l'augurer. Quelle qu'en soit l'issue, elle, pour sa part, ne renoncera pas à son projet. Dieu lui suscitera d'autres compagnes, elle n'en doute pas. Elle a même ouï-dire que deux personnes sérieuses songent à se joindre à elle.

— Puis-je compter sur vous pour m'aider? interroge-t-elle, le regard tourné vers Louise.

— Votre idéal me séduit, admet cette dernière, mais la crainte me retient. Je n'ai pas votre tempérament de feu, mon amie. J'avoue cependant, qu'auprès de vous je me sens tous les courages mais d'où vient que mon hésitation se prolonge ainsi? je ne fais pas le bien que je veux, comme disait saint Paul.

Marguerite devine trop bien ce qui se passe dans l'âme de son amie pour s'étonner d'un tel aveu. Elle sait d'expérience ce qu'il en coûte pour sortir de soi. «Il y faut le courage du lion», proclame l'auteur de l'Imitation.

Les deux amies ont atteint la place du Marché. En franchissant le seuil de la petite maison, Louise poursuit:

— Où puisez-vous votre beau courage, Marguerite? Où avez-vous appris cet art de vous oublier au profit des autres?

Comme si elle ne voulait pas révéler son secret intérieur, la jeune veuve suggère:

— Demandons à la Sainte Vierge de nous éclairer sur la route à suivre, voulez-vous?

Et elle indique, sur la cheminée, la petite statue de la Madone, tenant son divin Fils entre ses bras. Haute d'environ six pouces, la statuette de cuivre est un souvenir très cher. Les deux amies s'en rapprochent et la voix grave de l'aînée explique:

— Voyez la Vierge tendant au monde le Rédempteur qui le sauvera. Son Fils est aussi celui du Père Éternel, elle L'a reçu de Lui, elle nous le donne. C'est le don par excellence que ce Pontife suprême reliant le ciel à la terre. C'est la preuve que la Providence du Père veille sur nous. Voilà pourquoi l'autre jour, en méditant ces grandes vérités, l'appellation Notre-Dame-de-la-Providence m'est montée spontanément aux lèvres. Et depuis lors, je prie la céleste Mère de m'inspirer, à moi aussi, les sentiments avec lesquels on doit donner le «Christ au monde». Elle est si près de Jésus. C'est elle qui Lui a pétri son cœur de chair et qui en connaît tous les secrets. Elle nous obtiendra de Lui que son amour nous sustente et nous consume.

Subjuguée par ce qu'elle vient d'entendre, Louise promet d'invoquer Notre-Dame-de-la-Providence afin d'obtenir le courage de faire le grand pas. Et l'on se quitte après un serrement de mains, c'est une promesse que l'on échange. «Confiance, courage Dieu est là», dit l'étreinte de Marguerite. «Merci pour votre soutien, votre affection», répond celle de Louise.

Les deux intimes ne sauraient se douter qu'en ce moment précis où, apparemment, elles se séparent, deux autres destinées s'associent à la leur, irrévocablement. Catherine, fille du tailleur Demers-Dessermont, l'une de ces deux personnes fortement impressionnées par l'apostolat de Mme d'Youville, reçoit actuellement la visite de son amie et homonyme Catherine Cusson. Outre la différence d'âge — Mlle Demers est de douze ans plus âgée que Mlle Cusson — plus d'un contraste existe entre les deux personnalités. Catherine Demers, grande, bien taillée, possède l'expérience de la vie. Le regard clair et posé indique une grande maîtrise de soi ; on devine une de ces personnes que les circonstances les plus inattendues ne sauraient déconcerter. Mlle Cusson, d'apparence plutôt frêle et d'un naturel timide, n'est pourtant pas banale. L'expression de son regard révèle une âme pure, assoiffée d'idéal. Chez les deux femmes, une grande délicatesse de manières, indique une éducation soignée. Sans doute existe-t-il d'autres points de ressemblance puisqu'une solide amitié les unit.

La présence de Mlle Cusson à l'atelier Demers est motivée par les commandes qu'elle rapporte au tailleur. Domiciliée près de la paroisse, elle vit dans la plus grande retraite avec ses deux sœurs aînées ; toutes trois subsistent du produit de leurs travaux de couture.

Il a été question, entre les deux amies, de cette retraite suivie par Mme d'Youville et sa compagne.

— Il en résultera quelque chose, prédit Mlle Demers. J'ai appris de source sûre que les deux se voueront désormais au soin des pauvres. Ma décision est prise, je me joindrai à elles, si elles m'acceptent bien entendu. Ma vocation, je l'ai trouvée. Cette vie toute passée au service des autres est bien ce que j'attendais, cela répond à mes aspirations les plus intimes. Je ne m'y porterai pas avec un enthousiasme de vingt ans, ajoute-t-elle avec un sourire à l'adresse de son interlocutrice, car j'en compterai bientôt le double, mais j'apporterai à Dieu mes longues années d'attente avec la ferme détermination de Le servir jusqu'à ma mort.

— Si Mme d'Youville m'accepte, j'en serai aussi, répond Mlle Cusson. Ce genre d'apostolat m'attire. Aucun obstacle ne me retient. La démarche coûtera à ma timidité, avoue-t-elle en rougissant un peu, Dieu m'en donnera le courage.

L'entretien se clôt sur ces quelques mots, Mlle Cusson reprend le chemin du retour, tandis que se précise sa résolution : « Le plus tôt sera le mieux, conclut-elle en définitive. Si l'occasion ne se présente pas d'elle-même, il me faudra la provoquer. »

Et elle se hâte vers le foyer où l'attendent ses deux sœurs. L'idée lui vient que, bientôt, elle devra quitter définitivement cette maison où elle a vécu jusqu'ici. La perspective fait monter les larmes à ses yeux, mais, malgré sa timidité, Mlle Cusson est énergique ; elle les refoule bravement et entre chez elle en souriant à ses deux aînées.

* * *

Un tel jour connaît un lendemain, un de ces lendemains merveilleux préparés par une lente germination et qui s'épanouissent sans bruit, tout comme le bouton de rose éclate silencieusement sous la poussée de la sève.

Certain soir, Marguerite ayant assisté au salut du Saint-Sacrement à l'église paroissiale, s'apprête à rentrer au foyer lorsqu'une main, se posant sur son bras, l'arrête au passage.

— Puis-je vous dire quelques mots, Mme d'Youville ?

— Oui, fait l'interpellée, reconnaissant Mlle Cusson qu'elle n'a pas cependant rencontrée souvent. Elle remarque la grande timidité de la demoiselle et tente de l'aider en ajoutant : Faisons route ensemble, que puis-je pour vous ?

— Vos activités charitables m'intéressent beaucoup, Madame. Mon amie, Mlle Demers m'assure que, désormais, vous vous occuperez des pauvres de façon toute spéciale. Je me sens la vocation, ajoute-t-elle, en haussant la voix. J'ai consulté mon confesseur, Monsieur Favard. C'est arrêté : si vous voulez bien m'accepter, je partagerai avec vous votre vie laborieuse.

L'émotion contracte la gorge de Mme d'Youville dont le cœur est inondé d'une joie aussi soudaine qu'inattendue. La nouvelle venue, qui ne saurait saisir, dans la mi-obscurité, la nuance du regard de sa compagne, continue simplement :

— Je ne dispose pas des biens de ce monde, Madame, ma seule richesse, c'est mon désir de servir le Christ dans ses pauvres.

— C'est là « l'unique nécessaire », répond enfin Marguerite, d'une voix contenue.

— Le travail, ça me connaît, poursuit l'aspirante qui croit devoir plaider sa cause, nous sommes inséparables depuis que j'ai conscience d'exister: rien ne me fait peur, vous commanderez, Madame, et j'exécuterai.

— C'est-à-dire que Dieu commandera et nous obéirons ensemble, n'est-ce pas? Votre requête, je l'accepte comme une réponse de Dieu. Venez me voir dès que la chose vous sera possible, nous nous organiserons. Vous savez où je demeure? Vous accédez au domicile par la porte de gauche.

— Bien, Madame! nous y serons dès le début de la semaine prochaine; Mlle Demers désire elle aussi vous soumettre sa demande.

On échange un cordial bonsoir. L'âme de Marguerite est noyée de gratitude. «C'en est assez, c'en est trop, mon Dieu» serait-elle tentée de s'écrier comme le Poverello d'Assise. Quant à la timide Mlle Cusson, elle ne se contient plus de joie: cette démarche qui effrayait tant son humilité, la voilà enfin accomplie et qui plus est, acceptée. La semaine prochaine n'arrivera jamais assez tôt, au gré de ses désirs. Alors, on tiendra enfin le rêve longtemps caressé comme une chimère irréalisable.

Pour ce qui est de Louise Thaumur de Lasource, elle se voit aux prises avec les derniers assauts d'une violente tentation: celle du «grand refus». Oh! En finir avec cette lutte qui revient sans cesse, faire la sourde oreille aux appels de la grâce, murer son cœur aux insinuations de la charité, s'arrêter dans l'ascension, se contenter d'une vie bienfaisante sans s'astreindre à partager la pauvreté que l'on soulage... Ce parti semble le plus raisonnable et rencontrerait toutes les approbations. Mais l'exemple de Marguerite est là, inéluctable, pressant comme un appel aux armes. Quel prétexte invoquer pour légitimer la retraite, alors que cette incomparable femme va de l'avant?

Se ressouvenant de sa promesse, elle s'agenouille aux pieds d'une statue de la Sainte Vierge et la supplie de prendre sa cause en main. La prière ramène la paix en son âme, et lorsqu'elle se relève après un long moment, sa résolution est prise: «J'irai voir Marguerite, je m'en tiendrai à ce qu'elle me conseillera».

...Mme d'Youville n'a pas «conseillé» son amie, elle lui a tout juste raconté la démarche de Mlle Cusson, puis celle de Mlle Demers survenue quelques jours après. Le récit, mieux que toute exhortation ou sollicitation importune, a donné le coup de grâce aux hésitations de Louise. Lorsque Marguerite s'est tue, l'amie a poursuivi: «Rien n'est encore définitivement conclu entre vous et elles? Alors je les devance et vous demande de vouloir bien m'accepter. Au nom de notre amitié, accordez-moi ce privilège d'être votre première associée.»

Mme d'Youville lui a ouvert les bras, en lui disant: «Ce n'est que juste, Louise, puisque vous avez été la première à partager mes labeurs. Si vous saviez comme je me réjouis de vous savoir victorieuse!» «Je dois la victoire à Notre-Dame-de-la-Providence,» avouait Louise, rassérénée.

* * *

Les heures ont coulé au rythme habituel. Parcelles d'éternité, les minutes ont fui dans le temps, rapprochant la venue de ce jour mémorable où Mme d'Youville et ses compagnes, réunies sous le toit de la maison Le Verrier, inaugurent leur carrière de servantes des pauvres.

Comme elles ont été pénibles ces démarches en quête d'une demeure! Rebuffades et moqueries n'ont pas été épargnées à la Mère qui, en outre, souffre depuis l'hiver dernier d'un pénible mal de genou: deux plaies vives lancinent la chair et une légère claudication ponctue chaque pas. Elle n'a pas interrompu ses recherches pour autant, désireuse d'installer sa petite famille avant la venue de l'hiver.

Subrepticement, afin de ménager la susceptibilité d'une populace déjà aux abois, on a transporté au nouveau logis, les quelques pièces de mobilier et la lingerie. Oh! Ça n'a pas été long puisque l'avoir n'excède pas cent pistoles. Dès la première visite, les sœurs ont conféré au sujet de la destination de chaque pièce et l'on en a réservé une qui servira d'oratoire. On utilisera même le grenier: un charpentier de fortune a accepté d'y dresser des divisions.

En cet après-midi du 30 octobre, les sœurs Lasource et Demers quittent, les premières, la place du Marché pour accueillir au nouveau logis, Mme d'Youville, sœur Cusson et Charles qui les y suivront de près.

— Vite, conseille sœur Demers, installons la statuette dans l'Oratoire! L'accueil de Notre-Dame-de-la-Providence sera sensible à notre Mère.

Or, présentement, à la place du Marché, Mme d'Youville s'apprête à fermer définitivement la porte d'entrée qui ne s'ouvrira plus, du moins pour elle. Avant de quitter cette maison où, à défaut de bonheur humain, elle a connu les joies austères du devoir, les sollicitations grandissantes d'une vocation de choix, Marguerite jette un dernier regard sur ces vieux murs qui ont abrité quinze ans de sa vie. C'est avec un serrement de cœur qu'elle tourne la lourde clef dans la serrure. Elle formule intérieurement un adieu à «la chère vieille maison grise», témoin silencieux des mystérieux dépouillements opérés en son âme par Celui qui ne souffre pas de rival. Mais l'heure n'est pas à l'attendrissement: le moment est venu de s'acheminer sinon vers l'inconnu, du moins vers un labeur déjà en proie à la contradiction. L'expérience des derniers mois prouve qu'on peut tout redouter.

— Partons! dit-elle simplement à sœur Cusson, en descendant les quelques marches du perron.

Précédées de Charles qui, ravi de l'aventure, a accéléré le pas, elles arrivent à la maison Le Verrier.

— Bienvenue chez nous! souhaitent les devancières, tandis qu'elles s'empressent pour recueillir coiffures et mantilles noires dont les arrivantes se dépouillent.

La porte béante de l'oratoire laisse apercevoir le minuscule autel où préside déjà la maîtresse de céans: Notre-Dame-de-la-Providence. Émue de la délicatesse, Mme d'Youville remercie ses compagnes du regard, puis se dirige vers la Madone. Malgré la douleur atroce que cette position lui cause, elle s'agenouille aux pieds de la céleste Mère; ses compagnes l'imitent. L'heure est venue de prononcer la consécration.

La voix grave de la Fondatrice s'élève sans aucun tressaillement; la sœur Demers lit aussi sans donner aucun signe extérieur d'émotion, mais les sanglots étouffent les sœurs Lasource et Cusson qui n'en acquiescent pas moins de tout cœur à la prière formulée. On se relève pour l'accolade fraternelle. Le silence se fait lourd, on dirait que le temps lui-même a suspendu son cours tant chaque fraction de minute est vécue avec intensité.

En ce moment où l'émotion atteint son paroxysme, Monsieur Louis Normant fait une brève apparition à la nouvelle demeure. Paternellement, il met les sœurs en garde contre la fureur populaire et les incite à se trouver «heureuses d'être jugées dignes de souffrir», comme autrefois les apôtres.

Puis il les assure de sa prière et de son dévouement, de même que de la protection du Maître qui ne manquera pas de veiller sur son «petit troupeau». Rassérénées, les sœurs envisagent l'avenir avec un renouveau de courage.

«C'est dans la région profonde d'une âme que se noue ou se dénoue parfois, la destinée d'une société.» Cette fois, c'est dans la région profonde de quatre âmes que se nouent les liens qui donneront naissance à une société toute de miséricorde. Qui s'en douterait? Certainement aucune de ces femmes se liant en ce moment, à une association purement séculière, plus rigide cependant que la confrérie de la Sainte-Famille. Au moment où l'assemblée se lève, Mlle de Lasource demande:

— Comment nous appellerons-nous entre nous?

— Pourquoi pas: «ma sœur»? propose Mme d'Youville.

— Je n'y ai aucune objection, déclare, souriante, Mlle Demers. À condition que nous vous appelions: «ma Mère». Vous êtes l'instigatrice de ce mouvement, nous ne saurions l'oublier.

Il est si évident que Mlle Demers trahit la pensée de ses compagnes que Mme d'Youville acquiesce au désir exprimé favorisant «l'union la plus parfaite» absolument nécessaire si l'on veut triompher des obstacles que l'on entrevoit et qui ne tarderont guère.

* * *

Les coups ne tardent pas à pleuvoir. En ce matin du premier novembre, les sœurs se dirigent vers l'église de la Paroisse afin d'y assister aux belles cérémonies de la Toussaint. Mue par une sorte de pressentiment, Mme d'Youville retient la timide sœur Cusson pour compagne. Les quatre sœurs font route en silence. Charles, retenu au logis par un mauvais rhume, s'accoude à la croisée et suit les partantes du regard. À peine ont-elles franchi la chaussée, que l'enfant voit, avec une horreur indicible, des pierres s'abattre sur sa mère et ses compagnes, tandis que des huées et des injures parviennent à ses oreilles: «À bas les grises, les bigotes, vendeuses d'eau-de-vie!»

Les vociférations s'entrecroisent avec tant de rapidité qu'il n'entend plus bientôt qu'une clameur confuse. Les sœurs ne ralentissent pas leur marche sous l'avalanche. À un certain moment, sœur Cusson lève vers Mère d'Youville un regard d'angoisse; celle-ci lui répond par un sourire. Mais le cœur de la Mère saigne: elle a pu reconnaître, parmi les agresseurs, des membres de sa parenté. Le fait, tout en l'affligeant, ne saurait troubler la sérénité de son âme.

On finit par atteindre l'église paroissiale… Oui, mais là-bas, appuyé sur le bord d'une fenêtre, un petit garçon de neuf ans pleure toutes les larmes de ses yeux parce que des mains cruelles se sont levées sur celle qu'il chérit le plus au monde : sa mère !

L'opposition des Montréalistes ne freine pas cependant l'élan du petit groupe. En la matinée du 21 novembre 1737, on accueille à la maison Le Verrier la première résidante. Il s'agit de l'aveugle Françoise Auzon à qui Mme d'Youville porte secours depuis quelques années déjà. La fondatrice a voulu que son œuvre s'ouvre dans un climat de pardon, Françoise Auzon et son époux Pierre Lebœuf ont fait la traite avec les Youville, il n'y a pas si longtemps. En faisant table rase du passé, la fondatrice contribue à mettre un terme à une situation pénible. Pierre Lebœuf pourra être admis à l'hôpital général alors que Françoise constituera la première protégée des Sœurs Grises.

La septuagénaire est bientôt installée ; on a procédé avec respect et délicatesse à l'endroit de cette première protégée, car on reconnaît en elle Jésus Christ lui-même et l'on s'estime heureuse et honorée de Le servir en sa personne. Mme d'Youville rappelle inlassablement cette recommandation : reconnaître et servir, dans la personne des pauvres, Jésus-Christ dont on a l'honneur d'être les servantes.

À quelques semaines d'intervalle, d'autres compagnes d'infortune s'ajoutent à la mère Françoise. La population malgré son mépris pour la jeune société, n'hésite pas à lui confier ces cas « lourds » exigeant des soins incessants. Qui sait ? à force de bonté à l'endroit de ces pauvres femmes, on parviendra probablement à vaincre l'inexplicable hostilité.

La fondatrice

1737 – 1747

1738 – *Réactions défavorables…*

L'OPPOSITION des Montréalistes ne lâche pas prise. À peine les quatre associées ont-elles inauguré leur apostolat discret, qu'elles sont confrontées à une désapprobation générale. De quoi se mêle la veuve d'Youville ? Et les vieilles rancunes de remonter à la surface : on n'a pas oublié les avanies causées par le sieur de la Découverte et l'on va même jusqu'à soupçonner la veuve de continuer l'ignoble trafic de son mari. L'indignation gagne les milieux administratifs ; les fonctionnaires accordent à l'incident une attention qui le transforme en événement.

Ce matin, le gouverneur de Montréal, Monsieur Bois Berthelot de Beaucours, reçoit dans son étude, la visite d'un certain lieutenant. Les deux hommes traitent des questions d'actualité, tandis que, des pipes effilées, se dégagent les volutes légères.

— Vous verrez que Monsieur Normant arrivera à ses fins, assure le lieutenant : enlever aux Frères Charon la direction de l'hôpital pour le confier à la veuve d'Youville qui a réussi à grouper trois émules.

— C'est ce qu'on dit. Je n'ai pas accordé d'importance aux premiers rapports, croyant qu'il s'agissait d'un feu de paille. Mais l'incident prend des proportions, la population s'alarme : on crie au scandale.

— Tandis que les racontars vont leur train. Vous savez que lorsqu'une population s'affole, on en entend de belles! Le peuple va même jusqu'à accuser ces femmes de s'enivrer, moyennant l'eau-de-vie que leur fourniraient les Sulpiciens. D'où le sobriquet des « sœurs Grises » dont on les affuble.

— Sottises! Mais enfin, ces exagérations servent notre cause.

— Il sera plus facile d'étouffer l'affaire dans l'œuf. Comment pourrions-nous maintenir nos bons Frères à la direction de l'hôpital?

— La fusion de leur communauté avec celle de France aurait sauvé la situation, mais le Supérieur des Sulpiciens s'y est opposé et c'est ce qui me confirme dans l'opinion qu'il projette de loger la veuve à l'hôpital, quoiqu'il ne m'en ait rien dit.

— Les silences du Vicaire général sont des plus alarmants; ils préludent d'ordinaire à de formidables coups de massue.

— J'ai songé à le devancer pour cette fois. Au cours de l'assemblée d'hier, nous en avons conféré et nous sommes d'avis de dresser une requête en faveur des Frères Charon et de prévenir la Cour contre les sœurs Grises, comme on les appelle.

— Comptez sur moi pour cuisiner les opinions.

— Oh! c'est déjà tout fait. Nous obtiendrons le contreseing du Doyen du Chapitre de Québec ainsi que de l'intendant Hocquart. Figurez-vous que même la parenté de la veuve s'insurge contre elle. On la délaisse, à ce qu'il paraît.

— Tant mieux, le groupement se dissoudra plus tôt. Mes respects, Monsieur le Gouverneur! bon succès dans vos démêlés administratifs! Il va sans dire que je suis du nombre des signataires de la requête.

— Entendu, mon cher Lieutenant.

Le lieutenant a quitté. De deux impérieux coups de sonnette, le Gouverneur appelle son secrétaire.

— Vite! prenez la dictée d'une requête à adresser à Monseigneur de Maurepas, secrétaire d'État, président du Conseil de la Marine…

Et le Gouverneur, tout en faisant les cent pas, formule de longues phrases obséquieuses. La plume d'oie s'agite, court, grince, crache l'encre; mais c'est un véritable pâté lorsqu'arrive la protestation contre les sœurs Grises : le scribe a eu l'occasion de voir les sœurs à l'œuvre.

* * *

L'espoir d'une amélioration dans le comportement des Montréalistes s'est bientôt dissipé. Au calice que le Seigneur leur tend, les sœurs ne font pas que tremper les lèvres, il leur faut boire jusqu'à la lie. La pétition adressée au ministre de la Marine est portée à la connaissance du public. Le gouverneur de Beaucours et vingt-sept protestataires dont Ignace Gamelin et Pierre Maugras, les deux beaux-frères de Mme d'Youville, y ont apposé leur signature. Pourquoi userait-on de ménagements à l'endroit de ces pécheresses publiques?

Le suprême outrage leur est réservé lorsque, un dimanche, l'église des Récollets étant remplie à capacité, les sœurs agenouillées à la sainte table, se voient refuser la communion. La calomnie a fait son œuvre et le religieux qui distribue le Pain de Vie juge ces pécheresses publiques indignes du céleste Aliment. L'assistance n'en éprouve aucun étonnement mais les quatre associées reçoivent le coup en plein cœur. Alors que leurs forces défaillantes appellent Celui qui seul peut les restaurer, les voilà soumises à un jeûne prolongé, accompagné d'une humiliation spectaculaire. De retour à leur place, les sœurs répandent leur âme devant Dieu: «Seigneur, elle est donc pleinement justifiée l'invocation trois fois répétée tantôt: Domine, non sum dignus?»

…Malgré tout, du Ciel, tombent quelques sourires et des bénédictions ou du moins des faits appréciés comme tels par les vaillantes novatrices. En ce mémorable automne, le garde-magasin du Roy leur propose des travaux de couture pour l'armée: habits, vêtements, pavillons de guerre, etc. Proposition acceptée avec empressement: c'est le pain assuré pour les pauvres et leurs servantes.

1739 – Avec l'Amour, vient la croix...

En ce matin de mars, la clochette réglementaire a rassemblé les sœurs à l'oratoire pour l'oraison quotidienne, dès cinq heures vingt. Mme d'Youville y préside comme à l'accoutumée et c'est elle qui suggère les pensées à méditer.

«Jésus, je vous rends grâces d'avoir bien voulu souffrir et mourir pour me gagner le privilège de confraternité avec vous. Je baise votre croix, instrument de mon salut; je m'y voue moi-même sous quelque forme qu'Il vous plaise de me la tendre. Ce qui manque à votre passion — *ma part* — je l'achève en ma chair que je vous abandonne pleinement. Il est juste que mon corps soit torturé puisque vous avez livré le vôtre pour mon rachat.»

Sœur Lasource, dont l'oraison s'avère vraiment laborieuse ce matin, ne peut s'empêcher de faire le rapprochement entre ces paroles et la situation de celle qui les prononce. Elle évoque, non sans frémissement intérieur, l'opération pratiquée à froid, hier, sur le genou de la pauvre Mère. Dans le but de drainer les deux plaies, le chirurgien les a réunies par une large incision. Ses talents d'infirmière ont valu à la sœur Lasource d'assister le médecin. Elle revoit le scalpel ouvrir un passage, fouiller la chair tuméfiée; la douleur vraiment intolérable n'a pas arraché une seule plainte à la malade, mais l'épuisement des forces a causé la perte de connaissance. L'infirmière a vivement fait respirer les sels; la vaillante mère, revenue à elle, n'a pas interrompu son silence héroïque.

Le pansement achevé et le docteur ayant quitté, l'horaire journalier s'est déroulé sans altération. Comme on y tient à ce règlement tracé par la main de M. Normant! À cinq heures de l'après-midi Mme d'Youville présidait à la récitation du chapelet et de l'office du Nom de Marie.

«Tout de même, poursuit la sœur Lasource intérieurement, la nuit a dû être terrible. Comment notre Mère a-t-elle pu même se lever ce matin? Une sortie ne me semble pas prudente. Il faudrait la dissuader d'assister à la messe.»

La voix de la Supérieure s'élève à nouveau et la chère «distraite» s'efforce d'appliquer son esprit aux pensées suggérées.

«Ce qui manque à votre passion, Ô Jésus, je l'achève en mon propre cœur, en acceptant la séparation des miens, l'isolement créé autour de moi par l'humilité de mes fonctions, les injures et les mauvais traitements qu'on nous prodigue. Vous aussi autrefois, avez été abreuvé d'opprobres.»

Ces paroles sont de saison, car la population persiste dans son hostilité. Quolibets et cailloux pleuvent toujours dès que les servantes des pauvres paraissent en public. Aussi il leur est bon d'apprendre, auprès du grand Outragé, comment supporter les outrages. Voilà sans doute pourquoi la Mère choisit ce thème de la Croix pour l'oraison de chaque jour. Les sœurs recueillent chaque mot avec un indicible respect et en épuisent le sens avec avidité.

«Ce qui manque à votre passion, je l'achève enfin, Seigneur, dans mon esprit, en le libérant de tout ce qui n'est pas vous, pour que Vous seul le remplissiez; en estimant les honneurs du rang ou de la fortune comme de la boue, pour me vouer de préférence au soin des pauvres abandonnés, puisque c'est en eux que vous daignez vous prolonger ici-bas.»

L'oraison s'achève. Les sœurs — qui se sont assises sur leurs talons pour obvier à l'absence de chaises — se redressent sur leurs genoux et renouvellent le don d'elles-mêmes tandis que la Mère formule la prière finale:

«Je vous salue, Ô Croix de mon Sauveur, dès maintenant, je vous accueille, je vous baise avec amour. Lorsque, au cours de la journée, vous viendrez, Ô Jésus, poser votre croix sur mon épaule, je me prêterai volontiers à vos divines opérations. La docilité me viendra avec l'amour. Venez-en moi par votre Eucharistie, Ô bon Maître, prêtez-moi votre Cœur pour aimer votre Père et pour soulager les pauvres, ses enfants et vos frères bien-aimés. Notre-Dame-de-la-Providence, gardez-moi sous votre égide et apprenez-moi à être, auprès de nos protégées, une preuve vivante de l'amour que Dieu leur porte.»

La Mère quitte sa chaise d'infirme et, de même que ses compagnes, revêt sa pauvre cape. On se rend à la messe à l'église paroissiale. Il serait si simple de traverser la rue et d'assister au Saint Sacrifice à l'église des Récollets, mais on redoute d'être soumises de nouveau au refus du Pain de Vie.

Les inquiétudes de la sœur Lasource au sujet de la Supérieure semblent dissipées. Certes, la pauvre malade devrait s'accorder quelque ménagement, mais il est des âmes à qui Dieu demande et… accorde davantage: Mme d'Youville est de celles-là!

De plus, depuis quelques semaines, un obligeant voisin — grâce à Dieu, il en est — veut bien offrir les services de sa voiture. Les sœurs y prennent place en silence et s'en vont unir leur offrande matinale à celle de l'auguste Victime.

Au retour de la messe, les sœurs se réunissent dans la chambre exiguë qui leur sert de salle communautaire. On y prend le déjeuner debout, à la façon des Israélites mangeant l'Agneau pascal.

Seulement, il s'agit ici, comme mets unique et invariable, d'un crouton de pain trempé de café d'orge.

Comme bien l'on pense, les portions s'avèrent insuffisantes pour calmer la faim et surtout pour combler la déperdition des forces. Comme dérivatif à ces austères privations, on échange de gais propos : on rompt ensemble le pain de l'amitié, de l'union fraternelle, aliment par excellence soutenant, depuis toujours, les plus beaux courages.

Arrive ensuite la répartition des tâches : à cause de son genou malade, la Mère doit s'en tenir aux travaux de couture, les sœurs Lasource et Demers s'occuperont des pauvres ; quant à sœur Cusson, tout naturellement, elle s'est adjugé la lessive au bord du fleuve.

— J'irai avec Mélanie, elle m'aidera, ajoute-t-elle comme pour donner le change.

Et pourtant, Dieu sait comme elles sont pénibles ces lessives sur le bord du fleuve ! Les sœurs en reviennent avec des glaçons adhérant à leurs tabliers.

Mme d'Youville n'est pas dupe du stratagème ; elle enveloppe sa fille d'un regard pénétrant. Dimanche dernier, lors de la retraite du mois, au cours de l'entretien qu'elle a eu avec sa Supérieure, la sœur Cusson lui a fait part de son désir de se donner toujours de plus en plus et Mme d'Youville, reconnaissant à ce signe l'œuvre de Dieu dans l'âme de sa sœur, l'a engagée à suivre les impulsions de la grâce.

Le conseil a été pris au pied de la lettre. La Mère revoit, par le souvenir, la scène du mois d'octobre 1737, alors que Mlle Cusson l'arrêtait au sortir de l'église pour lui demander de l'associer à son initiative charitable : « Je suis pauvre, avait-elle dit simplement, mais le travail, ça me connaît, nous sommes inséparables depuis ma tendre enfance, rien ne me fait peur. » Elle s'était exactement définie, constate la Supérieure, qui admire la belle courbe de cette âme montante.

Le déjeuner est déjà terminé. Mère d'Youville récite les grâces, puis ajoute simplement :

— Allons, mes sœurs, vers la tâche qui nous appelle ! Souvenons-nous que c'est le Christ que nous servons. Donnons à nos chères hospitalisées leur part de joie ; ne réservons pour nous que la croix.

Et chacune s'en va diligemment vers le travail assigné, l'âme légère parce qu'on a jeté par-dessus bord toute préoccupation personnelle, parce qu'on vit un perpétuel acte de foi en Dieu présent dans celles qu'on soulage, parce qu'enfin, la vraie liberté appartient aux âmes totalement livrées.

Sans même s'en douter, ces quatre pauvres femmes vivent un héroïsme quotidien, climat des plus favorables à l'éclosion de cette fleur si rare : la sainteté.

* * *

La sainteté attire : des curieux, des sceptiques ou des émules. La jeune fille qui se dirige vers la maison Le Verrier, en cet après-midi de juillet, ne saurait être comptée parmi l'une ou l'autre de ces catégories.

Venue de Boucherville, sa place natale, Mademoiselle Thérèse Lemoyne des Pins, arrivée tard dans la veillée d'hier, s'est retirée chez une parente ; arrêt prémédité avant de se rendre chez Mme d'Youville au cours de la journée du lendemain.

La parenté s'est montrée surprise que Thérèse ait fait choix de la demeure de Mme d'Youville comme résidence. « Maman portait la plus vive amitié à cette dame ; elle m'en a toujours parlé en termes élogieux », a répondu Mlle des Pins, d'un ton décidé.

La plus vive amitié, en effet, unissait Renée Le Boulanger, Mme des Pins, et Marguerite de Lajemmerais. En 1721, cette dernière acceptait d'être marraine de Marguerite, sœur aînée de Thérèse.

« Tu es bien jeune pour aller t'ensevelir ainsi dans un asile de vieilles », a-t-on ajouté. « J'y vais librement et à titre de pensionnaire, je n'y vivrai pas en cloîtrée », a répondu Thérèse. « Mme d'Youville rencontre bien des obstacles, outre la pauvreté avec laquelle elle est aux prises » et Thérèse d'objecter : « Les obstacles ne lui font pas peur, j'en suis sûre. Quant à la pauvreté, eh bien, ma pension annuelle tombera à point. »

Devant l'assurance de ces réponses, on n'a pas osé pousser plus loin, mais une des parentes a conclu : « Comme tu voudras, pauvre petite, mais ne te laisse pas languir d'ennui. Si le régime te pèse trop, reviens-nous. Jeune, jolie, riche comme tu l'es, tu peux espérer le plus brillant mariage. »

Thérèse sourit en se rappelant cette conversation ; elle ne compte pas dix-sept ans et ne s'inquiète pas encore de l'avenir. Elle est un peu fière, cette descendante des Le Moyne des Pins, fière de la noblesse de ses origines, noblesse remontant aux croisades, ainsi qu'en attestent les croissants de lune figurant au blason familial.

La jeune fille marche d'un pas souple, elle a bientôt atteint la maison Le Verrier. Au premier coup de heurtoir, Mme d'Youville elle-même ouvre la porte ; elle n'a pas voulu laisser à d'autres d'accueillir la fille de son amie. Mademoiselle des Pins est sensible à la délicatesse.

— Ce m'est un plaisir de vous souhaiter la bienvenue, dit simplement la Supérieure, mais avec quel sourire ! Votre arrivée en ce jour de la Visitation est de bon augure. Le voyage ne vous a pas trop fatiguée ?

— J'en suis maintenant reposée, explique Mlle des Pins. J'arrivais à la ville hier soir. J'ai pu assister à la messe de la paroisse ce matin et me suis attardée un peu chez ma parenté.

— Vous avez bien fait, approuve la Mère. Puis, elle annonce :

— Votre mobilier vous a précédée ici, nous l'avons rangé provisoirement, il va sans dire que vous pourrez en disposer les pièces à votre gré. Désirez-vous que je vous conduise à votre chambre immédiatement ?

— J'en meurs d'envie, avoue la jeune fille, ravie de la simplicité de l'accueil.

Comme elle est accessible cette dame dont on lui a fait des portraits divers ! Thérèse s'engage à la suite de Mme d'Youville. «Elle est imposante, songe-t-elle, maman avait raison de dire qu'elle était une des plus belles femmes qu'elle ait connues. Curieux que je me sois sentie immédiatement à l'aise en sa présence. C'est vrai qu'elle a une physionomie attachante.»

Mlle des Pins n'a pas le loisir d'analyser longtemps ses impressions. Elle longe actuellement un corridor ; par l'entrebâillement d'une porte, elle aperçoit la salle des pauvresses.

— Ce sont là vos protégées, Madame ? interroge-t-elle.

— Oui, Mademoiselle, elles sont au nombre de dix.

Quelques pas encore, on contourne un angle, puis, ouvrant une porte à gauche, Mme d'Youville annonce :

— Voici votre chambre.

À peine entrée, Thérèse s'exclame, en reconnaissant les meubles :

— Je m'y sens déjà chez nous, Madame.

— J'en suis heureuse, répond la Mère. L'acclimatation sera plus facile. Désirez-vous que je vous aide à défaire vos malles ?

— Oh ! Madame, c'est trop de bonté. Certain que je n'abuserai pas ?

— Mais non, chère enfant.

On exhibe des bahuts, vêtements et colifichets. La jeune fille pose en évidence sur la table de toilette, une pâle aquarelle représentant une très jeune femme assise avec, à ses côtés, un gentilhomme en habit militaire.

— Mon père et ma mère, murmure-t-elle, rêveuse. Mon père et ma mère... Dire que la mort me les a ravis tous les deux.

— Vous rappelez-vous votre père ? demande la Supérieure d'un ton sympathique.

— Très peu, songez que je comptais cinq ans à peine, lors de son décès.

— Vous lui ressemblez tellement, remarque Mme d'Youville !

— C'est aussi ce que maman disait. Chère maman ! il y aura trois ans bientôt qu'elle nous a quittés pour aller le rejoindre.

Et la conversation continue, alimentée par les réminiscences.

1740 – L'attirance de l'amour...

« Décidément, la parenté voyait juste », soupire Thérèse en regardant tomber la neige, une neige tardive, fondante, qui rend les chemins impraticables. «La vie est monotone dans cette maison : toujours le même programme, jamais rien d'imprévu qui romprait la grisaillerie quotidienne. Et dire que ces pauvres vieilles semblent si heureuses», constate la jeune fille en percevant le son des voix chevrotantes, qui s'essaient à fredonner une ritournelle. «Non vraiment, je ne m'habitue pas à voir tant de misères réunies sous le même toit.»

Ces sourires vagues qui l'accueillent lorsqu'elle traverse la salle, ces yeux fixes qui n'y voient plus et qui pourtant semblent lui quémander un mot sympathique ; et cette pauvre paralytique incapable de s'alimenter, à qui les sœurs doivent servir les repas à la cuiller comme à une enfant ! Quel spectacle digne de pitié ! Et Mélanie qui, si souvent, fait des siennes ! Elle chasse la poussière à grands coups de balai les jours où elle est d'humeur taciturne, ou bien, rit aux éclats, jase sans arrêt, quand l'humeur redevient sereine. La pauvre aliénée ne se calme que lorsque paraît

Mme d'Youville. Quel don possède cette femme pour qu'ainsi tout le monde l'aime?

Mélanie, c'est évident, s'adoucit comme un agneau lorsque la Mère lui parle. La paralytique, elle, ne la quitte pas du regard. Il faut voir aussi avec quelles précautions infinies, Mme d'Youville replace ses oreillers, arrange son lit. Pour ce qui est de la mère Françoise, c'est tout simplement de la vénération qu'elle lui porte! Il en va ainsi des autres. Toutes sans exception, subissent le charme, l'ascendant de la Supérieure. «Et moi de même, confesse Thérèse, sans cela, je ne demeurerais pas ici un instant de plus.»

Dans ses moments d'ennui, elle se confie volontiers à Mme d'Youville et, toujours, elle trouve auprès d'elle sympathie et consolation. On dirait que cette femme comprend tout, tant elle sait se mettre à la portée de chacun de ses interlocuteurs.

«Elle ferait si bonne figure dans le grand monde, poursuit Thérèse! pourquoi préfère-t-elle s'astreindre ainsi à soigner ces vieilles? Et ce qu'il y a de plus incompréhensible, c'est qu'elle semble y trouver un réel plaisir. Il en est de même pour ses trois compagnes, d'ailleurs. C'est vraiment renversant!»

L'admiration de Thérèse s'accompagne d'un malaise plus ou moins conscient, qu'elle pourrait traduire ainsi: «Et moi, je fais si peu!»

Les doigts de la jeune fille vont et viennent sans arrêt cependant, mais ils s'occupent à un travail de frivolité.

Par la porte largement ouverte, Thérèse ne peut s'empêcher de saisir les allées et venues dans la salle voisine. Justement, Mme d'Youville vient d'y entrer. De petits cris de joie l'accueillent. Elle sourit à toutes, va ensuite de l'une à l'autre, s'extasie devant le travail qu'on lui présente car, aux mains disponibles, on confie un peu de couture. Occupation thérapeutique, quoi! L'effet psychologique est des plus consolants: les hospitalisées trouvent le temps moins long, ressassent moins leurs peines et, surtout, savourent cette incomparable consolation pour un cœur de femme: servir encore à quelque chose! Et Mme d'Youville sait si bien faire valoir le moindre talent.

— Vous nous aidez beaucoup, assure-t-elle en ce moment, et si cette commande part à temps, c'est que vous y avez mis la main.

Les petites vieilles se rengorgent de satisfaction et les aiguilles continuent allègrement leur marche cahoteuse.

Divin Pilote, commanderez-vous à la barque de Marguerite d'aller plus au large?

«Charles est rentré de l'école», constate Mlle des Pins, en voyant le garçonnet assis aux pieds de Françoise, l'aveugle, et lui tenant bien sagement l'écheveau de laine que celle-ci roule en peloton. Les deux causent gravement, mais la jeune fille ne peut saisir la conversation. «En voilà un qui mène une vie triste pour un enfant de son âge, parmi tant de vieux monde! Heureusement, le petit homme a du vif argent. Enjoué et d'un caractère très heureux, il semble prendre facilement son parti d'une situation plutôt anormale pour un enfant de dix ans. Et qui plus est, il coopère volontiers en rendant toutes sortes de menus services et cela, avec la meilleure grâce du monde... Je pourrais peut-être moi aussi, contribuer au travail commun?» se demande la jeune fille, un peu confuse de se sentir désœuvrée au milieu de tant d'activité. «Certes, je ne pourrai jamais soigner les vieilles, mais la couture, c'est relativement facile... Si j'allais offrir mes services à Mme d'Youville?»

Mlle des Pins s'en va vers la salle. À mi-chemin, elle rencontre Charles.

— Vous n'êtes pas allé jouer, mon petit homme?

— Non, Mademoiselle.

— Seriez-vous malade?

— Oh! pas du tout. J'ai voulu faire un sacrifice, je me prépare à ma première communion, voyez-vous, et maman me dit qu'en faisant sourire ses protégés, c'est à Jésus que je fais plaisir.

Émue par la réponse enfantine, qui contient en quelques mots une si belle leçon, Mlle des Pins va, tout heureuse, solliciter le privilège de participer au travail commun.

* * *

Mme d'Youville a accueilli, sans surprise apparente, la requête de sa pensionnaire. Mlle des Pins a choisi quelques pièces de vêtements, puis est retournée à sa chambre en promettant de les rapporter terminées, dans le plus bref délai. Mère d'Youville, assise près de la fenêtre pour y voir mieux dans le travail qu'elle exécute, sourit de contentement à la pensée des merveilles qu'accomplit dans les âmes, la grâce de Dieu. Quel mystérieux cheminement y poursuit ce qu'on appelle «inspiration», cette pensée fragile comme un souffle, qui surgit tout à coup dans l'esprit et qui, en dépit de sa fragilité, ne lâche prise que devant un refus obstiné!

«Lorsqu'on a vu ces pics superbes, on trouve son coin de terre bien petit.»

Une quinte de toux interrompt le cours des pensées de la Supérieure. Sa fille, sœur Cusson, qui en est violemment secouée, a beau s'efforcer de comprimer l'accès, rien n'y fait. La poitrine semble se déchirer et le mouchoir se teinte de sang.

La Mère accourt auprès de sa compagne, l'entoure de ses bras et, une fois la toux calmée, l'entraîne doucement dans le dortoir voisin. Elle l'aide à s'allonger sur le pauvre grabat. Pas un mot n'est échangé, mais le silence même est lourd de signification.

«Elle en est déjà à expectorer le sang, songe la Mère. Le dénouement viendra plus tôt que ne l'a prédit le médecin.»

Car, la semaine dernière, on a mandé l'homme de l'art. Il a diagnostiqué: fluxion de poitrine. Il a prescrit repos, suralimentation, etc. Mais la chère petite malade, aussitôt le médecin parti, a supplié de continuer «comme si de rien n'était».

«Je me suis donnée pour les pauvres et je désire de toute mon âme m'user jusqu'à la dernière fibre».

À l'énoncé d'un désir si fervemment exprimé, la Mère n'a rien opposé, mais aujourd'hui, devant cette hémoptysie, elle entend bien tempérer le zèle de la chère malade. Celle-ci le pressent en quelque sorte. C'est elle qui rompt le silence et supplie encore une fois:

— Mère, je vous en prie, accordez-moi ce privilège de travailler jusqu'à la fin. Le temps m'est compté et je voudrais en faire un bon usage.

— Nous verrons, murmure doucement la Supérieure, en épongeant le front moite de sa fille. En attendant, reposez-vous, je m'occuperai du souper.

Lorsque, vers la fin de l'après-midi, les sœurs Demers et Lasource reviennent du soin des malades à domicile, Mme d'Youville raconte l'incident et demande:

— Quelle conduite faut-il tenir? La pauvre enfant ne peut se résigner à l'inaction.

— Je la comprends, répond lentement la sœur Demers. Moi aussi je veux aller jusqu'au bout de mes forces, ne m'arrêter qu'au dernier souffle, à moins que Dieu n'exige autre chose.

— Nous sommes des «données», ajoute la sœur Lasource. Pour ma part, je ne désire qu'une chose: travailler jusqu'à la fin.

Ces réponses ne sont que l'écho des pensées de la Mère; elle non plus ne mesure pas le don de sa personne. La sœur Demers le lui fait remarquer:

— Nous sommes toutes du même «credo», Mère, car en dépit de votre genou malade et des prescriptions du médecin, vous ne vous accordez aucun répit.

Ensemble, on se rend au chevet de la chère souffrante. Les yeux brillants et les joues caves, aux pommettes colorées, révèlent l'état fiévreux.

— Ça ne va pas, chère petite sœur? demande affectueusement l'homonyme, sœur Catherine Demers.

— Oui, un peu mieux, répond la voix mal assurée, mais désireuse de donner le change.

— Je vous apporterai votre potion tantôt, promet la sœur Lasource.

— C'est déjà fait, notre Mère s'en est chargée.

Et la malade fixe Mme d'Youville qui, parlant au nom de toutes, recommande:

— Reposez-vous bien, ma chère enfant, et surtout ne vous inquiétez pas pour votre besogne. Nous unirons nos efforts, voilà tout. Nous vous aimons bien et, vous le savez, l'amour se prouve par les œuvres, poursuit-elle avec un sourire.

Mais le regard angoissé de la malade ne se détend que lorsque la Mère ajoute:

— Bientôt vous serez sur pied et vous reprendrez toutes vos attributions, c'est promis.

«Don de soi», science des humbles de cœur, n'es-tu pas d'abord: «Don de Dieu», puisque seul, l'Esprit qui souffle où Il veut, peut inspirer et soutenir ce travail de désappropriation totale de l'âme?

* * *

Charles compte onze ans depuis le 18 juillet. Déjà grand, bien proportionné, il est le vivant portrait de sa mère. Il tient d'elle les prunelles de velours sombre ainsi que le teint clair. Son caractère souple et son application à l'étude lui ont valu le privilège d'être admis à la première communion. Dès le premier septembre, le garçonnet a commencé à «marcher au catéchisme» selon la savoureuse expression canadienne.

Monsieur le Curé a annoncé aux enfants qu'ils ne recevraient pas la Confirmation en même temps que l'Eucharistie... et pour cause! Le nouvel évêque de Québec, Mgr François Louis Pourroy de Lauberivière, débarqué au Cap Diamant, aux premiers jours d'août, y décédait le 20 suivant, des suites du typhus contracté au cours de la traversée: le jeune Prélat de vingt-neuf ans s'étant dépensé sans ménagement auprès des passagers et membres de l'équipage qui en étaient atteints.

Montréal aurait reçu le jeune Pasteur vers la mi-septembre lors de sa tournée de confirmation. L'Église canadienne, en deuil, pleure un Père qu'elle n'a pas eu le temps de connaître, mais qui lui lègue une réputation de haute sainteté.

Monsieur le Curé a commenté l'événement en se mettant à la portée de son auditoire. Il a su faire comprendre à ces jeunes esprits que «la plus grande preuve d'amour consiste à donner sa vie pour ceux qu'on aime».

Charles, suspendu aux lèvres du prédicateur, n'a rien perdu du récit. La carrière militaire entrevue jusque-là comme désirable, a pâli devant cette autre forme de dévouement qui lui était révélée. À partir de ce moment, l'âme de l'enfant s'est mise à songer à l'avenir...

Enfin, ce matin, le grand jour a brillé. Le Dieu de l'Eucharistie est descendu dans ce cœur pur et docile. Un colloque s'est engagé entre l'Hôte divin et le petit tout recueilli. De retour à la maison, Charles, la figure radieuse, est allé faire part de son bonheur à sa mère d'abord.

— J'ai demandé à Jésus de guérir ton genou malade, maman.

Il a eu un autre mot charmant à l'adresse de la sœur Cusson:

— Pour vous aussi, j'ai prié que le bon Dieu guérisse votre mauvais rhume.

— N'allez pas me jouer de tour, Charles, a répliqué la petite poitrinaire. Je brûle du désir de voir sa Face adorable, de Lui être unie à jamais, et vous allez retarder cet instant?

La réponse s'accompagne d'un sourire qui en dit long...

Les pauvresses ont reçu à tour de rôle, une phrase aimable du communiant. Le soir tombe sur ce jour, un jour lent à mourir, car les feux du couchant s'attardent là-bas à l'horizon. Charles, câlin, vient s'asseoir aux pieds de sa mère et celle-ci, pressentant l'heure des confidences, interrompt son travail. Il importe que l'enfant la sente entièrement aux écoutes.

— Dommage, n'est-ce pas maman, que ça finisse un jour comme ça! Je voudrais que ça dure toujours!

Pauvre enfant, déjà frappé par la fugacité des bonheurs d'ici-bas!

— Tu continueras de communier, mon enfant, et Jésus te fera connaître des joies nouvelles, mais la première Communion ne se fait qu'une fois ! Au ciel seulement, le bonheur parfait ; sur terre, tout a une fin !

— Je serai prêtre comme François tu sais, maman. J'ai promis ça à Jésus aujourd'hui.

— Continue d'y songer, Charles, répond la Mère avec émotion ; prie beaucoup et si l'idée persiste, sois-en sûr, maman t'aidera à réaliser ta vocation.

L'enfant se retire après un dernier bonsoir, mais la Mère poursuit son travail fort avant dans la nuit. L'austère besogne favorise l'oraison et la pensée de la Mère revient d'elle-même au centre de son âme, là où Dieu habite. Des larmes de reconnaissance s'échappent de ses yeux tandis qu'elle se tient devant le Père des miséricordes, car c'est toujours à Lui que la conduit Jésus, sous la motion de l'Esprit d'Amour.

1741 – Par-delà la mort...

« Pleurs de joie », ainsi que les appelait Pascal, dans sa phrase demeurée célèbre, vous n'êtes pas les seuls que l'homme connaisse. D'autres larmes, plus fréquentes — peut-être parce que notre regard ne sait pas déceler les joies — provoquées par la morsure de la douleur, coulent de nos yeux humains tandis qu'ici-bas, pèlerins sans repos, nous cheminons vers la Maison du Père.

Réunies autour de la dépouille mortelle de la petite poitrinaire partie pour l'au-delà, les trois compagnes pleurent celle qui n'est plus. Elles pleurent, non pas comme « ceux qui n'ont plus d'espérance » ; elles savent bien que « lorsque, du terrestre séjour, s'effrite la maison, une demeure éternelle se prépare dans les cieux », mais elles pleurent comme des êtres unis par « les liens de la plus pure charité » que la mort sépare, ne fût-ce que pour un temps !

Ce chagrin, pour avoir été prévu depuis onze mois, n'a rien perdu de son acuité. La cadette était si aimable qu'elle exerçait une réelle attirance et les trois aînées se dépensaient volontiers afin de lui procurer quelque repos. L'on s'était même figuré, tant l'illusion est tenace parfois, que les choses en resteraient là et que l'on garderait indéfiniment cette petite sœur si profondément unie à Dieu, qu'on la chargeait de traiter avec le Ciel des «intentions» les plus chères. Entre autres, la guérison de Monsieur Normant, atteint depuis le début de janvier d'une grave maladie qui menaçait ses jours. Les sœurs, et surtout la malade mise spécialement à contribution, ont fait violence au Ciel pour conserver ce Père et protecteur indispensable.

De concert avec ses filles et malgré la pénurie de ressources, la Mère a promis: «Si la faveur nous est accordée, nous ferons exécuter en France un tableau représentant le Père Éternel et nous commémorerons l'événement en faisant brûler chaque année un cierge dans l'église paroissiale au jour de la Présentation, la grande fête sulpicienne.»

Sœur Cusson n'a jamais semblé douter de la guérison. Peut-être a-t-elle même proposé une substitution au Seigneur... et c'est elle qui est partie? Oh! ça n'a pas été sans luttes, nos corps se refusent si longtemps à mourir, mais la paix, la sérénité ont marqué le trépas de cette «vierge sage».

Les deux cierges, posés au chevet du cercueil — quatre planches de bois brut, recouvertes d'un drap mortuaire — se consument lentement et la sœur Lasource songe: «Images de cette petite qui s'est laissée happer, puis dévorer par l'Amour.»

La sœur Demers, pour sa part, revit cet instant où, quelques jours avant la fin, la chère sœur, frappée tout à coup par la pensée de l'éternelle Justice, lui avait confié son douloureux effroi. Les paroles les plus rassurantes n'avaient pas réussi à calmer les affres de l'âme aux abois. Et la sœur Demers se dit tout bas: «Heureuse pensée qu'a eue notre Mère de mander l'ancien confesseur, le sulpicien M. Gilbert Favard! En peu de mots, il a su ramener en cette âme, la confiance envers le Père Céleste.»

Et la Mère, elle, qui ne peut plus fléchir son genou malade, se «tient debout» auprès de sa fille, dans un dernier adieu. Elle l'a aimée en Mère, cette enfant, et c'est en Mère qu'elle évoque ses faits et gestes. La grande charité de sa fille pour les miséreux, sa scrupuleuse observance du Règlement, sa générosité à souffrir en silence, autant de traits qui émergent en ce moment suprême.

Les mains, d'une pâleur de cire, étreignent un pauvre crucifix, on dirait que le geste est caressant. L'amour de la Croix régnait en cette âme, elle s'y était entièrement vouée, voilà pourquoi la longue maladie a été si amoureusement supportée. En se remémorant avec quel accent la malade prédisait : « Notre Père guérira. » la Mère se persuade que l'héroïque enfant a dû offrir sa vie pour que soit gardée à l'œuvre, la protection de M. Normant. Le trépas a été doux : un dernier souffle exhalé dans la paix, après la promesse : « De là-haut, je vous obtiendrai d'autres compagnes et mes besognes ne vous surchargeront plus. »

Du « don de soi », la petite sœur était parvenue à l'oubli de soi, ainsi que le prouvaient ses derniers mots et elle mourait tout simplement parce que le fruit était mûr et que le divin Jardinier, tendrement, le détachait de l'arbre. C'était le 20 février ; sœur Cusson avait accompli sa trente-deuxième année depuis quatre jours.

Ces pensées se partagent l'âme de la Mère alors qu'elle ajuste le couvercle du cercueil, après avoir, avec ses compagnes, supplié le Dieu tout-puissant d'accorder le repos éternel à l'ouvrière active qu'allait recevoir le sein de la terre. Les pauvresses sont là, éplorées, silencieuses, devant la majesté de la mort, et le cortège se dirige vers l'église de la paroisse.

* * *

Un poète l'a dit :
.... « Jusque dans son trépas,
Le riche a des honneurs que le pauvre n'a pas. »

Il est cependant un domaine où, souvent, le pauvre règne de préférence au riche : celui du souvenir. Sept mois ont passé depuis le décès de sœur Cusson, mais, à la maison Le Verrier, on vit encore en communion d'âme avec elle.

— Vous rappelez-vous la belle parure que sœur Cusson avait réussie à pareille date l'an dernier ? demande la sœur Demers.

— La chère enfant avait un culte pour la Croix, continue la Mère, et le jour de l'Exaltation la transportait... à juste titre, car la Croix, c'est notre salut.

— Voilà sans doute pourquoi le bon Dieu vous y maintient, Mère ! remarque la sœur Lasource. Je me plaisais à espérer que notre neuvaine à Monsieur du Lescöat serait couronnée de succès. J'avais hâte de vous voir, ce matin ; il me semblait que vous nous auriez annoncé la guérison de votre genou.

— M. du Lescöat aura jugé préférable de nous obtenir une faveur d'un autre ordre. En voilà un qui ne craignait pas la souffrance et, sans doute, veut-il nous voir, comme lui, heureuses de l'avoir pour partage !

La Mère est interrompue par la sonnerie de la clochette à la porte d'entrée. Sœur Demers va ouvrir et revient, en annonçant :

— Mère, une dame désire vous parler.

Et la mère à l'immense bonheur d'ouvrir ses bras et son cœur à Mlle de Rainville, âgée de trente ans, vocation que M. Normant lui a déjà recommandée. D'extraction noble, la famille est tombée au rang d'honnête bourgeoisie.

— Depuis quelque temps, la pensée me poursuit de me consacrer entièrement aux pauvres. Je viens m'offrir aujourd'hui. Croyez-vous, Madame, que je pourrais vous être de quelque utilité ?

— Sans aucun doute, Mademoiselle. La mort a creusé un vide dans nos rangs : vous prendrez la place de la chère disparue. Quand devons-nous vous attendre ?

— Oh ! tout de suite, si vous le voulez bien. J'ai tout mon avoir là, dit-elle, en désignant son baluchon.

— Alors, venez que je vous présente à mes compagnes. Votre prénom ?

— Catherine, Madame.

— « Catherine », tout comme sœur Cusson ! Profondément émue, la Mère présente la nouvelle venue :

— Mes sœurs, j'ai le plaisir de vous présenter la remplaçante de notre chère défunte : Mademoiselle Catherine de Rainville.

1742 – Une maison décline...

V ILLE-MARIE est à la joie, en ce mois de juin 1742. Sa grandeur, Mgr Henry Marie DuBreil de Pontbriand, nouvel évêque de Québec, sacré à Paris, le 9 avril de l'année précédente, et arrivé au pays au mois d'août suivant, honore ses ouailles d'une première visite officielle.

Le peuple enthousiaste a accueilli son Pasteur. Depuis son arrivée, Sa Grandeur a visité les différentes Communautés, escortée par son vicaire général, M. Louis Normant de Faradon, seigneur de Montréal. Aujourd'hui 20 juin, tous deux se dirigent vers l'hôpital général, situé sur la Pointe-à-Callières.

— Allez au pas, a signifié le Vicaire général au cocher, juché sur la banquette extérieure du carrosse. Sa Grandeur fera connaissance avec cette partie de la ville.

Et il ajoute en lui-même : «Nous avons encore bien des idées à échanger avant d'arriver à l'hôpital.»

L'entretien a roulé hier soir sur l'Institution. Monseigneur, qui de toute évidence, a étudié le problème, n'est pas très bien renseigné et de façon partiale, par surcroît! Heureusement, le Vicaire général, bien au courant de la question, a pu faire quelques mises au point. Sa Grandeur les a acceptées de si bonne grâce, que c'est elle qui aborde la première, ce matin, le sujet brûlant.

— Ce que vous m'en avez appris sur cette Institution, mon cher Vicaire! Décidément, rien ne vaut les renseignements pris sur place. On m'avait dit tant de choses!

— On a dû vous dire bien des choses, en effet, Monseigneur, et si je voulais être malin, je vous les débiterais comme une leçon apprise par cœur avant même que vous m'en fassiez part!

— Allez-y donc, je jugerai de votre perspicacité.

— Sans doute on vous a assuré que je travaillais à la ruine de la Communauté des Frères en détournant les sujets qui veulent se joindre à eux; que je m'opposais à la fusion des hospitaliers et des Frères des Écoles Chrétiennes de France; enfin, que je hâtais le dénouement de l'affaire afin de substituer aux Frères Charon, une communauté de femmes que j'aurais réunies, en sous-main, pour prendre charge de l'hôpital.

Les lèvres de Sa Grandeur esquissent un sourire.

— Vous êtes bien renseigné, mon cher Vicaire. Disculpez-vous maintenant.

— Pourquoi me disculperais-je? Ces accusations sont presque véridiques; elles pèchent par un peu d'exagération et surtout par les motifs qu'on m'impute.

Cette fois, l'Évêque sursaute presque.

— Expliquez-vous, je n'y comprends goutte, dit-il d'un ton péremptoire.

— Voici : en détournant les candidats désireux de se joindre aux hospitaliers, j'ai observé l'interdiction posée par l'un de vos devanciers : Monseigneur Dosquet. Aurais-je pu agir autrement?

— On vous accuse, mon cher Vicaire, d'avoir suggéré l'inter-diction à l'Évêque, ancien membre de votre Société.

— Si vous connaissiez l'homme, Monseigneur, vous ne douteriez pas qu'il était de taille à prendre ses initiatives lui-même et à les faire exécuter avec la même liberté. Passons maintenant à l'autre accusation. La dette seule a constitué l'obstacle à la fusion des communautés canadienne et française de Frères. Aurais-je dû conseiller aux Hospitaliers d'en dissimuler l'existence ? Je présume que sur ce point, d'ailleurs, vous avez pu vous renseigner auprès des Autorités de Paris. Enfin, pour ce qui est de la communauté de femmes, elle est là, en germe, pleine de promesses, mais c'est le Seigneur qui l'a suscitée. Je n'ai fait que prêter mon assistance au besoin.

— Vous connaissez pourtant les restrictions de la Cour au sujet de la fondation de nouvelles communautés.

— Sans doute, Monseigneur, voilà pourquoi il ne s'agit encore ici, que d'une association de «femmes pieuses» sous la direction de Mme d'Youville. Nous attendons que le Ciel manifeste ses intentions.

— Vous avez entretenu la dame de vos projets ?

— Je m'en suis bien gardé. Elle, de son côté, n'y a jamais fait la moindre allusion, quoique j'aie tout lieu de la croire au courant des racontars. En ce qui me concerne, je reste persuadé que cette dame est l'instrument choisi par la Providence pour sauver l'hôpital. Cette conviction va grandissant depuis que je vois d'autres âmes s'enga-ger à sa suite. Les sœurs sont au nombre de quatre, dont une n'a pas encore toutefois prononcé ses vœux. Mme d'Youville a aussi accueilli gratuitement, l'an dernier, deux pensionnaires âgées respectivement de dix-sept et vingt et un ans. Je fonde les plus grands espoirs sur ces jeunes filles sérieuses qui s'initient gradu-ellement aux œuvres de charité. La naissance et le développement de cette association ont coïncidé avec le déclin de la communauté des Frères. Depuis 1722 que je suis à Montréal, j'observe le cours des événements ; ce n'a pas été un mince soulagement pour moi que de voir la Providence prendre l'affaire en mains et préparer elle-même la substitution. Vous jugerez vous-mêmes, d'ailleurs, qu'une solution s'impose : nous arrivons à l'établissement.

Et Sa Grandeur aperçoit l'édifice dont le délabrement est évident ! L'Évêque et son Vicaire y font une entrée plutôt discrète. À l'intérieur, on y salue les quelques Frères, dont le plus âgé, Jean Jeantôt, semble accablé sous ses soixante-quatorze ans. Dix pauvres constituent les seuls protégés. Le désordre, la malpropreté, voilà ce qui s'offre aux regards du Prélat qui parcourt les salles des trois étages.

Remuée par un tel spectacle, Sa Grandeur dit, en substance, au moment du départ, aux pauvres Frères qui ont attiré son attention sur leur petit nombre, leurs forces déclinantes et leur impuissance à se recruter :

— Mes bons amis, j'en conviens, la besogne est trop lourde pour vous. Nous aviserons s'il n'y aurait pas moyen de vous remplacer par une communauté de femmes, dans un avenir assez rapproché.

Et les deux visiteurs remontent en carrosse.

— Me voilà convaincu, conclut l'Évêque. De telles conditions ne peuvent s'éterniser. Il faut agir et le plus tôt possible. Je n'aurais jamais cru la ruine si imminente.

— L'établissement périclite depuis plus de vingt ans, Monseigneur.

— On m'avait assuré qu'il y avait encore lieu d'espérer un relèvement de la part des Frères.

Monsieur Normant n'ignore pas que le gouverneur de Beauharnois et l'intendant Hocquart ont écrit en ce sens au Ministre de la Marine l'an dernier. Et comme il est tout à fait admissible que Sa Grandeur, alors à Paris, ait été mise au courant de l'affaire, il lui glisse en guise de conclusion :

— Comme vous pouvez le constater, Monseigneur, on s'est trompé une fois de plus. Si je voulais me payer le luxe d'une malice, je vous révélerais l'identité des mystérieux personnages que nous avons désignés sous le pronom *on* depuis hier soir.

— Gardez-vous-en bien, s'exclame Sa Grandeur, tout a fait déridée, cette fois, et qui poursuit mentalement : « Ce qu'il est sagace tout de même, mon Vicaire général ! »

* * *

Sagace, prudent et homme de Dieu, ce Monsieur Normant ! Les paroissiens, de tout âge et de toute condition, recourent volontiers à ses conseils. Le jeune Charles qui a été enrôlé dans la milice du Christ, lors de la récente tournée de confirmation, lui a fait part de ses aspirations au Sacerdoce. Le Supérieur a encouragé l'adolescent dans son pieux dessein.

La Mère, heureuse du choix de ce « fils de son cœur », annonçait la nouvelle à ses compagnes vers la fin de juillet, Charles devant partir vers la mi-août pour le Séminaire de Québec, le seul au Canada, qui reçoive les aspirants à la prêtrise.

— Mère, quelle belle occasion pour vous, en allant l'y conduire, de solliciter votre guérison auprès des restes mortels de Mgr de Lauberivière ! s'est exclamée la sœur Demers. On raconte tant de faveurs obtenues grâce à l'intercession de ce saint évêque. Vous irez, n'est-ce pas ? Qui sait ? peut-être le Ciel se laissera-t-il toucher par les prières de ce martyr de la charité ?

Monsieur Normant, consulté, a fortement engagé sa fille spiri-tuelle à faire le voyage, même si l'entrée de Charles au Séminaire est retardée à l'automne prochain et Mme d'Youville quittait Mont-réal à bord d'une barge, en compagnie de son plus jeune fils.

Le voyage est lent, il dure parfois une quinzaine de jours : il faut faire escale chaque soir et passer la nuit dans une des auberges qui jalonnent la route.

Revoir Québec a été doux au cœur de la Mère ; revoir son fils François, quelle consolation ! Lorsque l'étudiant, pâle et si grand, est apparu dans le sombre parloir du Séminaire, la Mère a éprouvé un serrement de cœur. Quelle ressemblance frappante entre ce tout jeune homme et l'infortuné François, son père, mort à la fleur de l'âge ! « Heureusement qu'un idéal élevé accapare cette âme, a songé la Mère. S'il avait fallu qu'il opte pour la vie facile ou aven-turière ! » Mais Dieu, dans sa miséricorde, l'a appelé aux sommets. Et le long entretien qu'elle a eu avec son enfant lui a découvert les merveilles de la grâce en une âme pure et fidèle. François s'est réjoui à l'annonce des projets de Charles et a promis de se constituer l'initiateur du cadet à la vie de pensionnaire.

Et Mme d'Youville a quitté le Séminaire où continuera de vivre son fils François d'Youville en attendant que s'y inscrive Charles Dufrost, en octobre 1743.

Une fois de plus, c'était le déchirement de la séparation. Son cœur ne s'y familiarisera-t-il jamais ? Comme elle reste profondé-ment humaine cette femme qui foule le sentier des parfaits ! Humaine, parce qu'elle souffre de l'absence d'êtres aimés, mais surnaturelle aussi, parce que, aidée de la grâce, elle se prête volon-tiers aux desseins de Dieu, sachant bien qu'Il a pour habitude de combler, par sa présence, les vides qu'Il creuse.

Le pèlerinage au tombeau de Mgr de Lauberivière n'a pas apporté la guérison, pas même de soulagement. Parfaitement résignée à la Volonté du Père, Mme d'Youville a repris le chemin du retour.

Le voyage s'achève ce soir, un peu plus tard que prévu, à cause d'un arrêt prolongé à l'un des quais, cet après-midi. On navigue dans le soir, vu la faible distance qui reste pour atteindre le port. La nuit est superbe ; les étoiles, ces « yeux des disparus que l'on aime », scintillent en un firmament pur et la reine de la nuit, gracieusement, prête le secours de son large sillon d'argent. Les bateliers chantent en cadence, tout en y mettant la sourdine, les airs venus avec les aïeux de la lointaine Mère patrie ; les passagers, sensibles à la mélancolie de tant de calme et de beauté, se taisent et admirent. Il y a longtemps que, pour Mère d'Youville, silence et admiration équivalent à prière contemplative ! Son âme, sous l'emprise divine, se perd dans l'océan d'amour qui l'entoure de toutes parts.

Au débarcadère, à la lueur des falots, la Mère aperçoit ses deux compagnes. Les sœurs Lasource et Demers s'empressent au-devant de l'arrivante et saisissent, avec effusion, les mains tendues. La séparation a été dure, cela se voit... et pourtant, aucun mot n'est prononcé, tant l'émotion étreint les cœurs. Mme d'Youville rompt la première le silence si lourd.

— Non, mes sœurs, je ne suis pas guérie. Aidez-moi à remercier Notre-Seigneur qui me fait l'honneur de me laisser ma croix.

Les mots sont austères, mais la voix qui les prononce résonne si douce... et dans les yeux de la Mère, brille la flamme de l'amour soumis.

* * *

Quelques semaines après son retour de Québec, Mme d'Youville délègue sœur Demers à l'assemblée de l'Archiconfrérie de la Sainte-Famille, pour y présenter sa démission de la charge de trésorière, à laquelle on l'a élue au mois de mai de l'année précédente. Lorsque la mandataire franchit le seuil de la salle, plusieurs membres y sont déjà installés. On la salue aimablement, mais les langues n'en continuent pas moins leur causerie animée.

— Enfin, dit une voix autoritaire, la Cour nous a gratifiées d'un bon médecin. Vous devriez le consulter, ma chère, le docteur Feltz est prodigieux : il m'a prescrit une potion des plus efficaces contre le rhumatisme.

— Ces européens n'ont pas leurs pareils. Feltz est autrichien, je crois.

— Oui, arrivé au pays depuis cinq ans. On dit que de Beauharnois voulait le retenir à Québec, mais sa requête est arrivée trop tard à la Cour ; déjà les dépêches du Conseil de la Marine avaient quitté, annonçant la nomination du sieur Feltz au poste de chirurgien-major des troupes du Roi, ici même, à Montréal. Pour une fois, nous en avons de la veine !

— Lorsqu'il sera tout à fait installé, je lui conduirai mon petit Jacques, il a une toux qui m'inquiète.

— Il est déjà installé, ma chère, sur la rue Notre-Dame, du côté nord, entre les rues Saint-Laurent et Saint-Gabriel, tout près d'ici, en somme. Ne tardez pas, vous pourriez vous en repentir.

Sœur Demers a suivi cette conversation avec le plus vif intérêt. Ce médecin dont on dit tant de bien, si Mme d'Youville le consultait ? Peut-être sa science parviendra-t-elle à vaincre l'irréductible mal de genou ?

« Quand l'occasion s'en présentera, j'en glisserai un mot à sœur Lasource et nous verrons. »

Les réflexions de la sœur sont interrompues par l'arrivée de Mme la Présidente et l'assemblée commence en bonne et due forme.

Lorsque sœur Demers fait part de sa mission, Mme la Présidente exprime, au nom de l'Archiconfrérie, ses regrets de perdre en Mme d'Youville, un membre si actif et si consciencieux, mais l'on comprend que d'autres occupations requièrent le temps et l'énergie de la méritante trésorière.

1743 – Les exigences de l'Amour...

LA méritante trésorière ! Ce qu'elle en accumule de mérites pour le trésor que « ni la rouille, ni les vers ne peuvent atteindre»! Tenaillée par son mal de genou, elle se voit de plus aux prises avec une épreuve de famille qui l'atteint en un point ultrasensible: l'honneur de son nom!

Le docteur Sylvain a encore fait des siennes. Christophe s'était révélé bon prophète lorsqu'il prédisait à propos de son beau-père: «Tu verras qu'il finira par nous couvrir de honte.» La honte est venue avec le dernier esclandre de l'émigré: Il a insulté le sieur Guitton de Monrepos, lieutenant-gouverneur de Montréal, et celui-ci a obtenu contre lui un décret de prise de corps. Sylvain a battu l'huissier et son assistant, venus pour l'arrêter, de sorte qu'on a dû recourir à la garnison. Le capitaine d'infanterie, Jacques-René de Varennes, désireux malgré tout, de protéger le mari de sa sœur, a exigé l'ordre écrit avant d'exécuter la manœuvre. Le sursis a permis à Sylvain, averti, de fuir en lieu sûr. L'affaire a eu pour résultats, l'arrestation puis l'incarcération de M. de Varennes. Son oncle et parrain incarcéré malgré sa valeur militaire et ses nombreuses années de service, quel rude coup pour le cœur de la Mère! Cette croix personnelle, elle doit la porter seule. Il est des souffrances qui répugnent à l'aveu. Il faut même s'étudier à les dissimuler soigneusement afin qu'elles ne pressurent pas le cœur d'autrui, en l'occurrence, celui de ses filles.

Ses filles, quel sujet de consolations toutefois! Les sœurs Lasource et Demers, véritables âmes-sœurs, toutes dévouées à l'œuvre, la sœur Rainville qui s'est révélée si précieuse dès le début de sa probation!

Et puis Josette Bourjoly et sa compagne, Antoinette Relle, les deux pensionnaires gratuites accueillies il y a deux ans, donnent de solides garanties de vocation; le jour n'est peut-être pas loin où elles demanderont leur admission.

Comme pour donner corps à l'espoir, voilà qu'une voix cristalline se fait entendre dans l'appartement voisin. C'est Josette qui chante, à la requête de Thérèse Lagarde, orpheline, demeurant à l'hôpital depuis l'an dernier. À l'instar du rossignol, Josette chante d'instinct sans jamais avoir appris. Son âme s'exhale dans son chant et c'est un plaisir que de l'entendre.

— Puis-je interrompre le cours de vos pensées, Mère? demande la sœur Lasource qui vient tout juste d'entrer dans la salle.

— Sans doute ma sœur, que puis-je pour vous?

— Je profite de cet instant où nous sommes seules pour vous exprimer un désir qui m'est commun avec sœur Demers.

— Dites, je suis tout oreilles.

— Voici : nous aimerions que vous consultiez le docteur Feltz pour votre genou. On nous dit tant de bien de lui. S'il pouvait vous guérir ou du moins vous soulager.

— Je n'attends pas la guérison des moyens humains. Le Ciel d'ailleurs, semble exprimer sa volonté : il reste sourd en dépit de tant de neuvaines et de deux pèlerinages.

La Mère fait allusion à sa randonnée à Québec ainsi qu'à la cérémonie de l'intronisation d'un crucifix à l'église de la Paroisse, cérémonie à laquelle elle s'est fait transporter. Ce crucifix, œuvre du sculpteur Antoine Labrosse, a été placé au-dessus du grand autel, après avoir été porté processionnellement.

La démarche avait semblé paradoxale à Mme d'Youville : aller demander au Crucifié de lui enlever sa croix à elle, sa croix qui la rendait conforme à Lui. Mais la Mère est souple, elle défère volontiers au sentiment des autres et on lui avait suggéré de participer à la cérémonie dans le but d'obtenir sa guérison.

— Le Ciel juge peut-être nous exaucer sans intervenir à coup de miracle, Mère ? Qui sait si ce médecin n'est pas l'instrument par lequel nous viendra la grâce sollicitée depuis si longtemps !

— Eh bien, nous le consulterons, je suis à votre disposition, mes sœurs.

* * *

Le docteur Feltz est venu, il est même revenu, car il y a tout près de deux mois qu'il traite Mme d'Youville.

« Vous circulez avec un genou si mal équipé ? » a-t-il demandé avec un étonnement visible, dès la première visite. — « Il le faut bien, docteur ».

La repartie, jaillie spontanément, n'a pas donné le change au médecin....

« On circule, oui, mais au prix de quelles douleurs lancinantes ! Décidément, la patiente est bien trempée, elle supportera les remèdes violents qui s'imposent. »

Les traitements ont été appliqués, mais le mal persiste et, hier, le docteur Feltz a décidé de recourir à la bufothérapie : l'application de crapauds vivants sur la plaie sanguinolente.

« J'ai tout lieu de croire qu'il s'agit d'un cancer ulcéré, confiait le docteur à sœur Lasource qui le reconduisait à la porte, et je joue mon dernier atout. S'il n'y a pas de résultat, eh bien... »

La phrase est restée inachevée.

Ce matin, l'infirmière fait part à la sœur Demers et du diagnostic posé et du traitement prescrit.

— Cancer ulcéré? C'est grave, murmure la sœur Demers, vivement affectée par la communication. Y a-t-il encore espoir?

— Oui, ce traitement par les crapauds vivants est censé accomplir des merveilles. Dommage que Charles soit parti, il nous en trouverait facilement des crapauds, lui.

— Qu'à cela ne tienne, ma sœur, je me charge d'en trouver moi-même.

Et sœur Demers s'en va prestement au jardin encore tout perlé de rosée. Lorsqu'elle en revient peu après, elle montre sa capture à l'infirmière en disant:

— Il en faut de l'esprit de foi pour croire que la guérison de notre Mère peut tenir à l'application de ces petites bêtes si laides.

— Le médecin prétend qu'elles possèdent un venin aux propriétés curatives. Elles lècheront la plaie et l'imbiberont de leur venin.

Et l'on se dirige vers la chambre de Mme d'Youville, condamnée à l'immobilité complète tant que durera ce dernier traitement.

— Mère, nous voici toutes disposées à vous martyriser, annonce sœur Demers, en essayant de masquer, sous un sourire, la répugnance que lui inspire le traitement.

— Je vous appartiens, réplique la Mère très calme. Faites de moi ce que bon vous semblera.

— Vous allez m'aider, n'est-ce pas, sœur Demers? demande la garde-malade. Si vous mainteniez les crapauds en place tandis que j'enroulerai le bandage?

Or, ce n'est pas chose facile, les amphibiens s'agitent, mais la sœur Demers se débrouille. Tout en s'acquittant de sa délicate fonction, elle surveille la Mère du coin de l'œil. «Quelle horreur doit lui inspirer un tel remède, songe-t-elle, et dire qu'elle n'a pas un mot de plainte!»

Tout de même, on a beau consentir à se violenter, la nature reste là avec ses luttes et ses réactions. En sentant posés sur sa plaie vive, les corps froids qu'on y maintient de force, Mme d'Youville ne dit rien, mais sa pâleur livide révèle le combat intérieur. L'infirmière se hâte dans sa besogne macabre, ses gestes saccadés trahissent cependant un grand trouble. Bref, la situation est des plus critiques; un mot à l'emporte-pièce dissiperait l'hypertension, et ce mot, comme toujours, sœur Demers le trouve et le dit gentiment:

— Ce qu'ils sont chanceux tout de même ces petits crapauds-là, Mère, de passer la journée en votre compagnie !

Le but est atteint, les cœurs se détendent et la Mère conclut avec un sourire reconnaissant à l'adresse de sœur Demers :

— Vous êtes impayable, ma sœur. Merci d'avoir rétabli l'équilibre. Ces pauvres petites bêtes, après tout, ce n'est pas leur faute si on les utilise à cette fin !

Mais la guérison ne vient pas. Le docteur, perplexe, suspend le traitement après un mois, un long mois où Mme d'Youville a eu toutes sortes d'occasions de se renoncer. Quel supplice que ce traitement aux crapauds vivants ! Le seul fait d'entendre le râpage de leurs pattes sur la plaie était intolérable. Ce n'est qu'après de nombreux jours d'essai qu'on a songé à les envelopper. Mais la Mère, en acceptant la maladie, n'a posé aucune réserve quant aux accessoires qui, d'habitude, lui font escorte.

Elle accueille tout : impuissance, douleur, traitements. À la lumière de l'Amour qui la consume intérieurement, elle entrevoit, en quelque sorte, le mystérieux rejaillissement de la souffrance rédemptrice. Comment se lasser de souffrir, lorsqu'on suit le Christ portant sa croix ? Voilà pourquoi la Mère conserve une patience inaltérable.

Les racontars avaient mis le docteur Feltz en garde contre cette association et, surtout, celle qui la dirigeait, mais il a vite discerné la trempe d'âme de sa malade et il lui porte la plus haute considération. Comme il déplore que la bufothérapie n'ait apporté aucune amélioration au genou malade !

— Expression de la volonté de Dieu, docteur, a conclu Mme d'Youville, nous Le servirons clopin-clopant puisqu'il en a décidé ainsi dans ses plans divins !

1744 – Au besoin,
les prodiges de l'Amour...

IL entre également dans les plans divins de broyer, de pressurer cette âme de toutes parts, heureusement, elle sait en qui « elle a cru ».

En cette matinée de mai 1744, un piéton s'achemine vers la maison Le Verrier. Grand, bien que légèrement voûté, il est d'une maigreur extrême.

— Mme d'Youville !... demande le visiteur à la sœur Rainville.

M. de la Vérendrye — car c'est bien l'illustre découvreur — dépose son chapeau à plumes sur l'une des chaises et attend, debout, que se présente sa nièce. Celle-ci ne tarde pas à paraître. Réprimant un premier mouvement de surprise à l'aspect minable de son oncle, elle accueille cordialement celui que, dans la plupart des salons montréalais, on déchire à belles dents.

— Oncle Pierre, comme je suis heureuse de vous voir ! Veuillez vous asseoir, je vous prie, nous causerons.

— Tu clopines, ma nièce, rien de sérieux, j'espère ?

— Un négligeable mal de genou. Mais parlons de vous, cher oncle, ce sera tellement plus intéressant.

— Tu crois ? En effet, plusieurs semblent trouver un certain goût à prononcer mon nom, mais ce n'est pas toujours de façon intéressante… On m'en fait une réputation, ma fille ! Tu n'es pas sans en avoir entendu parler. Je suis criblé de dettes, c'est vrai. Faut-il s'en étonner ? Je n'ai reçu aucun octroi, aucune subvention pour mes voyages. On croyait que la traite des pelleteries me suffirait. J'ai dû organiser mes expéditions à mes frais. Tu t'en rappelles, toi qui m'as confectionné des tentes, des habits et des ceintures fléchées. Je t'en ai rétribuée piteusement.

— Je vous en prie, cher oncle, ne vous arrêtez pas à cela.

— Tous mes créanciers ne parlent pas ainsi. On m'accuse de transactions frauduleuses, d'avoir cherché à m'enrichir aux dépens de ceux qui étaient censés me soutenir de leurs fonds et qui ne me les ont versés que peu à peu. Voilà ce que je recueille pour avoir fondé six Forts, pris possession d'une vaste étendue de terre, découvert les Rocheuses et noué des relations avec les tribus indigènes qui peuplent ces immensités.

Des sanglots tremblent dans la voix qui s'arrête brusquement. Sans doute l'explorateur se rappelle-t-il la tragédie de l'Île-au-Massacre, survenue en 1736, alors qu'il retrouvait un détachement de vingt de ses hommes massacrés par les Sioux : son propre fils aîné, Jean-Baptiste, avait le dos lacéré de coups de couteau et une houe enfoncée dans les reins. Le Père Aulneau, l'aumônier, avait été trouvé à genoux, appuyé sur la main gauche, tandis qu'il avait la main droite levée comme pour donner l'absolution. Se sentant deviné, M. de la Vérendrye reprend, après quelques secondes :

— On me reproche de n'avoir pas sévi contre les Sioux. Sera-ce par la vengeance que l'on convertira ces barbares ? Vraiment, les épreuves ne m'ont pas manqué ; le décès de ton frère Christophe, entre autres, m'a affecté profondément. Et puis mes créanciers m'ont tenu en haleine. Il n'en aurait pas fallu davantage pour décourager la plus avide cupidité, je te l'assure. Je n'en ai pas moins continué la conquête des terres nouvelles. J'y ai planté la croix et les fleurs de lys... Aujourd'hui mon Roy m'abandonne et j'ai dû donner ma démission.

— Mais l'autre Roi que vous avez servi ne vous abandonnera jamais, cher oncle. Il enregistre tous nos labeurs.

— Tu me tiens le langage de la foi, le seul qui puisse me soutenir. Mon âme est cependant sans amertume. Le croiras-tu ? mais Pierre, François et Louis, tes cousins, sont prêts à servir M. de Noyelles qu'on a choisi pour me remplacer. Ils lui ont même cédé toute ma documentation. Puisse-t-il en faire un bon usage ! Je n'ai plus qu'un désir : voir mes découvertes poursuivies. Si tu voyais les Rocheuses, Marguerite, ces pics superbes, aux sommets neigeux, qui semblent défier les siècles ! Lorsqu'une fois, on les a vues, on trouve son coin de terre bien étroit.

— Pauvre oncle ! murmure Mme d'Youville, votre désintéressement est méconnu, mais le temps fera la lumière. Dieu a toujours le dernier mot.

— C'est toujours à cette conclusion qu'il en faut revenir : Dieu nous jugera ; à son tribunal, préparons-nous à paraître. Il ne faut pas ériger le château de nos espérances sur la gratitude des humains.

— Je croyais que le gouverneur M. de Beauharnois vous était sympathique.

— De fait, il l'est, car nombreuses sont les démarches qu'il entreprend pour me réhabiliter. En cela, je suis plus heureux que ton oncle de Varennes, incarcéré par l'ordre de Beauharnois. Tu n'ignores pas que le Roy a cassé irrévocablement Jacques-René ; la sentence a été prononcée le 24 mars et maintenue, malgré l'intercession de puissants personnages en sa faveur. Décidément, nous ne sommes pas nés sous une bonne étoile.

Mme d'Youville ne fait aucun commentaire : ces peines de famille la frappent en plein cœur. On peut rechercher la pauvreté, le sacrifice sous toutes ses formes, mais peut-on se résigner à voir se ternir le nom que l'on porte ?

— Mais parlons de toi maintenant, Marguerite. Tu as ouvert un refuge aux pauvresses, à ce qu'on dit ?

— Refuge est beaucoup dire, oncle Pierre. Nous donnons asile à quelque dix indigentes tout au plus. L'espace manque pour en recevoir davantage.

— Il paraît que tu as groupé des compagnes ?

— Dieu y a pourvu en m'envoyant des âmes généreuses pour partager mes labeurs.

— Tes réticences me prouvent que le sujet t'est pénible, Marguerite. Pardonne-moi de l'avoir abordé. Je devine que la famille ne te regarde pas d'un très bon œil. De plus, les démêlés de Jacques-René et les miens ne sont pas de nature à t'attirer la sympathie du public. Mais si Dieu veut ton œuvre, n'aie crainte, rien ne lui résistera.

Et l'explorateur reprend le chemin du retour après un dernier bonjour à sa nièce qui le suit quelques instants du regard. Cet homme prématurément usé, vieilli, pour s'être dépensé sans réserve à la vocation de découvreur, ne reçoit aujourd'hui que mésestime, défiance et calomnies, alors que l'admiration populaire devrait le saluer du titre glorieux de conquérant. Ironie du sort, ironie qu'accentue ce matin de printemps où le soleil brille joyeux sur les branches déjà couvertes de bourgeons remplis de sève.

« La terre est ton navire et non ta demeure, conclut la Mère mentalement, et c'est Vous, Seigneur, qui suscitez les vents propices à notre voile. Le secret consiste à savoir attendre votre heure. »

* * *

L'heure de Dieu ! Ce qu'elle est lente à sonner parfois pour nos pauvres cœurs inquiets ! Et pourtant la vie est si courte et le temps passe si vite.

Ce printemps de 1744 a bientôt fui dans le passé : l'automne règne maintenant en maître et le soleil jette sa traînée lumineuse sur les feuilles qu'il a dorées ou empourprées avec un art insurpassable.

Monseigneur l'Évêque de Québec, debout devant sa croisée, semble indifférent à ce spectacle. Un pli barre son front, pli posé là par les soucis administratifs et en particulier par cette question toujours pendante de l'hôpital général de Montréal. Le Gouverneur général et l'Intendant, qui viennent tout juste de le quitter, reconnaissent qu'une solution s'impose, mais tous deux la remettent aux calendes.

«Ils devraient voir, de leurs yeux, la situation lamentable de l'établissement, songe le Prélat; le spectacle leur signifierait, mieux que mes représentations, l'urgente nécessité d'une intervention de notre part.»

On vient encore d'ergoter pendant plus d'une heure. De Beauharnois et Hocquart ont de nouveau proposé de substituer aux Frères, les sœurs de l'Hôtel-Dieu ou de la Congrégation de Notre-Dame. Sa Grandeur a dû démolir, une fois de plus, le vain échafaudage en prouvant à ces Messieurs qu'un Ordre religieux doit s'en tenir aux œuvres qui en ont suscité la fondation, sous peine de courir à la ruine, comme l'atteste l'expérience de ces pauvres Frères.

Ces pauvres Frères! Ils ont adressé à l'Évêque une supplique demandant d'être déchargés de l'administration de l'hôpital. En faisant part de cette supplique au Gouverneur et à l'Intendant, Sa Grandeur croyait la partie gagnée. Peut-être cèderaient-ils enfin et accepteraient-ils la substitution de Mme d'Youville et de ses associées aux Religieux qui crient grâce? Mais non, les préjugés contre les sœurs grises ne désistent pas: «L'Association est précaire, elle ne constitue pas une communauté; celle qui la dirige jouit d'une pauvre santé, tout tombera avec sa mort... imminente; les montréalistes n'en veulent pas à la tête de l'hôpital, etc., etc.» Après cette longue discussion, on se trouve pris dans ce dilemme: il faut remplacer les Frères, mais on refuse de leur substituer les seules personnes disponibles.

L'Évêque retourne lentement à son bureau de travail. Il faut tout de même répondre à cette supplique. D'une main nerveuse, il trace ces quelques lignes plutôt vagues: «Il est probable qu'il n'y a pas moyen de vous perpétuer. Mais nous tâcherons de soutenir la principale œuvre qui est le service des pauvres. Nous ferons en sorte de procurer à tous, une honnête subsistance et je me flatte que messieurs de Saint-Sulpice ne refuseront pas de vous accueillir. Je ménage des places convenables à tous.»

Et il paraphe de sa signature: Henry-Marie, évêque de Québec, tout en songeant: «Quelle réponse réconfortante pour un appel au secours! C'est comme si l'on disait à un moribond: N'exhale pas maintenant ton dernier soupir, j'ai encore besoin de tes services.»

On a beau être Évêque de Québec, conseiller du Roy en tous ses conseils, on n'a pas toujours les coudées franches; il arrive même parfois qu'on doive assister à l'agonie de brebis bien-aimées, sans pouvoir leur procurer aucune consolation!... Et le cœur du Pasteur saigne.

* * *

S'il est vrai que l'heure de Dieu se fasse parfois attendre, du moins au gré de notre impatience, il arrive aussi qu'elle sonne au moment où nous ne l'attendons plus. Novembre est venu, il étend son voile mauve sur la ville mariale et les arbres dépouillés se profilent tristement sur un horizon gris. Dans la ruche débordante de la maison Le Verrier, le personnel a augmenté, tant celui des pauvres que celui de leurs servantes. Deux candidates sont venues récemment, à peu d'intervalle, demander leur admission à ce foyer de charité. Mlle Thérèse Lasserre-Laforme, fille du chirurgien, et Mlle Catherine Ménard. Cette dernière, toutefois, après une courte période d'essai est retournée au siècle, ne se sentant pas le courage d'embrasser une vie aussi austère. Mlle Lasserre-Laforme, au contraire, s'attache de plus en plus à cette vocation qui crucifie entièrement la nature. Frêle de santé, la candidate, néanmoins, tient bon au régime auquel Mme d'Youville l'initie graduellement, car c'est la Mère qui s'occupe des nouvelles arrivantes, elle qui leur apprend la science entre les sciences, de chercher d'abord le royaume des cieux pour voir ensuite le reste leur venir par surcroît.

Cet après-midi, la Mère explique à la petite sœur quelques points du règlement et la raison de la dévotion spéciale des sœurs à saint Charles Borromée : « Voici pourquoi il est notre patron et notre modèle; revêtu de la pourpre cardinalice, il s'est fait néanmoins le pourvoyeur des nécessiteux et le soutien des pestiférés. Si un personnage, illustre par la naissance, le talent, le titre, n'a pas cru descendre en se penchant sur la détresse humaine, à plus forte raison devons-nous, pauvres femmes, nous estimer honorées d'être appelées à soigner, à héberger ceux que le monde abandonne. »

La cloche réglementaire, annonçant l'heure de la récitation de l'office et du chapelet, interrompt la Mère. Fidèle à cette « voix de Dieu », elle se dirige vers l'oratoire; et les sœurs saluent leur Reine, « la fille bien-aimée du Père et leur vraie Mère ». Au sortir de cet exercice, Mme d'Youville éprouve un bien-être inaccoutumé, une sorte de vigueur nouvelle dans tous ses membres. Elle qui, depuis le début de 1738, traîne un corps plutôt languissant et une jambe qui refuse de fléchir, ne s'y reconnaît plus.

— Je crois que je suis guérie, glisse-t-elle à l'oreille de sœur Lasource. Venez donc vérifier, vous, ma chère garde-malade.

Sœur Lasource déroule, en tremblant un peu, le bandage qui enserre le pansement. Le genou apparaît parfaitement cicatrisé, sans aucune enflure ou rougeur ; on jurerait que le membre a toujours été normal... et pourtant, l'infirmière a vu, ce matin encore, le pauvre genou tuméfié. Elle n'en croit pas ses yeux.

— Mère, un miracle ! s'exclame-t-elle, tandis que des larmes de gratitude coulent librement le long de ses joues et que son corps prend l'attitude normale en face du surnaturel : l'agenouillement.

Trop émue pour pouvoir prononcer une seule parole, la Mère s'agenouille à son tour auprès de sa compagne, et elle adore. Elle s'anéantit devant la Majesté divine qui vient de manifester sa puissance en sa faveur. Restée ainsi un long moment abîmée dans sa reconnaissance, elle se relève enfin, pour se voir entourée de toutes ses sœurs, alertées par la diligente infirmière.

La joie, cette «joie qui fait pleurer» étreint tous les cœurs ; on entoure la chère miraculée qui, prenant la parole, rend gloire à Dieu.

— Mes chères sœurs, vos prières, votre dévouement ont obtenu cette faveur du Ciel. Aidez-moi maintenant à rendre grâces. Enfin, je pourrai partager tous vos labeurs et vaquer, comme vous toutes, au soin des pauvres. Je commence sans tarder, j'ai tant de temps à reprendre.

1745 – Dieu ne guérit-il que pour blesser ?

Comme elle va en abattre de la besogne dorénavant, cette femme qui n'a pas cessé de servir, alors même que la maladie la clouait à sa chaise d'infirme ! Ce n'est plus seulement la formation des nouvelles venues ou les interminables travaux de couture qui l'accaparent maintenant. Elle revendique sa part des corvées où elle prêche d'exemple en s'assignant les tâches les plus pénibles.

Le regain de forces accordé à la Mère apporte comme un renouveau de joie à toute la maisonnée. La joie ! mais la Mère veut la voir briller partout, en toutes circonstances. Non ! pas d'âmes ligotées par la mélancolie ou la tristesse au service du meilleur des Maîtres. Souvent, elle explique à ses filles : «La remise de soi-même à Dieu n'est complète que lorsqu'on se donne avec joie. Le Christ ne nous invite pas au rétrécissement qui comprime les âmes, mais à la joie qui dilate. La joie comme une flamme lumineuse, doit éclairer notre route, réchauffer notre cœur, attirer à notre suite les âmes qui errent sur le chemin de la vie, en quête d'une grande cause à servir.»

Oui, la joie est comme une flamme lumineuse, voilà peut-être pourquoi on s'attarde volontiers devant un bon feu qui crépite dans l'âtre... Mais la flamme projette parfois des étincelles...

En ce soir du 31 janvier 1745, il a fallu bien pourvoir la cheminée car, au dehors, sévit un froid de loup. Un peu après la mi-nuit, une bûche s'écroule sous la morsure des flammes et, d'une gerbe d'étincelles, le feu se communique au plancher de bois.

Subitement réveillée, Mme d'Youville perçoit le crépitement insolite et elle donne aussitôt l'alarme.

— Vite, mes sœurs, le feu est à la maison.

Elle-même revêt prestement sa robe, chausse, tant bien que mal, un soulier et une savate, puis émet à mi-voix les directives :

— Sœurs Lasource et Demers, veillez au transport de notre paralytique, notre voisin ne refusera pas de l'héberger. Je me charge de Mélanie.

Le feu prend une allure vertigineuse. Mme d'Youville, avec une incroyable présence d'esprit, opère en un clin d'œil, le transport de ses pauvresses. Josette a été accueillie par le voisin, mais les autres sont là, grelottantes sur la neige, pleurant et se lamentant.

— N'allez pas nous abandonner, Mère, supplie-t-on, en s'accrochant à elle !

— Ne craignez rien, arrive la réponse rassurante, je ne vous abandonnerai jamais ! Priez afin que le feu ne se communique pas aux habitations voisines. Un malheur suffit pour cette nuit.

Le brasier attire des curieux et des curieux qui poussent le cynisme jusqu'à proclamer en ricanant : «Juste châtiment du Ciel qui punit les crimes de ces pécheresses publiques. Voyez-vous cette flamme violette qui monte du grenier? C'est là qu'on gardait l'eau-de-vie destinée aux sauvages!»

Mme d'Youville reste calme sous l'insulte. Loin de s'attendrir sur son malheur, elle confie à ses deux premières compagnes: «Nous avions un peu trop nos aises, peut-être même un peu trop d'attache aux choses de ce monde, nous vivrons désormais plus en commun et plus pauvrement.»

Et puis, elle compte de nouveau ses hospitalisées dans la crainte qu'une d'elles ne soit demeurée dans la maison. De fait, une manque au dénombrement. Vivement la Mère se retourne et aperçoit Mélanie qui court vers le brasier en disant: «J'ai oublié mes sabots».

— Mélanie, revenez, ordonne la Mère, tandis qu'elle se met à sa poursuite.

Mais la pauvre démente a déjà franchi le seuil et, à l'instant le toit s'écroulant, l'ensevelit sous ses décombres. La Mère reste là un moment, frappée de stupeur. Un bras entoure sa taille, celui de l'amie de toujours: sœur Lasource.

— Éloignons-nous du brasier, Mère, nous ne pouvons plus rien…

Et comme pour poser un peu de baume sur le cœur endolori, elle ajoute:

— Voyez, j'ai sauvé Notre-Dame-de-la-Providence.

Notre-Dame-de-la-Providence! Quel vocable propre à rétablir l'âme dans la confiance éperdue.

— Merci! murmure la Mère simplement.

Des citoyens honnêtes et bienveillants, touchés du malheur de ces «saintes filles», accourent enfin et ouvrent leurs portes aux pauvresses. Mme d'Youville convainc ces dernières qu'il ne s'agit que d'une séparation momentanée et l'on consent à la dispersion.

Quant aux sœurs, elles se retirent chez les âmes charitables qui leur ont offert un refuge.

* * *

La sinistre nuit appartient déjà au passé récent, il est vrai, puisqu'on est au 2 février. Il est neuf heures; une autre nuit enveloppe la terre. Sous le toit d'emprunt où elle loge depuis l'incendie, Mme d'Youville a rassemblé ses compagnes, hier, afin d'aviser à la réorganisation du groupement, car aucune des sœurs ne s'avoue vaincue par l'épreuve ; au contraire, toutes n'y voient qu'un tremplin d'où l'on s'élancera vers des ascensions nouvelles. La grâce a parlé à chacune le même langage et l'on a élaboré des engagements formels que M. Normant a rédigés cet après-midi et que les servantes des pauvres ont signés à tour de rôle.

La Supérieure relit en ce moment ces lignes qui traduisent son idéal de vie. Les sœurs ont statué d'abord les principales fins de l'association : « la plus grande gloire de Dieu, le salut de nos âmes et le soulagement des pauvres ».

On a ensuite énuméré les moyens propres à assurer ces fins. Ce n'est pas sans émotion que la Mère poursuit la lecture de ces lignes. Les sœurs ont promis : 1° - de vivre ensemble dans une union et charité parfaites, faisant don de toutes leurs propriétés aux pauvres ; 2° - de consacrer leur temps, leurs jours, leurs industries, leurs vies même aux travaux pour subvenir aux besoins des pauvres d'abord et « de nous » ensuite ; 3° - de recevoir autant de pauvres qu'on pourra en soutenir. Oh ! cette promesse, avec quelle sollicitude la Supérieure verra à ce qu'elle s'accomplisse, car en cela, ses ambitions ne connaissent pas de bornes.

Les sœurs ont aussi résolu de mettre en commun tous leurs biens, sans rien excepter ni retenir, renonçant de plus à tout droit de propriété et de reprise. Enfin, on a dû prendre des mesures quant aux éventualités toujours possibles. S'il arrivait qu'une des agrégées doive quitter, « elle se contentera de ce qu'on aura la charité de lui donner ». Et si, par la suite des temps, il ne se trouve personne capable de soutenir cette bonne œuvre, les signataires entendent que tout ce qui se trouvera de biens, meubles et immeubles, soit remis entre les mains de M. le Supérieur du Séminaire de Montréal, pour être employé en bonnes œuvres et spécialement au soulagement des pauvres.

À la suite de ces engagements s'échelonnent les signatures des premières sœurs grises ; réponse apportée par elles à l'invite du Seigneur, les conviant à un dépouillement absolu : « Voici, prenez tout, mon Dieu. » La Mère éprouve une joie indicible de se savoir maintenant sur un pied d'égalité avec les pauvresses. Recommencer à zéro, quelle garantie pour obtenir du Père, le pain quotidien !

La réponse du Ciel ne s'est pas fait attendre, d'ailleurs. Vers la fin de l'après-midi, M. Fonblanche, citoyen probe et généreux, venait offrir gratuitement aux sœurs, sa maison de la rue Saint-Paul, à l'ouest de la Place du Marché ; Mme d'Youville et ses compagnes l'ont acceptée avec gratitude. Elles s'y transporteront aussitôt que possible. D'autres amis sincères ont bien voulu promettre lits, meubles, couvertures et vêtements. Les Messieurs de Saint-Sulpice, pour leur part, se sont chargés de pourvoir aux frais de la nourriture. Ainsi, la famille sera bientôt reconstituée sur un plan spirituel plus élevé. Une fois de plus, la joie aura suivi la croix…

— O Dieu, vous ne blessez que pour guérir, murmure la Mère intérieurement, tandis que son cœur, détaché des biens de la terre, accueille déjà, avec amour, les multiples renoncements dont ces pages, qu'elle vient de relire, brossent, en quelque sorte à l'avance, l'austère tableau.

* * *

De fait, les jours n'ont pas tous été roses depuis l'incendie. Il est venu, outre les peines attendues, une épreuve nationale : la prise de Louisbourg par les Anglais. À moins que la France n'intervienne, c'est un premier pas vers la victoire finale. Mme d'Youville partage la peine commune, elle, la grande patriote, issue d'une famille de militaires, mais elle ne perd pas espoir. La France et sa fille d'outre-mer sont susceptibles de beaux relèvements, l'histoire l'a déjà prouvé. La Supérieure fait foi à l'avenir : elle a assumé l'adoption spirituelle d'une petite fille, née le 3 juillet, au foyer du Sieur François-Marie marchant de Ligneris, et, hier, 24 juillet, elle recevait les vœux de sœur Catherine Rainville dont la probation a duré quatre ans. Jour ensoleillé parmi tant de jours sombres ! Les sœurs ont senti se resserrer entre elles « ce lien de la plus pure charité ». On s'aime tant ! surtout lorsqu'on a souffert ensemble, et les épreuves de ces derniers mois ont à jamais scellé la grande amitié.

La petite sœur Lasserre soupire après le jour où, elle aussi, se joindra pour toujours aux servantes des pauvres. Quant à Mlle des Pins, elle en est venue à une décision : sans s'associer au groupement, elle continuera à le secourir de son travail et de ses aumônes.

Enfin, la petite association a dû se soumettre à un second déménagement : la maison gracieusement offerte par M. Fonblanche n'avait qu'un défaut, elle était trop exiguë. Il a fallu reprendre la route en quête d'un logement plus spacieux. Il y a deux mois, Mme d'Youville concluait une entente verbale avec M. Dominique Janson-Lapalme et louait, pour trois ans, une maison aux larges dimensions, située rue Notre-Dame tout près de l'endroit où s'élevait autrefois la maison Le Verrier. L'on s'y transportait vers la mi-août, c'est-à-dire la semaine dernière. Dans ce logis plus vaste, les sœurs reprennent toutes leurs occupations. Le Séminaire depuis l'incendie, a pourvu aux frais de la nourriture, les travaux à l'aiguille permettront maintenant aux sœurs de gagner leur subsistance. Mme d'Youville est heureuse de faire part de la nouvelle au protecteur et père de la petite association, M. Normant, qui visite les lieux cet après-midi.

— Nous ne pourrons jamais oublier les innombrables secours reçus de vous, mon Père, ajoute-t-elle. Notre gratitude vous est acquise.

— Nous sommes amplement récompensés par le zèle qui vous caractérise, mes chères filles. Non, vous n'avez jamais représenté un fardeau pour nous. Il est des soucis autrement lancinants !

M. Normant s'arrête : il songe sans doute aux Frères dont la situation reste pendante : leur démission n'a pas été acceptée.

— Comment finira cette histoire ? se demande M. le Supérieur, en rentrant au Séminaire. Nous cheminons, ma foi, dans un dédale inextricable.

1746 – Il n'est pas de demeure stable sous le soleil...

Dédale inextricable que la vie à certains moments, surtout lorsque les ambitions humaines viennent compliquer les événements. À la maison Janson-Lapalme, où l'association de charité s'est transportée depuis près d'un an, tout allait à merveille : la vie régulière avait ressaisi et canalisé les activités, tandis que la direction vraiment maternelle de Mme d'Youville dilatait les âmes et leur inspirait le goût des choses de Dieu. Un joyeux entrain présidait aux besognes les plus humbles lorsqu'un événement inattendu vint rappeler aux pauvres sœurs que « nous n'avons pas de demeure stable sous le soleil ».

Le gouverneur Bois Berthelot de Beaucours faisait signifier à Mme d'Youville, le 16 juillet dernier, l'ordre d'évacuer la maison Lapalme, requise «pour d'autres fins», c'est-à-dire, ses besoins personnels. Respectueusement, Mme d'Youville représenta qu'elle avait loué la maison pour trois ans. Comme réponse, Bois Berthelot de Beaucours a eu recours à la loi dont l'arrêt vient d'être signifié à la protestataire aujourd'hui même, 22 juillet. La directrice devra avoir quitté les lieux au 13 août prochain sous peine de voir ses meubles «mis sur le carreau».

L'issue de l'affaire déroute les prévisions; les sœurs, jusque-là, espéraient encore: elles avaient tant prié!

— À peine trois semaines pour découvrir une autre demeure, quand nous avons mis six mois à trouver celle-ci, commente la sœur Demers. Saint Joseph devra faire diligence! conclut-elle, traduisant la pensée de ses compagnes.

Pas de récriminations, de révolte contre l'injustice, mais la ferme conviction que le Ciel viendra à leur secours. La réaction n'échappe pas à la nouvelle venue, Mlle Agathe Véronneau, fille d'un marchand de Trois-Rivières, qui se joignait aux servantes des pauvres, il y a cinq mois.

Âgée de trente-neuf ans, d'une piété solide et d'un caractère ferme, la candidate est en mesure de discerner bien des nuances. On lui avait parlé de cette société en termes élogieux: «Décidément, on ne m'a pas menti, se dit-elle. Ce détachement des moyens en même temps que cette ténacité à poursuivre la fin me plaisent énormément. C'est bien ce que je cherchais.»

La candidate se félicite d'avoir trouvé sa voie; Mme d'Youville elle, s'apprête à reprendre la route pour dénicher la fameuse demeure. Mais voici que le Ciel juge bon d'intervenir.

* * *

Tous les montréalistes ne prisent pas la mesure arbitraire du Gouverneur; il en est même que l'odieux procédé révolte. Mme Louis Chaptes de la Corne est de ceux-là; elle tient à venir exprimer sa sympathie à Mme d'Youville au cours de l'après-midi.

— Je suis très peinée de ce que j'entends dire, affirme la visiteuse. Après votre incendie de l'an dernier et vos deux déménagements à six mois d'intervalle, il me semble qu'on devrait vous laisser en paix, d'autant plus que cette maison vous avait été louée pour trois ans. A-t-on l'idée de pareille volte-face de la part de M. Lapalme? Il est vrai qu'il cède à la pression du Gouverneur. Mais passons outre, l'indignation m'inspirerait des paroles regrettables. Vous faudra-t-il abandonner vos pauvres, Madame?

— Oh! j'en serais incapable, Madame, et si jamais la chose se produit, j'en serai inconsolable.

Le ton est simple, sans mièvrerie ni affectation. Mme de la Corne a cependant saisi l'éclat du regard prolongeant la phrase. À ce moment précis, une des indigentes s'encadre sur le seuil de la porte, la pauvre vieille Charlotte dont l'esprit bat souvent la campagne.

— Vous n'avez pas trouvé de maison? demande-t-elle à Mme d'Youville, sans se soucier d'interrompre la conversation.

— Veuillez m'excuser quelques instants, dit gentiment la Supérieure à la visiteuse, le temps de consoler cette pauvresse.

— Allons, mère Charlotte, rassurez-vous. Je n'ai pas encore commencé mes recherches. Qui sait, dès demain, je trouverai peut-être? Allons, retournez à votre berceuse et continuez votre rosaire. La Sainte Vierge vous exaucera.

Mme de la Corne n'a rien perdu de la scène: la confiance de la pauvresse et la tendresse de la Mère à rassurer cette âme en peine. «Oui, c'est vrai, conclut-elle, la plus à plaindre serait Mme d'Youville s'il lui fallait abandonner ses protégées. Il est facile de constater à quel point elle les aime. Mystérieuse vocation tout de même, car après tout, rien de bien attirant chez ces déshéritées.»

— Mère Charlotte est bien en peine, explique Mme d'Youville, en revenant s'asseoir. Maintes fois au cours d'une journée, je dois calmer ses angoisses. La pauvre, sa crainte est qu'on ne déniche pas d'autre demeure.

— Crainte bien fondée, car les maisons libres ne foisonnent pas.

— Dieu y pourvoira puisqu'il s'agit d'héberger ses pauvres. Je reste confiante.

Cette ferme confiance que le Ciel pourvoira à tout, émeut Mme de la Corne qui avoue le but de sa visite:

— Je suis venue vous offrir ma propre demeure, Mme d'Youville. L'embarras où je vous voyais m'a suggéré cette démarche. Sans bruit de paroles, je protesterai ainsi contre les agissements de notre Gouverneur et, ce qui est encore plus consolant, je serai l'instrument de la Providence de qui vous attendez si fermement l'intervention.

Un peu surprise par la tournure de la conversation, Mme d'You-ville reprend, après quelques secondes:

— Oh! Madame, c'est trop de bonté. Je vous remercie de votre délicatesse, mais devrais-je accepter? Vous déloger de votre belle demeure pour y abriter ma nombreuse famille, ce serait, je crois, plutôt indiscret. Votre geste m'émeut profondément, cependant.

— Permettez-moi d'insister, Madame. Vous ne trouverez pas de gîte à cette époque de l'année. Pour ma part, je me retirerai dans ma seigneurie de Terrebonne. Comme vous le voyez, je ne serai pas trop à plaindre.

— Mais lorsque des affaires vous appelleront à Montréal?

— Vous me réserverez une petite chambre au premier étage, j'y serai tout à fait à l'aise. Je vous en prie, vous qui avez voué votre vie aux pauvres, ne me refusez pas ce privilège de faire quelque chose pour eux.

— Eh bien, Madame! vous m'avez persuadée. J'accepte votre proposition avec gratitude. C'est vraiment Dieu qui, par vous, nous tend la main. Pour ne pas abuser de votre gracieuseté cependant, nous ne logerons chez vous que jusqu'à ce que nous trouvions une demeure capable d'abriter notre grande famille qui compte maintenant dix-huit personnes.

L'entretien se clôt sur un dernier remerciement de Mme d'You-ville. La discrète bienfaitrice repart en savourant l'immense joie d'avoir soulagé une détresse, calmé une angoisse.

Le beau geste de Mme de la Corne contrebalance en quelque sorte l'infraction du gouverneur de Beaucours au grand précepte de la charité. «La scission entre Ville-Marie et Montréal» est déjà perceptible, ira-t-elle s'élargissant?

* * *

Quatre mois ont fui; l'hiver, un hiver précoce et rigoureux, règne maintenant en maître. De toutes les demeures s'échappe un long panache de fumée blanche. En ce soir de décembre, la bise impitoyable siffle, hurle son chant éploré: il ne ferait pas bon passer la nuit à la belle étoile. D'ailleurs, aucune étoile ne perce le ciel sombre de sa lueur clignotante.

M. Paul-Alexandre d'Ailleboust de Cuisy, bel et bien installé près de l'âtre familial, tire de longues bouffées de sa pipe d'écume de mer. Le traiteur-négociant suppute chances de gain et déboursés éventuels. Ses réflexions ne sont nullement interrompues par Mme d'Ailleboust qui vient s'asseoir à ses côtés et sort un tricot de son sac à ouvrage.

Thérèse Le Fournier du Vivier, Mme de Cuisy, fait partie de ces femmes qui se taisent volontiers, savent écouter gracieusement et qui, lorsqu'elles parlent, ont des phrases fécondées par le silence. Soucieuse de ne pas troubler les pensées de son époux, elle concentre son attention sur son travail et c'est lui qui ouvre la conversation.

— Vous persistez dans votre idée, Thérèse? vous louerez votre maison à la dame d'Youville?

— Mais oui, Paul. Je croyais la chose entendue. Auriez-vous changé d'idée?

— Mais non, la maison d'ailleurs vous appartient. Je me défends mal cependant contre la méfiance envers cette femme. Si vous saviez tout ce qu'on en dit!

— Qu'importe, je la connais et puis vous assurer qu'elle est digne d'estime.

— D'où vient qu'elle erre ainsi de gîte en gîte?

— Ne parlez pas ainsi Paul. Vous savez bien qu'un incendie l'a délogée de sa première habitation. La demeure Fonblanche était trop exiguë, le gouverneur de Beaucours l'a expulsée de chez Lapalme et c'est par pure délicatesse qu'elle n'ose prolonger son séjour chez Mme de la Corne : songez donc, cette dernière habite encore en cette saison-ci, sa seigneurie de Terrebonne et, lorsqu'elle fait quelque apparition à Montréal, elle se retire discrètement dans une piécette ; Mme d'Youville ne saurait laisser la situation se prolonger indéfiniment pour une dame d'une telle condition. Voilà pourquoi elle a poursuivi ses recherches en quête d'un logis et pourquoi j'ai cru devoir accéder à sa demande, après vous avoir consulté d'ailleurs.

— Oh! je sais et ne vous reproche rien, Thérèse, mais pourquoi cette dame persiste-t-elle à faire œuvre de charité? Quand on n'en a pas les moyens, ne vaut-il pas mieux s'en tenir à subvenir à ses propres besoins? On taxe cette femme d'exaltation, je ne crois pas l'accusation exagérée.

— Il vous faudrait la connaître, Paul, pour revenir de vos préventions. Pour ma part, j'avais déjà lu que, pour certaines âmes, la misère exerce une réelle attirance, parce que ces âmes ressemblent plus que nous au Dieu des miséricordes. Ce passage que je n'avais jamais bien compris, Mme d'Youville l'a illustré à mes yeux. Je n'essaierai pas de vous faire son éloge, vous me croiriez emballée. Songez tout simplement comme les pauvresses de Mme d'Youville seraient à plaindre, en un soir comme celui-ci par exemple. Demain, Mme d'Youville entrera dans notre maison, place de l'église, vous irez n'est-ce pas lui en faire les honneurs?

— Pas moyen de vous résister, Thérèse, j'irai.

...Et le lendemain soir, vers la même heure, alors, qu'au dehors, la tempête souffle toujours, M. d'Ailleboust avoue:

— Vous aviez raison, Thérèse, Mme d'Youville est vraiment extraordinaire: quel esprit pratique! quel solide bon sens! Pas même l'ombre d'exaltation.

Le «je vous l'avais bien dit» n'éclate pas triomphant, mais un fin sourire s'esquisse sur les lèvres de Madame, qui prononce:

— Je savais bien qu'une seule entrevue suffirait pour vous convaincre des qualités de cette dame. J'ai l'intuition que quelque chose de grand surgira un jour de son entreprise, voilà pourquoi je suis heureuse de pouvoir la secourir. Les temps que nous traversons nous incitent d'ailleurs, à travailler pour le «trésor impérissable»... La menace anglaise se rapproche avec l'échec du Duc d'Anville. Cette guerre d'escarmouches ne me dit rien qui vaille. Qui sait comment cela finira? Faisons le bien tandis qu'il en est temps encore.

— Je suis de votre avis, Thérèse, murmure Paul, littéralement conquis...

1747 – « Vous relèverez une maison... »

MI-JUIN 1747. Un soleil tout pimpant brille depuis quelques jours sur la ville mariale. La coupole du firmament est d'un bleu indigo et les feuilles d'un vert tendre. Et pourtant, des cœurs angoissés restent insensibles à ce soleil ensorceleur et à ces feuilles rieuses. À la maison de Cuisy, là où depuis sept mois les sœurs Grises se sont transportées, le bel entrain a fait place à une inquiétude mortelle: les jours de Mme d'Youville sont comptés. La forte constitution a cédé à l'épuisement causé par les déménagements successifs. Alitée depuis près de deux mois, la Mère, livide et apparemment sans vie, a tout juste la force de ne pas mourir.

Un peu plus loin, dans la même ville, sous la même voûte azurée, d'autres âmes voient la mort poser son aile noire sur une œuvre bien chère : l'hôpital général ! Les Frères, réunis dans ce qui fut autrefois un bocage, regardent mélancoliquement l'édifice de pierre, à trois étages, à la toiture d'ardoise, aux dimensions imposantes de 90 × 30, muni de deux ailes de 30 pieds carrés, à l'extrémité ouest ; l'une, tournée vers la montagne, l'autre, vers le fleuve, et causent, à bâtons rompus.

Les souvenirs se rattachant à l'institution ont été évoqués brièvement : c'est à cette Pointe-à-Callières que fut célébrée la première messe à Ville-Marie ; Pierre le Ber, le frère de la recluse, après avoir soutenu l'œuvre de son dévouement et de ses deniers, y dort son dernier sommeil, dans le petit cimetière où a été aussi inhumé le frère Louis Hérault, dit Jérôme. Le Frère Charon, fondateur de l'hôpital, a eu la mer pour tombeau, étant décédé au cours de sa fatale traversée de 1719.

— Après avoir passé quarante-cinq ans de ma vie ici, j'aurais aimé y être enterré, dit le Frère Alexandre Romain-Turpin.

— Et moi aussi, avoue le Frère André de Moyres, même si je ne compte que vingt-cinq ans de service.

— Pour ma part, je retournerai en France dès que notre démission sera acceptée, confie le Frère Joseph Dellerme.

Des quatre Frères, l'aîné, le Frère Jeantôt, atteint de démence sénile, ne prend aucune part à la conversation. Seules les lèvres qui remuent, attestent l'habitude de la prière.

— Repassez en France avec moi, de poursuivre le Frère Dellerme. Les choses ne s'annoncent guère brillantes de ce côté-ci de l'océan, surtout depuis que notre gouverneur général, de la Jonquière, a été pris par les Anglais. On le dit prisonnier de guerre à Londres même. De Beauharnois attendait son arrivée pour être relevé de ses fonctions. Le voilà dans une belle situation. Franchement, pour ma part, je préfère quitter.

— À mon âge, mieux vaut rester. D'ailleurs je dois à mon compagnon d'armes — et le Frère Turpin indique le Frère Jeantôt du regard — de veiller sur ses dernières années.

— Et moi, étant le dernier supérieur de cette institution, je vous dois mon appui à tous deux, prononce le Frère de Moyres d'un ton ferme. Plus jeune, plus robuste, je pourrai peut-être vous être de quelque utilité? La mort seule pourra m'arracher à ces murs branlants. J'aimais tant les pauvres!

— Oui, les pauvres, c'était pour eux qu'on existait.

Ce mot «pauvres», semble opérer un effet magique sur l'ouïe récalcitrante du Frère Jeantôt.

— Les pauvres, prononce-t-il d'une voix chevrotante, oui, il faut les aimer jusqu'à la fin, comme notre Fondateur.

Le moment de lucidité a la durée de l'éclair et l'octogénaire poursuit, tandis que deux larmes coulent le long de ses joues:

— Priez pour nous, pauvres pécheurs, maintenant et à l'heure de notre mort.

* * *

Et la mort a frappé! «La Providence semble avoir pris l'affaire en mains», songe M. Normant, alors qu'il traverse la place de l'église pour aller porter à ses filles dans l'épreuve, le réconfort de ses encouragements. Une fois de plus, le digne Supérieur adore les impénétrables voies de Dieu.

Le 30 juin, après tout juste quinze jours de maladie, le Frère André de Moyres décédait à l'Hôtel-Dieu et le 9 août suivant, le Frère Alexandre Turpin partait lui aussi, vers un monde meilleur. Les deux serviteurs fidèles avaient vu se réaliser leur désir suprême: dormir leur dernier sommeil dans la terre fécondée par leurs labeurs.

Mises au courant des faits, les autorités gouvernementales de Québec n'ont pas pu se récuser cette fois. Réunis en Conseil plénier, le 27 août dernier, Sa Grandeur Mgr de Pontbriand, M. le Marquis de Beauharnois, gouverneur général et le chevalier Gilles Hocquart, intendant de justice, ont accepté — et pour cause! — la démission des Frères, de même qu'ils ont «choisi, nommé et député la dame d'Youville directrice de l'Hôpital».

La décision, communiquée d'abord au Vicaire général, lui parvenait ce matin même, 1er septembre. Avant que l'Ordonnance ne soit délivrée à la destinataire, M. Normant juge bon aller préparer les voies, car la maladie ne desserre que lentement son emprise et cloue toujours Mme d'Youville à son pauvre grabat. «Celui qui mène aux portes du tombeau» en ramènera cette femme forte, il en est sûr. Il sait également que sa pénitente et ses compagnes n'accepteront la tâche proposée que sur son conseil. Au moment où il

Grâce à Dieu, il y a du pain dans la huche.

franchit le seuil de la demeure, sœur Demers le salue d'une bonne nouvelle.

— Père, figurez-vous que notre Mère va un peu mieux. Elle est même assise au soleil, près de la fenêtre, nous renaissons à l'espoir.

— Un bonheur ne vient jamais seul, murmure le Supérieur. Puis il ajoute à voix haute : Veuillez rassembler vos compagnes, je vous apporte, moi aussi, une bonne nouvelle.

Les quatre sœurs et la novice sœur Véronneau sont bientôt réunies autour de leur Mère et Monsieur Normant annonce :

— Mme d'Youville est nommée directrice de l'Hôpital général et devra prendre charge dès que faire se pourra. Dans quelques jours, des experts vont y dresser un inventaire du mobilier ainsi que des réparations à effectuer, après quoi, mes filles sont invitées à s'y rendre le plus tôt possible : quatre pauvres avec, en plus, le Frère Jeantôt vous y attendent déjà.

Monsieur le Supérieur a observé la physionomie de Mme d'Youville. La figure d'une pâleur diaphane n'a eu aucun tressaillement ; les yeux, momentanément clos, gardent leur secret. Alors la voix paternelle demande :

— Mme d'Youville, acceptez-vous ?

— L'Ordonnance nous manifeste-t-elle le désir de Dieu ?

— Vous pouvez en être certaine, ma fille, je vous parle en son nom.

— Pourrions-nous répondre autre chose que : oui, fait Mme d'Youville en regardant ses compagnes.

Après quelques instants de silence, elle poursuit :

— Oui, mon Père, nous sommes prêtes à employer nos pauvres ressources, à user nos forces, notre vie même, à l'œuvre que la Divine Providence nous confie.

— C'est bien la réponse que j'espérais de vous, malgré votre état de faiblesse actuelle. Aux yeux de la prudence humaine, l'acceptation peut sembler présomptueuse. Qu'importe ! les voies de Dieu ne sont pas nos voies. Il lui aurait été si facile d'intervenir plus tôt dans le règlement de cette affaire ! Il a préféré temporiser et, durant ce délai, l'incendie vous a chassées de votre demeure et quatre déménagements successifs vous ont fait expérimenter la précarité des installations humaines. Enfin, la maladie est venue, comblant la mesure. Pourquoi ces atermoiements, si je puis appeler ainsi les délais divins ? C'est que Dieu aime intervenir dans les situations désespérées afin que l'âme reconnaisse son action.

Nuages ourlés de lumière, crête immobile des arbres, calme du lac, sérénité de Dieu...

Après une brève pause, le Supérieur continue :

— Vous voilà autorisées à prendre possession d'un véritable asile pour les pauvres. La situation n'est pas rose : 38,000L. de dettes, une rente viagère à verser au Frère Dellerme retournant en France, un édifice délabré à remettre en état d'abriter les indigents. Bref, la tâche est au-dessus de vos possibilités, mais votre confiance obtiendra tout de Dieu. Souvenez-vous cependant que l'œuvre sera érigée sur la Croix. Dieu demandera à chacune sa pleine mesure et il vous faudra vous réjouir « d'être jugées dignes de souffrir », ainsi que je vous le disais, il y a dix ans. La loi de la Croix est immuable. Dieu vous soutiendra, mes chères filles. Pour ma part, je vous reste tout dévoué.

Sur ce, le digne Supérieur se retire et les sœurs, affectueusement, entourent leur Mère.

— Merci, Mère d'avoir dit oui ! exprime sœur Lasource au nom de ses compagnes.

— C'est en tablant sur votre générosité que j'ai pu accepter, commente la Mère. Car, ainsi que l'a dit M. le Supérieur, je suis pour ma part réduite à... pas grand-chose. Mais le Seigneur suppléera à mon impuissance. En attendant, je devrai me résigner à vous voir vous multiplier à la besogne tandis que je resterai rivée à l'inaction.

— Vous donnerez les directives, nous exécuterons. Vous prierez tandis que nous combattrons et surtout vous soutiendrez notre courage, nous avons besoin de vous, Mère.

Une seule voix a parlé, mais les regards limpides brillent du même éclat. Il n'y a pas à s'y méprendre : ces âmes sont sous l'emprise divine et, lorsque l'Amour possède une âme, Il n'a de cesse qu'Il ne l'ait consumée. D'ici-là, elles connaîtront le délicieux tourment d'une lutte inégale : l'âme se donnant, s'abandonnant à fond, et le Maître comblant inlassablement la mesure, la débordant même par les douceurs de son amour.

Le « tourment de Dieu », la Mère le connaît d'expérience, elle sait bien que ces « filles de son cœur » iront pénétrant de plus en plus le secret du Roi et que, à l'instar de toutes les conquêtes du souverain Monarque, elles voudront partager avec d'autres, les délices de la coupe sacrée. L'amour de Dieu, mais il est essentiellement diffusif. Pour s'en convaincre, il suffit de regarder la « bénie entre les femmes », la bien-aimée de Dieu. Ayant reçu du Père le don

suprême, son Fils unique, elle l'a donné au monde et à quel prix !
Après que sept glaives eussent fait d'elle, la Reine des martyrs !

La Mère enveloppe, d'un regard profond, chacune de ses filles
et celles-ci respectent son silence. On dirait que cet échange muet
de pensées a comme créé un contact plus étroit entre chacune
d'elles. On prolongerait volontiers le doux moment, mais la sollicitude de l'infirmière revendique ses droits :

— Mère, il faudrait vous retirer maintenant, voilà beaucoup
d'émotion et de fatigue pour une grande convalescente. Remettons
les délibérations à demain, voulez-vous ?

La patiente acquiesce. Cette femme à la volonté trempée dans
l'acier, qui a l'habitude du commandement, sait aussi obéir, obéir
comme une enfant. C'est qu'elle est humble et petite, se considérant
volontiers comme la dernière de toutes.

* * *

Cinq semaines ont passé. Demain, samedi 7 octobre, la petite
société se transportera à l'hôpital général. Les sœurs Lasource,
Rainville, Véronneau avec quelques femmes de ménage, ont travaillé ferme pour rendre habitable la nouvelle demeure. Elles y ont
mis dix-huit jours. Ce matin, l'équipe allait faire la mise au point.
Sœur Demers de son côté, a organisé le transport du mobilier : il
reste à la maison de Cuisy tout juste le minimum nécessaire pour
une dernière nuit. Malgré sa faiblesse extrême, Mme d'Youville a
assumé sa part du fardeau : la plus lourde, puisqu'il s'agit de
soumettre ses propositions à Messieurs les Gouvernants, quant au
règlement des dettes de l'hôpital. Copie de l'inventaire des meubles
et immeubles, tracé par Louis-Claude Danré de Blanzy, notaire
royal, du 4 au 19 septembre dernier, lui a été remise : elle est là sur
sa table de travail, détaillant une situation lamentable : lingerie,
ustensiles, meubles, tout est vieux, déchiré, bosselé ou boiteux ; par
contre, la liste est longue des réparations à effectuer. Et les revenus
à attendre ? Piteux : les rentes réduites à 786 L. par an ; la ferme de
la Pointe Saint-Charles donne un produit de 600 minots de blé, celle
de Chambly de 300, la moitié de ces produits échoit d'ailleurs aux
fermiers. Et les dettes, comment les liquider ?

Mme d'Youville refuse de s'alarmer malgré tous les soucis qui
dressent, sur les feuilles qu'elle manipule, autant de points d'interrogation. Son âme repose dans la paix, parce qu'elle est entièrement

abandonnée. Cette œuvre, c'est Dieu lui-même qui la lui met entre les mains, douterait-elle qu'Il n'y joigne, en même temps, les ressources nécessaires pour la mener à bonne fin ?

Quant à la faiblesse physique, la Mère ne s'en inquiète pas davantage. C'est la rançon exigée du Seigneur en retour du privilège de travailler à sa Vigne, ainsi que l'assure Monsieur Normant. Et puis, au cours de cette longue maladie qui l'a conduite aux portes du tombeau, Mme d'Youville a vu se réaliser en sa faveur, les promesses du psaume 40 : « Heureux celui que sa compassion rend attentif aux besoins du pauvre et de l'affligé ! S'il tombe dans l'affliction, le Seigneur viendra à son secours. Si la maladie l'abat et le livre à la douleur, le Seigneur viendra le consoler et le secourir. Vous remuerez vous-même son lit, Ô mon Dieu, pour le lui rendre moins incommode. »

Familière avec le texte sacré dans lequel elle baigne quotidiennement son âme, Mme d'Youville songe, avec une reconnaissance indicible, que Dieu a rempli ses promesses à la lettre, à son égard. Par l'intermédiaire de mains charitables, le Seigneur a « remué son lit pour le lui rendre moins incommode ». Elle n'a pas eu le superflu, mais elle n'a pas manqué du nécessaire. Dieu a veillé sur elle, Il lui a donné ce témoignage d'amour d'une sollicitude incessante. Et c'est Lui, qui, lorsque son heure aura sonné, ranimera les forces de sa servante. Qu'Il les lui accorde goutte à goutte, ou qu'Il les lui renouvelle soudainement, qu'importe ! Elles seront là, suffisantes, pour accomplir le labeur taillé par sa main divine.

Par la porte largement ouverte, Mme d'Youville suit les allées et venues dans la salle. Son regard se pose avec complaisance sur Josette Bourjoly et Antoinette Relle. La première s'occupe de la pauvre Marie Morin, veuve Thomas, nonagénaire paralysée ; la seconde cause avec les trois orphelines, Marie-Louise de Bralye, Thérèse Lagarde et Angélique Brindamour, respectivement âgées de seize, quinze et six ans.

« Quelles excellentes hospitalières j'aurai en ces deux recrues ! » songe Mme d'Youville. Car, c'est chose entendue, les deux jeunes filles seront admises au noviciat lorsqu'on aura pris possession du nouveau domicile. Depuis 1741 qu'elles habitent sous le même toit que les servantes des pauvres, les deux jeunes filles ont eu maintes occasions de s'assimiler l'esprit de sacrifice et d'abnégation de la petite société. Josette aime le pauvre, « le plus pauvre », ainsi qu'elle le confiait spontanément à Mme d'Youville ce matin.

Antoinette, de son côté, manifeste de réelles aptitudes pour l'enseignement. En ce moment, par exemple, en dépit de la disparité d'âge, les trois orphelines écoutent avec un égal intérêt l'histoire qu'elle leur raconte.

La Supérieure sourit de satisfaction: les orphelines, qu'on accueillera en plus grand nombre lorsqu'on habitera l'hôpital, trouveront un cœur de mère en la petite sœur Relle. Oui, le Maître a veillé, Il a préparé dans le secret ces précieuses recrues et, au moment où s'élargiront les perspectives, Mme d'Youville les verra avec reconnaissance apporter à la petite association, le concours de leur enthousiasme et de leur souplesse éprouvée. «Que vous rendre, Ô Seigneur, pour tous vos bienfaits? Oui, décidément, l'heure est toujours à la gratitude.»

Déjà le crépuscule est venu insensiblement. Somptueux! ces soirs d'automne où le soleil semble ne se retirer qu'à regret, après avoir embrasé l'horizon de ses feux empourprés: on dirait une immense forge au foyer incandescent. C'est l'heure de la rentrée pour l'équipe des ouvrières; les sœurs se dirigent à la chambre de la Supérieure. C'est la dernière soirée à la maison de Cuisy; on tient à la passer en famille.

— L'hôpital est prêt à vous recevoir, ma Mère, annonce joyeusement la sœur Lasource. Dès demain, vous prendrez possession de votre nouveau domaine.

— Pourquoi ne pas attendre à lundi? suggère l'infirmière en second, sœur Lasserre.

— Y songez-vous? proteste doucement Mme d'Youville. Je suis si heureuse de la double coïncidence du samedi et de la fête de Notre-Dame-du-Saint-Rosaire. Puis la messe dominicale après-demain, il y a si longtemps que j'en suis privée et notre aumônier, Monsieur Michel Peigné entrera en fonctions précisément ce jour-là.

— Votre cause est toute gagnée, Mère, assure la sœur Demers. Demain nous partons, le croyez-vous, mes sœurs? questionne-t-elle avec un brin de malice, le regard tourné vers ses compagnes.

— Si nous le croyons? réplique tout aussi joyeusement la sœur Lasource. À qui le demandez-vous? J'en connais qui seraient très déçus si nous allions retarder les quatre pauvres des bons Frères soupirent après notre arrivée là-bas. Sœur Rainville prend sa tâche à cœur, souligne-t-elle, et les chers vieux sont tombés entre bonnes mains: elle les gâtera, vous verrez, Mère.

— J'ai déjà commencé, avoue ingénument la sœur, et je me propose de continuer... à moins que notre Mère ne me l'interdise, conclut-elle finement.

Mme d'Youville se contente de sourire; personne ne s'y méprend, c'est comme si elle disait : « Si vous comptez sur moi pour émettre pareille interdiction, vous attendrez vainement. »

— Puisque nous en sommes à parler des chers vieillards, je dois vous informer, Mère, que nous avons aménagé une cellule au Frère Jeantôt dans la partie la plus ensoleillée de la maison, afin d'égayer ses derniers jours.

— Vous avez bien fait, sœur Lasource. Nous devons tous les égards à ce vénérable religieux.

— J'ai aussi préparé des lits pour les deux admissions conclues depuis la semaine dernière, ajoute sœur Rainville.

— Puissions-nous être en mesure d'accueillir tous ceux qui, dorénavant, frapperont à notre porte, s'exclame Mme d'Youville !

— L'espace ne manque pas, c'est la maison elle-même qui fait pitié. Si vous voyiez le délabrement, Mère !

La sœur Lasource s'interrompt : « Pourquoi décrire ces ruines ? pense-t-elle, notre Mère les verra bien assez tôt. »

Comme si elle devinait ses pensées, la Mère reprend :

— Les ruines se relèvent vite lorsque Dieu y met la main, et ce qu'il construit lui-même a l'habitude de durer. J'ai bien étudié la situation de l'hôpital — cet inventaire est d'une éloquence ! — fait-elle en pointant les paperasses amoncelées sur sa table de travail. Loin de me déconcerter, les problèmes m'incitent à une plus grande confiance ; c'est par notre confiance que « nous forçons la main à Dieu ». Il ne résiste pas aux âmes qui attendent TOUT de Lui !

Et comme pour maintenir l'âme de ses filles dans ce climat d'abandon absolu, elle poursuit :

— Tandis qu'au cours de la journée, vous avez organisé le départ d'ici et préparé l'arrivée là-bas, j'ai, pour ma part, écrit à M. l'Abbé de l'Isle-Dieu, relativement à nos projets d'avenir.

Et Mme d'Youville fait lecture de sa lettre adressée au Vicaire général du diocèse de Québec, résidant à Paris.

La petite société s'engage à verser la somme de 8000 livres pour éteindre les dettes de l'hôpital si la Cour, de son côté, veut lui accorder les lettres patentes lui donnant le droit d'exister ; on ne peut vraiment accepter l'œuvre que moyennant cette garantie. Quant à l'opposition de la Cour relativement à l'établissement de nouvelles communautés, Mme d'Youville représente simplement qu'il ne s'agit pas, en l'occurrence, de l'érection d'une nouvelle communauté, mais d'une simple substitution : l'association remplaçant les Frères ; elle s'emploiera à soulager les pauvres des deux sexes, à instruire les filles et à retirer du libertinage les personnes de mauvaise vie.

Les sœurs acquiescent pleinement à l'exposé dont elles viennent d'entendre lecture. Ces œuvres ajoutées au soulagement des pauvres, Mme la Supérieure les leur a proposées il y a quelques jours. Joyeusement, leur zèle a accueilli le surcroît ; Mme d'Youville a une façon incomparable de présenter le bien à accomplir ; rien n'est banal sur ses lèvres. Son langage reflète la beauté, la grandeur de son âme, elle inspire tout simplement son élan, son envergure, son amour enfin, elle dont le cœur est conquis à toute souffrance. Comme il est doux, facile d'imiter lorsqu'ainsi, on admire ! Pas un instant la pensée des sœurs ne s'est arrêtée à leur petit nombre : Dieu pourvoira à tout.

— À cette lettre, explique Mme d'Youville après quelques instants, je joins copie de ma commission de directrice, laquelle porte une procuration autorisant M. de l'Isle-Dieu à gérer en France, les questions financières de l'hôpital. M. le Vicaire général n'aura pas trop d'ennuis avec nos capitaux... absents, ajoute-t-elle avec un sourire ; par contre, il devra inciter nos créanciers à la patience. Pour ce qui est de nous, il suffira que nous allions au pas de Dieu, dans la voie que sa volonté nous tracera au jour le jour. Abandon, abandon complet, mes sœurs, voilà la vertu à laquelle nous devons tendre de toutes nos énergies.

Elle se tait, désireuse que ce mot d'abandon se burine dans les esprits et les cœurs. À ce moment précis, l'horloge égrène lentement les coups de neuf heures ; les sœurs se recueillent pour l'invocation accoutumée, puis Mme d'Youville lève la séance en disant :

— L'heure est déjà tardive pour nous dont le lever devancera l'aurore, demain. Bonsoir, mes sœurs, que Dieu veille sur notre repos !

Toutes s'acheminent vers l'oratoire pour la prière en commun. Une voix commence la récitation des litanies. Priez pour nous, priez pour nous toujours, Ô Toute-Belle, Toute miséricordieuse, vous l'Étoile du Matin, la Porte du ciel.

Et tandis que la même sollicitation revient avec l'insistance de la vague battant inlassablement la rive, tandis qu'au dehors, la nuit enveloppe la ville de son voile perlé d'étoiles, deux jeunes filles :

Josette et Antoinette, accoudées à l'une des croisées du second étage, échangent, à voix basse, d'intimes confidences.

— Mme d'Youville m'a dit qu'elle m'acceptait, murmure Josette, lentement, un accent de ferveur dans la voix. Il paraît que c'est bien simple de devenir bonne comme elle. Je lui ai demandé quel était son secret, elle m'a répondu : « Il s'agit de laisser Dieu vous envahir, vous pénétrer par sa grâce. C'est Lui qui accomplit le travail, notre part consiste à lui être fidèle, à lui présenter un cœur libre de toute attache, afin que, seul, Il le remplisse. Soyez une âme de désir — Le désirer, c'est déjà l'aimer. Souvenez-vous que, sans Lui, vous ne pouvez rien, mais avec Lui, vous pouvez tout. »

Quelques secondes de silence durant lesquelles la jeune fille semble savourer les paroles profondes, puis elle constate à voix haute :

— N'est-ce pas que c'est simple, Antoinette ?

— Oui, c'est très simple, Josette, et dire que j'hésitais à faire le grand pas : mes prédilections allant vers la jeunesse, je craignais de n'être pas acceptée. Mme d'Youville m'a expliqué que la méditation quotidienne de la charité du Cœur de Jésus dilatera mon propre cœur et que j'en viendrai à aimer toutes les œuvres. Cela m'a encouragée. Je soupire après le jour où je me donnerai au Seigneur. Puisque c'est Lui qui nous apprendra à aimer, j'ai hâte d'être admise à son école.

— Ça ne tardera guère, désormais. Si vous saviez comme je suis heureuse, Antoinette !

Ces âmes, qui ont été « saisies par le Christ », s'apprêtent à Le saisir à leur tour en embrassant son joug « doux et léger ». La résolution austère remplit leur cœur d'une joie difficile à traduire. Elles s'en entretiennent pourtant à mi-voix, laissant aux instants de silence, le soin de prolonger les paroles impuissantes. Cieux étoilés qui racontez la gloire de Dieu, sans doute, leur prêtez-vous le langage de votre beauté, en cette superbe nuit d'automne ?

* * *

Samedi 7 octobre, Le soleil a éclipsé les perles de la nuit et le jour a paru. Jour mémorable pour les sœurs Grises. Très tôt ce matin, elles se sont mises en frais d'effectuer le déménagement ; les expériences de ces derniers temps leur facilitent énormément la besogne : à quelque chose, malheur est bon ! La matinée a suffi à transporter à l'hôpital les quelques dernières pièces de mobilier. Sept, des neuf protégées, ont même dîné à la nouvelle demeure : les plus jeunes, celles qui pouvaient s'y rendre à pieds. Cet après-midi, l'obligeant M. Fonblanche met sa charrette à la disposition de la pauvre paralytique. L'aveugle Françoise Auzon y prend place également.

Mme d'Youville assise près de la fenêtre, regarde les deux chères vieilles, l'une assise, l'autre mi-couchée dans la voiture. Sœur Demers les y rejoint bientôt : c'est le signal du départ.

« Au prochain voyage, ce sera mon tour », se dit la Supérieure, non sans réprimer un sourire, car il y a eu protestation lorsqu'elle a manifesté, tantôt, son désir de profiter de la charrette, elle aussi, tout comme ses pauvresses.

— Y songez-vous, Madame ? s'est écriée Mlle des Pins. Un tel équipage ne vous convient pas. Ce serait si facile de trouver un carrosse.

— Merci, a répondu gracieusement la Supérieure. Je voyagerais en carrosse alors que nos chères vieilles prendraient la charrette ? Ce serait retourner le précepte évangélique. Non, le serviteur n'est pas plus grand que le Maître... et nous sommes les servantes des pauvres, il ne faut pas l'oublier.

Sœur Lasource revient actuellement à la charge :

— Mère, j'admire votre résolution de faire le trajet en charrette, mais je suis inquiète : si les pierres allaient pleuvoir sur votre passage comme il y a dix ans ?

— Une première expérience a prouvé que j'y survivrais, répond la Supérieure plaisamment, pour dissiper les craintes de sa sœur. Non, je crois que nous n'avons pas lieu de craindre.

Sœur Lasserre, arrivant à ce moment, présente une requête :

— Mère, puis-je solliciter une place dans la charrette ? À titre d'infirmière d'abord, et puis je n'ai pas connu le baptême du feu des débuts. Il me manque cette précieuse expérience...

— Accordé, répond la Mère, à qui la virilité plaît énormément.

« Comment craindre, redouter l'avenir lorsqu'on est entourée d'âmes si profondément généreuses ? poursuit la pensée de la Mère. Nous vaincrons tous les obstacles, Seigneur, vous m'en donnez le gage en m'associant ces âmes d'élite. »

Elle regarde ses filles diligemment occupées à fermer la maison, la maison de Cuisy où l'on a habité ces dix derniers mois. On la quitte pour s'établir, définitivement, cette fois ? Tout semble le présager ; si l'on n'avait l'assurance que l'entente provisoire se muera en situation permanente, on n'aurait certes pas donné suite à la proposition.

— N'est-ce pas comme un rêve ? prononce lentement sœur Lasource, dont la perspicacité devine les pensées de la Supérieure. J'ai l'impression, depuis la matinée, que se réalise vraiment aujourd'hui le dessein qui nous réunissait il y a dix ans.

— Moi aussi, répond la Mère. Il me semble que Dieu soulève un coin du voile et nous dit : « C'est à cela que je vous destinais. »

— Quelle sécurité que de se sentir ainsi dans la main de Dieu ! Il veillera sur notre famille. Songez Mère, nous serons vingt-trois désormais à attendre de Lui le pain quotidien.

— Nous ne nous en tiendrons pas à ce nombre, car nous accepterons, autant que possible, tous les pauvres venant à nous.

Sœur Lasource s'émeut devant cette résolution énoncée avec tant de ferveur. De quel zèle, cette âme ne brûle-t-elle pas ! Zèle communicatif, entraînant. Auprès d'elle, tout semble possible, et avec elle, ma foi, tout le devient.

Le grincement des roues sur le pavé annonce le retour de la voiture ; c'est le moment du départ. Les sœurs hissent un matelas dans le véhicule où la Mère est installée après y avoir été portée pour ainsi dire, par les bras aimants de ses filles. Oh ! cette faiblesse, comme elle s'entend à paralyser les membres ! à vous river à l'impuissance totale. Quelle lutte pour l'âme qui persiste à rester énergiquement debout, même si le corps doit s'allonger !

— Bon voyage Mère ! murmure doucement la sœur Lasource, un accent de tendresse dans la voix. Nous vous rejoindrons bientôt. Je tourne la clef dans la serrure et, en compagnie de sœur Rainville, je vous suivrai d'assez près.

Le drôle d'équipage démarre. Inévitablement, il attire l'attention des curieux… et des moqueurs. La Mère n'en a cure ; quant à la sœur Lasserre, elle entend bien protéger sa malade contre toute éventualité ; si les pierres volent, comme en 1737, elles frapperont la fille avant d'atteindre la Mère. On quitte la place de l'église, on longe maintenant la rue Saint-François-Xavier. Le charretier a beau conduire lentement, la voiture cahote sur la chaussée irrégulière. Voici maintenant la place du Marché. Que de souvenirs surgissent d'eux-mêmes dans ces endroits familiers ! Mme d'Youville, les paupières closes, devine plutôt qu'elle ne les voit, ces lieux où se sont écoulées quinze années de sa vie. Son regard intérieur s'attarde, de préférence, sur les « voies de Dieu ». Petit à petit, elles se sont manifestées et si, parfois, elles ont semblé mystérieuses, elles apparaissent si simples, maintenant que le recul du temps permet d'en discerner le merveilleux agencement.

Chaque tour de roue constitue comme un pas en avant vers un but, vaguement entrevu d'abord, mais que les années ont précisé. Non! ce n'est pas tout à fait vers l'inconnu que l'on s'avance...

La voiture sort de la ville par la porte du Port. Quelques piétons s'arrêtent au passage du véhicule, quelques-uns s'esclaffent, d'autres lancent des invectives, mais de cailloux, point!

L'hôpital est maintenant visible, sœur Lasserre s'en réjouit pour la malade. Quelques instants encore et l'équipage s'arrête tout près de la porte d'entrée. Les sœurs sont là, réunies, pour recevoir leur Mère. La descente de voiture s'opère lentement. Mme d'Youville regarde cet hôpital dont il a été si souvent question ces derniers temps. Nulle verdure n'en masque plus les ravages; il étale son délabrement comme un muet appel au secours. Et voilà que, tout à coup, le spectacle réveille un souvenir... Surgissant du passé où elle est enfouie depuis dix-sept ans, la prédiction de M. du Lescöat, fulgurante, lui revient à la mémoire: «Ma fille, vous relèverez une maison sur son déclin»... Une maison sur son déclin! Les mots dépeignent exactement l'édifice, voilà sans doute pourquoi la prophétie du «saint curé» remonte d'elle-même à la surface. Il avait dit d'abord:«Dieu vous destine à une grand œuvre»... Cette grande œuvre en est donc une de relèvement? Que l'homme de Dieu l'ait entrevue, annoncée, constitue un immense réconfort pour l'âme de la Mère. C'est comme un gage que la petite communauté marche «dans les voies de Dieu».

«J'entre dans la maison de Dieu, se dit-elle intérieurement, et j'y entre avec Lui...»

Les sœurs s'empressent autour de leur Supérieure, elles la savent si faible. Mme d'Youville escalade le perron de fortune: des caisses de bois, de dimensions diverses, posées là en guise d'escalier; ce qui rappelle à la Mère l'article deux du procès-verbal des réparations à effectuer, «mettre des marches à la porte d'entrée dudit hôpital».

La Mère à la charité universelle

1748 – 1771

1748 – La Mère
à la charité universelle...

En ce matin de juin 1748, alors que la rosée emperle encore l'herbe tendre, les volets d'une des fenêtres de l'hôpital général s'ouvrent tout grands sous la poussée de jeunes bras : ceux de la novice, sœur Josette Bourjoly, l'hospitalière de la salle des femmes. Le soleil vient aussitôt poser son sourire sur les murs crépits à neuf, de même qu'il brille sur les vitres des croisées, ces vitres absentes lors de la prise de possession de l'édifice, alors qu'il manquait douze cent vingt-six carreaux. On les a remplacés de même qu'on a remis à neuf les soixante-dix-huit chassis et les huit portes de cloison. Les maçons et les charpentiers en sont maintenant à effectuer les réparations de l'extérieur : le portail de l'église lequel, selon le langage de l'inventaire «tombe par morceaux», et les quinze lucarnes, si endommagées qu'on les refait entièrement. Les manœuvres y vont avec entrain, les coups de marteau s'entre-croisent et font écho dans le matin frais. La petite sœur s'approche à pas feutrés du lit de la pauvre paralytique Marie Morin, veuve Thomas ; on a isolé cette dernière depuis quelques jours ; l'état s'aggravant fait prévoir la fin prochaine.

Sœur Bourjoly qui a toujours une chanson au cœur et un sourire aux lèvres sait aussi s'adapter aux circonstances. C'est avec un respect mêlé de tendresse qu'elle prodigue ses soins à la mourante ; la novice est à bonne école, Mme d'Youville prêche surtout d'exemple. Voici justement la Supérieure.

— Comment est Mme Thomas, demande-t-elle, en aparté, à la petite sœur.

— Elle s'éteint graduellement, Mère, et je crois qu'elle ne passera pas la journée. Elle reste lucide mais s'exprime difficilement.

Mme d'Youville fait quelques pas vers le lit et trace un signe de croix sur le front de l'aïeule dont les yeux lui sourient. Puis elle se retire, escortée jusqu'au seuil, par la petite novice qui lui murmure :

— La fin ne tardera guère, n'est-ce pas ? Ce sera la deuxième de mes chères vieilles qui me quittera à peu d'intervalle.

Mme d'Youville se réjouit intérieurement à la constatation que le zèle ne se refroidit pas chez sa novice. Elle lui glisse en guise de consolation :

— Madame Thomas nous quitte, mais pour un monde meilleur et vous savez que, déjà, par le désir, elle y est rendue. Quant aux places laissées libres, rassurez-vous, elles seront bientôt remplies.

En effet, la population semble se désister de ses injustes préventions. On y tient à cet hôpital érigé depuis 1694 et au profit duquel on s'est imposé maints sacrifices. De le voir reprendre vie, ressuscite les vieilles amours. Et puis, les sœurs Grises ne s'en tirent pas si mal, après tout. Quel ordre, quelle propreté règnent maintenant là où il y a quelques mois à peine, le regard n'apercevait que désolation ! De plus, elles y acceptent non seulement les vieux mais aussi les vieilles et cela solutionne un problème resté jusqu'alors insoluble. Enfin, les sœurs sont de rudes travailleuses qu'aucune besogne honnête n'effraie ; par leurs travaux de couture, elles pourvoient, elle-mêmes, à la subsistance de leurs indigents et cela n'est pas peu dire. Bref, le changement d'administration s'avère un véritable succès ; un succès tel que la famille de Mme d'Youville, après s'être retranchée dans la froideur, saisit maintenant toutes les occasions de rapprochement.

La première se présentait lors de la courte visite de François, après son Ordination le 23 septembre. Nommé vicaire de son oncle Joseph, à la paroisse de la Sainte-Famille de l'Île d'Orléans, le jeune prêtre faisait une apparition à Montréal au mois d'avril suivant. Il a visité oncles et tantes et l'on peut dire que depuis, les relations sont renouées à la grande consolation de Mme la Supérieure. Avec un tact exquis, elle évite la moindre allusion à ce passé encore tout récent et les siens trouvent en elle la grande sœur toujours compréhensive, aux conseils si éclairés.

La Supérieure se dirige maintenant vers la salle des hommes. À la voir circuler ainsi d'un pas souple le long des corridors, il est facile de constater que la forte constitution a vaincu la maladie. Une impression de force et d'équilibre se dégage de sa personne.

Sœur Rainville s'occupe actuellement à servir le déjeuner d'un pauvre infirme, mutilé de guerre, Jean-Baptiste Meunier.

— Je vous remplace n'est-ce pas? suggère Mme d'Youville. Vous avez sans doute d'autres occupations qui vous requièrent.

L'hospitalière acquiesce et la Supérieure assume sa tâche favorite : le soin du pauvre. Elle porte aux lèvres de l'infirme, les aliments qu'il avale lentement, péniblement. Mme d'Youville, toute à sa fonction, ne réalise pas être observée : Mlle des Pins, traversant le corridor à ce moment-là, s'arrête pour regarder la scène touchante.

«Ce qu'elle y met d'amour! songe-t-elle, on dirait ma foi, qu'elle y prend plaisir. Et pourtant, non, on ne parviendra jamais à me faire croire que c'est là chose agréable».

Et la jeune fille exhale un profond soupir, un soupir où il entre une grande part de regret. Depuis quelques années déjà, elle suit presque entièrement le programme des sœurs : lever matinal, prières et travail en commun; elle a même adopté la ceinture noire, seule particularité du costume des sœurs, dont la mise, sobre et modeste, n'est cependant pas uniforme. La croix d'argent, qui brille au cou de toutes les canadiennes, constitue le seul ornement que l'on se permette, mais il s'agit pour elles « d'un bouquet de myrrhe », d'un rappel constant de leur culte à la Croix du Sauveur. Ces dépouillements successifs, Thérèse les a acceptés volontiers, mais sa répugnance pour le soin des pauvres ne désiste pas : « Je ne pourrai jamais, se dit-elle une fois de plus, c'est inutile.»

Voilà que Mme d'Youville, après avoir installé son malade, revient vers le corridor. Mlle des Pins s'avance à sa rencontre.

— Décidément, vous êtes exacte au rendez-vous, souligne la Mère, en avisant l'horloge dont les aiguilles indiquent huit heures et quart. Vous m'accompagnez à la crypte?

— Bien volontiers, Madame.

On longe le corridor du premier étage où s'échelonnent la cuisine, les dépenses et le réfectoire des sœurs, puis l'on descend un petit escalier abrupt et très étroit.

— Nous voici rendues, attention! je fais de la lumière. Mme d'Youville allume une bougie dont la lueur, tremblotante d'abord, capricieuse ensuite, projette des ombres fantastiques sur le mur crépit. Mlle des Pins emboîte le pas à la Mère qui s'avance lentement, courbant sa haute taille afin d'éviter les poutres. Dans l'angle à gauche, se dressent cinq petites croix identiques. Mme d'Youville s'agenouille.

— Prions pour le repos de l'âme de ces chères sœurs, voulez-vous?

On récite un De Profundis pour les religieuses de l'Hôtel-Dieu, décédées durant le stage de leur communauté à l'hôpital, après l'incendie de 1721. Puis on en fait autant pour les Frères dont les tombes sont un peu plus éloignées vers la droite.

On fait quelques pas et Mlle des Pins aperçoit, sur une petite table, les statues dont Mme d'Youville lui a parlé hier. Ces statues dont elle a fait rafraîchir la toilette en secret, et qu'on apportera, aujourd'hui même, à la chapelle. Deux: Notre-Dame-du-Rosaire, l'une grande, l'autre petite; un «saint Joseph» et un «saint Antoine».

— Ce ne sont pas des chefs-d'œuvre artistiques, explique la Mère, mais ce sont des souvenirs précieux. Pierre le Ber, paraît-il, faisait de la peinture. Se serait-il aussi adonné à la sculpture? Je l'ignore, mais ces souvenirs constituent de véritables reliques, datant des tout débuts de l'œuvre, et j'entends les conserver bien précieusement. Vous voulez bien m'aider, n'est-ce pas à les transporter à la chapelle?

— Certainement, Madame; je suis à votre entière disposition. Ce ne sont pas des missions de ce genre qui m'effraient…

Le secret est livré, du moins partiellement; la voix frémissante continue:

— C'est le soin des pauvres qui me répugne. Je vous observais tantôt, avoue-t-elle, vous serviez le déjeuner de l'infirme. On aurait dit que la tâche vous procurait un immense plaisir. J'ai beau vous admirer de toute mon âme, je ne puis croire qu'il soit possible d'aimer une besogne comme celle-là. Que faire vraiment?

La question a jailli de l'âme en détresse.

— Il suffit de s'y mettre, répond doucement la Mère.

La jeune fille esquisse un geste de surprise.

— Oui, il suffit de faire le premier pas... et Dieu fera le reste. Il n'a pas l'habitude d'être un mauvais débiteur. Mes paroles n'arriveraient pas à vous convaincre, mais sa grâce à Lui peut tout.

Les deux femmes, chargées de leur précieux fardeau, quittent la crypte et s'acheminent vers la chapelle. La lumière crue du soleil éblouit un instant leurs regards.

— Quel contraste avec la pénombre de la crypte! remarque Mlle des Pins.

— Image de ce qui se passe dans l'âme marchant dans l'obscurité de la foi, mais sur qui Dieu fait briller soudainement un rayon de sa lumière et de son amour, conclut Mme d'Youville, comme se parlant à elle-même.

L'interlocutrice recueille pourtant la phrase et la savoure en silence. On arrive à la chapelle, on adore quelques instants l'Hôte divin! «Seigneur, éclairez cette âme», murmure tout bas Mme d'Youville. Puis l'on franchit le seuil de la sacristie. Sa mission terminée, Mlle des Pins se retire, emportant les remerciements de Mme la Supérieure et cette fameuse réflexion: Il suffit de s'y mettre... tout comme s'il s'agissait de quelque chose d'extrêmement simple.

* * *

Restée seule, la Mère s'occupe de ses précieuses reliques tout en se remémorant l'immense joie qui a envahi son âme alors qu'elle découvrait, en compagnie des sœurs Lasource et Demers, le trésor spirituel de la communauté des Frères Charon. Les trois sœurs s'étaient réunies cet après-midi-là dans un appartement situé au premier étage, près de la porte d'entrée, office plutôt vaste, muni d'une sorte de guichet d'où le nom de procure qu'on lui a décerné; le local devenait en même temps, celui de la Supérieure. Il y avait tout juste quelques jours qu'on était arrivé à l'hôpital. Sœur Lasource avait glissé à Mme d'Youville: «Je crois que vous trouverez des documents intéressants ici, Mère, je n'ai pas eu le loisir de les parcourir moi-même, mais je les ai déposés là, sur un des rayons de la grande armoire.»

— «Alors, procédons à l'inventaire immédiatement, voulez-vous?»

Et avec un pieux respect, les sœurs ont parcouru le registre des pauvres où se succèdent les noms des soixante-cinq indigents admis depuis la fondation, puis le registre des Vêtures et Professions des Frères et ensuite le livre des Règles où une main ferme avait tracé : « Constitutions pour les Frères hospitaliers de la Croix et de Saint-Joseph, observantins de la Règle de saint Augustin. »

« Frères de la Croix ». Comme cette appellation avait sonné mélodieuse aux oreilles de la Mère ! Mais cela n'était qu'un prélude. Lorsque, poursuivant sa lecture, son regard rencontra les articles où les Frères « s'engageaient à faire tous les vendredis l'adoration de la Croix et à chanter le plus solennellement possible, les premières Vêpres, la grand-messe et les Vêpres du jour des deux grandes fêtes de l'Invention et de l'Exaltation de la Sainte-Croix », alors la Mère comprit une grande chose : Dieu avait multiplié les croix dans sa vie parce qu'il la destinait de toute éternité, non seulement à « relever cette maison de ses ruines », mais à en prolonger la bienfaisance, dans l'esprit qui en avait inspiré la fondation.

« Nous nous appliquerons à tout conserver », avait jailli la résolution lorsque, après avoir lu à ses compagnes les deux remarquables passages, elle les avait devinées aussi frappées qu'elle-même, par la coïncidence vraiment profidentielle. Mais l'émerveillement n'allait pas s'arrêter là ; l'inventaire, rédigé en 1719, prouvait que le Cœur de Jésus était honoré d'un culte spécial par les Frères ; le document mentionne même la chapelle érigée sous ce vocable. Le Cœur de Jésus ! Le Maître qui lui a appris la science de l'amour et qui poursuit toujours en son âme son divin enseignement, comme il lui a été doux de le savoir déjà régnant dans cette maison !

« Vraiment, Mère, cela tient du merveilleux, s'était exclamée la sœur Demers. Nous retrouvons ici les dévotions qui nous sont familières. Dieu lui-même nous préparait, ne trouvez-vous pas ? »
— « Oui, Dieu dans sa miséricorde nous a fait cette grâce. À nous maintenant de vivre à la hauteur de ses divines exigences. »

Et l'on avait poussé l'étude de la spiritualité des Frères : leur dévotion à la Sainte-Famille avait pour objet de reproduire la soumission du Sauveur, le recueillement contemplatif de Notre-Dame ; leur culte à saint Joseph consistait à imiter l'humilité, la douceur du glorieux patriarche dans ses augustes fonctions. En un mot, les hospitaliers devaient s'employer à soulager les pauvres, comme autrefois saint Joseph s'était dévoué au grand Pauvre volontaire.

Les trois sœurs Grises, l'âme jubilante, ont d'emblée adopté le programme et, depuis, il est observé non pas avec contrainte, mais avec la cordialité d'un vouloir conquis à un idéal transcendant.

Tandis que Mme d'Youville savoure intérieurement ces réflexions profondes, elle achève de ranger la sacristie, humble tâche, il est vrai, mais à ses yeux, il n'existe pas de «sot métier» car le métier prend la mesure de l'âme qui l'accomplit.

* * *

De retour à la procure, Mme d'Youville installe la statue de saint Antoine bien en vue sur la grande armoire, en face de sa table de travail. Ce cher saint Antoine ! Il est chargé de trouver les sommes pour équilibrer recettes et dépenses, car la petite société a dû emprunter 10,000 L. pour les réparations les plus urgentes, autorisées par Messieurs les Gouvernants ; ce qui porte la dette globale à 48,000 L. Heureusement, le travail et les industries des sœurs suffisent à rencontrer les dépenses courantes, occasionnées par la présence de douze pauvres tout à fait indigents et des huit membres de la Communauté. Cinq pensionnaires, attirées par l'air propret de la maison et la réputation de bonté de la Supérieure, ont sollicité d'ériger domicile à l'hôpital, au même titre que Mlle des Pins. Mme d'Youville leur a ouvert ses portes : cette source de revenus devant aider à défrayer l'entretien des pauvres. Pour le moment, saint Antoine ne semble pas s'alarmer cependant ; ses traits figés dans un sourire perpétuel, un peu béat, incitent même à la confiance, à tel point qu'il est question d'une autre œuvre, celle des filles tombées.

Sœur Lasource qui en sera chargée, arrive à la procure en ce moment.

— Bienvenue, lui souhaite la Mère, j'allais justement vous rejoindre.

— Que puis-je pour vous, Mère, demande la sœur, avec une inflexion affectueuse de la voix.

— Voici : les mansardes sont maintenant en état de recevoir les pauvres filles citées en correctionnelle. Vous avez accepté de prendre charge d'elles, mais vous êtes si peu habituée à traiter avec cette classe de gens. Si vraiment, la tâche vous semble trop onéreuse, nous pourrions aviser...

— Mère, permettez-moi de vous répondre par une réflexion que j'ai maintes fois recueillie sur vos lèvres : «Toute âme a été rachetée au prix du même Sang rédempteur.» La seule considération qui pourrait me porter à l'hésitation serait plutôt la défiance de moi-même. Serai-je assez bonne, assez douce, pour ranimer la foi dans le cœur de ces pauvres filles?

La Mère sourit imperceptiblement, comme si elle extériorisait sa pensée: «C'est beau la vertu qui s'ignore.»

— Mais, poursuit la sœur Lasource, je ne dois pas m'inquiéter de cela, à condition que, m'abandonnant à Dieu, j'accepte, comme venant de Lui, cette mission que vous me confiez.

— C'est bien cela, approuve la Mère, ne trouvez-vous pas que ce moyen, l'unique que nous ayons employé, nous a toujours réussi?

La sœur acquiesce d'un regard pénétrant.

— M. le Curé fera transporter l'ameublement de l'ancien Jéricho dans nos mansardes cet après-midi et, dès demain, nous pourrons recevoir nos pupilles: trois d'ici et une de Québec.

M. Antoine Déat, p.s.s. curé de Notre-Dame est tellement satis-fait que cette œuvre, à laquelle il se dévoue depuis quelques années déjà, soit confiée aux sœurs Grises, qu'il se charge de la nourriture des pauvres filles jusqu'à ce que l'Intendant porte «le Jéricho» — c'est le nom de l'œuvre — sur la liste des dépenses du Roy.

Mme la Supérieure termine l'entretien en disant:

— Ce que nous sommes privilégiées de travailler directement au salut des âmes!

* * *

S'il est vrai que le bien ne fait pas de bruit, il arrive pourtant que témoins et bénéficiaires ébruitent le bien accompli. C'est ce qui se produit à l'égard de la petite association de charité. Autant on l'a vilipendée à ses débuts, autant on la loue aujourd'hui, de sorte que les sœurs voient se multiplier leur clientèle: on leur amène les infirmes, les personnes qui tombent du haut-mal, en un mot tous ceux qu'on ne peut soigner à domicile et qui ne sauraient être hospitalisés à l'Hôtel-Dieu. Et les sœurs ne refusent personne, pas plus qu'elles ne refusent aucun travail susceptible de leur assurer les ressources nécessaires au maintien de l'œuvre. Bientôt le dicton est lancé: «Allez chez les sœurs Grises, elles ne refusent rien!», et cela, sans préjudice au bon ton de la maison puisque des dames, en plus grand nombre, sont admises à titre de pensionnaires. Au cours de l'été, Mlle Marie-Anne Robutel de Lanoue, seigneuresse de Châteauguay, s'y installait en permanence et, à l'automne, le

11 novembre exactement, Mme Bouat, cette «mondaine effrénée», s'y retirait pour goûter un peu de paix.

En cet après-midi de décembre, les deux pensionnaires s'engagent dans le couloir en quête de la Supérieure qui se trouve présentement à l'atelier de cordonnerie. Discrètement, les deux dames y pénètrent au moment où le bon vieux Mathieu, qui poursuit ici son ancien métier, dit à Mme d'Youville:

— Je me sens rajeunir depuis que j'ai de la besogne, Madame. J'ai encore le coup d'œil passablement bon et le poignet solide; je travaille moins vite que dans mon jeune temps, c'est sûr, mais je fais encore de la «belle ouvrage».

Le vieux Jules qui lentement, défroisse des feuilles de tabac et les entasse méticuleusement, ajoute de son côté:

— Et moi, ça me désennuie de faire ça. Et vous pouvez être sûre que je me contente des retailles, j'en bourre ma pipe.

Les dames pensionnaires toussottent et Mme d'Youville, se retournant, les salue:

— Bonjour, mesdames, vous désirez me parler?

Mme Bouat fait alors part de ses intentions. Ayant été informée par Mlle de Lanoue que les sœurs doivent souvent veiller tard pour remplir certaines commandes, elle vient, à l'instar de sa bonne amie, offrir sa collaboration au travail commun. Mme d'Youville accepte avec simplicité: Mme Bouat confectionnera une ceinture fléchée comme première contribution.

En revenant à leurs chambres, les nouvelles «dames auxiliaires» échangent leurs réflexions.

— Vous avez eu une idée merveilleuse en m'informant de cet état de choses, confie Mme Bouat. Je me sens déjà tout enthousiaste à la pensée que mes loisirs seront employés en faveur d'une aussi bonne cause. Vous m'aiderez cependant pour cette ceinture fléchée?

— Comptez sur moi, je suis à votre entière disposition pour cela, ainsi que pour la visite du Jéricho. Mme d'Youville permet que nous visitions ces pauvres filles; ça les aide à reprendre conscience de leur titre de baptisées, me disait-elle l'autre jour. Et je vous avouerai, en toute simplicité, que je ne me suis jamais senti l'âme aussi légère que lorsque je reviens de là: c'est bon de ranimer l'espérance en une âme, vous verrez.

1749 – La charité
opère des merveilles...

U<small>N</small> froid sibérien règne en maître, en ce 8 janvier 1749. La neige crisse sous les pas des piétons ; aucun ne s'attarde à causer.

— Hâtons-nous si nous ne voulons pas geler sur place, suggère Mme Bégon à sa compagne, Mme Varin.

On se hâte à pas menus et on arrive enfin à la demeure de Mme Bégon. Le feu qui flambe dans l'âtre délie les langues, mais c'est pour fulminer contre la température et les conditions économiques.

— Quel froid de loup, gémit Mme Varin ! en même temps qu'elle s'approche du foyer auquel elle tend ses doigts engourdis.

— Et cela menace de durer, répond l'hôtesse ; l'automne nous ayant été clément, l'hiver se prolongera. Et le bois qui se vend 9 L. la corde ! Encore faut-il qu'il soit de longueur ordonnée, d'après l'ordonnance de l'ordonnateur Monsieur Bigot : « Le grand ordre nous fera geler, ma foi ! »

Mme Varin sourit tout en disant :

— Je me demande comment Mme d'Youville s'y prend pour chauffer sa grande maison. Nous y étions bien, n'est-ce pas ?

— Oui et Mme Bouat nous a soutenu qu'il ne s'agissait pas là d'une coïncidence. Il faut en conclure que Mme d'Youville accomplit des merveilles.

— Ou plutôt que Dieu est avec elle.

— Vous voilà atteinte de la contagion, vous aussi ?

— Que voulez-vous dire ?

— Vous n'avez pas remarqué le ton de Mme Bouat ? Elle ne nous a entretenues que de sujets pieux, de circonstances providentielles, et je crois que ses propos ont déteint sur vous.

— Je le souhaiterais presque, tant je trouve la transformation avantageuse, en ce qui concerne Mme Bouat.

— Rassurez-vous, ça ne durera pas. Une mondaine comme elle ! Il s'agit d'un emballement passager. Lorsque les bals commenceront avec l'arrivée de Monsieur l'Intendant, vous verrez que Mme Bouat aura des fourmis dans les jambes.

— Attendons les événements avant de nous prononcer, suggère Mme Varin, conciliante. Puis, sentant venir la réplique, elle ajoute hâtivement :

— Dites donc, vous n'avez pas été frappée par ce que Mme Bouat nous a raconté au sujet des quatre pensionnaires du Jéricho ? J'en suis encore toute remuée : quatre conversions, et sincères s'il faut en croire notre amie qui n'a pas pour habitude de mentir, convenez-en !

— En effet, Mme Bouat est un peu poseuse, mais elle n'aurait jamais inventé ces récits dont elle nous a entretenues cet après-midi. Du reste, Mme d'Youville est de taille à provoquer de telles transformations. J'ai vu cette femme à l'œuvre autrefois, alors qu'elle appartenait à l'archiconfrérie de la Sainte-Famille ; nous visitions ensemble les malades des foyers pauvres. Elle vous avait une façon unique de traiter avec ces gens. Je l'observais, essayant de l'imiter parfois ; peine perdue ! Je n'avais pas le tour heureux. Cette femme étonnante exerce un véritable ascendant sur tous ceux qui l'entourent...

Mme Bégon fait une pause de quelques instants, comme si elle cherchait à comprendre les faits qu'elle constate.

— Comment la Supérieure peut-elle poursuivre tant d'œuvres et rester quand même uniquement préoccupée du bien-être de ses pauvres ? questionne Mme Varin. Car, admettons-le, on sent que tout converge vers eux dans cette maison.

— Mme d'Youville les aime ses pauvres, je ne me suis jamais expliqué cet amour. Il faut croire que la Supérieure a une vocation spéciale, et comme toute personnalité fortement trempée, elle inspire son idéal à d'autres. Je me demande pourtant si elle arrivera à fonder une communauté. La Cour se montre épineuse sur ce point. Sa Majesté trouve que, déjà, les Communautés sont en trop grand nombre dans ce pays.

On sait Mme Bégon bien renseignée ; belle-sœur de M. de La Galissonnière, gouverneur par intérim, elle a plusieurs sources d'information. Aussi Mme Varin se contente de répondre :

— Dommage vraiment, si l'on ne secondait pas les projets de cette dame, elle fait tant de bien ! Cette histoire du Jéricho m'a bouleversée et m'a gagnée définitivement à sa cause. Croyez-vous que les craintes de Mme Bouat soient fondées et qu'il y ait lieu de redouter que les soldats tentent d'aller tirer leurs «amies» de captivité?

— J'en doute, et plus que jamais, vu que le régime ne semble pas peser aux détenues... mais enfin, tout arrive.

Et la causerie se prolonge, pivotant autour de l'événement capital, celui qui relègue tous les autres à l'arrière-plan: la visite prochaine de M. l'Intendant Bigot à Montréal.

* * *

Février est venu, et avec lui, la visite attendue. Mme Bégon note justement dans son journal: «Je crois que l'arrivée de M. l'Intendant renversera la cervelle à tout le monde. Traînes et carrioles ont apporté la grande argenterie de M. Bigot, il veut épater le peuple, cela se voit, et il y réussit à merveille.»

Mais tout le monde, Dieu merci, ne cède pas à l'engouement. Mme Bégon pour sa part reçoit à plusieurs reprises le «héros du jour» venant visiter sa maison dans le but de l'acquérir. La pétillante hôtesse reste spirituelle et charmante, sans pourtant démordre d'un sol quant à l'estimé de sa demeure.

Mme d'Youville est également gratifiée de la visite de M. l'Intendant. Il est venu voir cet hôpital dont on parle plus que jamais à Québec, dans les assemblées administratives. Rien ne vaut une visite pour se renseigner, n'est-ce pas? Il s'est donc rendu à l'institution cet après-midi, escorté de ses courtisans. Mme la Supérieure fait les honneurs de la maison et l'Intendant semble bien impressionné, un tantinet surpris même, de la réception qui lui est ménagée. Distinction, respect, exquise politesse, mais rien d'obséquieux ou de servile. Mme d'Youville a fort grand air, une aisance de manières, une facilité d'expression remarquable. M. l'Intendant est introduit dans les salles des vieillards, des infirmes, des orphelines; il est même conduit au département du Jéricho et il note en passant, la méticuleuse propreté qui règne partout. Quant aux hospitalisés, il est facile de voir que ces gens-là sont heureux: les petits vieux et les petites vieilles ne se font pas faute d'ailleurs de le lui dire! Et cela, dans un langage simple et spontané ne laissant aucun doute quant à la sincérité du témoignage. Mme la Supérieure escorte ensuite le dignitaire pour une visite détaillée de l'édifice. Sans insister sur les minuties, elle renseigne son interlocuteur sur les réparations effectuées à date. M. Bigot s'informe des dépendances de l'hôpital : les fermes de Chambly et de la Pointe-Saint-Charles sont-elles exploitées ?

— À notre arrivée ici, les terres n'avaient pas été ensemencées depuis quelques années ; aucune raie de guérêt n'était faite, mais nous avons pu trouver un fermier et ces terres seront ensemencées dès le printemps venu, assure la Supérieure.

Satisfait de ce qu'il a vu et entendu, Monsieur l'Intendant daigne exprimer son contentement et dit à Mme d'Youville au moment du départ :

— Il importe de tenir la maison et ses dépendances en bon état. Nous comptons Madame, que vous continuerez le travail si bien commencé. J'aurai de bonnes nouvelles à donner de cet établissement, à mon retour à Québec.

Sur cette appréciation rassurante, il quitte l'hôpital avec les courtisans qui l'y ont accompagné. L'équipage est des plus brillants et fait sensation tout le long du trajet. On accourt aux fenêtres pour se rassasier du spectacle, mais à l'hôpital, tout reprend son cours normal. Certes, la visite a été appréciée, la bienveillance de l'Intendant revêt la qualité d'un patronage et «toute autorité vient de Dieu», mais comme on est tout simplement heureux dans cette maison, on retourne volontiers au programme quotidien. Les bons vieux reprennent leurs pipes, les bonnes vieilles leurs chapelets et les sœurs, leurs occupations coutumières... et le temps fuit à tire d'ailes vers ce gouffre sans fond qu'on appelle le passé.

* * *

7 décembre 1749. Mme d'Youville rentre de l'église paroissiale avec sa compagne. Parmi les trois plus jeunes de ses filles, les dernières agrégées qui faisaient profession le 23 août dernier, sœurs Agathe Véronneau, Josette Bourjoly et Antoinette Relle, Mme la Supérieure a choisi la première pour l'accompagner ce matin, aux funérailles de son oncle Pierre de la Vérendrye. Sœur Véronneau, âme éminemment intérieure, doit vaincre une extrême timidité et la Mère lui procure parfois de ces occasions de s'exercer au «commerce avec le monde», car la vraie servante des pauvres, doit être accessible et accueillante. La jeune professe se prête volontiers aux circonstances quoiqu'elle avoue en rougissant «être plus à l'aise avec ses chaudrons à la cuisine».

— Merci de m'avoir accompagnée, dit la Mère avec un sourire, puis elle s'arrête au parloir où l'attend Mme Sylvain. Elle salue affectueusement sa mère vieillie et courbée. Le ménage Varennes-Sylvain a pris fin le 16 juin dernier avec la mort de l'«étranger», cet homme pour le moins énigmatique. Ses dernières volontés datées du 30 avril précédent, ont été une révélation : 1,000 messes devaient être célébrées pour le repos de son âme «le plus promptement qu'il se pourra», 100 L. étaient léguées aux pauvres de Montréal et 300 L. à la Fabrique de la paroisse de Varennes pour être employées à la construction de la chapelle. Mme Sylvain était instituée légataire universelle et ses trois filles : Marguerite, Clémence et Louise, ses héritières ; aucun des quatre enfants Sylvain n'ayant survécu.

«La charité couvre la multitude des péchés.» Dieu aura eu égard au dernier geste de son pauvre serviteur ; sa façon de mesurer ressemble si peu à celle des hommes. Le silence s'est établi autour de cette tombe ; une entente tacite fait qu'on évite de prononcer son nom, mais aux messes célébrées pour le repos de l'âme du disparu, toute la famille assiste régulièrement.

Mme Sylvain semble plus voûtée ce matin. Le décès de son frère Pierre l'affecte profondément. Mme la Supérieure doit consoler cette âme, l'âme de sa mère éplorée.

— Pauvre Pierre ! décédé au moment où la bonne fortune allait enfin lui sourire, commente cette dernière. L'échec de ses successeurs lui avait valu d'être rappelé à son poste. Tu aurais dû voir avec quelle joie il s'y préparait. D'autres se seraient fait prier, lui, non ! Il se hâtait et comptait reprendre ses expéditions au cours de l'hiver, mais la mort l'a arrêté avant que ses mérites soient reconnus. On l'a créé capitaine, il y a trois ans, c'est vrai, puis chevalier de Saint-Louis, il y a quelques mois, mais ne reconnaîtra-t-on jamais qu'il a été le découvreur des pays d'en-haut ? Pauvre Pierre ! j'avais une secrète préférence pour lui.

Mme d'Youville laisse couler le flot des confidences ; certaines détresses ont tant besoin de s'épancher, puis avec tact et mesure, elle applique le baume des consolations. C'est vrai que l'oncle Pierre a été méconnu, calomnié même, mais la valeur réelle est celle que Dieu concède. La vie avait appris à l'explorateur cette grande vérité, et il agissait en conséquence. En ce qui concerne l'épreuve de la séparation, si elle s'avère plus pénible pour les cœurs vieillissants, n'est-il pas vrai qu'elle se résorbe quand même dans l'espoir de la réunion éternelle ?

Le silence de Mme Sylvain prouve qu'elle a goûté les paroles réconfortantes de son aînée.

— Je te remercie de ta sympathie, dit-elle après quelques instants. Ça me fait du bien de causer avec toi. Je devrais passer l'hiver en ta compagnie, ce serait moins triste que d'habiter ma maison devenue trop grande.

— Vous seriez la bienvenue, mère, les chambres ne manquent pas, nous vous en réserverons une.

— Je ne pourrai donner suite à ce projet immédiatement, j'aurais dû aviser plus tôt, mais je n'y renonce pas, tu sais. Dès que la chose sera possible, je t'arriverai à titre de pensionnaire.

Satisfaite de la tournure de l'entretien, Mme Sylvain le dirige maintenant sur un terrain plus intime.

— J'allais oublier de te dire que j'ai vu ton fils François la semaine dernière, à Lanoraie. Il y est à peine arrivé que déjà, il s'occupe de la construction de l'église. Les paroissiens assurent que Monseigneur l'Évêque veut en faire un «bâtisseur». Ton fils te fait honneur, Marguerite; songe donc: déjà curé à son âge et il en est à la construction de sa deuxième église après avoir bien aidé Joseph dans l'érection de celle de l'Île d'Orléans.

La Supérieure sourit avec indulgence. Le titre de curé que détient son fils malgré son jeune âge, est dû surtout à la pénurie de prêtres. Quant aux multiples activités de François, elles sont louables, certes, mais dans le secret de son cœur, la Mère prie afin que les besognes matérielles n'accaparent pas le jeune prêtre au point de lui faire négliger un tant soit peu «l'unique nécessaire». François est entreprenant, comme son père, dont il a hérité ce trait de ressemblance.

— Et Charles, en entends-tu parler? questionne la grand-mère.

— Il poursuit toujours ses études et persévère dans son choix. Sa santé se maintient bonne. Dans trois ans, si Dieu le veut, Charles aussi montera à l'autel.

L'horloge du parloir égrenant les coups de onze heures, interrompt la causerie. Mme Sylvain se lève, un peu confuse.

— J'accapare ton temps alors que tu aurais bien d'autres choses à faire, ma grande. Et puis Louise m'attend. Dieu te bénisse en retour du bien que tu fais ici, ma fille! Dès que j'aurai débrouillé le testament de… Elle hésite un peu, puis prononce hâtivement le nom du docteur Sylvain, je verrai si je puis venir passer la saison froide sous ton toit.

— Alors, c'est un au revoir, mère ?

— Oui, au revoir, ma fille, à bientôt !

Après le départ de sa mère, Mme d'Youville s'en va vers la cuisine. Au passage, elle est arrêtée par la pauvre Marguerite Sabourain (sic) en larmes. Âgée de quarante-six ans, faible de corps et d'esprit, la pauvre infirme éprouve souvent de ces chagrins puérils et pourtant inconsolables. « Quelle que soit la détresse qui te fait signe, c'est Dieu qui t'appelle au secours », songe la Supérieure.

La Supérieure console la pauvre malade et lorsqu'elle la quitte, quelques instants plus tard, le sourire a reparu sur cette figure terne et il y pose comme un pâle reflet de beauté.

1750 – La charité rencontre des obstacles...

L'ANNÉE nouvelle a apporté un peu de diversion au programme quotidien de l'hôpital général. Les fêtes ont été soulignées. Malgré leur pauvreté, les sœurs ont opéré de petits prodiges. Elles ont trouvé le tour de gâter les chers vieux et vieilles. Mais l'attraction par excellence, celle à laquelle tout le monde a été sensible, c'est la crèche de la chapelle. Sœur Bourjoly a réussi ce tour de force, elle a moulé des personnages. Pour en intensifier le réalisme, elle a mis des cheveux naturels à la Vierge et à l'Enfant, cheveux d'un blond cendré, dont une détenue du Jéricho, suivant l'usage établi, a dû se départir. Elle l'a fait d'ailleurs de bonne grâce, car Mme d'Youville explique le pourquoi des exigences et suggère toujours un excellent motif pour alléger le sacrifice.

De ces cheveux, il reste encore une superbe tresse dont sœur Bourjoly fera certainement usage, car elle est actuellement en train de mouler une autre statue. La lecture de l'après-midi vient de s'achever, le silence règne dans la salle où les sœurs sont assemblées. Mais voilà que tout à coup, des pas précipités se font entendre, sœur Laserre, pâle et haletante, entre dans la pièce. Tous les regards se tournent vers elle.

— Mère, prononce-t-elle d'une voix entrecoupée, un militaire s'est introduit dans la maison, je ne sais trop comment. Il demande à vous voir ; il vocifère et menace de vous flamber la cervelle si vous ne relâchez pas son « amie ». Je le crois en état d'ébriété, on ne le maîtrisera pas facilement. Je me suis hâtée de venir vous avertir pour vous donner le temps d'aviser : il vaudrait mieux ne pas descendre, Mère.

— Mais, pourquoi ?

— Il n'est pas responsable de ses actes, s'il vous voit, il exécutera ses menaces.

— C'est ce que nous verrons, prononce Mme d'Youville d'un ton décidé, tandis que calmement, elle se dirige vers la porte.

Le tout s'est produit si rapidement que les sœurs restent là, figées sur place. Sœur Demers, la première à recouvrer son sang-froid, emboîte le pas à la Supérieure qui a cependant quelque avance sur elle. Au moment où sœur Demers arrive au parloir, elle entend Mme d'Youville dire posément à l'intrus :

— Nous ne tenons personne renfermé ici contre le gré des Autorités. Il vous faudrait porter vos réclamations ailleurs. Veuillez maintenant quitter cette maison.

Le militaire, que l'injonction semble avoir dégrisé, s'exécute docilement et lorsqu'il a refermé la porte sur lui, Mme d'Youville s'apprête à retourner à la salle. Elle rencontre alors le regard de sœur Demers, un regard de fierté, d'affection. Pas un mot n'est échangé. Aux sœurs qui accourent une à une et s'échelonnent sur son passage, la Mère dit tout simplement :

— Nous restons exposées à de telles visites d'ici à ce que nous construisions le mur d'enceinte. Fasse le Ciel que ça ne tarde pas trop !

Pas une seule allusion au danger qui l'a menacée, on dirait même qu'elle ne s'en doute pas…

…Mais à la récréation du midi, le lendemain, alors que Mme d'Youville est retenue au chevet d'un bon vieux, sœur Laserre raconte à ses compagnes, en détail, l'aspect et la visite du militaire de la veille.

« L'arme était chargée et l'individu insistait pour parler à la dame d'Youville, disant qu'il lui ferait son affaire si elle refusait de libérer son amie. Je vous assure qu'il ne plaisantait pas. Il était ivre, c'est vrai, mais ivre de colère surtout. Notre Mère l'a échappé belle. »

— Quel courage et quel sang-froid n'a-t-elle pas manifestés, tout de même, souligne la sœur Demers! Vous autres, les jeunes, notez bien l'événement, racontez-le à celles qui viendront après nous. Des faits comme ceux-là méritent de passer à l'histoire. Ça fait partie de l'héritage de famille.

La Mère arrivant à ce moment, les filles font cercle autour d'elle. Moments inoubliables que ces instants de détente où l'on cause avec cette Mère si bonne et si charmante. Car la Supérieure a une fine tournure d'esprit: elle encourage la gaieté et sait apprécier une repartie spirituelle. Elle raconte si bien aussi, et les sœurs se plaisent à l'entendre. Les plus jeunes s'assoient sur leurs talons; on l'écouterait ainsi des heures et des heures, si le programme inexorable n'interrompait la douce réunion.

Aujourd'hui, la Mère fait part à ses filles d'un autre projet: il s'agit de la construction de quatre loges en bois pour les aliénés, nouvelle œuvre proposée à son zèle par les Messieurs de Saint-Sulpice et qu'elle a acceptée volontiers: aucun refuge n'existant encore à Montréal pour cette catégorie de malades. Comme toujours, les sœurs ont secondé le projet. Mme d'Youville les en remercie d'un sourire, tandis qu'un instant son regard se pose sur le tableau du Père Éternel, ce tableau exécuté en France et qui préside maintenant dans la salle commune.

«Père Éternel, multipliez nos œuvres de charité et rendez-les fécondes», murmure-t-elle tout bas, puis elle écoute ensuite et très attentivement, le récit d'une finesse due à l'une des protégées de sœur Relle. La récréation s'achève joyeuse et les cœurs, retrempés dans l'atmosphère d'affection mutuelle, ne font plus qu'un à l'heure de la prière.

* * *

Or, tandis que les sœurs poursuivent leur œuvre de relèvement à l'hôpital général de Montréal, un «génie malfaisant» entretient et réalise une funeste machination à Québec. Bigot mène si rondement l'affaire qu'il la croit dans le sac; voilà pourquoi l'astucieux Intendant se promène de long en large dans son cabinet d'études, en cet après-midi du 17 août; un sourire exprime sa satisfaction intérieure. La chaleur est accablante, mais certaines perspectives sont rafraîchissantes. Personne n'ignore les préférences de Bigot à l'endroit de l'hôpital général de Québec, préférences qui suscitent de nombreuses critiques dans la capitale même. S'autorisant des réserves de la Cour relativement à la fondation de communautés nouvelles et représentant habilement à l'Évêque que le groupement de Mme d'Youville est voué à la dispersion quand l'âme de l'œuvre — la Supérieure — sera disparue, alléguant de plus le lamentable état financier de l'hôpital de Québec, Bigot en est venu à persuader Sa Grandeur qu'une solution s'impose et c'est la fusion des deux hôpitaux, le plus ancien absorbant l'autre évidemment. La joute a été rude, car le digne Pasteur se devait de considérer le bien véritable des deux partis. La victoire a été plus facile avec de La Jonquière, le gouverneur général, qui entrait en fonctions à la mi-août de l'an dernier. Bigot avait eu l'art de lui présenter le problème comme pratiquement résolu avec l'Évêque. Bref, l'Intendant a si bien joué son rôle que son nom n'apparaît guère sur les documents officiels échangés entre Paris et Québec relativement à cette question. Il a inspiré le tout, mais a su se tenir prudemment à l'écart de la moindre compromission. Comme il a ri sous cape lorsque le Gouverneur a écrit — presque sous sa dictée — l'automne dernier, au ministre de la Marine, Rouillé : « Nous (l'Intendant et moi-même) pensions qu'il n'y avait pas d'autre parti à prendre pour ce qui regarde l'hôpital général de Montréal, que de le réunir à l'Hôtel-Dieu de cette même ville. Mais sur les objections que nous a faites Monseigneur l'Évêque qu'il convenait mieux de le réunir à l'hôpital général de Québec, nous nous sommes convenus avec lui que cette dernière solution serait plus utile et convenable pour plusieurs raisons. »

Le plaidoyer a été si habilement présenté que la Cour approuvait la réunion le 14 juin dernier « à condition qu'on laissât à Montréal, un hospice desservi par deux ou trois religieuses de l'hôpital général de Québec ». Cette dernière restriction avait rembruni le front de M. l'Intendant : si l'Évêque allait reprendre ses objections ! Fort heureusement, la lettre adressée par le Ministre à l'Évêque lui-même, comportait un court passage que le redoutable jouteur a su exploiter ce matin même, alors que le Conseil se réunissait dans le salon de Monseigneur. Ainsi que l'avait prévu Bigot, Sa Grandeur se montrait réticente, hésitante.

« Puisqu'il est jugé opportun de laisser une sorte d'hospice à Montréal, pourquoi ne pas maintenir la dame d'Youville en charge ? »

Et c'est alors que Bigot avait souligné le fameux passage : « À condition que l'hôpital général de Québec ne soit pas jugé suffisant pour y placer tous les infirmes de la colonie. » Après lecture de ces deux lignes, l'Intendant avait conclu d'un air entendu : « Il est hors de doute que notre hôpital est assez vaste pour loger tous les nécessiteux. Le conditionnel du Ministre nous laisse d'ailleurs, prendre la décision et j'opte pour l'affirmative. »

Le Gouverneur a aussi acquiescé et Sa Grandeur donnait enfin son adhésion. En son for intérieur, Bigot a exhalé un soupir de soulagement et il a proposé d'ajourner l'assemblée. Il importe que le projet de réunion ne soit pas révélé immédiatement, car il y aura certainement protestations de la part des citoyens de Ville-Marie et Bigot qui redoute un peu l'influence de M. Normant, entend bien ne rien laisser au hasard. Il s'agit d'abord pour lui de chercher noise à cette dame d'Youville afin de justifier la mesure prise. Jusqu'ici, il a approuvé les faits et gestes de l'administratrice. Dernièrement cependant, une plainte est venue : Mme d'Youville coupe les cheveux aux filles tombées. La coutume date des débuts du Jéricho, Bigot ne s'en est jusqu'ici nullement offusqué. Aujourd'hui, c'est différent : il faut signifier à la veuve, et de façon non ambiguë, qu'elle a outrepassé la mesure et mécontenté l'autorité. M. l'Intendant s'assoit à sa table de travail, saisit sa plume et lui écrit d'une seule traite :

« J'ai été informé que le Jéricho commençait à occasionner des abus qui deviendraient de conséquence par la suite si je n'y mettais ordre. Et ce qui m'a le plus surpris c'est que vous ayez pris sur vous de faire couper les cheveux à des filles qui y ont été mises, entre autres à une qui avait été enfermée par surprise ; si je n'avais pas autant de considération pour vous que j'en ai, je vous ferais poursuivre en justice pour en avoir agi aussi indiscrètement. Je suis bien aise de vous apprendre, si vous ne le savez pas, qu'il n'appartient qu'à une Cour supérieure d'ordonner une telle punition qui est déshonorante. Et pour remédier à de pareils abus, je vous enjoins expressément de ne recevoir à ce Jéricho aucune fille ou femme que par mon ordre que je vous enverrai par écrit lorsque je jugerai à propos d'en faire renfermer et il leur sera fourni la ration aux dépens du Roy. Je compte que vous ne retomberez plus dans la faute que vous avez faite, s'il en était autrement, j'y remédierais efficacement...

Je suis avec respect, Madame,

Votre très humble et très obéissant serviteur...

Bigot

Le pli parvient à destination quelques jours plus tard. Quelle n'est pas la surprise de Mme d'Youville en lisant la verte mercuriale! Que Monsieur l'Intendant juge bon interdire une coutume jusqu'ici non improuvée, il n'y a pas à s'en offusquer, ses prérogatives lui en donnent le pouvoir. Certes, on se soumettra et incontinent à ses directives, mais qu'il donne au fait les proportions d'un drame quasi-irréparable, et qu'il adopte ce ton cassant pour le condamner, voilà qui est pour le moins surprenant. Car enfin, on n'a jamais fait fi de ses ordres! Vraiment, le ton de cette lettre n'est guère invitant pour présenter une requête... et pourtant, on a besoin d'aide à l'hôpital. Heureusement, les Sulpiciens ont organisé des quêtes. M. Pierre Navetier, dans la ville même, et M. Joseph Hourdé, dans les paroisses de Longueuil, Varennes, Verchères, et la population, Dieu en soit loué, répond généreusement à l'invite : on donne argent sonnant ou, à son défaut, vivres, combustible, effets divers. On donne ainsi aux sœurs Grises — charité des plus appréciée — appui moral et témoignage d'estime. Oui, les anciens préjugés sont bel et bien tombés : montréalistes et sœurs Grises ne font maintenant qu'un bloc et si, par hasard, on attaquait ces dernières, on toucherait les premiers à la prunelle de l'œil.

* * *

Le bloc Montréalistes-Sœurs Grises trouve occasion de s'affirmer et cela, dès que l'Intendant, après avoir tout calculé selon la prudence humaine, juge l'heure venue de jeter bas le masque et de déclarer la guerre ouverte. La victoire sera facile, du moins le croit-il, car ces «pauvres femmes» ne sauraient résister à la force gouvernementale. Il est vrai qu'il faudra compter avec les «formidables coups de massue» du Vicaire général, mais là, également, Bigot a fait preuve d'un art consommé : l'ordonnance décrétant la fusion des deux hôpitaux, quoique rédigée le 15 octobre, ne sera publiée qu'après le départ des derniers vaisseaux pour la France. M. Normant pourra manier à son gré la massue de ses objections, rien n'empêchera les décrets de suivre leur cours.

«Ce jour d'huy», 23 novembre, Mme d'Youville revient du marché en compagnie de sœur Relle. Le mince budget ne permet pas d'accumuler les réserves, il faut chaque jour, aller quérir le «pain quotidien». Les sœurs font route en silence, portant leurs provisions. Il est environ dix heures, on arrivera tout juste à temps pour permettre à la cuisinière de compléter le repas du midi. Trente pauvres s'assemblent maintenant autour de la table commune; le nombre des pensionnaires s'est augmenté de Mme Sylvain, entrée le 14 novembre dernier, pour passer l'hiver sous le toit de sa fille. Pauvre mère au cœur frileux! surtout depuis le dernier vide que la mort a creusé dans la famille: son fils Charles, curé de Verchères, décédait le 10 mars à l'âge de quarante-huit ans.

À l'instar de la Rachel antique, Mme Sylvain pleure son enfant qui n'est plus, mais à l'inverse de l'autre, elle accepte d'être consolée par sa fille aînée. Les larmes que l'on verse à deux sont moins amères. Mme d'Youville a payé son tribut au chagrin; c'est un tel déchirement que le départ d'êtres aimés et Charles était le « frère de son âme ». Mais elle sait bien « qu'on ne perd pas ceux qu'on aime en Celui qu'on ne peut perdre ». Au regard de sa foi, ces départs sont autant d'invites, car nos disparus nous attendent, eux qui ont maintenant franchi le grand pas. Des bords lointains de l'éternel rivage, ils nous font signe. Et puis, ce Dieu qu'ici-bas l'on cherche, on Le verra lorsque la mort aura rompu les derniers liens. La Supérieure a bien hâte de « voir Dieu », ce Dieu qui possède son âme, Dieu, le seul objet de ses désirs. Quand viendra-t-il ce moment où — enfin!
— Il daignera l'appeler à la douceur du face-à-face éternel? D'ici-là, elle ne refuse pas le labeur; ces années d'attente, il faut les remplir, les combler en accomplissant Sa volonté adorable.

L'esprit absorbé par ces pensées, Mme d'Youville continue sa route, route si souvent parcourue qu'elle la suivrait les yeux clos. Voici la porte du port; au moment où elle va la franchir, un va-et-vient inaccoutumé se produit en même temps que se fait entendre un roulement de tambours. On va publier une ordonnance. Un rassemblement se forme autour du héraut public. Mme d'Youville prête l'oreille; sans doute, s'agit-il de nouvelles mesures gouvernementales dont il lui faudra tenir compte. Les tambours ont enfin obtenu silence. D'une voix de stentor, le crieur commence sa lecture.

« Henry-Marie du Breil de Pontbriand, le Marquis de la Jonquière, François Bigot, tous chefs de l'Administration des Hôpitaux du Canada »... À l'énoncé du mot: hôpitaux, Mme d'Youville redouble d'attention. De quel hôpital sera-t-il question? L'attente ne dure guère, car après la nomenclature des officiels, la voix claironnante proclame la teneur du document.

« Vu le règlement par nous rendu le 27 août 1747, par lequel la Dame Youville avec ses compagnes étaient chargées seulement provisoirement de l'administration de l'Hôpital Général de Montréal, nous, en exécution des ordres du Roy, déclarons que le dit règlement n'aura plus lieu, que tous les biens, meubles et immeubles appartenant à cette maison seront et demeureront unis par ces présentes à l'Hôpital Général de Québec.»

Le crieur toussotte pour ensuite reprendre de plus belle. Mme d'Youville ne l'entend plus. Cette première phrase l'a atteinte en plein cœur. Lui enlever ses pauvres, mais c'est la démunir de son unique trésor, de sa «raison d'être»; en un mot, c'est la laisser avec un grand amour, une immense charité que Dieu lui-même a allumée en son âme et qu'elle ne pourra déverser sur personne. Tandis que ces pensées tourbillonnent en son esprit, Mme d'Youville reprend sa marche, escortée par sa compagne qui, percevant la pâleur de la Mère, seul signe évident de la lutte intérieure, lui glisse tout bas:

— Quel odieux procédé! C'est inadmissible, au moins si l'on vous avait prévenue!

Et la petite sœur Relle, atteinte elle aussi dans son âme et en plus dans l'affection qu'elle porte à sa Supérieure, ne peut retenir deux larmes qui coulent, discrètement d'ailleurs, le long de ses joues. La Mère la regarde avec affection et lui dit:

— Suivons le conseil de l'Imitation, ne disons rien alors que notre cœur est ému.

Le trajet s'achève en silence, ce silence source de force au milieu de l'épreuve: vagues de révolte, d'indignation, vous vous brisez vainement contre cette falaise.

Le coup est aussi subit qu'inexplicable. Rien vraiment ne laissait prévoir à la Supérieure la rigoureuse mesure. Si du moins, on l'avait informée du projet, mais non! on a préféré lui infliger ce soufflet d'une humiliation publique. Sa fierté en frémit certes, mais son âme pacifiée méprise les soubresauts de la sensibilité aux abois pour se réfugier au-dedans d'elle-même, là où toujours, elle trouve Dieu.

Quelques minutes encore et l'on atteint l'hôpital, cet hôpital où bientôt l'on n'aura plus accès. Le bonheur y règne encore pour le moment, ceux qui l'habitent ignorent l'arrêté administratif, mais il faudra bien le leur communiquer… et la tâche incombera à la Mère. Décidément, rien ne manque à l'épreuve pour lacérer l'âme en tous sens. Car il faut de plus, croire, être persuadée que, en dépit des acteurs humains, le coup est tout de même voulu par Dieu, puisque rien n'arrive sans sa permission. En gravissant les marches du perron, la Supérieure dit à mi-voix à sa fille:

— Raffermissez votre visage, ma petite sœur, et veuillez porter les provisions à la cuisine. Dites cependant à sœur Véronneau que je désire voir les sœurs à la procure ; je me charge de rassembler nos autres compagnes.

Et tandis que la petite sœur Relle s'acquitte de sa mission, Mme d'Youville convoque les sœurs en agitant la clochette réglementaire. La sonnerie à cette heure inusitée appellera les officières. De fait, chacune délaisse momentanément son poste et accourt au bureau de la Supérieure dont on remarque bien vite l'altération des traits… indice qu'il se passe quelque chose d'insolite. Mme d'Youville aperçoit le livre de l'Imitation, lequel reste en permanence à portée de sa main, sur sa table de travail. Point n'est besoin pour elle de l'ouvrir pour se remémorer le passage approprié en cette heure cruciale : « Père infiniment juste et saint, l'heure est venue où votre serviteur doit être éprouvé, où il doit succomber pour un peu de temps au dehors, sans cesser de vivre intérieurement. Qu'il soit donc abaissé, humilié, anéanti, afin de se relever encore avec vous à l'aurore d'un jour nouveau. Père saint, vous l'avez ainsi ordonné, ainsi voulu et ce que vous avez commandé s'est accompli. »

La Supérieure vérifie maintenant du regard si toutes ses filles sont là. Le nombre est complet.

— Mes sœurs, j'ai une nouvelle à vous communiquer, nouvelle pénible et qui vous surprendra. Aussi je vous invite à vous recueillir d'abord et à prononcer votre Fiat.

Un silence de plomb tombe sur le groupe des sœurs. Fixant un instant la fenêtre, Mme d'Youville aperçoit l'huissier se dirigeant — déjà — vers l'hôpital. Il n'y a pas un instant à perdre.

— Pour des raisons qui me sont encore inconnues, nos Gouvernants jugent bon nous enlever la direction de l'hôpital, dont tous les biens, meubles et immeubles appartiendront désormais à l'hôpital général de Québec.

Il se produit une sorte de remous parmi les sœurs ; on n'ose en croire ses oreilles. La Supérieure ajoute calmement :

— C'est une croix qui nous atteint au plus sensible, mais il faut adorer les desseins du Seigneur même si nous ne les comprenons pas.

La clochette — celle du parloir — interrompt la Mère. Sœur Demers qui est de garde aujourd'hui, va recevoir le porteur du triste message et l'introduit dans la procure. Un peu gêné par l'auditoire nouveau genre, l'huissier se hâte dans sa lecture :

…« L'Hôpital Général de Québec s'acquittera autant que faire se pourra des obligations de la fondation de Montréal, notamment nourrir, entretenir infirmes, vieillards, estropiés, orphelins, le tout conformément aux lettres patentes de l'Hôpital Général de Montréal et de celui de Québec. Les particuliers qui auraient quelques représentations à faire sont priés de les porter d'ici trois mois, devant M. l'Intendant qui s'évoque toutes les discussions qui pourraient naître sur la dite maison. Il est entendu que l'Hôpital de Québec ne porte pas les dettes de l'Hôpital de Montréal sur ses anciens biens, mais seulement sur ceux qui lui sont unis par cette fusion. Cependant, pour accélérer le paiement des dettes, permission est donnée de vendre la maison, la cour et le jardin ainsi que les meubles qui ne vaudraient pas d'être transportés à la capitale. Enfin, MM. les Gouvernants permettent à la Dame d'Youville et à ses compagnes d'occuper la maison jusqu'en juillet prochain, vu qu'elles ne pourraient trouver à loger à cause de la saison avancée et que les infirmes hospitalisés ne sauraient être — pour la même raison — facilement transportés à Québec. Ce délai permettra d'ailleurs à l'administration de travailler à la reddition des comptes et à remplir l'inventaire. »

La mission de l'huissier se termine sur ces dernières phrases ; il remet le document à Mme d'Youville et disparaît en vitesse. Après son départ, la Supérieure regarde intensément chacune de ses filles ; quelques-unes — les plus jeunes — pleurent librement. Sœurs Lasource et Demers, instinctivement, se sont rapprochées comme pour lui dire : « Comptez sur nous, rien ne nous désunira ». Elle les en remercie du regard, puis dit simplement :

— Regagnons chacune notre poste, nos pauvres ne doivent pas se ressentir de notre épreuve. Je compte sur votre silence, mes sœurs. Souffrons comme Lui « qui se taisait ». Nous aviserons plus tard.

La voix se brise sur ces derniers mots, mais l'attitude de la Mère reste calme et courageuse. Rompues depuis toujours à l'obéissance, les sœurs repartent vers leurs occupations. C'est l'heure du repas ; toutes doivent participer au service des pauvres. Comme à l'accoutumée, on accomplit avec amour la tâche « par excellence ». À regarder évoluer Mme d'Youville parmi les chères petites vieilles, attentive aux désirs, aux manies de chacune, devinerait-on l'inexprimable agonie de son âme ? de son âme pressurée par toutes les misères qu'elle ne pourra plus soulager désormais ? Car la menace de perdre ses protégés constitue pour elle l'épreuve ultime : elle les aime tant ! Ce sont SES pauvres, ceux que Dieu lui a donnés en partage, ceux-là même sous l'apparence desquels Il perpétue sa présence ici-bas. Et dire que ce matin encore, la Mère acceptait d'attendre le face-à-face éternel pourvu qu'il lui fût accordé de se dévouer sans répit ici-bas auprès des indigents! Étrange, lancinante torture que ce désir d'aider, ce désir inspiré par Dieu lui-même, alors que de «l'autre main» Il semble lui en enlever la possibilité. Autour de Mme d'Youville, l'encerclant de plus près que d'habitude en quelque sorte, circulent ses filles, devinant, parce qu'elles le partagent, le tourment de la Mère. L'horaire du jour, on le prévoit, ne subira aucune altération, mais les sœurs ont hâte de se retrouver dans l'intimité. «Notre Mère aura trouvé une solution», elle leur présentera sans nul doute, une autre forme de dévouement, car il ne saurait être question de séparation pour les sœurs!

À la récréation qui suit le repas frugal, Mme d'Youville laisse entrevoir un rayon d'espoir: «Rien dans l'ordonnance ne semble impliquer que nous n'aurons plus la liberté de visiter les pauvres à domicile. Il faudra sans doute nous en tenir à ceux-là.»

En attendant que Dieu fasse connaître ses desseins par la voix de ses représentants ou le concours des événements, la consigne est maintenue: fidélité au programme quotidien, souffrance silencieuse et surtout abandon, remise totale entre les mains du Père Céleste.

Dans cette maison visitée par l'épreuve, la plus redoutable pour une jeune société puisqu'il s'agit pour ses membres d'envisager la séparation, le labeur intense se continue, mais on dirait qu'un grand coup de vent a balayé tous les espoirs, toutes les perspectives riantes. Il ne reste vraiment, comme l'a conseillé la vaillante Mère, qu'à attendre le secours de la Providence, de cette ineffable Providence aux ressorts inépuisables.

* * *

Le secours ne tarde guère à venir et sous une forme nouvelle cette fois. Les montréalistes défendent leurs sœurs Grises. La lecture de l'ordonnance à peine terminée, les murmures ont éclaté, la nouvelle s'est répandue comme une traînée de poudre et en ce même après-midi du 23 novembre, l'irritation est à son comble. On ne se gêne guère pour condamner ouvertement messire Bigot dont le peuple a tôt fait de percevoir les odieuses menées, on murmure même — hélas! — contre l'Évêque qu'on accuse de favoritisme. Quant au Gouverneur général, récemment arrivé au pays, on lui fait grâce; il est tout simplement tombé dans le piège. «Mais cela ne se passera pas ainsi, on ne sera pas dupe de l'Intendant. L'hôpital d'ailleurs, a été expressément fondé pour les pauvres de Montréal. Cette union ou fusion, est absolument nulle dans la forme, ayant été conclue sans information préalable, ni procès-verbal qui puissent en prouver la nécessité ou l'utilité. De plus l'Intendant, qui est la partie poursuivante de cette affaire, s'en attribue aussi la qualité de juge, ce qui est absolument incompatible et contraire aux lois. Enfin, on a tenu la chose secrète jusqu'à ce que les derniers vaisseaux aient quitté pour la France, comme on l'a fait en d'autres occasions déjà, pour empêcher les réclamations des citoyens de parvenir à la Cour. Cette fois, c'est trop fort, le truc commence à se faire vieux et il faut prouver au fonctionnaire qu'on en appellera quand même à Sa Majesté.»

L'indignation atteint une telle effervescence, qu'en cette fin d'après-midi même, le Gouverneur de Montréal, M. de Longueuil, le lieutenant du Roy, le major, les officiers et les magistrats se présentent chez M. le Vicaire général. Monsieur Normant rentre tout juste de l'hôpital où il est allé encourager ses filles à tenir. Non sans fierté légitime, il a constaté que, fidèles à ses directives, les sœurs Grises avaient accueilli la croix avec la soumission d'âmes totalement livrées et confiantes. Elles ressentent l'épreuve certes, l'épreuve qui les tenaille comme une écharde dans la chair, mais leur courage ne flanche pas. Dieu est le Maître, s'Il veut maintenir leur œuvre ici même à Montréal, il en sera ainsi, en dépit des manœuvres humaines. Le ciel a beau se charger de nuages menaçants, le Soleil de Justice n'en est pas éteint pour autant et il finira par percer la voûte sombre.

M. le Supérieur se dirige vers l'oratoire, il croise dans le corridor, M. Déat qui lui dit :

— Toute une délégation de protestataires vous attendent au parloir. Les esprits sont en ébullition, on fulmine contre l'ordonnance. Il n'y a vraiment que vous pour les calmer.

— Eh bien, j'irai. Accompagnez-moi cependant, il y aura de la besogne pour deux.

Heureusement, M. le Supérieur s'y connaît dans le maniement des hommes. Après une longue conversation, le groupe des notables quitte le Séminaire, on semble apaisé, M. le Vicaire général a su écouter patiemment, rectifier certains jugements trop hâtifs ou catégoriques. Il a surtout rappelé l'imprescriptible devoir du respect envers l'Autorité, sans pour autant condamner les justes représentations. Il est même entendu que M. le Vicaire général rédigera une supplique au Ministre de la marine de France et une autre à MM. les

Gouvernants du Canada, lesquelles suppliques seront signées par les Écclésiastiques du Séminaire et les notables de la ville.

Ce soir-là même, M. Normant informe son Évêque de la réaction du peuple : « L'ordonnance, écrit-il, a fait ici grand bruit, non seulement par le son des tambours qui l'ont annoncée, mais plus encore par les murmures, les médisances et les calomnies qu'elle a occasionnés. Tous en ont été si frappés que, sans garder aucune mesure et contre les règles de la charité, ils ont éclaté en ressentiments contre Votre Grandeur et contre M. Bigot qu'ils en ont supposé les auteurs, faisant grâce à M. le Gouverneur général et ne lui donnant aucune part à cette entreprise qu'ils croient être contre ses sentiments. »

Le digne fils fait ensuite part à son Pasteur de la peine qu'il ressent à la vue d'excès si blâmables : l'offense faite à Dieu et l'infraction au devoir de respect et de confiance dû à son Représentant.

Puis, M. le Supérieur aligne les griefs des montréalistes et termine en disant : « Quelques-uns se flattent néanmoins qu'on ne leur refusera ni le temps ni les moyens de faire à Sa Majesté leurs très humbles représentations et que, jusqu'à ce qu'ils puissent en informer la Cour, la réunion n'aura pas son effet. »

1751 – « La charité supporte tout »...

(1ère Épître de saint Paul aux Corinthiens, ch. 13, v. 7.)

Bigot avait tout prévu quant aux effets de l'Ordonnance, oui, tout prévu sauf quelques tournures inattendues des événements, entre autres, la réaction aiguë des montréalistes. Certes, il avait escompté quelques protestations, genre feu de paille, mais à l'inverse de ses calculs, il s'agit d'une véritable coalition, ainsi qu'en témoigne la supplique dont il parcourt lentement la teneur, tout en manipulant nerveusement le parchemin où elle s'étale. Il résiste mal à un geste de colère lorsqu'il rencontre le passage : « Sa Majesté, pour donner plus de force à ces lettres patentes (permettant la fondation de l'hôpital) y engage «ç'a parolle de Roy» (sic) et promet aux personnes qui voudraient contribuer à cet établissement qu'il sera à perpétuité pour le secours et le soulagement des pauvres du Gouvernement de cette ville... (Montréal).»

Ce qu'on y revient avec insistance sur cette «parolle de Roy»! Cinq fois depuis le début de la supplique, on y a fait allusion et toujours en connexion avec la perpétuité de l'établissement! Cette insistance est, on ne peut plus crispante et, d'asséner un coup de poing sur la table de travail, soulagerait la tension des nerfs, mais voilà, la veuve d'Youville est là, assise sur la chaise à haut dossier qu'il lui a indiquée froidement du regard, alors qu'il la recevait tantôt dans son cabinet d'études. Il faut que M. l'Intendant contienne son irritation, il lui faut la dissimuler, car le moindre signe d'impatience pourrait trahir de l'inquiétude. Bigot poursuit donc sa lecture et il apprend : 1° — que la charité des citoyens de Montréal se ranime au souvenir de cette «parolle» si authentiquement donnée ; 2° — que la divine Providence qui a inspiré à plusieurs de donner une partie de leurs biens pour fonder cet hôpital et le mettre en état de recevoir les pauvres, le maintiendra à Montréal... ces dons n'auraient pas été faits sans la garantie que l'œuvre s'y poursuivrait dans l'intention des fondateurs, soit le soulagement des pauvres... de l'endroit.

Les longues phrases laborieuses se déroulent et demandent que l'hôpital soit maintenu et conservé à Montréal à perpétuité, en possession de tous ses biens et honoré de la protection des GOUVERNANTS. Cette fois, c'en est trop! M. l'Intendant froisse l'angle de l'insolent parchemin, mais il se ressaisit bientôt et termine sa lecture. Les citoyens de Montréal l'informent qu'une requête, identique à celle-ci, sera présentée à Monseigneur Rouillé, ministre de la Marine, où l'on sollicitera, comme on le fait par la présente, que la Dame d'Youville et ses compagnes aient l'administration dudit hôpital et soient substituées pour de bon aux Frères hospitaliers, pour jouir des droits et privilèges portés aux lettres patentes de 1692, vu que la dame et ses compagnes s'engagent à rendre annuellement compte des revenus et dépenses et à entretenir le tout en bon état. En guise de finale, les suppliants assurent qu'ils «ne cesseront d'adresser leurs vœux au Ciel pour les santés et prospérités des gouvernants»... Ça, c'est le comble! Bigot s'en moque de tels vœux pour sa santé! Dans l'état d'âme où il se trouve actuellement, cette finale lui semble d'une intolérable ironie. Il ronge son frein en consultant la longue liste des signataires... De Longueuil, de Lantagnac, Noyan, Malhiot, Normant... évidemment, le Vicaire a signé cet écrit qu'il a inspiré dans chacune de ses lignes, s'il ne l'a pas rédigé lui-même! L'Intendant l'a reconnu dès le début et surtout aux maintes allusions à la « parolle du Roy ». Fin légiste le Vicaire général! Pas surprenant qu'on se soit adressé à lui pour défendre la cause. Et comme toujours, il a emporté l'adhésion des notables et des gens bien-pensants. Mais Bigot n'est pas homme à démordre facilement ; si l'on croit l'intimider avec ces représentations, on verra! L'intimidation est une arme puissante qu'il compte bien employer lui-même d'ailleurs et incontinent. Il faut prouver à cette dame d'Youville que les « puissances » sont inaccessibles aux remous de l'opinion populaire et que l'Ordonnance publiée il y a deux mois, sera maintenue nonobstant toute réclamation. M. Bigot replie le document et prononce d'un ton détaché :

— L'intérêt des montréalistes pour leur hôpital général s'est réveillé trop tard. La situation financière de cette maison est désespérée.

— M. l'Intendant me ferait-il la faveur de jeter un coup d'œil sur nos propositions quant au paiement des dettes ? suggère Mme d'Youville, profitant de l'instant de silence.

« Quelle ténacité ! », songe Bigot en constatant que sa froideur calculée n'opère aucun résultat. Mais comme il ne saurait se départir — à cause de son rang — des règles de l'urbanité, il accepte le second pli que lui tend Mme d'Youville et en brise le cachet de cire. Au fond, sa curiosité est piquée : comment ces pauvres femmes prétendraient-elles pouvoir liquider le passif de l'hôpital ? Sur le parchemin, s'allonge la calligraphie de M. Normant. Bigot la reconnaît et le fait a le don de l'horripiler davantage. De nouveau, le Vicaire général s'est constitué le porte-parole des sœurs Grises. Tout le monde sait qu'il les soutient depuis toujours ! Faut-il s'étonner de le trouver là lorsqu'il s'agit de les défendre ? Quels arguments le Supérieur a-t-il à présenter cette fois ? Dès les premières lignes, les représentations se dressent péremptoires, mais respectueusement énoncées. On rappelle à nos seigneurs les Évêque, Gouverneur général et Intendant, que si la veuve d'Youville avait été chargée « seulement provisoirement » de l'administration de l'hôpital, promesse formelle lui avait pourtant été faite d'obtenir de la Cour, ratification de l'arrangement. On souligne de plus, que le Seigneur a semblé agréer les services des sœurs puisqu'il a daigné bénir leurs labeurs : l'hôpital est maintenant rétabli, les pauvres des deux sexes y sont admis en plus grand nombre et pourvus du nécessaire. Les biens de la campagne ont bénéficié de la vigilance des sœurs et sont maintenant exploités. Quant aux sœurs, elles restent dans la disposition de continuer leur dévouement à l'œuvre, mais voilà qu'elles apprennent le projet de fusion : Quelque bonne opinion qu'elles aient des religieuses de Québec, elles prennent néanmoins la liberté de représenter aux Gouvernants, les conséquences d'un tel changement».

Ici, l'on énumère les motifs contenus dans la supplique des citoyens. Puis les sœurs proposent : « Si ce sont les dettes qui légitiment une telle mesure, les suppliantes ont l'honneur de représenter que leur confiance est tout entière en la Providence ; elles ne demandent que protection et agrément de Sa Majesté ; elles recevront les dons qu'on voudra bien leur faire, mais n'importuneront personne ; enfin, elles promettent de liquider les dettes de France d'ici trois ans et le plus tôt possible, celles du Canada. En retour, elles demandent d'être substituées aux Frères et de jouir des privilèges attachés aux lettres patentes. Elles rendront des comptes annuels et si par la suite des temps, Sa Majesté jugeait leur enlever l'administration de l'hôpital, qu'il leur soit fait remise des améliorations, réparations et remboursements qu'elles auraient effectués selon les présents engagements.»

L'Intendant est impressionné par ces promesses, impressionné surtout parce qu'il devine l'effet néfaste qu'elles pourraient produire en l'esprit de l'Évêque et du Gouverneur général d'abord, puis à la Cour, en dernier ressort. Il faut de toute nécessité, empêcher réclamations et promesses de franchir l'océan et à cette fin, signifier à cette veuve que l'affaire est bâclée.

— Vos représentations auraient peut-être mérité considération il y a quelques mois, mais le problème est maintenant réglé. Vous n'avez qu'à rendre vos comptes.

Mme d'Youville s'exécute et dépose un autre pli sur la table de chêne, puis se retire, apparemment vaincue, tandis que Bigot semble triompher... Un fin psychologue découvrirait pourtant une nuance d'inquiétude dans le regard énigmatique de l'Intendant et surtout dans le geste nerveux de sa main, ressaisissant la supplique des sœurs Grises lorsque Mme d'Youville a franchi le seuil du cabinet d'études.

* * *

Quant à la Mère des sœurs Grises, elle quitte l'intendance. Oh! comme il est froid ce vent de janvier, il vous pénètre tout simplement jusqu'à l'âme. Où se diriger dans cette poudrerie où l'on a peine à distinguer la route? Oui vraiment, où aller dissimuler sa détresse dans cette capitale où, depuis la matinée, elle a visité l'un après l'autre les détenteurs de l'autorité pour plaider auprès d'eux la cause de ses pauvres? Retourner au foyer qui l'abrite depuis l'avant-veille alors qu'elle arrivait de Montréal? Non, pas immédiatement du moins, car il lui faut la solitude, la prière silencieuse pour ressaisir son âme. La chapelle des Ursulines, ce petit coin de paradis où l'on priait si bien jadis! Oui, c'est là qu'il fera bon, en fixant le tabernacle, solliciter la force pour traverser l'épreuve et offrir à Dieu l'hommage de sa volonté soumise. Mme d'Youville s'achemine vers le monastère et y arrive toute transie. La petit sœur tourière qui lui ouvre la porte la conduit à la chapelle. Mme d'Youville se signe, puis après génuflexion, s'agenouille à l'endroit préféré, là où elle se tenait lorsque, adolescente, elle venait se mettre à l'école, aux écoutes du grand Maître. Rien n'a guère changé dans la chapelle, on y respire la même atmosphère de paix et de recueillement. Comme il fait bon se réfugier auprès du Dieu clément, lorsque les grands de la terre vous écrasent de leur morgue! car hélas, à la réception glaciale de l'Intendant, a précédé l'audience accordée par Sa Grandeur Mgr de Pontbriand. Mme d'Youville qui avait escompté pouvoir s'expliquer à cœur ouvert, s'est vue contrainte au silence par le laconisme même de l'Évêque. Le digne Pasteur n'a nullement condamné l'administration de la directrice, mais il a eu une façon d'exprimer par le geste et le regard que l'entente «provisoire» avait bel et bien cessé d'exister. Quant à M. de la Jonquière, il s'est montré intéressé, il a lu les deux suppliques, puis a prêté une oreille attentive aux explications fournies par Mme d'Youville en réponse à ses questions. Il a promis d'appuyer secrètement les requêtes de tout son pouvoir, mais il est évident qu'il devra procéder délicatement. Bref, ce voyage à Québec entrepris malgré la saison rigoureuse, ce voyage effectué sur la recommandation de M. Normant, préparé par la réflexion et la prière, s'avère un échec.

Cette supplique des citoyens sur laquelle on fondait tant d'espoir, supplique signée par quatre-vingts notables de Ville-Marie, dont Pierre Gamelin-Maugras et Ignace Gamelin, les deux beaux-frères de Mme d'Youville, effaçant par ce geste, la protestation de 1738, n'obtient pas le résultat qu'on en attendait. La situation est des plus critiques, c'est l'heure du prince des ténèbres et il s'y entend si bien à éteindre les étoiles!

Devant l'écroulement de ses projets, l'inutilité de ses démarches, la perspective qu'il lui faudra assister, impuissante, au départ de ses pauvres, à la dispersion probable de ses filles, la Mère des sœurs Grises éprouve une indicible angoisse. «Que ce calice s'éloigne, Seigneur!» murmure-t-elle, comme autrefois le Maître. La disparition de son œuvre, de cette œuvre qui la sollicite depuis si longtemps et qui lui a déjà tant coûté en fait de sacrifices de toutes sortes, mais c'est la désappropriation totale, l'anéantissement, la mort, quoi! Et l'âme de la Mère en frémit jusqu'en ses profondeurs. Mais la longue habitude de souplesse entre les mains divines entraîne bientôt l'adhésion de la volonté.

«Seigneur que votre vouloir s'accomplisse et non le mien!» La prière se prolonge; des cœurs brisés, la supplication monte plus fervente, plus instante. Lorsque, l'âme rassérénée, Mme d'Youville quitte le petit sanctuaire, le crépuscule s'est déjà installé au dehors. Il faut vite regagner le foyer hospitalier car si la tempête a diminué de violence, la neige s'est accumulée sur la route. La visiteuse s'enfonce dans la nuit naissante. Causer avec Mère Saint-Pierre aurait été doux à son cœur... Un instant, elle a été tentée de la demander au parloir, mais l'heure n'est pas aux consolations; Dieu exige pour le moment le summum de renoncement et l'âme ne veut rien soustraire aux exigences divines. C'est que la Mère a pénétré en quelque sorte, une grande vérité, une vérité des plus consolantes: la maternité spirituelle, cette mystérieuse vocation marquant certaines âmes appelées à servir d'instruments dans la transmission de la vie divine. Et parce qu'elle a foi dans la fécondité de l'épreuve acceptée avec amour, Mme d'Youville, en dépit de sa situation humainement désespérée, voit une douce lumière irradier son ciel intérieur, cette lumière diffusée par la croix et qui a nom: espérance.

* * *

Bigot multiplie les actes arbitraires. À en juger par son empressement, il est facile de déduire qu'il veut précipiter le dénouement. Sur ses ordres, Mme d'Youville a remis au procureur de l'hôpital général de Québec, les maisons et terres de la Pointe-Saint-Charles et de Chambly avec «tout ce qui s'y trouvait». Une partie du mobilier de l'institution a déjà pris la route de Québec, entre autres, une tribune sculptée considérée, à juste titre, comme une œuvre d'art. Les dépouillements se sont succédé graduellement depuis cinq mois ; il a fallu que la Mère assiste apparemment impassible, à cette main-mise sur les biens des pauvres de Montréal. Mais ce dépouillement extérieur est-il comparable à cet autre — intérieur — que Dieu a exigé de sa servante ? Mme d'Youville a présenté ses comptes à l'Intendant. Il refuse de lui rembourser les 10,000 L. empruntées pour solder le coût des réparations effectuées à l'édifice ainsi que des acquisitions nécessaires pour l'exploitation des fermes.

« L'Ordonnance du 27 août 1747 vous établit seulement directrice de l'hôpital et des biens lui appartenant », a-t-il écrit en substance, « mais elle ne vous permet pas de faire des dépenses au-delà des revenus. Il aurait fallu nous avertir de cet excédent. Vous n'étiez de plus, autorisée à recevoir que douze pauvres, et vous avez dépassé ce nombre et y avez logé des femmes, sans autorisation. Je ne puis donc approuver ces dépenses. Il vous reste à faire ensemencer les terres afin de les laisser dans l'état où vous les avez prises vous-même. Vous voudrez bien engager un autre fermier si le fermier actuel ne veut pas rester. Il faudrait aussi acquitter la pension de Frère Jean Dellerme rendu en France… »

À cette réponse, pour le moins inattendue, Mme d'Youville a répliqué respectueusement : « L'Ordonnance m'instituait directrice de l'hôpital et de ses dépendances. J'ai fidèlement présenté mes comptes annuels. Dès la première année, la dépense excédait les revenus de 3000 L. Rappelez à votre mémoire, je vous prie, Monsieur, que vous m'avez toujours engagée à tenir le tout en bon ordre. Il est vrai que je n'ai pas votre ordre par écrit, mais votre parole est aussi bonne. Je n'ai jamais su que le nombre des pauvres fût fixé à douze ; quant à ce qui regarde l'établissement de la salle des femmes, j'ai été autorisée à conduire à l'hôpital, à y loger et nourrir les protégées dont j'avais déjà soin. Vous leur avez fait l'honneur de les visiter et vous en avez paru content. Le nombre des pauvres dépasse maintenant la trentaine et ils ont leur nécessaire non pas du produit des terres, mais par les soins de la Providence et notre travail, comme vous me faites l'honneur de me le marquer d'ailleurs. J'ai pris les terres non ensemencées lors de mon arrivée ici. Le fermier ne veut absolument pas rester ; n'étant plus directrice de l'hôpital, je ne puis passer bail à un remplaçant. Si je n'ai pas la consolation de vous avoir contenté, Monsieur, ce n'est point par mauvaise volonté, c'est faute de capacité», a conclu la Mère en se souscrivant humblement.

L'Intendant n'a pas voulu se rendre à ces justes représentations. Mme d'Youville s'est alors adressée à Sa Grandeur l'Évêque de Québec. Hélas, le Pasteur a d'abord répondu qu'il préférait ne pas entrer dans l'examen des comptes, puis dans une lettre subséquente, datée du 16 mars, il écrivait: «Je pense qu'on se persuade que vous n'avez pas véritablement emprunté...»

C'est cette lettre que Mme d'Youville relit ce matin alors que seule à la procure, elle met ordre à sa correspondance. Ces petits mots juxtaposés: «on se persuade que vous n'avez pas véritablement emprunté», combien n'ont-ils pas fait saigner le cœur de la Mère! Un soupçon, un doute quant à sa probité, et de la part de l'Évêque! L'heure cruciale a vraiment sonné. Ce coup, à l'instar d'un glaive acéré, creuse plus profonde la plaie déjà douloureuse. Comme autrefois saint Paul, Mme d'Youville s'est pourtant justifiée:

«Je suis sincère, droite et incapable d'aucun détour ni restriction qui puisse déguiser la vérité ni lui donner un double sens. J'ai réellement emprunté cette somme et j'en attends le remboursement que m'en feront Votre Grandeur et ces Messieurs. Ce que j'ai l'honneur de vous dire est la pure vérité et je ne voudrais pas faire le moindre mensonge pour tous les biens du monde.»

Quel accueil a été réservé à cette protestation? Nul ne le saurait dire, mais en relisant la lettre de l'Évêque et surtout ces deux courtes lignes, Mme d'Youville revit à nouveau une souffrance d'autant plus aiguë qu'elle l'a gardée secrète: chacun sa part de croix, et elle sait bien qu'il faut à la sienne être plus lourde.

Un rayon de soleil joue sur la table de travail, on est au 23 juin; l'été, le jeune été, s'annonce superbe. Si rien n'arrive de France bientôt, il faudra avoir vidé les lieux le 1er juillet. Malgré les efforts des sœurs pour ne rien changer au programme quotidien, une atmosphère de tristesse plane sur la maison. Cent fois le jour, il faut consoler, encourager les protégés aux abois, à l'idée de la séparation prochaine.

M. Normant continue toutefois d'inciter ses filles à espérer contre toute espérance: «Dieu reste le Maître, il interviendra à temps.» La tournure des événements qui se passent en France, appuie son assertion. M. J. Cousturier, supérieur du Séminaire de Paris, jouissant d'un grand crédit auprès de Sa Majesté très chrétienne Louis XV, a pris l'affaire en main. Il a chargé M. l'abbé de l'Isle-Dieu de rédiger un mémoire sur l'état de la question. Le mémoire se résume à ceci : l'hôpital général de Montréal ne peut être changé de lieu, car lors de la concession du terrain où il s'élève, M. Tronson, alors supérieur général de Saint-Sulpice, avait stipulé que si un jour l'hôpital cessait d'exister, « le terrain reviendrait alors de plein droit au Séminaire avec tous ses bâtiments, à moins que les successeurs de M. Charon ne payassent comptant la valeur du terrain ».

« L'hôpital nous appartient donc, soutient justement le Vicaire général, M. l'Intendant ne peut le nier, il nous reste à l'en convaincre. Vous verrez, les premiers vaisseaux nous apporteront la confirmation de ce que j'avance. »

En attendant la Mère jette son espoir en Dieu, « Dieu qui se tient tout près des cœurs brisés », ainsi que le proclame le psaume. Sa confiance ne flanche pas ; si souvent, au cours des dernières années surtout, la vie de la petite société a semblé compromise à jamais et, grâce au Ciel, elle a survécu. Il est vrai que cette fois, la tempête a redoublé de violence, mais les heures désespérées ne sont-elles pas les heures de Dieu ? Les réflexions de la Mère sont interrompues par un coup discret à la porte.

— Entrez ! dit-elle, de sa voix grave, aux souples inflexions.

Mlle des Pins s'encadre sur le seuil, puis après avoir refermé la porte, vient s'asseoir tout simplement sur la chaise que la Supérieure lui indique du regard. La jeune fille est pâle, mais très calme. L'éclat des yeux révèle pourtant qu'une grande victoire a été remportée. La Mère le pressent, mais préfère en recevoir l'aveu.

— Vous désirez quelque chose, ma chère enfant ? commence-t-elle.

— Madame, je viens solliciter la faveur d'être admise dans votre petite société à titre de servante des pauvres.

Intentionnellement, la jeune fille a appuyé sur ce titre.

— Vous les aimez donc maintenant nos chers pauvres ? questionne la Mère avec un accent d'affection.

— Oui, Madame, je les aime. C'est venu insensiblement, ma répugnance a fini par céder. La lumière s'est faite complètement cependant, lorsque j'ai vu votre œuvre menacée dans son existence même. J'ai pu juger alors que je serais inconsolable moi aussi si nous perdions… nos pauvres !

« Nos pauvres ! » Déjà, la candidate emploie d'instinct le possessif, c'est de bon augure, mais il ne faut tout de même pas donner lieu à des espoirs irréalisables.

— Je me réjouis de ce que la lumière se soit faite en votre âme, ma chère enfant. En vous donnant l'amour du pauvre, Dieu vous a fait une grande grâce. Pour ce qui est de vous recevoir, je l'aurais fait avec joie il y a quelques mois, mais notre situation est devenue précaire. Qui sait ce que l'avenir nous réserve?

— Je sais bien Madame que, même si la direction de l'hôpital vous est enlevée, vous trouverez néanmoins un moyen de soulager les pauvres. Quelle forme prendra votre zèle? Je l'ignore, mais je suis prête à vous suivre. L'avenir ne m'effraie pas, une seule condition m'aurait fait hésiter: l'absence de maîtresse de novices, mais M. Normant que j'ai consulté, m'a rassurée sur ce point. Bientôt, votre petite société en comptera une, n'est-ce pas?

La Mère esquisse un sourire. Cette maîtresse de novices déjà élue, mais c'est la candidate elle-même. «Si notre situation se stabilise et si Mlle des Pins décide de se joindre à nous, avait confié Mme d'Youville à M. Normant, la semaine dernière, je lui assignerai la tâche de former les nouvelles recrues. Parfaitement initiée à nos œuvres, ayant de plus, livré une fière lutte, elle comprendra les novices.» — «Heureux choix, avait souligné le Supérieur, Mlle des Pins possède toutes les qualités d'âme et de cœur requises pour cette tâche délicate entre toutes.»

— Oui, en effet, nous aurons une maîtresse de novices sous peu, répond Mme d'Youville, mais notre situation actuelle ne vous fait-elle pas peur?

— Non, Madame, je suis prête à me joindre à votre société, si vous voulez bien m'accepter.

— Comment pourriez-vous en douter, répond Mme d'Youville qui, se levant, presse sur son cœur la jeune fille, enfant de sa meilleure amie et dont elle sera la mère désormais. Nous servirons Dieu ensemble, ma chère enfant, car notre vie à nous, sœurs Grises, consiste en cela: aimer Dieu de toutes nos forces et le Lui prouver par les œuvres de charité.

— Il y aura bientôt douze ans, le 2 juillet prochain que j'habite sous votre toit, ma Mère. Mon entrée pourrait-elle coïncider avec cet anniversaire?

— Rien ne s'y oppose, ma chère enfant. Gardons votre démarche secrète jusque là. Mais allons tout de suite remercier Notre-Dame-de-la-Providence pour la grâce de votre vocation.

La Supérieure et la candidate se dirigent vers la chapelle. La Mère y est à peine agenouillée que déjà, on la demande ailleurs; la portière lui ayant murmuré quelques mots à voix basse, elle doit écourter sa prière. Mlle Lemoyne des Pins prolonge, pour sa part, son action de grâces.

Quant à la Supérieure mandée au parloir, elle reçoit d'un envoyé spécial, un pli portant le sceau ministériel. Le parchemin recèle un lourd secret... « Que nous réserve-t-il ? se demande Mme d'Youville avant d'en briser le cachet, tandis qu'elle s'achemine vers la procure. Croisant sœur Lasource à deux pas de la porte, elle l'invite à entrer.

— Ce pli vient sans doute nous signifier notre sentence, murmure-t-elle à la chère compagne. Lisons ensemble, voulez-vous?

La missive est brève; l'écriture, de Bigot.

« Je comptais que nous recevrions par le premier bâtiment, la ratification de la Cour sur l'union que nous avons faite de l'hôpital général de Montréal et celui de Québec. Comme nous n'en avons pas encore de nouvelles, vous pourriez rester dans la maison que vous occupez jusqu'à ce que nous en eussions. Je ne vous fais cette proposition qu'autant que cela pourrait vous convenir. Ayez agréable de me faire réponse afin que, dans le cas que vous ne l'acceptassiez pas, l'hôpital général de Québec, puisse prendre des arrangements pour le temps que vous devez sortir de cette maison.

Je suis avec respect... »

Bigot.

Les deux sœurs se regardent sans dire mot, mais les mêmes pensées leur traversent l'esprit. Exactement ce que M. Normant avait prédit. « Les vaisseaux de France n'apportant pas la confirmation de la mesure arbitraire, force serait à l'Intendant d'en surseoir l'exécution d'abord, puis ensuite d'y renoncer tout à fait, car la Cour ne manquera pas de rendre justice. »

Bigot paye d'audace et joue au grand seigneur bienveillant en offrant aux sœurs de prolonger leur séjour à l'hôpital, mais il est facile de déceler que sa belle assurance est factice.

— Allons remercier Dieu, suggère à nouveau, Mère d'Youville.

À la chapelle, toutes deux s'agenouillent sur le dernier banc à l'arrière, de chaque côté de Mlle des Pins qui n'a pas encore quitté le saint lieu. La candidate ne saurait se douter que le doigt de Dieu vient de tourner la page d'un chapitre douloureux dans l'histoire de la petite communauté. Au « *Veni* » du Seigneur, elle répond un « *adsum* » sincère, sans calcul ni restriction. Sa générosité accepte les fluctuations d'un avenir problématique, tandis que, à ses côtés,

les deux premières sœurs Grises saluent, l'âme éperdue de gratitude, l'aurore d'un lendemain prometteur de paix et de stabilité.

1752 – « *La charité se réjouit du triomphe de la vérité* »

(1ère Épître de saint Paul aux Corinthiens, ch. 13, v. 1)

— LA paix et la stabilité couronnent
ordinairement de longues années de patience, c'est le procédé
habituel de la Providence et il se vérifie une fois de plus en ce qui
concerne la question de l'hôpital, déclare M. Normant à son interlocuteur, M. Étienne Montgolfier, arrivé d'outre-mer l'automne
précédent.

Le nouveau venu, sujet d'élite, a été envoyé de France par
M. Cousturier pour être initié graduellement aux secrets de l'administration. M. Normant, maintenant septuagénaire, sent ses forces
décliner et même s'il continue de mener rondement la lutte, il est
heureux de se préparer un successeur en la personne de ce M. Montgolfier qui s'adapte si vite et si bien aux exigences de son nouveau
milieu.

— Nous pouvons tout de même considérer le projet de fusion
des deux hôpitaux réduit à néant, n'est-ce pas ? interroge le nouveau
missionnaire. On disait même à Paris l'an dernier, que le Gouverneur et l'Intendant de la Nouvelle-France étaient censés recevoir
une fière mise au point de la part du Ministre de la Marine.

— La mise au point est venue, de fait, réplique le Supérieur.
M. Rouillé ne s'est pas mis en frais de littérature pour condamner la
fusion... « Votre Ordonnance ne serait pas suffisante pour une
aliénation de cette espèce qui ne peut se faire que par autorité
expresse du Roy », a-t-il écrit. « Vous différerez s'il vous plaît, l'exécution de cette Ordonnance jusqu'à nouvel ordre de sa Majesté. » Je
regrette cependant que le Ministre ait englobé M. de la Jonquière
dans sa réprobation, car il n'était pratiquement pour rien dans toute

l'affaire. Heureusement, il a pu se disculper. Il a même recommandé à la Cour, la supplique des citoyens de Montréal et des sœurs Grises.

— Cette recommandation a dû peser dans la balance!

— Il faut le croire puisqu'une autre Ordonnance a annulé celle de 1750. Bigot a réussi à sauver la face en disant que «l'union était suspendue par le Secrétaire d'État, sur les représentations que la dame d'Youville avait faites à la Cour». Nul n'a été dupe du stratagème cependant, mais enfin, l'important c'est que l'hôpital nous reste. De La Jonquière qui a droit à sa part du triomphe, doit s'en réjouir deux fois maintenant que son âme a paru devant Dieu.

— Croyez-vous que M. Duquesne sera aussi sympathique à la cause?

— Il n'en a pas le choix, l'affaire est pratiquement conclue. Si les communiqués officiels tardent à nous parvenir, il faut en inculper les lenteurs administratives et les difficultés du courrier. Vous êtes encore jeune dans le pays, vous verrez comme il faut savoir attendre par ici. La Cour acceptera les offres de Mme d'Youville, le ministre le dit clairement sur sa lettre adressée au Gouverneur et dont celui-ci m'a communiqué la teneur: «Les témoignages qui me sont venus, de la manière dont Mme d'Youville remplit la direction de l'hôpital, me font juger qu'elle y est plus propre qu'aucune autre et il ne serait pas facile d'ailleurs de trouver des sujets qu'on en pût charger.» C'est là un témoignage non équivoque. Le Ministre signifie de plus à MM. les Gouvernants de conclure une entente avec elle. J'estime la victoire remportée, grâce à Dieu.

Sur ce, le Supérieur se lève et ajoute:

— Je m'en vais de ce pas à l'hôpital. Vous ne l'avez pas encore visité au complet. Accompagnez-moi; à cette heure-ci, nous surprendrons les sœurs au travail.

Tandis qu'ils font route ensemble, le Supérieur explique:

— Si je ne me trompe, M. Poncin devait enseigner aux sœurs à fabriquer de la bougie cet après-midi. Notre confrère n'est pas à court en fait d'initiatives. Il a muni l'hôpital de tout l'outillage requis pour la confection des hosties ainsi que de souches à ressort pour remplacer les cierges. Il recevait hier, deux volumes sur les arts et métiers et comme il est extrêmement doué pour la mécanique, il saura en tirer profit.

— Tant mieux pour les sœurs, car il leur en faudra des revenus pour éteindre leur dette.

— Elles sont de rudes travailleuses, ajoute M. Normant. C'est même cette caractéristique qui leur a gagné la sympathie du peuple, autrefois opposé à leur association. Nous devons néanmoins continuer de les assister, car elles ne sont pas nombreuses et la besogne ne manque pas. Je leur ferai tenir ces jours-ci, les 6000 L. que leur a léguées M. J. Bouffandeau, un des nôtres. Je tiens cette somme en suspens depuis bientôt cinq ans, car le testateur avait mis pour condition que «Mme d'Youville soit chargée de l'hôpital». Je crois le temps venu de me rendre à cette dernière volonté. Comme je voudrais pouvoir multiplier par huit, cette somme de 6000 L. et liquider la dette d'un seul coup!

— Vous craignez que le travail des sœurs n'y suffise pas?

— Non, je ne suis pas inquiet de ce côté: Dieu est avec elles, mais cette communauté naissante a toutes mes prédilections et je voudrais pouvoir lui faire ce cadeau de 48,000 L.!

Ces paroles se gravent dans la mémoire de l'interlocuteur. Vienne l'occasion, et lui aussi saura tendre aux sœurs Grises, une main secourable.

* * *

«Aide-toi, le Ciel t'aidera», affirme le vieil adage chrétien. Les sœurs l'ont adopté comme ligne de conduite, car il faut, de toute nécessité, libérer l'institution de sa dette, ainsi qu'on l'a de nouveau promis par les propositions envoyées au Conseil de Québec, le 19 juin dernier.

«La Providence, notre travail, la bonne volonté de plusieurs personnes disposées à faire du bien à cette maison, sont les ressources sur lesquelles nous comptons», avait écrit Mme d'Youville. «Notre travail», se ramifie en plusieurs activités.

— Comment vous y prenez-vous, Mère, pour mener de front tant d'entreprises? interroge l'abbé Charles, alors qu'il accompagne Mme d'Youville visitant les diverses catégories de son personnel.

Ordonné prêtre le 26 août dernier, il y a exactement trois semaines, le jeune abbé Dufrost arrivait hier de Québec, pour une visite de quelques jours. Ce matin, il a célébré la messe communautaire et Mme d'Youville a savouré cet indicible bonheur de recevoir son Dieu de la main de son propre fils! Oui, vraiment, dans ses décrets éternels, la Providence entrecroise, sur la trame de nos humaines destinées les couleurs sombres de l'adversité avec les tons clairs de la consolation, et le chef-d'œuvre lentement se concrétise, sous les doigts de l'incomparable Artiste. Qui pourrait exprimer la fierté d'une mère à la vue de son fils élevé à la dignité sacerdotale? Mme d'Youville, une fois de plus, s'est abîmée dans la reconnaissance. Le combat de générosité se poursuit entre le Maître et sa servante. « Tu m'as donné ton fils, semble-t-il lui dire, regarde ce que j'ai fait de lui : un autre moi-même ! »

Après ces longues années de séparation, comme il est bon de refaire connaissance en quelque sorte et de constater, comme en la circonstance actuelle, que les âmes vibrent au même diapason !

— Que vos forces tiennent sous un tel programme est quasi-miraculeux, déclare le jeune prêtre, dont les souvenirs évoquent les années de maladie, alors que Mme d'Youville, rivée à sa chaise d'infirme, inaugurait son œuvre.

— Grâce à Dieu, ma santé est meilleure. Le travail d'ailleurs, ne m'a jamais effrayée, et j'estime qu'il a toute son importance dans la formation d'âmes viriles. Et puis, pour nous qui ne subsistons que du travail de nos mains, il constitue la condition de notre durée.

— Alors, l'œuvre durera, déduit le jeune abbé, si toutefois vous suffisez à la tâche, vous êtes si peu nombreuses !

— Est-ce à vous, mon fils, qu'il faudrait rappeler la sollicitude du Père Céleste pour le lys des champs? répond la Mère en souriant. Dieu ne nous a jamais manqué. Il continuera de nous assister. Nous ne sommes que neuf, c'est vrai, mais Il nous viendra des recrues.

Tout en causant, la Mère et son fils arrivent à la salle de couture où s'affairent les sœurs Demers, Laforme et Relle. Depuis quelque temps, on a entrepris la confection d'ornements d'église. La paroisse de l'Assomption est la première cliente; déjà, d'autres proposent d'envoyer des commandes. Les sœurs besognent ferme, et lorsque, apercevant Mme d'Youville et son fils, elles interrompent leur travail, — Continuez, continuez, mes sœurs, invite gentiment le jeune abbé. Votre empressement à la besogne m'édifie beaucoup. Lorsque je serai à la tête d'une paroisse, je saurai où m'adresser pour faire confectionner des ornements, ajoute-t-il finement. Je frapperai à cette porte, à la porte de mes sœurs, puisqu'elles sont les filles de ma Mère.

Et la visite se poursuit, on arrive ensuite à la *ciergerie* où sœur Despins s'occupe à cette tâche pénible. Puis on passe à la cordonnerie : père Mathieu y continue sa « belle ouvrage » et père Jules y défroisse les feuilles de tabac. Tout juste à côté, se trouve l'appartement réservé au tailleur, engagé à titre d'infirmier, il occupe ses loisirs à réparer ou à remplacer les vêtements usagés. Le jeune prêtre saisit également le va-et-vient du dehors; chaux, pierre et sable quittent l'enceinte de l'hôpital, car on transporte ces matériaux aux acquéreurs. Là-bas à gauche, la brasserie et la boulangerie semblent rivaliser d'activité.

Lorsque, le tour du propriétaire achevé, Mme la Supérieure revient à son point de départ, la procure, son fils lui dit simplement:

— Vous qui aimez le travail, Mère, vous êtes servie à souhait. Et dire que vous avez non seulement assuré la subsistance de vos pauvres, mais aussi défrayé les frais d'études de vos fils. Même si j'ai bénéficié d'une bourse, je sais ce que je vous ai coûté. Quel fardeau nous avons dû représenter pour vous!

— Ne parlez pas de fardeau, Charles, je ne pouvais négliger mon devoir de mère pour assumer des œuvres surérogatoires. La Providence a pourvu elle-même aux besoins de tous ceux dont elle m'a confié la charge. S'il plaît à Dieu, nous élargirons nos cadres; actuellement cependant, il nous faut les restreindre et nous avons dû demander à la Cour, d'être dispensées d'instruire la jeunesse.

— La Cour a-t-elle accepté vos propositions?

— Tacitement oui, officiellement, pas encore. Mais tout semble indiquer que les délibérations se poursuivent en notre faveur.

La Mère s'interrompt: ce mot «délibérations», évoque des souvenirs pénibles et encore si récents que le jeune abbé d'ailleurs ignore tout à fait, lui que les murs du séminaire ont isolé de toute préoccupation étrangère aux études et à la formation ascétique. Mais précisément, le fils qui admire sa mère, avec le même enthousiasme qu'aux jours de sa jeunesse, veut en quelque sorte sonder cette grande âme.

— Et si MM. les Gouvernants vous retiraient l'œuvre après vous l'avoir confiée?

— Nous avons dû prévoir cette éventualité; mes compagnes et moi avons demandé le remboursement des sommes versées pour rétablir cette maison ou, si le changement se produisait après nous, une rente viagère aux dernières survivantes. Ces garanties ne sauraient toutefois nous consoler de la perte de nos pauvres.

Le jeune prêtre recueille précieusement l'aveu. L'amour des pauvres, oui, sa mère en est animée et cela, depuis longtemps. Il se rappelle l'arrivée de la chère vieille Françoise Auzon, première protégée accueillie en la maison Le Verrier, puis la venue d'autres résidantes en cette maison occupée depuis le début d'octobre 1737. Lui revient en mémoire aussi, la scène inoubliable de ce matin de novembre où, de la croisée, il a vu des pierres s'abattre sur sa Mère et ses compagnes. Il n'avait pu saisir alors, toute la portée du geste, mais aujourd'hui, il comprend, et ce fils bien-aimé, ce fils aimant, se dit en lui-même : « J'ai une incomparable, une sainte Mère. » Puis à voix haute, il propose :

— Je présume que vous avez beaucoup à faire à cette heure-ci. Ne vous inquiétez pas de moi, Mère ; tel que convenu, je me rends au Séminaire où m'attend M. le Supérieur.

— Allez, mon fils, dit la Mère. Vous tirerez profit d'un entretien avec ce Père vénéré. Si vous saviez combien nous lui sommes redevables pour notre part !

— Je serai de retour pour l'heure du souper. Au revoir d'ici-là, n'est-ce pas ?

— Au revoir, Charles, Dieu vous garde et vous protège.

La Mère regarde s'éloigner son enfant, son cadet. Dieu a choisi ses fils : François est maintenant curé de la paroisse de Saint-Ours ; Charles débutera dans le saint ministère bientôt. « Seigneur, je vous les confie tous deux, murmure sa prière, afin qu'ils atteignent le degré de sainteté auquel vous les appelez. »

Monsieur Normant reçoit avec une joie évidente ce fils spirituel dont il a dirigé les premiers pas dans la voie du Sacerdoce. Charles lui fait part de son état d'âme, de son expérience de la vie au séminaire, puis de sa Première Messe. Ensuite, il demande :

— Maintenant, parlez-moi de ma Mère. Ces dix ans de séparation ont apporté tant de changements dans nos deux vies. Ma Mère est restée la même et pourtant j'ai l'impression qu'elle a parcouru un long chemin.

— Oui mon fils, elle a gravi le sentier abrupt de la souffrance et de la contradiction, mais « l'âme des justes est dans la main de Dieu » et il entrait dans les desseins du Maître que votre mère fonde une communauté.

Tandis que le Vicaire général résume les luttes de cette longue décennie, le jeune Abbé, l'âme frémissante, enregistre les moindres détails en sa mémoire. Ces détails, il le sent confusément, il les écrira un jour afin d'en perpétuer le souvenir.

* * *

En attendant, l'histoire s'écrit au jour le jour et si le programme quotidien, très chargé, ne laisse guère de jeu à ce qu'on appelle l'imprévu, il arrive toutefois des bonheurs inattendus, comme en ce jour du 15 octobre par exemple, cinquante et unième anniversaire de naissance de Mme d'Youville. Les sœurs sont en liesse; récréation est accordée pour toute la journée. Ce jour d'octobre est superbe, on dirait le retour en arrière d'un été trop tôt parti. Assise à l'écart, dans un coin de bocage, sœur Lemoyne-Despins, l'unique novice, poursuit la méditation commencée sous l'égide de la Supérieure: « Nous devons concrétiser auprès des pauvres, l'amour que Dieu leur porte. Il faut que notre charité, notre patience jamais en défaut, leur facilite l'acte de foi en l'existence de Dieu et l'abandon entre ses mains. » L'idéal enchante la jeune sœur et satisfait les aspirations de son âme. Oui, elle ira de l'avant dans cette voie que Dieu lui a ouverte et ce qui plus est, elle y guidera d'autres âmes, car le jour même de son entrée, à sa grande stupéfaction, sœur Thérèse s'est vue promue au poste de maîtresse des novices. À l'humble aveu de son incapacité, la Mère a répondu: « Rassurez-vous, Dieu suppléera à tout. Et puis, vous aurez la possibilité d'acquérir quelque expérience d'ici la venue d'autres candidates. »

Depuis lors, les choses se sont stabilisées. MM. les Gouvernants ont arrêté des conventions avec Mme d'Youville, conventions inspirées du mémoire présenté par l'administratrice. On a passé sous silence cependant le remboursement au cas de rétrocession; par contre, on a limité à douze le nombre des associées, mais le mot final sur ces deux questions est encore à venir de la part de la Cour.

Quoi qu'il en soit, la confirmation en charge de l'hôpital a été virtuellement exprimée par l'Ordonnance du 28 septembre, et la jeune société peut en toute sécurité s'agréger d'autres membres. Et voilà qu'une nouvelle recrue s'est annoncée, Mlle M. Josette Gosselin, native de Saint-Pierre, Montmorency. Arrivée à Montréal l'avant-veille, elle s'est rendue à l'hôpital, hier, pour une entrevue. La Supérieure, qui l'a reçue, a reconnu chez elle des signes non équivoques de vocation, et cela, en dépit d'une pénible infirmité: l'aspirante n'y voit que d'un œil; mais sa santé est robuste et tout indique qu'elle est rompue au travail. La considération qui lui a valu d'être acceptée cependant, c'est le désir sincère de « se donner à Dieu sans rien réserver ».

« Revenez demain, lui avait dit la Mère, nous vous ouvrirons nos rangs avec joie. »

La Supérieure a profité d'une lecture spéciale faite à sœur Despins pour lui apprendre que désormais, elle aura charge d'âme et voilà pourquoi la jeune maîtresse des novices profite de ces quelques instants de silence pour méditer sur ses futures obligations et implorer la lumière divine. Enseigner à une âme à marcher dans la voie de l'Amour, c'est à cela en somme que se réduit son rôle, mais quel champ ne couvre-t-il pas ! Heureusement, le Maître est toujours là pour tendre une main secourable.

Les réflexions de la maîtresse sont interrompues par l'arrivée de la petite Angélique âgée maintenant de onze ans, qui vient gentiment murmurer à la solitaire :

— Madame d'Youville vous mande au parloir.

L'heure est venue d'aller faire connaissance avec l'aspirante. Posément, la sœur Despins se dirige vers la porte principale, puis vers le parloir où Mme d'Youville lui présente la nouvelle venue.

— Mlle Gosselin qui vient s'initier à notre vie de servantes des pauvres. Puis se tournant vers l'aspirante : Voici votre maîtresse, notre sœur Despins, qui sera désormais votre guide, votre grande sœur.

Une fraternelle accolade et la jeune maîtresse dit tout simplement :

— Nous marcherons ensemble dans la même voie pour atteindre le même but.

On conduit la nouvelle venue vers la chapelle pour offrir à Dieu les prémices de cette carrière. Mme la Supérieure prononce un acte de consécration à Notre-Dame-de-la-Providence. La jeune fille est émue, cela se perçoit facilement, aussi pour ne pas prolonger l'émotion outre mesure, on quitte le petit sanctuaire et Mme d'Youville aimablement, confie à la sœur Despins :

— À vous maintenant de guider notre chère petite sœur dans la visite de la maison. Toutes nos hospitalières sont à leur poste ; elles attendent avec impatience le moment de faire connaissance avec sœur Gosselin.

— Nous allons commencer par la visite de notre trésor de famille, propose sœur Despins en indiquant la salle des pauvres.

La Mère a entendu avec plaisir cette expression : « trésor de famille », elle en sourit de contentement. En effet, les pauvres constituent le trésor familial puisque c'est pour eux qu'on existe.

1753 – « *La charité* *ne passera jamais* »

(1ère Épître de saint Paul aux Corinthiens, ch. 13, v. 1)

Dès les premiers jours de son arrivée, sœur Gosselin a donné maintes preuves de maturité d'esprit et de générosité de cœur ; elle ne se dément pas. Il semble que sa vie actuelle ne diffère pas, ou très peu, de la vie vécue au foyer. À peu près illettrée, la candidate est douée par contre d'un jugement très solide et comme il arrive aux âmes sincères et candides, le Ciel semble avoir ouvert son intelligence au mystère d'amour, au mystère de la Croix. Elle comprend qu'on ne possède Dieu qu'en autant qu'on renonce à soi-même, vérité ancienne et pourtant toujours nouvelle. Il existe une façon de la révéler aux âmes de toutes les époques et Mme la Supérieure possède ce don merveilleux d'inciter ses filles à courir dans les voies du détachement parce qu'elle les oriente d'abord dans celles de l'Amour. « Tout semble léger au cœur qui aime » et sœur Gosselin est heureuse, heureuse au-delà de toute expression. D'ailleurs c'est une caractéristique ici dans la maison : les sœurs sont toutes joyeuses et cela, en dépit de leur vie extrêmement laborieuse et mortifiée. Aux heures de récréation, c'est un plaisir d'entendre fuser les rires, sans que les doigts interrompent leur travail pour autant : le travail ne connaît aucun répit si ce n'est à l'heure de la prière. Et puis, cette affection mutuelle que les sœurs se portent, voilà une autre réalité qui embaume la vie en commun. Sœur Gosselin a décelé cette union fraternelle dès les premiers instants de son séjour. Il existe une sorte d'émulation parmi les sœurs : c'est à qui aiderait la voisine aux prises avec un surcroît inattendu ; c'est une attention délicate, anonyme, arrivant à point pour signifier qu'une bonne volonté est là, en attente, prête à accourir au moindre signal. Les corvées — si nombreuses — sont toujours bienvenues car lorsqu'on s'aime, c'est un bonheur de travailler coude à coude. Depuis six mois qu'elle habite cette maison, la jeune sœur de vingt-trois ans a maintes fois accompagné la Mère ou quelqu'une des sœurs dans les visites des pauvres à domicile. Cette œuvre semble avoir gagné sa prédilection. Le premier contact avec la misère l'a quelque peu surprise, mais bientôt cette misère même a attiré son cœur. Hésitante d'abord, elle s'est enhardie après avoir bien observé comment il faut s'y prendre. En somme, c'est bien simple : traiter gentiment les malheureux, avec respect et bonté, sans avoir l'air de condescendre. En compagnie de sœur Demers, au début de février, elle a remporté une sorte de victoire : à elles deux, elles ont convaincu un couple âgé d'échanger le domicile pour l'hôpital général. Il n'était certes pas trop tôt : François Brunette dit Lafaille comptait cent sept ans et sa femme, Marie Matarre, cent ans. Transportés à l'hôpital au début de février, les deux chers vieux se sont vus entourés des soins réclamés par leur grand âge. François Brunette achevait paisiblement son existence le 4 avril dernier ; on l'a inhumé dans le cimetière de l'hôpital. Marie Matarre restée seule, est devenue la favorite de la petite sœur Gosselin. C'est à son chevet qu'elle s'affaire en cet après-midi de printemps.

— C'est sans doute mon dernier printemps, murmure l'aïeule. Le bon Dieu est à la veille de venir me chercher, à moins qu'il ne m'ait oubliée.

— Mais non, il ne vous a pas oubliée, il a voulu vous donner la joie de voir un autre printemps, explique l'hospitalière, compatissante.

— J'ai hâte d'aller retrouver mon vieux François, reprend la chère vieille. Vous savez, ma sœur, on a vécu quatre-vingts ans ensemble.

— Mais vous vous retrouverez, et ce sera pour toujours. Ce printemps-là ne finira jamais. N'est-ce pas qu'on sera heureux ? interroge la sœur en souriant.

Mme d'Youville, qui s'occupe de la malade voisine, a entendu les paroles de réconfort prononcées par la plus jeune de ses filles. Elle s'en réjouit ; la novice possède déjà le secret de dispenser la vraie consolation, celle qui s'appuie sur les principes de foi.

« Il faudrait, mon Dieu, nous multiplier les recrues de ce genre, sollicite la prière de la Supérieure. Donnez-nous de véritables servantes des pauvres, puisque vous daignez accorder droit de cité à notre petite famille. »

Car c'est chose maintenant entendue, la communauté des sœurs est approuvée. Le Document officiel est promis pour un avenir prochain, selon les lettres rassurantes adressées par l'Abbé de l'Isle-Dieu à l'Évêque de Québec. Le digne Pasteur n'a pas attendu cette échéance cependant, pour rassurer la Supérieure sur ses sentiments envers elle. Il lui écrivait au début de cette année 1753 :

« Vous êtes trop équitable, Madame, pour douter des sentiments d'honneur et d'estime que je me fais gloire d'avoir pour vous. Qu'il sera consolant pour moi si notre projet pour l'établissement de l'hôpital général est confirmé ! Dès qu'il y aura quelque chose de stable, nous penserons sérieusement à arranger les affaires. »

Ce témoignage non seulement dissipe le souvenir de jours sombres, mais il invite à la confiance en l'avenir. Dans sa mission de fondatrice, la Mère pourra compter sur les directives d'un Pasteur et d'un Père « consolé de voir se réaliser le projet de l'établissement de l'hôpital général de Montréal. »

* * *

À Paris, les choses vont bon train, grâce au zèle infatigable du vicaire-général, l'Abbé de l'Isle-Dieu. De concert avec le Supérieur de Saint-Sulpice, il obtient du ministre la rédaction des lettres patentes d'après les conventions passées entre MM. les Gouvernants et la dame d'Youville, « en y ajoutant quelques observations lesquelles, sans aucunement altérer les conventions respectives, en clarifient le sens ».

À Montréal, les cadres se dessinent plus précis. On prend de sages mesures pour l'avenir, sans toutefois anticiper sur les événements. L'approbation de la Cour étant chose entendue, sœur Despins peut, en toute sécurité, s'attacher définitivement à la petite société. Ce matin, 30 juin, elle prononçait les vœux la liant pour toujours au service de Jésus-Christ et des pauvres. La cérémonie a été fort simple, car les vœux ont été émis privément. La multiplicité des occupations n'a pas permis d'apporter quelque altération au programme quotidien, mais il règne dans la maison une atmosphère de bonheur, un bonheur communicatif, qui rend encore plus doux le joug du Seigneur.

Mme d'Youville selon son habitude, a parcouru les divers départements et prêté son aide pour la toilette des malades. Une commande de travaux de couture devant quitter de bonne heure demain matin, mot d'ordre est donné d'accourir à la salle commune, au premier loisir, pour aider à la mise au point. Les deux compagnes, sœurs Lasource et Demers sont les premières à y rejoindre la Supérieure qui les y accueille d'un sourire. Comme il est beau ce sourire illuminant la figure aux traits réguliers, sourire diffusé surtout par les grands yeux noirs, rayonnant de bonté !

— Je suis un peu en retard, explique la sœur Lasource qui, à titre de première infirmière, voit au bien-être de tout le personnel hospitalisé. L'état de notre chère centenaire m'inquiète un peu. J'ai laissé sœur Gosselin à son chevet, elle est en bonnes mains, n'est-ce pas?

— Sans aucun doute, notre novice s'est attachée à sa première conquête, comme elle l'appelle.

— Sœur Bourjoly aura une aide précieuse en cette petite sœur, commente la sœur Demers. Il ne sera pas trop tôt, car la famille augmente. Pour ma part, je n'ai qu'à me féliciter des bons services de sœur Relle. D'elle-même, elle s'est offerte pour me remplacer auprès des aliénés afin de me permettre de venir aider ici.

— Sœur Relle est très généreuse, elle cherche toutes les occasions de se mortifier. Le travail de Dieu dans une âme! C'est tout simplement merveilleux. Ce qu'il en opère des transformations lorsqu'on Le laisse agir à sa guise! Il nous donne une orientation nouvelle, nous voyons les mêmes choses, mais sous un angle différent, car Dieu a pris possession du domaine.

La Mère a prononcé ces paroles lentement, comme se parlant à elle-même, mais les deux compagnes n'en ont rien perdu. Après quelques secondes, sœur Lasource donne suite à la conversation en disant:

— Il en va de même pour notre nouvelle professe de ce matin. Il me semble que cette âme ira loin, sa générosité me confond. Je la regardais travailler à la *ciergerie* tantôt, un sourire aux lèvres, comme si elle n'avait jamais accompli d'autres besognes!

— Sœurs Despins fait preuve d'un rare doigté dans le maniement des âmes, ajoute la sœur Demers. Pauvres, pensionnaires, orphelines, tout le monde l'aime.

— Si notre petite communauté est enfin érigée canoniquement, la direction pourra lui en être confiée, déclare la Mère, heureuse de voir ses deux premières compagnes partager son avis relativement à la sœur Despins.

Les deux sœurs échangent un regard d'intelligence: comme s'il pouvait être question de confier la direction de la société à d'autres qu'à la fondatrice elle-même! protestent-elles intérieurement. Seulement, il est bon de préparer la relève et qui, mieux que la Mère, saurait discerner les sujets possédant le véritable esprit de la sœur Grise?

— Une autre recrue se joindra à nous bientôt, continue la Mère, car Mlle Thérèse Beaufrère m'a réitéré sa demande. Il est vrai qu'elle est frêle de santé, mais si énergique, par contre. Voyez notre chère sœur Laserre, elle aussi était frêle, mais quelle force ne manifeste-t-elle pas dans sa fonction d'infirmière! Oui, Dieu supplée à la faiblesse physique quand l'âme est résolue à se livrer entièrement. Et puis, la maladie est une grande éducatrice et lorsqu'elle nous atteint, elle devient de plus, une source de mérites, une «monnaie achetant les âmes», comme dit M. Normant.

— Ce bon Père parle d'expérience, il a connu cette épreuve, ajoute la sœur Demers.

— Je souhaite me tromper, dit la sœur Lasource, l'infirmière au coup d'œil infaillible, mais M. le Supérieur semble bien fatigué. Je redoute une récidive de la maladie de 1740 alors que la mort a failli l'emporter.

— Fasse le Ciel que vos pronostics ne se vérifient pas! commente la Supérieure, quoiqu'il faille en admettre la possibilité. Surchargés de travail, nos Ecclésiastiques s'usent prématurément. M. le Supérieur serait-il victorieux, cette fois?

Elle est interrompue par l'arrivée des sœurs Rainville, Véronneau et Bourjoly venant prêter main-forte. D'un regard, la Mère leur souhaite la bienvenue et les trois aides attaquent diligemment la besogne. On a beau faire des prodiges, il faudra veiller pour compléter le travail, c'est sûr. Mais voilà que vers le début de l'après-midi, Mlle de Lanoue et trois autres pensionnaires apportent leur précieuse collaboration. Grâce à ce secours imprévu, la commande s'achève et sera livrée à temps.

— La Providence veille comme une mère soucieuse sur les besoins de ses enfants, murmure Mme d'Youville lorsque, le travail fini, elle se retrouve seule avec ses sœurs et les aide à tout remettre en place. Puis elle annonce, sachant bien qu'elle fera des heureuses:

— Demain, ce sera congé, congé champêtre à la Pointe-Saint-Charles. Je me constitue gardienne de la maisonnée avec deux volontaires.

Toutes les mains se lèvent pour signifier qu'elles sont prêtes au sacrifice. Mais la Supérieure choisit sœur Demers et sœur Rainville qui ont pris part à la dernière sortie du genre. Les autres iront se délasser, sous le beau soleil du bon Dieu.

— Cela vous fera du bien, souligne la Mère, vous ne l'aurez pas volé, mes chères enfants.

Les sœurs seraient tentées de dire: «Alors, venez avec nous, Mère, car en fait de mérites, vous nous surpassez toutes.» mais elles n'ignorent pas que le plus grand bonheur de la Mère, c'est de se sacrifier au profit de ses chères «enfants».

* * *

Les pronostics de la sœur Lasource se sont, hélas, réalisés. Monsieur Normant s'est vu aux prises avec la maladie et cela durant trois longues semaines. Un moment, on a cru son cas désespéré, mais la constitution a triomphé cette fois encore, seulement la convalescence s'avère laborieuse, et le Supérieur doit garder la chambre. C'est vers cette chambre que se dirige M. Montgolfier, en cette fin d'après-midi d'octobre, comme il le fait tous les jours depuis que la maladie a terrassé M. le Supérieur. Par la fenêtre, entre une brise légère; le coup d'œil est beau de cet observatoire, car les arbres revêtus de leur parure multicolore, se détachent sur une coupole d'azur.

Un sourire éclaire la physionomie du malade à la vue de son visiteur; devançant la question coutumière, il l'accueille par ces mots:

— Ça va mieux, merci. Je m'en remettrai encore cette fois. Vous m'apportez de bonnes nouvelles?

— Oui, M. le Supérieur. Les sœurs Grises tiennent absolument à ce que — le premier — vous preniez connaissance des lettres patentes reçues de Québec ce matin même.

Ce disant, M. Montgolfier ouvre le large parchemin portant le «scel» et la signature de Sa Majesté Louis XV et le «contre-scel» du ministre Rouillé. Données à Versailles le 3 juin dernier, les lettres traversaient l'océan, arrivaient à Québec le 1er octobre suivant où le Conseil les enregistrait et parvenaient aux sœurs en cette matinée du 6 octobre. Les «lettres patentes», le droit d'existence à l'obtention duquel le Supérieur a déployé toute son énergie, le voilà assuré, grâce à ce document historique. Le Supérieur examine le parchemin si longtemps désiré: dire qu'on le tient enfin! Puis, le redonnant à M. Montgolfier, il demande:

— Je présume que les sœurs sont en liesse?

— Il manque deux choses cependant à leur bonheur parfait: votre présence et l'autorisation d'excéder le nombre de douze dans l'admission des candidates.

— Ah! on a maintenu cette clause?

— Oui et on ne semble pas vouloir en démordre. Écoutez ce qu'en dit l'article 9: «Les sœurs pourront être au nombre de douze, ce nombre ne pourra être augmenté sans notre permission expresse que nous n'accorderons que sur l'avis des administrateurs généraux.»

— Dommage vraiment! commente M. le Vicaire général, on n'a pas l'idée des répercussions d'une telle restriction; c'est vraiment circonscrire une œuvre appelée à se développer. Enfin, l'avenir est dans les mains de Dieu et je crois que pour le moment, il nous faut être satisfaits d'avoir «droit de cité». Des représentations seraient mal venues à la Cour qui a plutôt «tendance à diminuer qu'à augmenter», comme dit M. l'Abbé de l'Isle-Dieu.

— M'est avis que cette restriction est due, en partie du moins, à la quatrième clause stipulant que «si la direction de l'hôpital est un jour enlevée aux sœurs, on devra les rembourser pour leurs dépenses et si le fait se produit après trente ans, pension viagère de 250L. par an, sera versée à chacune». En limitant le nombre des associées, on contrôle le montant de la pension.

— La mesure est prudente en ce qui regarde la Cour, mais garde son caractère néfaste pour ce qui est de la petite communauté. Qu'en dit Mme d'Youville?

— Elle s'est contentée d'attirer mon attention sur la fameuse clause sans ajouter de commentaires, pour ne pas diminuer la joie de ses filles, sans doute. D'ailleurs, ainsi que vous le disiez tantôt, l'heure reste à la gratitude puisque, en définitive, la communauté est érigée. Vous auriez dû entendre les sœurs élaborer leurs projets, déjà elles discutaient de l'uniforme à adopter.

— Ces pauvres enfants, il y a si longtemps qu'elles attendent! Que disent les lettres relativement aux emplois, à l'admission de nouveaux sujets, au mode de vie, enfin?

— Les emplois seront distribués entre elles, sous le contrôle de l'Évêque. Approbation de Sa Grandeur sera requise également pour l'admission de nouveaux sujets destinés à remplacer l'une ou l'autre des douze, en cas de décès. Les sœurs seront nourries et entretenues tant en santé qu'en maladie aux dépens de la maison.

— Mme d'Youville sera heureuse de cela, elle qui désirait être soumise au même régime que les pauvres, explique M. le Supérieur. Conservent-elles leurs biens patrimoniaux?

— Oui, avec liberté d'en disposer à leur gré, par testament. Enfin, on statue que les sœurs demandent à Sa Grandeur de leur prescrire les règlements en ce qui regarde le spirituel.

— Elles n'y manqueront certes pas, je puis vous l'assurer. Décidément, les lettres seraient tout à fait à point sans cette restriction malencontreuse de douze membres.

— Il y aurait peut-être moyen d'obvier à l'état de choses en adjoignant aux sœurs des auxiliaires religieuses dont les privilèges et attributions différeraient quelque peu de ceux des douze administratrices, suggère M. Montgolfier.

M. le Supérieur le regarde sans dire mot, puis après quelques secondes, il s'exclame :

— Vous avez là une heureuse idée, mon cher ami, une idée qu'il faudra exploiter, en temps opportun. Décidément, je puis chanter mon « *nunc dimittis* », car j'ai vu le « jour du salut » pour la petite société. Les lettres patentes et votre sagesse me rassurent tout à fait.

— Il ne faudrait tout de même pas frustrer les sœurs de leur plus chère espérance : recevoir de vos mains, l'uniforme religieux. Et puis, il est encore tant de points où le secours de votre expérience est requis !

Monsieur Normant apprécie ce témoignage de son sujet ; mais il n'en reste pas moins persuadé que sa vie active est finie.

1754 – « *La charité est ingénieuse* »

(1ère Épître de saint Paul aux Corinthiens, ch. 13, v. 1)

CE n'est pas une radieuse aurore qui se lève sur le Canada, avec l'année 1754. La méfiance séculaire entre les colons de la Nouvelle-France et de la Nouvelle-Angleterre fait place — cette fois encore — à l'hostilité armée. L'assassinat de Villiers de Jumonville au Fort Duquesne au matin du 28 mai, s'avère l'étincelle redoutée.

À quelques jours de là, Martel, le garde-magasin du roi à Montréal, accompagné d'un ami, se rend à l'hôpital général. La conversation porte sur les récents événements.

— Cette fois, ça y est! prononce Martel. À mon avis, c'est la guerre décisive: ou nous sortirons assurés de notre appartenance française ou nous devrons courber l'échine sous le joug anglais.

— Ça, jamais! tranche l'autre. Si vos prévisions sont justes et que j'y survive, je retourne en France.

— Comme il vous plaira, rétorque Martel, mais n'allez pas ébruiter mes prévisions. Ma situation est délicate, vous comprenez. J'ai peut-être même parlé un peu trop librement. Cet ordre que j'ai reçu de doubler les commandes d'uniformes militaires, de voiles de bâtiments, de tentes de guerre et le reste, m'en dit long. Une campagne est en préparation. Et je m'en vais, de ce pas, donner du travail aux sœurs Grises; il y a profit à les faire travailler, c'est bien exécuté et ça ne revient pas cher.

— Pourront-elles accepter un surcroît? Vous savez qu'elles ont déjà commencé la construction du mur d'enceinte.

— Les sœurs ne refusent rien; elles ont une fameuse dette à liquider. Les lettres patentes leur ont donné droit d'exister sans les dispenser des comptes annuels; s'il leur fallait accuser un déficit, la Cour pourrait bien retirer ses privilèges, les sœurs ne l'ignorent pas et si je les connais bien, elles s'épuiseront à la tâche.

— Que pensez-vous de la poursuite de Charbonnier à leur endroit? Il prétend saisir les biens, meubles et immeubles de l'hôpital sous prétexte qu'il est l'héritier légitime de François Charon.

— Héritier de la dette, alors! Je pense que le sieur Charbonnier s'est emballé et qu'il s'en mordra les doigts de regret; d'ailleurs la déclaration de la Cour tient lieu de tout. Les sœurs n'ont pas à s'alarmer.

Tout en devisant, les deux piétons atteignent l'hôpital où, depuis la fin de mai, on a commencé la construction du fameux mur d'enceinte après avoir obtenu l'alignement du grand Voyer.

— L'entreprise est audacieuse, commente le compagnon de Martel, elle pourrait bien échouer.

— Elle a pourtant bien des chances de réussite. M. Duquesne la patronne, il y a même intéressé les citoyens en leur demandant d'y concourir. On me dit que Sa Grandeur Mgr l'Évêque et M. le Vicaire général ont versé une généreuse contribution; ils ont eu des imitateurs, paraît-il. Bref, d'autres, incapables d'y contribuer en argent, se font gloire d'y aider en tant que maçons, manœuvres ou charroyeurs de matériaux. Regardez-moi ça, on dirait qu'ils sont payés à l'heure et pourtant Mme d'Youville fait exécuter le travail à la toise et à la journée de peur de s'endetter.

— Voyez donc, fait l'autre, on dirait, ma foi, que les sœurs s'en mêlent. Qu'est-ce qu'elles transportent ces deux-là, là-bas, à droite ?

— Du mortier, mon ami, et ces trois autres qui viennent à gauche, regardez, elles ont des pierres dans leurs tabliers ; les sœurs servent les maçons.

— C'est renversant, mais ça explique l'entrain qui règne ici. Il n'y a rien comme l'exemple !

Mme d'Youville n'est pas simple spectatrice de cette intense activité. Elle y participe tout comme la plus jeune de ses filles. Voilà pourquoi M. Martel doit faire antichambre quelques minutes avant de pouvoir présenter sa requête à la directrice. La requête, toutefois, est immédiatement agréée, on a tant besoin de ressources, et puis, servir l'armée, n'est-ce pas servir la France, la « doulce France » qu'on n'a jamais vue, mais qu'on aime d'un patriotisme ardent ?

Sans s'attarder, les visiteurs reprennent le chemin du retour, il n'échappe pas à leurs regards inquisiteurs que la chaux est cuite sur place. En voyant les sœurs s'affairer sans fausse honte, celui-là même qui affichait son scepticisme, il y a quelques instants, murmure :

— Ma foi, l'entreprise réussira.

* * *

Les longs jours d'été se succèdent et les travaux de construction se poursuivent. On a hâte de l'achever ce mur d'enceinte, recommandé par le procès verbal de 1747. Et puis, la menace de guerre se concrétise. S'il fallait que Montréal soit attaquée, l'hôpital qui s'élève hors les murs de la ville, serait bientôt rasé. Voilà pourquoi on fait diligence. Aujourd'hui cependant, on a suspendu les travaux, les chaleurs de juillet ont chargé l'atmosphère et, depuis la soirée d'hier, l'orage gronde et la pluie détrempe le sol. Température propice à une retraite fermée. Quelques jeunes filles ayant exprimé à Mme d'Youville leur désir de réfléchir sérieusement sous l'œil de Dieu, elle s'est empressée de leur ouvrir ses portes, innovant ainsi une autre œuvre : celle des retraites fermées dont les âmes tireront grand profit.

Vers la fin de l'après-midi, les jeunes filles quittent le couvent tout à fait satisfaites, semble-t-il, après s'être inscrites au registre de l'archiconfrérie du Sacré-Cœur. L'Indult obtenu de S. Sainteté Benoit XIV en mai 1749, a constitué officiellement Mme d'Youville, l'apôtre de cette dévotion encore aux tout premiers stages, du moins à Montréal.

Fort heureusement, la pluie a cessé, un pan du ciel est même tout bleu là-bas. Demain se lèvera un autre beau jour. En attendant, à la récréation du soir, Mme la Supérieure propose que l'on continue à recevoir ainsi des jeunes filles désirant préparer leur avenir par la prière et la réflexion. La proposition est acceptée d'emblée, puis l'entretien revient au sujet dont on confère si volontiers dès que les sœurs se retrouvent dans l'intimité: l'uniforme religieux que l'on adoptera et dont il faudra soumettre le modèle à Sa Grandeur Mgr l'Évêque de Québec, lors de sa prochaine visite. Quant au règlement de vie, on ne voit rien à changer aux trois feuilles volantes tracées de la main de M. Normant: on s'y conforme depuis les débuts, et l'expérience prouve que la sagesse avait inspiré le Supérieur.

Pour ce qui est des œuvres, on a emboîté le pas aux vouloirs divins, on a élargi les cadres à mesure qu'il se présentait des causes charitables à servir et l'on conservera cette souplesse puisque les sœurs restent disposées à entreprendre «toute œuvre pour laquelle elles seront autorisées par leurs Supérieurs».

— Vous avez tracé le patron de notre saint habit? demande la Mère à la sœur Bourjoly.

— Oui, Mère, le voici, fait la sœur en tendant à la Supérieure le dessin qu'elle a exécuté d'après ses données: une robe ultra-simple, plissée à la normande, avec manches larges et dépassant l'extrémité des doigts, pouvant être repliées à la longueur désirée. La ceinture noire que l'on porte déjà, continuera de faire partie du costume.

Mme d'Youville examine soigneusement chacun des détails; sœur Bourjoly a bien saisi son idée.

— Qu'en pensez-vous? demande la Supérieure en passant le modèle à ses compagnes.

L'approbation est unanime, cette jupe longue et si simple plaît à toutes.

— Quelle en sera la couleur? questionne la sœur Demers.

— Il me semble que le gris s'impose, puisqu'on nous nomme les sœurs Grises. Nous importerons le camelot de France, ce ne sera pas un gris-clair, mais un gris couleur terre, pour nous rappeler l'humilité de nos origines.

La Mère a parlé lentement, extériorisant les sentiments de son âme, son âme de fondatrice, guidée par une grâce toute spéciale. Les sœurs, saisies par la beauté des sentiments énoncés, lèvent un regard d'admiration vers leur Supérieure.

— La coiffure aussi sera fort simple, poursuit la Mère. De serge noire, elle couvrira la tête et descendra jusqu'à la taille. Le bonnet sera plissé à l'arrière; nous aurons autour de la figure, une bande de toile blanche et une coiffe de gaze noire. Nous ne porterons pas de voile.

Ici, la Mère s'interrompt, car il s'agit d'une véritable innovation; jamais encore, on n'a vu au Canada, des sœurs sans voile. Le voile, mais il fait partie inhérente du costume religieux! Il est en outre si gracieux et la Mère n'ignore pas qu'un cœur féminin reste sensible à tout ce qui est marqué de ce caractère.

Et puis, des Femmes admirables, comme les Religieuses hospitalières de Saint-Joseph et les sœurs de la Congrégation de Notre-Dame, le portent si noblement ici même à Montréal! Les livrées de ces deux Communautés sont synonymes d'héroïsme, Mme d'Youville le sait bien, elle qui professe à leur égard la plus chaleureuse estime; elle qui porte le même prénom que l'incomparable Marguerite champenoise et qui compte des parentes dans la méritante Congrégation. Demander ce sacrifice à ses filles, c'est vraiment beaucoup exiger. Mais la Mère a fait ses preuves en fait de force morale... cette fois encore, elle sera fidèle à sa « grâce de fondatrice ». En Mère aimante, cependant, elle donne des explications, répondant ainsi aux interrogations qu'elle voit poindre dans les regards levés vers elle.

— Voyez-vous, nous sommes des servantes : les servantes des pauvres. À tout instant, nous sommes appelées à rendre toutes sortes de services aux malades, à être employées à la cuisine, aux gros ouvrages... le simple bonnet nous convient mieux.

Toujours la même raison d'humilité, en définitive; les sœurs saisissent le rapprochement et ces âmes, formées à l'école de l'amour, ne délibèrent pas longtemps avec le sacrifice. Cordialement, elles adoptent cette directive dont elles reconnaissent, d'ailleurs, le bien-fondé.

La cloche réglementaire signale la fin de la récréation. Immédiatement, on se dirige vers la chapelle pour la prière du soir et, chose étrange, c'est le souvenir des sacrifices, des renoncements de cette journée qui rend les âmes si légères, confiantes et prêtes à paraître devant Dieu s'il lui plaisait de couper le fil de leur existence. «Dans l'âme en état de grâce, c'est toujours le printemps», a dit le Curé d'Ars, et les sœurs s'abandonnent à la douceur de ce printemps, présage de l'autre qui n'aura pas de fin.

* * *

Tant que l'on est sur terre cependant, le printemps dure «ce que durent les roses». Les saisons ne peuvent s'attarder, ainsi l'été a fui, puis l'automne est venu, novembre tire à sa fin. Le ciel, d'un gris-mauve, laisse prévoir une chute de neige prochaine. Lorsque vient le soir, le vent chante sa triste complainte et tout semble se ressentir de la mélancolie des choses.

Les deux jeunes filles qui se dirigent vers l'hôpital, cet après-midi, échappent pourtant à cette ambiance. Gracieuses et souples, elles marchent allégrement et les langues vont bon train.

— Crois-tu que tante Marguerite pourra utiliser cette laine que nous lui apportons? demande Josette.

— Sans aucun doute, répond Louise; tante Marguerite utilise tout. Elle a des doigts de fée, ma foi, et elle sait s'en servir, je te l'assure.

— Je ne me figure pas que les pauvres vieux portent des chaussettes de cette couleur-là cependant.

— Bah! tante Marguerite l'emploiera à d'autres fins; à l'hôpital, on tire profit de tout.

— Elle est inimitable cette tante Marguerite. Si tu savais comme je l'aime depuis que je la connais mieux!

— Dis donc, Josette, aurais-tu la vocation?

— Non, tu le sais bien, Louise. Mais si Dieu m'appelait à la vie religieuse, je n'hésiterais pas à me joindre aux sœurs Grises.

Les deux filles d'Ignace Gamelin et de Louise Lajemmerais ont atteint l'hôpital; la portière les a accueillies et Louise, l'aînée, après la salutation d'usage, lui dit aimablement:

— Ne vous dérangez pas ma sœur, nous allons de ce pas à la chambre de grand-mère. Nous verrons Mme d'Youville ensuite.

Mme Sylvain attendait ses deux petites-filles; elles viennent régulièrement une fois la semaine. C'est un plaisir de les entendre discourir gaiement. Le temps passe vite en leur compagnie. Josette, âgée de dix-huit ans, a opté pour la vie à deux; l'an prochain, elle unira sa destinée à celle d'Étienne-Guillaume Figuery; ce n'est plus un secret pour personne. Louise, de deux ans son aînée, aimablement, l'aide à préparer la corbeille de noces.

Lorsque, vers trois heures et demie, les jeunes filles s'apprêtent à prendre congé, elles ont extorqué à la grand-mère la promesse de sa présence au foyer des Gamelin, pour le premier janvier prochain : Ignace, le fils aîné ordonné prêtre le 13 octobre dernier, sera probablement de passage à cette époque, ce sera une fête de famille.

— Nous viendrons vous chercher en voiture, promet Josette, en déposant un baiser sur la joue de l'aïeule.

— Avez-vous l'idée où se trouve tante Marguerite à cette heure-ci, grand-mère ? demande Louise ; nous avons quelque chose à lui remettre. Impossible de quitter d'ailleurs sans au moins la saluer. Mettons-nous à sa recherche, veux-tu Josette ?

Les recherches ne sont pas longues, car les jeunes filles ont la bonne fortune de rencontrer sœur Laserre qui se constitue leur pilote.

— Mme d'Youville est en train d'initier sœur Gosselin à ses nouvelles fonctions, explique-t-elle, vous savez que nous avons recueilli un pauvre petit abandonné, il y a quelques jours.

Ce disant, sœur Laserre frappe à l'une des portes, à gauche, et pénètre dans une petite chambre où, près de la fenêtre, se trouve un minuscule berceau. Madame la Supérieure et sœur Gosselin, maintenant professe, anxieusement penchées, surveillent le bébé malingre dont les premières heures d'existence ont été marquées par le malheur.

— Bonjour, mes nièces, dit Mme d'Youville, avec un sourire. Vous me voyez très occupée auprès de ce cher petit.

Instinctivement, les nièces se rapprochent et regardent le bébé décharné, qui semble n'avoir qu'un souffle de vie.

— Personne ne voulait de cet enfant, dit Mme la Supérieure d'une voix grave, pouvais-je lui fermer ma porte ? La distance est grande entre ce petit et les vieillards que nous sommes autorisées à soigner, mais on ne nous fera pas grief d'avoir hébergé cet abandonné. M. le Vicaire général en informera d'ailleurs Sa Grandeur Mgr l'Évêque, le plus tôt possible.

Puis, se tournant vers les deux jeunes filles, elle continue :

— Remerciez Dieu, mes chères enfants, de vous avoir donné des parents dont la sollicitude a veillé sur votre enfance, votre jeunesse. Regardez cette innocente victime : elle n'a pas demandé la vie, on la lui a imposée, et dans quelles conditions !

Touchées par ce qu'elles entendent et ce qu'elles voient, les nièces, ces jeunes filles «protégées», ne profèrent aucune parole. C'est la première fois, pour ainsi dire, que le mal se révèle à leurs yeux inexpérimentés.

— Ah! si l'on réfléchissait, poursuit la Mère, si l'on réfléchissait à la conséquence de ses actes, combien de malheurs on éviterait!

Louise, qui s'est ressaisie, demande:

— Vous garderez ce petit, tante Marguerite?

— Oui, jusqu'à ce qu'il soit hors de danger. Alors, nous le placerons dans un foyer dont nous serons sûres, un foyer chrétien, soucieux de lui donner une bonne formation.

La Mère s'arrête: le sujet lui est pénible. Elle n'ignore pas que ces petits abandonnés sont à la charge du Gouvernement; une sage-femme les place en nourrice. Or, il résulte de cet état de choses, un ignoble trafic: des nourrices vendent ces pauvres enfants aux sauvages, ou, sans pousser jusqu'à cet excès, en négligent l'éducation. La Supérieure en a rencontré de dix-huit ans qui ignorent les principes de la religion, d'autres de vingt-trois ans qui n'ont pas fait leur première communion. Non, il lui est impossible de ne pas s'intéresser au problème. Depuis longtemps déjà, il angoisse son âme: elle l'avait mentionné dans son mémoire adressé aux Gouvernants. Et avec cette guerre qui commence, elle prévoit que les crimes du genre se multiplieront. Les yeux de la Mère sont brillants, on dirait qu'ils ont pleuré. Ses gestes tendres, maternels, révèlent une expérience vite recouvrée dans l'art d'emmailloter les poupons. Josette prend la parole.

— Tante Marguerite, nous vous avons apporté de la laine de couleur; je me demandais si elle vous serait utile; à présent, je n'ai plus cette inquiétude, vous la convertirez en vêtements chauds pour votre protégé.

— Dis donc Josette, si nous adoptions ce petit, avec promesse de lui confectionner un trousseau d'ici au jour de Noël? propose Louise.

La tante sourit à l'idée du projet et l'approuve pleinement.

— Ce sera pour vous l'enfant de la Crèche, murmure-t-elle, d'autant plus que nous l'avons nommé Emmanuel à cause de la proximité des fêtes. Votre charité envers ce petit, réchauffera le cœur de cet autre Enfant qui a eu froid en la nuit du premier Noël.

1755 – Les livrées de la charité...

LES nièces ont tenu leurs promesses. Quantité de petits vêtements bien confectionnés ont été apportés pour le poupon, lequel a bientôt repris vie, grâce aux bons soins de la sœur Gosselin. On a également initié à cette œuvre, les deux novices, sœurs Thérèse Beaufrère et Marie-Louise Lanouiller de Boisclair, cette dernière entrée le 18 octobre, il y aura bientôt dix mois. Ce matin, pourtant, sœur Gosselin a dû s'absenter : Mme d'Youville désirant voir les sœurs professes à la procure, les deux novices bien entraînées, travaillent à la pouponnière. Licence est accordée de parler puisque c'est jeudi.

— Si vous saviez comme j'aime cette œuvre ! confie sœur Beaufrère, j'espère bien que nous la conserverons... quoique Sa Grandeur n'en ait rien dit sur son mandement.

Car ce mandement, la maîtresse, sœur Despins, l'a lu et commenté longuement à ses novices : la communauté étant en train de se constituer, il importe que chacun des membres s'assimile les directives émises par l'autorité ecclésiastique.

— Monseigneur a mentionné les vieillards et les infirmes ainsi que nos protégées du Jéricho... encore faut-il pour l'admission de celles-ci obtenir l'autorisation de MM. les Gouvernants au préalable. Je crains bien que nous ne puissions recevoir les enfants abandonnés.

— Dommage ! dit sœur Beaufrère. Je me sens tout à fait à l'aise avec les petits ; les adultes ont le don de m'intimider, voilà pourquoi je désirerais que l'on garde cette œuvre de la crèche.

Sœur Boisclair devine le chagrin de sa compagne ; pour y apporter un dérivatif, elle lui demande, taquine :

— Alors, vous deviez être joliment intimidée lorsque vous avez «paradé» devant Monseigneur l'Évêque, pour lui montrer notre costume !

...Car il a fallu soumettre au Prélat l'uniforme projeté, lorsque, le 15 juin dernier, il honorait les sœurs d'une première visite canonique.

— J'étais un peu intimidée, avoue sœur Beaufrère, mais Monseigneur s'est montré si paternel ! J'ai éprouvé un petit serrement de cœur lorsqu'il a remarqué l'absence de voile, cependant, mais notre Mère a si bien expliqué les choses ! je n'ai eu ensuite qu'à revêtir la grande coiffe noire pour montrer quelle sera notre tenue au chœur et pour les sorties en ville. L'hiver ce sera bien simple puisque nous conserverons la cape ; seulement la nôtre sera couleur café-au-lait ; la partie couvrant la tête portera une bande d'étoffe noire.

Sœur Beaufrère est en mesure d'énumérer tous ces détails ; étant douée d'un remarquable talent de couturière, elle participe à la confection des saintes livrées. Le temps presse : la prise d'habit est fixée au 25 août, en la Saint-Louis. On a différé, jusqu'à ce jour, le bonheur si longtemps attendu, car la reconnaissance, ainsi que l'a expliqué Mme d'Youville, « nous fait un devoir d'attendre la patronale de M. Normant pour recevoir des mains de ce Père, l'uniforme des sœurs Grises ».

— Vous êtes chanceuse, vous, remarque la sœur Boisclair. L'émission de vos vœux étant fixée au 23 août, vous recevrez l'habit le surlendemain, au même jour que notre Fondatrice et ses premières compagnes.

— Oui, c'est vrai, je suis chanceuse et j'en remercie le bon Dieu. Mais ne vous chagrinez pas, ma petite sœur, bientôt ce sera votre tour, si vous saviez comme le temps passe vite ici !

Le regard de la sœur Boisclair exprime un tel regret que sœur Beaufrère, adroitement, change le sujet de la conversation ; elle ne voudrait pas savourer un bonheur qu'elle tient presque, tandis que sa compagne doit se résigner à l'attendre encore.

À la procure cependant, les sœurs, groupées autour de Mme d'Youville, s'entretiennent de ce bonheur. Actuellement, elles admirent les crucifix que l'on vient de recevoir de France, crucifix que l'on substituera à la petite croix d'argent portée jusqu'ici. La difficulté de faire exécuter des ouvrages d'orfèvrerie en Canada, a contraint M. Normant à les faire venir de Paris. M. le Supérieur tenait à les offrir lui-même à ses filles. Il en a commandé douze. Or, ce crucifix est très caractéristique. Mme d'Youville a voulu qu'un peu au-dessus de la tête du Divin Crucifié, y paraisse le Sacré-Cœur de Jésus. Ce matin, elle commente : le Cœur de Jésus, « fournaise ardente de charité, brûlant d'amour pour nous » et nous invitant à Le payer de retour. Ne l'oublions jamais : c'est à son école que nous apprendrons à aimer notre Père céleste.

Quant à la fleur de lys héraldique terminant chaque extrémité de la croix, l'idée est de M. Normant pour perpétuer le souvenir du Roi de France ayant accordé les lettres patentes.

Mme d'Youville aligne ensuite sur la table de travail les douze anneaux d'argent que l'on portera à l'annulaire gauche, pour signifier l'alliance éternelle avec le Christ.

Les sœurs, émues, regardent en silence, ces joyaux significatifs.

L'heure est maintenant venue pour Mme d'Youville d'annoncer la nouvelle ayant motivé la convocation des sœurs. Elle en a traité auparavant avec ses trois plus anciennes compagnes, selon que l'a précisé Monseigneur l'Évêque sur son procès-verbal : «ces trois compagnes devant être considérées comme trois discrètes ou conseillères, instruites des affaires de la maison». Sœur Lasource de plus, porte maintenant le titre d'assistante, elle doit suppléer la Supérieure, en cas d'absence.

— Vous n'ignorez pas, mes sœurs, que l'épidémie de variole fait des progrès alarmants. Ce n'est pas la fièvre maligne d'il y a dix ans, mais elle n'est guère plus clémente. Nous ouvrirons nos portes aux varioleux, français et indiens ; l'épidémie sévit surtout parmi les Indiens du Sault-Saint-Louis et du lac des Deux-Montagnes, ajoute-t-elle, en fixant ses filles. Impossible d'obtenir au préalable l'autorisation de Sa Grandeur, mais M. Normant assume la charge de l'en avertir ; le temps n'est plus aux délibérations, la mort fait trop de ravages.

Un murmure d'approbation s'élève du groupe des sœurs.

— Oui, c'est cela, on utilisera la place encore vacante, les corridors même ; on veillera, on se multipliera à la tâche.

La Mère escomptait cet accueil ; elle n'en est pas surprise, mais elle en tressaille de bonheur.

— Cela ne nous empêchera nullement d'aller porter nos soins aux contagieux à domicile, ajoute-t-elle après quelques instants. N'étant retenues par aucune clôture canonique, nous relancerons chez eux, les malades qui ne pourront venir ici. Je suggère que nous allions surtout soigner les Indiens... qui s'inscrit comme volontaire ?

Toutes les mains se lèvent ; cette fois encore, Mme la Supérieure doit faire un choix. Trois sont élues.

— Nous serons quatre, car j'en serai moi aussi, conclut-elle, et si ce nombre ne suffit pas, nous aviserons.

À l'annonce que Mme d'Youville ira soigner les Indiens, les sœurs esquissent un mouvement de protestation. Sœur Lasource le prévient en quelque sorte.

— Mère, y songez-vous ? S'il fallait que vous contractiez le mal ! Nous avons tant besoin de vous !

— Dieu pourvoira à tout. Mourir en l'exercice de ces fonctions serait Lui donner la plus grande marque d'amour. Il faut que j'aille soigner ces pauvres Indiens.

La Mère se lève pour marquer la fin de l'assemblée. Elle songe intérieurement à ces pauvres Indiens envers qui, elle se sent liée par une dette «personnelle», ces Indiens à qui François d'Youville vendait autrefois de l'eau-de-vie, et qui ont porté jadis cette plainte au Gouverneur: «Nous ne pouvons plus prier Dieu, à cause que Youville nous a tous les jours enivrés. Si tu ne le chasses de l'Île, nous ne voulons plus y aller!»

Les dettes de François d'Youville, la Mère les a toutes liquidées, sauf celle-là, la plus importante puisqu'il s'agit des âmes, de ces âmes si précieuses au regard de sa foi, car elles valent ce qu'elles ont coûté: le Sang d'un Dieu!

* * *

Enfin, le grand jour brille. C'est la Saint-Louis, fête d'obligation dans tout le Canada. Le soleil s'est mis de la partie: dès l'aurore, il s'annonçait par une vaporeuse lueur d'or rose, puis le globe de feu a paru. Il fera chaud, c'est sûr, mais les sœurs Grises n'en ont cure. Ce matin même, dans leur salle communautaire, car lors de sa visite Monseigneur l'Évêque a spécifié que désormais «elles aient une salle privée où elles prendront leurs récréations et exécuteront leurs travaux de couture», Mme d'Youville et ses dix premières compagnes ont reçu leurs livrées des mains de M. Louis Normant, vicaire général, assisté de M. Étienne Montgolfier et de M. Jean-François Pélissier de Féligonde, ce dernier ayant remplacé M. Michel Peigné comme aumônier de l'hôpital.

Le cérémonial a été tracé par M. Normant: il est marqué au coin de la plus grande simplicité; la simplicité, caractéristique de la communauté naissante. Après la récitation du *Veni Creator*, M. le Supérieur a prononcé une brève allocution, résumant les points principaux dont il a traité durant les trois jours de retraite préparatoire. «Vous revêtez aujourd'hui, leur dit-il en substance, une livrée signifiant au monde que vous l'avez quitté pour vous engager à la suite du Christ à qui vous appartenez totalement désormais. Cependant le Christ vous redonnera au monde, car l'Église qui le prolonge ici-bas, en vous admettant dans sa milice, vous confie d'illustrer, de concrétiser aux yeux des hommes, l'amour, la miséricorde, la sollicitude de la Providence céleste pour chacun de ses enfants. Il faudra que votre uniforme devienne le signe, le symbole de cette éternelle charité et que tous ceux qui souffrent ici-bas, sentent se raviver leur foi, se ranimer leur espérance, au spectacle de la sœur Grise exerçant, auprès d'eux, ses fonctions de miséricorde et d'amour.»

M. le Supérieur a ensuite béni les uniformes et les a remis à chacune, en commençant par Mme d'Youville. En le recevant, les sœurs l'ont baisé puis se sont retirées dans l'appartement voisin où elles l'ont revêtu. Lorsqu'elles sont revenues à la salle communautaire, M. le Supérieur a distribué les croix d'argent «ce signe auguste, salut et gloire du monde», et l'anneau de même métal, symbole de l'indissoluble union qu'elles ont contractée.

Est venue ensuite l'audition de la messe, les sœurs ont pris place à la chapelle où les a devancées tout le personnel valide de la maison. L'émotion étreignait tous les cœurs et sur les joues ridées des bons vieux et des chères vieilles, les larmes d'attendrissement ont coulé sans fausse honte: «Ce sont NOS sœurs, nos sœurs à NOUS, puisque c'est pour nous qu'elles abandonnent parents, amis, famille, situation.»

La novice, sœur Boisclair a bien envié un peu ses compagnes, mais elle s'est encouragée intérieurement à la patience... Dans le placard de la salle communautaire, un crucifix, un anneau d'argent, attendent l'émission des vœux de la douzième professe.

La messe est achevée. Le bonheur de la terre est nécessairement fugace, on salue la Croix, à cinq reprises comme à l'accoutumée: *O Crux, Ave, spes unica!* Puis, on récite ensemble la prière du Seigneur: *Pater Noster,* et l'on prie pour les chers disparus: *De profundis clamavi ad te...* Aujourd'hui, on ajoute aux prières ordinaires, l'acte de consécration: «Père Éternel, nous nous consacrons à vous et nous nous donnons à la très Sainte Vierge, votre Fille bien-aimée et notre vraie Mère, pour pratiquer par elle et en elle, l'obéissance et la charité qui doivent régner parmi vos enfants.»

Avant de prendre le frugal déjeuner, les sœurs s'embrassent fraternellement. Enfin, elles constituent une famille religieuse, rien ne pourra les séparer désormais. Puis, elles revêtent le tablier de coton bleu-foncé à rayures blanches; elles replient les longues manches au-dessus du coude, c'est la tenue adoptée pour le travail, et elles servent le déjeûner des pauvres avant de se rendre à la grand-messe de la paroisse, tel que l'indique le programme du jour. Quel accueil le peuple réserve-t-il aux sœurs Grises, cette fois? Les temps ont bien changé depuis les cailloux et les insultes de 1737. Les montréalistes ont vu les sœurs à l'œuvre, ils ont souffert avec elles des ingérences de messire Bigot, ils les ont défendues contre ses odieuses menées. «On ne défend bien que ce que l'on aime» et les montréalistes ont triomphé. Et puis, en ce temps de contagion, les sœurs n'ont pas craint de quitter leur couvent pour venir soigner les malades «chez-eux»; elles ont même englobé les Indiens dans leur rayon d'action. «Ce sont de saintes femmes dont il faut être fier.»

Sur leur passage, des curieux se groupent et examinent de loin ce nouveau costume si différent de ce qu'on a vu jusqu'ici; d'autres soulèvent un coin du rideau pour les regarder passer; sur le perron de l'église, on fait respectueusement place au défilé: les sœurs Grises sont acceptées du peuple de Montréal que leur héroïque charité a su conquérir.

* * *

L'héroïsme exige une rançon et la petite communauté doit se soumettre de nouveau à cette mystérieuse transaction. Sœur Agathe Véronneau, l'une des élues pour la visite des varioleux à domicile, a contracté le mal. Elle gît sur son grabat depuis la mi-décembre. Le docteur Feltz s'est prononcé: «Elle ne s'en remettra pas tout à fait, la variole se complique pour elle de typhus. Même si la menace de mort est écartée, les facultés resteront irrémédiablement atteintes.»

La Mère est restée sans paroles comme à l'annonce d'une grande épreuve inattendue à laquelle on refuse de croire.

Momentanément seule auprès de sa fille, elle songe au diagnostic médical et aux suites qu'il laisse entrevoir. Ainsi, sœur Véronneau ne recouvrera pas l'usage de ses facultés, si ce n'est pour de fugitifs instants qu'on appelle éclairs de lucidité. La vigoureuse servante des pauvres, en s'enrôlant dans «l'armée volante» des sœurs infirmières à domicile, avait, par ce noble geste, offert sa vie à Dieu, en réalisant pleinement les risques encourus dans la visite des foyers contaminés, et surtout les cabanes des pauvres Indiens. Dieu n'a pas jugé bon couper le fil de cette vie, Il a exigé un sacrifice autrement pénible, car la pauvre malade aura probablement conscience de son état, ne serait-ce que de façon transitoire, fugitive.

Mystère des desseins de Dieu! River à l'inactivité, à l'inutilité apparente, une âme qui n'avait qu'un but, qu'une ambition : se consumer à son service dans l'humilité de tâches obscures, ignorées. Et comme fait toute mère au chevet de son enfant qui souffre, Mme d'Youville évoque ses souvenirs. Elle revoit l'éclair de joie brillant dans les yeux de sa fille lorsqu'elle l'avait nommée parmi les autres, pour l'accompagner chez les malades. Elle se remémore ses paroles réconfortantes pour les moribonds. Sœur Véronneau discrètement, accomplissait de grandes choses, car son âme docile ne refusait rien à Dieu. Voilà pourquoi Il l'aura choisie comme victime sans doute, songe la Mère. Lui qui mesure la profondeur des âmes, a jugé qu'elle pouvait accepter cette croix.

Les lèvres de la malade remuent; prestement, la Mère se rapproche pour saisir le sens des mots qu'elles prononcent.

— Mon Dieu, je vous aime, murmure faiblement la voix. Que votre volonté soit faite. Donnez-moi la grâce de vous aimer toujours davantage.

Comme une vague de fond submergeant tout sur son passage, les sentiments intimes de sœur Véronneau remontent à la surface et s'extériorisent librement. La Mère constate avec une indicible émotion, la profonde vie intérieure de sa fille, vie intérieure centrée sur l'amour. Voilà pourquoi la chère sœur recherchait toujours le sacrifice. L'épreuve l'ayant terrassée dans ces dispositions de soumission filiale et amoureuse, Dieu sans doute accordera leur valeur d'éternité aux années qu'il lui réserve encore ici-bas.

Les sœurs arrivent en ce moment pour s'enquérir de l'état de la chère malade. La Supérieure les devance en leur faisant part du diagnostic médical, puis elle ajoute :

— Il a plu à Dieu de nous demander ce grand sacrifice. Je sais que votre charité entourera cette chère sœur de toutes les prévenances, je vous recommande pourtant de les multiplier à l'envi. C'est le Seigneur qui souffre en l'une de ses consacrées, et c'est Lui que nous devons soigner, consoler en elle.

L'émotion étreint tous les cœurs; elle est pénible cette nouvelle, pénible surtout pour cette bonne compagne qu'on aime tant. Ah! mais on l'aimera encore davantage, si possible, et surtout, ensemble, on portera la Croix que Dieu lui a réservée.

1756 – La charité et la guerre...

CINQ mois se sont écoulés. La malade a recouvré quelque force, elle circule même un peu ; rien ne semble dissiper toutefois l'étrange sommeil des facultés. Mme d'Youville a toutes les sollicitudes pour sa chère fille.

Aujourd'hui, par exemple, la Supérieure ayant remarqué l'absence de sœur Véronneau au dîner, elle l'a envoyé quérir par sœur Boisclair, la nouvelle professe. Celle-ci revient à la salle de récréation et annonce :

— J'ai trouvé sœur Véronneau au jubé, Mère, elle est maintenant en train de prendre son repas. Par curiosité, je lui ai demandé ce qu'elle faisait à la chapelle à cette heure-ci. « Je méditais », m'a-t-elle répondu. « Et sur quoi méditiez-vous ? »

— « Mais, sur l'amour de Dieu, ma sœur. »

— Ce trait nous prouve, remarque la Supérieure, combien sœur Véronneau s'est assimilé l'esprit de prière qui doit nous animer. Non, il ne faut pas alléguer la multiplicité des occupations pour nous dispenser de l'union intime avec Dieu ; sœur Véronneau était cuisinière, c'est-à-dire, l'une des plus occupées... n'est-ce pas ? ajoute la Mère en se tournant vers sœur Gosselin, qui a bravement accepté l'honneur de remplacer la malade à la tâche.

— Les occupations ne manquent pas en effet, je le constate surtout de ce temps-ci, répond l'interpellée, qui doit accomplir des prodiges pour arriver à servir trois repas par jour à toute la maisonnée, car le prix des denrées a monté en flèche avec l'état de guerre... et si les commandes du garde-magasin du Roy ont doublé, il n'en reste pas moins vrai que la rétribution n'a pas varié : les sœurs sont payées au même taux d'avant-guerre.

Ces considérations n'assombrissent pas cependant l'atmosphère de la récréation, il est entendu qu'en ces moments-là, on devise gaiement. Sœur Beaufrère s'apprête à raconter les prouesses de Josette, le dernier poupon recueilli et auquel s'intéresse la nièce de la Supérieure. Mais voilà que la porte de la salle communautaire s'ouvre toute grande. La portière, sœur Rainville, s'efface derrière M. Normant venant visiter les sœurs. Il aime les surprendre ainsi au moment où elles s'y attendent le moins. Le vénéré Père ne peut plus parcourir à pied le trajet du séminaire à l'hôpital ; il se fait maintenant transporter en voiture.

Les sœurs portent la plus grande déférence au vénérable vieillard : la jeune communauté lui doit d'avoir survécu aux multiples épreuves du début. Assis à la place d'honneur, M. le Vicaire général s'enquiert des occupations de chacune. Comme elles sont actives et diligentes ses filles ! Quelle union règne parmi ce petit groupe animé d'un même idéal ! C'est vraiment l'union qu'il a prescrite lui-même sur l'une des trois feuilles volantes, ces feuilles maintenant paraphées de l'approbation de Monseigneur l'Évêque, lors de son passage ici.

M. le Supérieur qui pressent la fin de sa carrière, se fait un devoir, à chacune de ses visites, de rappeler à ses filles la sainteté de leurs engagements. Il laisse tout simplement déborder son cœur : c'est l'entretien d'un Père avec ses enfants.

— La guerre va s'aggravant, annonce-t-il. Les prochains vaisseaux nous apporteront probablement la déclaration officielle des hostilités entre la France et l'Angleterre. On n'a pas attendu cette «formalité» pour prendre les armes sur ce continent, ajoute-t-il avec tristesse. Comment tout cela finira-t-il ? Il faut nous attendre à tout. Cela ne veut pas dire de nous alarmer ou de redouter l'avenir. Non ! la Providence du Père céleste ne nous manquera pas.

Il fixe, un moment, le cadre du Père Éternel, apposé au mur dans la salle communautaire, puis il poursuit :

— Il faut au contraire, et plus que jamais, compter sur Lui, Lui donner surtout la preuve, par notre vie quotidienne, d'une appartenance filiale et totale. Oui, mes enfants, faites le bien «tandis qu'il en est temps encore» et, surtout, ne refusez aucun sacrifice à Dieu. Votre règlement de vie exige maints renoncements, il faut les accepter d'un cœur joyeux.

Or, l'un de ces règlements stipule que les sœurs doivent se couper les cheveux tous les deux mois et le Supérieur n'ignore pas que cette mesure, tout à fait justifiée par le port du bonnet, exige pourtant un sacrifice notable chez certains sujets. Il y revient avec insistance.

— Gare à celles qui négligeraient de se rendre à cette observance ! prononce-t-il ; l'esprit de vanité se glisse partout et il est trop souvent la source d'abus plus graves qui mènent à la perte de la vocation.

Les sœurs écoutent en silence cette mise en garde. Le ton, le regard de M. Normant en gravent le souvenir dans les mémoires. Comme pour tempérer ce que ses avertissements ont eu de sévère, le vénéré Supérieur, ainsi qu'il le fait souvent, distribue aux sœurs divers objets dont elles ont besoin : fil, aiguilles, ciseaux, etc. En un rien de temps, chacune reçoit sa part ; seule, Mme d'Youville a les mains vides.

— Il ne me reste rien, observe le Supérieur, que pourrais-je donc vous donner ?

Alors, mettant la main dans sa poche, il en sort un petit couteau monté en argent dont il se sert habituellement.

— Voici, dit-il en le lui remettant. Vous pourrez sans doute utiliser ce couteau ? Je m'en passerai volontiers… l'heure approche où Dieu lui-même, coupera les liens me retenant à la terre.

Mme d'Youville reçoit le souvenir avec reconnaissance, mais la sombre prédiction de M. Normant l'émeut. Elle remarque que les épaules du Vicaire général semblent plus voûtées ; en outre, ses mains tremblent lorsqu'il esquisse le geste de la bénédiction sur ses filles agenouillées. Sans doute, l'ardent apôtre aura bien mérité l'éternel repos, « mais, Seigneur, gardez-le, conservez-le encore à notre petite société », demande la prière de la Mère alors qu'elle reconduit le vénéré Supérieur, au sortir de la visite.

Lorsqu'elle revient à la salle, après quelques instants, elle dit à ses sœurs :

— M. le Supérieur nous a donné des avis qui tiennent lieu de lecture. Rendons-nous donc à notre travail. Pour ma part, je passerai l'après-midi à la *ciergerie*. Ne vous gênez pas pour venir m'y trouver si besoin il y a.

* * *

Décidément, c'est la journée des visites, car vers trois heures, la portière en train de tricoter des chaussettes pour les bons vieux, sursaute en entendant un impérieux coup de sonnette. Sans perdre une minute, elle se dirige vers la porte d'entrée qu'elle ouvre toute grande. À son indicible surprise, M. l'Intendant Bigot en franchit le seuil, suivi de deux collègues.

— Je désirerais voir Mme la Supérieure, demande Messire Bigot qui, introduit dans le parloir, s'approprie l'unique fauteuil, laissant à ses deux compagnons les chaises à dossier droit et rigide.

— M. l'Intendant voudra bien l'attendre quelques instants? Je vais de ce pas l'avertir de votre arrivée.

Et la petite sœur Relle, dont c'est l'heure de garde, file en vitesse vers la *ciergerie*. Vêtue d'un long tablier pour protéger le saint habit, la Supérieure n'est pas en mesure de se présenter ainsi au parloir, songe la portière.

— Ma Mère, pardonnez-moi d'interrompre vos occupations: M. l'Intendant vous mande au parloir.

La Mère ne se trouble pas; remarquant toutefois que sa fille semble à bout de souffle, elle lui dit:

— On croirait que vous avez couru, ma petite sœur.

— J'ai fait diligence, ma Mère, pour vous donner le temps d'aviser quant à votre costume.

Or, changer de costume requérerait trop de temps. M. l'Intendant, peu habitué à attendre, risquerait de s'impatienter. De plus, il importe de saisir les occasions de poser un acte d'humilité...

— M. l'Intendant ne s'est pas annoncé, explique Mme d'Youville, il lui faudra me prendre telle que je suis: en tenue de travail. Rien de cela n'empêchera qu'il ne me parle.

Et Mme d'Youville s'en va rencontrer M. Bigot.

— M. l'Intendant voudra bien excuser ma tenue, dit simplement la Supérieure, après l'avoir salué. J'étais au travail et je n'ai pas voulu vous faire attendre.

Bigot note l'aisance de manières et d'expression, ainsi que la sérénité du regard. Décidément, cette femme n'est pas de celles qui s'en laissent imposer; tout en elle dénote cependant la plus exquise urbanité. Pour ne pas être en reste, M. l'Intendant doit admettre:

— Je vous en prie, Madame, à moi plutôt de vous présenter mes excuses: je ne me suis pas annoncé; à vrai dire, le temps m'a manqué, j'ai dû précipiter ce voyage à Montréal et tant de problèmes me pressent de toutes parts. Voilà pourquoi je passe immédiatement à la question qui m'amène ici. Grâce aux renforts venus de France, notre armée prendra l'offensive bientôt, ce n'est plus un secret pour personne. Je viens réquisitionner des locaux pour l'hospitalisation des soldats et des prisonniers de guerre malades ou blessés. Déjà l'Hôtel-Dieu regorge, je vous demanderais de sacrifier à cette fin, une ou deux des vastes salles de cet hôpital.

Il est vrai que toutes les salles ne sont pas occupées, mais la demande n'en perd rien de son caractère inattendu. L'ardente charité de Mme d'Youville a bientôt fait de souscrire toutefois à la proposition. Seulement, il est aussi question des prisonniers anglais et la Supérieure souligne :

— Il faudra isoler prisonniers anglais et soldats français par crainte des frictions possibles.

— Oui, je crois la mesure prudente, reconnaît l'Intendant. Cela vous mettra à l'étroit pour un certain temps, aussi serait-il à conseiller de laisser tomber l'œuvre du Jéricho. Nous ne vous enverrons plus de détenues.

La Mère éprouve un serrement de cœur. Cette œuvre de relèvement des âmes, elle y tient énormément, mais les exigences actuelles sont péremptoires. Bigot d'ailleurs, tranche la question.

— Nous en avons conféré, M. de Vaudreuil et moi-même, et il vaut mieux ainsi.

Mme d'Youville acquiesce et l'Intendant pose les conditions de pension. Conditions toutes à son avantage, il va sans dire, car il est passé maître dans l'art de s'assurer de gros profits. Le peuple a déjà percé le stratagème et les langues vont bon train sur ce sujet.

L'entretien terminé, M. Bigot se retire accompagné de son ami Varin et de M. Paul Jourdain-Labrosse, commis du grand Voyer. Or ce dernier devra dans quelques jours, conformément à la loi, donner le certificat d'alignement du mur d'enceinte de l'hôpital dont la construction est achevée. Il signale ce mur à l'attention de Bigot et de Varin.

— C'est quasi-fantastique de voir ce mur déjà construit, commente-t-il, il reste à le crépir et à le munir de barrières. Je viendrai ces jours-ci émettre le certificat.

Et comme M. Jourdain-Labrosse, à l'instar de tous les montréalistes, est fier de la résurrection de l'hôpital, il ajoute :

— On n'a pas l'idée du bien qui s'opère ici. C'est à croire qu'il faudra bientôt ajouter une aile à l'édifice. Mme d'Youville est de taille à réaliser l'entreprise si jamais il en est question.

Il conclut, avec une pointe de malice, masquée sous un ton des plus corrects :

— MM. les Gouvernants doivent se féliciter de lui avoir définitivement confié l'administration de l'hôpital : il ne pouvait tomber en meilleures mains.

M. l'Intendant croit plus sage d'accepter le compliment sans y rien ajouter.

* * *

Selon la directive de Bigot, les blessés, soldats ou prisonniers de guerre, ont été dirigés vers l'hôpital. Les sœurs exercent leur zèle d'infirmières auprès des uns et des autres. On acquitte une dette de gratitude en soignant ces glorieux tombés pour la défense du pays et l'on accomplit un devoir de charité en pansant les blessés ennemis.

En cet après-midi du 31 décembre, Mme d'Youville profite d'un répit pour mettre à point ses comptes annuels. Le rapport sera des plus satisfaisants car il semble maintenant certain que la somme de 8000L. détenue par M. Cousturier, suffira à satisfaire les créanciers de Paris. Le legs de 6000L. de M. Bouffandeau a acquitté la somme de 5000L. due à M. L'Estage et les sœurs, par leurs ingénieuses industries, ont versé aux héritiers de M. D'Amour, les 7000L. dont l'hôpital était grevé; elles ont également remboursé l'emprunt effectué pour les réparations. L'amortissement des dettes signifie automatiquement la rentrée en possession de la rente sur l'Hôtel de Ville de Paris, ce qui améliorera joliment la situation. Ce ne sera vraiment pas de trop, car la cherté des vivres est alarmante. Mme d'Youville ne perçoit de Bigot que 3fr 10 sols, la livre de viande qui se débite à 4 francs. Encore paie-t-il en monnaie de cartes dont la valeur n'est rien moins qu'assurée, vu les hasards de la guerre.

Mme d'Youville aligne les chiffres patiemment, méticuleusement : elle doit soumettre ses comptes annuels à MM. les Gouvernants. Ah ! si elle pouvait fermer ses livres aujourd'hui, quel soulagement elle en éprouverait. Mais voilà qu'on frappe à sa porte, on frappe et sans attendre la bienvenue qu'on escompte, on entre. C'est Josette, la chère nièce, mariée depuis un an déjà à Étienne Figuery. La jeune femme est venue visiter Mme Sylvain qui selon son habitude, se retire à l'hôpital pour les longs mois d'hiver.

— Bonjour, tante Marguerite, dit gentiment la nièce. On m'a avertie que vous étiez fort occupée, mais je ne pouvais passer devant votre porte sans au moins vous saluer. Je suis venue voir grand-mère.

— Comment l'as-tu trouvée, Josette ?

— Très changée et si pâle. La mort de l'oncle Joseph l'a profondément affectée, je crains qu'elle ne s'en remette pas.

— C'est dur pour une mère de perdre son fils, explique lentement Mme d'Youville, surtout son fils prêtre, et ta grand-mère a connu deux fois ce deuil : Charles, il y a deux ans et Joseph il y aura bientôt deux mois. Dieu donne la force de supporter, d'accepter de telles épreuves, mais la nature doit payer son tribut.

— Je n'ai guère connu les oncles Charles et Joseph, poursuit la nièce ; maman m'a raconté cependant bien des traits de leur enfance : ils ne se ressemblaient guère de caractère à ce qu'il paraît ?

— Ils avaient chacun leur personnalité : Charles, joyeux, profondément bon, charitable et si pacifique ; Joseph, adonné à l'étude, avide d'apprendre et pourtant actif au jeu. Je me rappelle que Christophe et lui avaient souvent maille à partir, mais on obtenait tout de ces deux-là avec un peu de tact.

— Et tante Marguerite, la sœur aînée possédait ce tact, elle savait rétablir l'entente dans leurs jeux d'enfant... c'est bien tel que maman raconte...

Mais la jeune femme change de sujet et ajoute avec un soupir :

— C'est triste tout de même, la mort... dites, chère tante qui avez réponse à tout, pourquoi faut-il que tout finisse ?

— Il en est ainsi sur la terre, Josette. Le bonheur qu'on y goûte est essentiellement fugace. Seule l'éternité nous donnera ce bonheur sans fin pour lequel nous sommes faits.

— Vous me faites frissonner, tante Marguerite. Je n'ai que vingt ans, je suis avide de bonheur et je ne me sens pas disposée à mourir, je vous l'assure.

— Il n'en est pas question non plus, conclut la tante avec un sourire rassurant.

Pour faire diversion, elle suggère :

— Es-tu allée voir ta petite protégée, ton homonyme ?

— Non, tante. M'en donnez-vous la permission ?

— Je t'y accompagne, ma fille.

La protégée est jolie à ravir ; depuis quelques jours, elle a de la compagnie : une toute petite Marie recueillie le 22 décembre.

— Emmanuel partira bientôt, annonce la Supérieure. Un bon foyer veut bien s'en charger. Quant à Josette, nous n'aurons pas de difficulté à lui trouver des parents adoptifs : regarde-moi cette frimousse.

La petite s'agite et manifeste une joie évidente à la vue de la Supérieure et de sa nièce. Et comme il faut s'y attendre, quelques larmes coulent aussi au moment du départ. En reconduisant sa nièce, Mme d'Youville s'arrête à la salle dite des « Anglais ». L'un d'eux était fort souffrant ce matin et la Mère s'enquiert de son état.

— Il va mieux, Mère, répond sœur Lasource à voix basse, nous le sauverons.

Lorsque Mme d'Youville revient dans le corridor, elle remarque les traits altérés de Josette.

— Qu'y a-t-il, mon enfant?

— Je ne puis comprendre, tante Marguerite, que vous manifestiez tant de sympathie à ces Anglais, répond-elle, d'une voix légèrement tremblante. Ces ennemis qui envahissent nos territoires et tiennent le pays sur un pied de guerre continuelle. Ils nous tueront nos frères, nos maris…

La Supérieure laisse s'écouler quelques secondes avant d'expliquer la loi de l'universelle charité. Il ne faut pas risquer de blesser en tentant de guérir. D'une voix très douce — presqu'un murmure — elle dit simplement:

— Ces gens-là souffrent, Josette, dans leurs corps et dans leurs âmes. Est-ce à nous de les juger? Allons-nous leur limiter notre miséricorde, notre sympathie quand notre Maître lui-même a dit: «Venez TOUS À MOI»? Souviens-toi de ce que nous lui avons coûté à Lui, fait-elle, en indiquant son crucifix; souviens-toi surtout qu'il est mort pour tous, sans distinction de race ou de couleur.

— Tante Marguerite, vous êtes une sainte, s'exclame la nièce, émue.

La tante sourit: cette canonisation spontanée ne la trouble pas; mais elle est heureuse d'avoir élargi les horizons de la charité dans une âme.

— Non, je ne suis pas une sainte, Josette, je suis tout simplement une pauvre sœur Grise. Sa Grandeur Monseigneur l'Évêque, persiste à nous désigner sous le nom de Demoiselles de la Charité, cependant la population ne veut pas en démordre: on continue de nous appeler: sœurs Grises. C'est curieux, mais j'en suis heureuse.

La nièce ignore que Mme d'Youville a dit à ses filles, il n'y a pas très longtemps: «Garder ce nom de sœurs Grises nous rappellera les insultes des débuts et nous tiendra dans l'humilité.»

Tout en causant, on atteint la porte de sortie.

— Merci, tante Marguerite, vous m'avez fait du bien à l'âme… Bonne année, ajoute Josette affectueusement, 1756 finira bientôt.

— Bonne année, ma fille: Dieu te bénisse toi et tous les tiens.

Mme d'Youville revient vers la procure et reprend ses comptes. Elle aligne: coût du mur d'enceinte: 10715 L. 12 sols; pension des soldats: 18,800 frs, 3 sols. Et puis elle totalise. Une rapide révision, oui vraiment, tout s'équilibre. La Providence a pourvu à tout, en voilà une nouvelle preuve ajoutée à tant d'autres... Merci mon Dieu.

La Supérieure se lève et s'approche de la fenêtre dont il faut refermer les volets intérieurs avant d'allumer la bougie. Elle s'arrête quelques instants à contempler la neige folâtre qui tombe lentement. 1757 s'avance à grands pas, ainsi que l'a dit Josette ; dans quelques heures, la nouvelle année aura supplanté l'autre. « Dieu qui de l'avenir, connaissez le mystère, que nous réservez-vous ? » murmure Mme d'Youville. Cette guerre qui va prenant des proportions, offre des perspectives alarmantes à quiconque veut sonder l'avenir... Pourquoi les hommes ne font-ils pas chorus à ce que chante de ce temps-ci la liturgie de l'Église ?... paix aux âmes de bonne volonté ! Non, les armes s'entrechoquent et les hommes s'entre-tuent.

Il est arrivé à la Mère — trop souvent au cours de ces derniers mois — de fermer les yeux à de jeunes soldats gravement blessés, mourant après avoir vainement appelé : Maman... ou Mother, comme disent les autres. Le spectacle a, chaque fois, navré le cœur compatissant de la servante des pauvres : « Seigneur, donnez-nous la paix, supplie-t-elle, mettez fin à cet état de choses, que les hommes apprennent enfin à s'entr'aimer puisque c'est la grande leçon que vous êtes venu nous apprendre. »

Et dans son âme sereine, la Mère éprouve l'immense douleur de ne pouvoir communiquer à ses frères dans le Christ, « le plus précieux de tous les biens : la paix ! »

1757 – La charité
et les « uniformes rouges »

Si l'hiver 1756-57 a forcément apporté une trêve aux hostilités, le printemps marque le début d'une nouvelle campagne, plus active que jamais.

Les commandes du garde-magasin du Roy se font de plus en plus pressantes et les sœurs sont presque débordées de travail en dépit du renfort qui leur est venu : trois postulantes apportent leur précieux concours au travail quotidien : sœur Marianne Varambourville, sœur Angélique Dussault, depuis le 14 août dernier, et sœur Geneviève Gosselin, la cadette de sœur Josette, depuis le 1er novembre. Monseigneur l'Évêque constatait, lors de son passage à l'hôpital, en 1755, que limiter le nombre des sœurs à douze, était pratiquement vouer l'œuvre à un échec. Aussi a-t-il permis l'admission de trois postulantes dont la probation couvrira une période de deux ans. Après la première année, on leur donnera l'habit ; on les admettra aux saints vœux après une seconde année, et elles remplaceront les administratrices lorsque la mort aura semé des vides dans leurs rangs. À dessein, ce matin, Mme d'Youville, après entente avec la maîtresse, a conduit les postulantes à la salle des Anglais, question de constater comment elles s'en tireront, ne possédant pas la langue. Mais elles s'en sont tirées excellemment par le geste et la mimique ; en un rien de temps, le déjeuner des malades a été servi.

De retour à la salle communautaire, les postulantes, déjà rompues à la consigne d'utiliser la moindre minute, déploient sur la grande table, les travaux de couture. Or, tandis que les jeunes sœurs s'affairent autour de la table de travail, au dehors, Mme d'Youville accompagnée des sœurs Lasource et Demers, s'achemine vers le portail de l'église. Les nouvelles de Paris ont confirmé des espoirs longtemps caressés : la somme de 8000 L. a suffi à liquider les dettes dues en France.

— N'est-ce pas que la Providence veille sur nous ? demande la Supérieure après avoir fait allusion à cette dernière faveur.

— Et dire qu'il reste un surplus de 1000 écus, ajoute la sœur Lasource.

— Somme due à des créanciers décédés, je suppose, conclut sœur Demers, créanciers que M. de l'Isle-Dieu n'aura pas retracés.

— M. de l'Isle-Dieu me marque : « Votre intention n'est pas que j'aille les chercher ni dans ce monde ni dans l'autre »... dit la Supérieure, avec un sourire.

Les sœurs ont longé le corps de l'édifice et s'arrêtent maintenant devant l'église qui le termine. Mme d'Youville jette un coup d'œil d'ensemble, puis propose :

— Ne croyez-vous pas que l'addition d'une aile serait des plus opportune ? La maison semble inachevée ainsi ; une autre aile décongestionnerait nos salles déjà débordantes et situerait l'église au centre par le fait même. Le plan initial devait comporter cette addition « à venir ».

— La chapelle est déjà exiguë, remarque la sœur Demers. Augmenter notre personnel nous forcera à l'agrandir.

— Voyez, le portail fait à peine saillie et à dire vrai, nous n'avons pas de sanctuaire. Que penseriez-vous de l'idée d'en ajouter un ?

— M'est avis que cela s'impose, dit simplement sœur Lasource.

— Les demandes d'admission vont se multipliant, ajoute la Mère. Il me semble de plus, voir une indication providentielle dans l'amélioration de nos finances : Dieu veut que nous recevions plus de pauvres.

Et comme les deux compagnes partagent entièrement les vues de la Supérieure, on décide d'en conférer avec MM. Normant et Montgolfier.

Alors que les sœurs refont en sens inverse, le trajet parcouru, sœur Lasource observe :

— Comme on se sent plus chez soi avec ce mur élevé ! Quelle protection contre les regards indiscrets !

— Il est surtout une protection contre les maraudeurs et les fugitifs, réplique la sœur Demers. Pas beaucoup moyen de l'escalader ; c'est vrai qu'il y a les barrières.

Instinctivement, les regards se tournent vers ces barrières et aperçoivent le garde, parlementant avec un inconnu de haute taille, vêtu très pauvrement.

— Rendons-nous donc voir de quoi il s'agit, propose Mme d'Youville ; je soupçonne le bon vieux Charles d'être un peu rigide quant aux « laissez-passer », ajoute-t-elle.

De fait, le père Charles, un hospitalisé, prend au sérieux son rôle de garde-barrière et refuse de laisser entrer l'inconnu. Mme d'Youville, indulgente, l'y invite doucement.

— Ouvrez donc, père Charles, je désirerais parler à Monsieur.

Plutôt gêné, l'inconnu fait quelques pas vers la Supérieure et lui tend une lettre. C'est un certificat signé de son Curé, attestant que le porteur est un bon travailleur.

— Vous cherchez de l'emploi ? demande la Mère.

— Oui ma sœur, ça fait trois fois que je suis remercié par mes employeurs, depuis un mois.

Décidément, l'inconnu est sincère, mais en fait de recommandation, ce n'est pas fameux. En entendant cet aveu, sœurs Lasource et Demers se retirent, pressentant que la Mère saura bien résoudre le problème.

— Y aurait-il indiscrétion à vous demander la raison de ces renvois? s'enquiert la Supérieure.

— Je... mange trop, répond l'inconnu, en fixant le sol. J'ai beau me donner pour ma nourriture seulement, on trouve que je coûte trop cher.

«Pauvre homme!» songe Mme d'Youville dont le cœur s'est ému à l'audition de cette misère nouveau genre; «il faut absolument l'aider».

— Quel est votre métier, ou si vous n'avez pas de métier, à quel travail peut-on vous employer?

— Je suis ouvrier, répond le nouveau venu, bon ouvrier aussi.

Un ouvrier qui vient s'offrir à de telles conditions alors qu'on parle d'agrandir la maison, n'est-ce pas une autre indication providentielle?

— Alors, nous vous engageons. Vous mangerez ici, tant qu'il vous plaira, tant qu'il y en aura surtout. Et nous trouverons probablement moyen de vous verser, en outre, une rémunération raisonnable. Suivez-moi, je vous prends à notre service.

Le nouveau venu est installé provisoirement dans la salle des vieillards. Bientôt on construira une maison pour les employés. L'ouvrier aura l'occasion de prouver ses talents et de satisfaire son appétit gargantuesque.

Au moment de quitter la salle, Mme la Supérieure glisse à sœur Rainville:

— Ce pauvre homme doit être affamé, servez-lui donc quelque chose dès maintenant, ma sœur. Veillez aussi à ce qu'il soit abondamment servi à chaque repas; il a un appétit formidable, paraît-il!

Puis, elle traverse la salle, s'arrêtant pour dire un bon mot à chacun des malades. Quelques-uns tentent de la retenir par son tablier.

— Il faut bien me laisser partir, demande-t-elle gentiment. Le travail m'appelle et vous savez s'il y en a!

Elle quitte le département, non sans avoir réitéré un geste qu'elle pose souvent: près de la porte est installée, en permanence, une jarre d'eau fraîche pour les pauvres. Mme d'Youville en soulève le couvercle et y puise moyennant le gobelet à l'usage de ses chers protégés; et puis, elle boit sans laisser paraître aucune répugnance. Lorsqu'elle a passé le seuil, un des vieillards arrivé depuis deux jours seulement, dit à son voisin:

— L'as-tu vue ? Elle a bu dans le même gobelet que nous...

— Ce n'est pas du nouveau, mon vieux, répond l'autre. Mme d'Youville fait ça à chaque visite. C'est une façon de nous dire qu'on est tous de la même famille.

* * *

« Vous mangerez tant qu'il vous plaira, tant qu'il en aura surtout » a promis Mme d'Youville au pauvre affamé, et afin « qu'il y en ait », elle s'ingénie à se procurer des ressources. Vivre est difficile en ces temps de guerre où tout doit être sacrifié au profit de l'armée, où les terres non cultivées, faute de bras disponibles, ne produisent pas. La fondatrice parvient cependant à exploiter les domaines appartenant à l'hôpital : moyennant rétribution, on reçoit des animaux en pacage sur l'une des terres. La ferme de la Pointe Saint-Charles et le fief de Chambly ont été labourés, ensemencés par les prisonniers anglais. Réduits à un dénuement extrême, ils sont heureux d'assurer ainsi leur subsistance. L'un d'eux travaille à Chambly et vingt et un autres, à la Pointe Saint-Charles.

Ces travaux sont exécutés sous la direction d'un employé de confiance. Or, hier, en revenant de Chambly, le fermier se précipitait chez la Supérieure à qui il faisait part de ce qu'il venait de voir. À quelque distance des murs de la ville, des Indiens, alliés des Français, s'apprêtaient à torturer un prisonnier anglais. « J'ai supplié le chef de le relâcher ; il ne veut rien entendre, il exige une rançon de 200 L. Je lui ai promis de les lui apporter cet après-midi. »

Sans perdre un seul instant, Mme d'Youville a ouvert la cassette et compté les deux cents livres requises.

— « Vite, allez délivrer ce pauvre homme et ramenez-le ici. Introduisez-le par la porte de cuisine. Je vous y attendrai. Dieu vous garde et permette que vous arriviez à temps. »

Le sauveteur remontait bien vite en voiture et revenait quelque vingt minutes plus tard, en compagnie de l'Anglais, plus mort que vif.

Alertés, deux des quatre infirmiers, prisonniers anglais qui travaillent à l'hôpital, ont prêté main-forte et John, c'est le nom du nouveau venu, s'est vu installer dans un des lits de la salle des Anglais.

Il a bientôt sombré dans un sommeil profond, le sommeil de ceux qu'une longue angoisse a épuisés et qui ressemble à la mort. Ce sommeil a duré toute la nuit et toute la matinée. John n'a repris conscience que cet après-midi. Sœur Lasource, l'incomparable infirmière, épiait ce moment. L'Anglais a été incité à manger, lentement, les aliments qu'elle lui a servis.

Or, John parle français. En un rien de temps, il a été renseigné sur ce qui s'est passé depuis que, les mains et les pieds liés au poteau d'exécution et la soif lui brûlant la poitrine, il avait en quelque sorte perdu conscience en voyant s'allumer le bûcher, signe certain que se préparait pour lui, le martyre à petit feu dont il avait déjà entendu raconter les phases macabres. Le fermier, venu s'enquérir de son état, lui a fait le récit du sauvetage de justesse, grâce aux deux cents livres versées par Mme d'Youville. Il est interrompu par l'arrivée de la Supérieure en personne, inquiète du rescapé et venant lui faire visite.

— C'est Mme d'Youville qui s'en vient vers vous, murmure l'employé avant de se retirer.

Aussi lorsque la Supérieure aborde son protégé, elle s'entend dire, en un français correct :

— Je suis votre prisonnier, Madame, prisonnier à vie. Sans votre intervention, c'en était fait de moi, je le sais. Cette vie que vous avez sauvée vous appartient donc de droit. Vous avez quelque travail à me confier ?

— Lorsque vos forces seront revenues, nous verrons, répond la Supérieure en souriant.

— Je suis prêt à servir immédiatement, Madame. Veuillez commander, je vous prie.

L'Anglais est courtois, mais tenace aussi : agréer sa requête lui fera plaisir.

— Alors, je vous nomme infirmier auprès de vos compatriotes de la salle. Vous nous servirez d'interprète à nous qui ne possédons pas la langue anglaise.

— Merci, Madame, fait John, simplement.

L'expression de son regard prolonge la phrase : L'hôpital vient de s'attacher un serviteur dont la fidélité ne connaîtra pas de démenti, c'est sûr.

* * *

John s'est bientôt familiarisé avec ses nouvelles fonctions. Discret et adroit, il rend d'inappréciables services à la salle des

«Anglais». Et puis, il est si reconnaissant : un désir de Mme d'Youville équivaut pour lui à un ordre.

Actuellement, il sert le souper de ses compatriotes prisonniers ; il va d'un lit à l'autre, portant la portion de chacun. Contrairement à son habitude cependant, ses gestes sont nerveux. De temps à autre, il regarde vers la porte ouvrant sur le corridor central ; on dirait ma foi, qu'il attend quelqu'un. Les bougies déjà allumées jettent une lueur tremblotante au centre de la salle ; les coins restent toutefois dans l'ombre. À saisir les regards mystérieux de John, on dirait que de ces coins noirs, surgira quelque surprise.

Des pas se font entendre dans le corridor ; vivement, l'infirmier exécute une manœuvre habile et se trouve comme fortuitement sur le seuil de la porte : déception ! Il ne s'agit que de deux pensionnaires : la seigneuresse de Châteauguay et Mlle Le Gardeur, cousine de Mme d'Youville, entrée à l'hôpital depuis le 14 septembre dernier. John ne se doute pas que les deux demoiselles connaissent la cause de sa nervosité.

Ce matin, quatre soldats anglais, poursuivis par les Indiens alliés des Français, ont escaladé la grille d'entrée et se sont jetés dans l'enclos de l'hôpital. Mme d'Youville les a introduits dans la maison. Un incident a failli compromettre le sauvetage : un Indien aveugle, mais qui n'a rien perdu de son flair, a décelé la présence des ennemis ; il se serait rué sur eux sans l'intervention des sœurs Lasource et Rainville. Les fuyards ont pu être conduits en sécurité dans les caveaux de l'église. Vu qu'il ne s'agit pas de prisonniers d'État, Mme d'Youville va leur faciliter l'évasion ; c'est l'événement qui se prépare actuellement, événement auquel John et les deux pensionnaires participeront.

La Supérieure vient d'apparaître à l'autre extrémité du corridor. Tel que convenu, Mlle Le Gardeur la salue d'une légère inclination de tête, ce qui signifie : « Très bien, il n'y a personne. » Mme d'Youville répond de la même manière puis se retourne pour indiquer aux fugitifs de lui emboîter le pas.

À leur grande stupéfaction, Mlles de Lanoue et Le Gardeur aperçoivent quatre sœurs Grises, marchant à pas feutrés derrière Mme la Supérieure. Où sont les Anglais ? Mystère, mais mystère qui s'éclaire bientôt : les «sœurs» ont beau marcher en tapinois, les grosses bottes anglaises, dépassant les capes grises, révèlent leur véritable identité. John a vite saisi le subterfuge, lui. Déjà il est posté près de la porte de sortie ; pas un muscle ne bouge sur sa figure. Discrètement, Mme d'Youville ouvre la porte. Un coup de vent s'engouffre dans le corridor. Résolument, les cinq hommes passent le seuil; les quatre derniers murmurent: «Merci, Madame». La porte se referme, Mme d'Youville glisse le verrou, puis revient sur ses pas. Tout s'est bien passé; John reviendra dans quelques heures et rapportera les capes grises, après avoir conduit ses compatriotes vers la liberté.

Leur faction achevée, les deux «sentinelles» ont regagné la chambre de Mlle de Lanoue où elles continuent d'échanger leurs réflexions.

— Je me flattais de connaître la charité de Mme d'Youville, j'en ai tant vu de preuves depuis les neuf années que je demeure ici, murmure lentement la seigneuresse de Châteauguay. Je m'aperçois que j'en ai encore à apprendre.

Mlle Le Gardeur reçoit l'aveu avec un sourire, puis ajoute à mi-voix:

— Mme d'Youville n'a pas fini de nous émerveiller: vous savez qu'elle a fait son testament au début d'octobre, lors de la grave maladie qui a failli l'emporter. Or, je sais de source certaine, qu'elle a légué tout son avoir à ses compagnes; elle les a libérées de toute obligation envers ses fils «en raison des bontés qu'elles ont eu pour elle au cours des sept années où son mal au genou l'a confinée à sa chambre». À mon avis, c'est une manière délicate de tout léguer aux pauvres. Qu'en pensez-vous?

— Ce que j'en pense? Les mots me manquent pour l'exprimer, répond lentement l'interpellée. Je ferai piètre figure auprès de cette femme lorsque nous paraîtrons devant le bon Dieu. Il est vrai qu'il y a plusieurs demeures dans la maison du Père céleste. Souhaitons qu'il m'y réserve un petit coin... En partageant le travail de la digne Supérieure, nous aurons sans doute quelque part à ses mérites, voilà pourquoi mon aiguille ne chôme pas.

De fait l'aiguille va et vient, rapide, guidée par des doigts habiles et expérimentés. Mlle de Lanoue est une amie sûre et dévouée, une de ces amies que l'on estime comme une bénédiction accordée, par le Ciel lui-même, à un institut naissant. Cette amie fidèle est pourtant aux prises avec un problème personnel: l'administration de la seigneurie de Châteauguay, dont elle partage la possession avec son frère Joachim.

Lorsque vers les neuf heures, Mlle Le Gardeur quitte son amie, celle-ci range proprement ses travaux d'aiguille dans la corbeille à ouvrage, tout en se disant intérieurement : « Je conférerai de mon problème avec Mme d'Youville à la prochaine occasion. Elle qui aide tout le monde, ne me refusera pas son secours, j'en suis certaine. »

1758 – Heures joyeuses et heures sombres...

L<small>A</small> « prochaine occasion » se fait attendre, puisque près de six mois se sont écoulés et Mlle de Lanoue n'a pas encore abordé le sujet de la seigneurie avec Mme d'Youville.

En ce matin de mai, la seigneuresse de Châteauguay, debout près de sa croisée, regarde avec intérêt les ouvriers, les maçons et les sœurs Grises qui s'affairent aux travaux d'agrandissement commencés il y a environ un mois.

« Si j'allais présenter ma requête à Mme d'Youville ce matin, songe-t-elle, ce serait un bon moyen de soustraire la Supérieure à sa besogne. »

L'idée lui sourit et elle s'apprête à y donner suite, lorsqu'elle aperçoit Mme Pierre Gamelin-Maugras se dirigeant vers le chantier. Mlle de Lanoue renonce à son projet, heureuse toutefois que le travail soit interrompu pour Mme d'Youville.

La Supérieure accueille avec un sourire sa sœur Clémence dont les visites se font un peu plus fréquentes depuis la mort de son mari.

— Comment te portes-tu ? interroge la Mère, d'une voix où perce un accent d'affection.

— C'est à toi qu'il faudrait poser cette question, réplique sa sœur. Tu es pâle à faire peur, ma pauvre Marguerite. Vraiment, tu exagères. Tu devrais te ménager, songe à quel point tu as été malade. Tu veux donc nous quitter toi aussi ?

La Supérieure n'oppose aucune réponse à ces reproches affectueux. À quoi bon essayer d'expliquer : il faut avoir expérimenté la force de l'emprise divine pour comprendre qu'en les accaparant, elle décuple les énergies.

— Je sais bien que ma prédication est inutile, reprend Clémence après quelques instants : tu es incorrigible, la mort te surprendra au travail.

— Dieu t'entende, Clémence, fait Mme d'Youville. Puis elle ajoute, en guise d'explication à son incorrigibilité : J'ai une grande famille, vois-tu, et il faut assurer à chacun le pain quotidien. La Providence est toujours là sans doute, mais elle daigne se servir des intermédiaires que nous sommes.

Mme Maugras regarde attentivement sa sœur dont les traits réguliers apparaissent distinctement à travers la coiffe de gaze noire. La maladie, l'âge, le travail pénible n'ont pas altéré l'éclat du regard : les prunelles sombres brillent toujours, elles reflètent une grande bonté et une sorte de joie contenue.

«Marguerite reste belle, constate Clémence intérieurement, belle malgré les outrages du temps et malgré ce costume austère.»

Les deux sœurs ont atteint la porte d'entrée. Mme Maugras interroge :

— Mère est-elle prête ?

— Prête depuis le déjeuner ; elle manifeste une hâte fébrile de partir pour Varennes.

— J'ai un peu retardé, confesse Clémence, je lui avais promis de passer la cueillir vers huit heures et il en est déjà presque neuf.

Les deux sœurs franchissent le seuil du parloir où Mme Sylvain attend patiemment Clémence.

— Enfin, te voilà, lui dit-elle affectueusement ! Je commençais à désespérer.

— Pardonnez-moi, mère ! un retard imprévu. Il faut que je voie à tout maintenant... et le mariage de Clémence approche, la date en est fixée au 13 novembre prochain. Ça me rend soucieuse. Mes deux filles Renée et Clémence étant établies, il résulte que je resterai seule... la maison sera grande. Mathieu poursuit son dessein : il deviendra prêtre et se joindra à la société de Saint-Sulpice. En un rien de temps, le foyer se trouve dépeuplé.

— Ainsi va la vie, commente l'aïeule, un accent de tristesse dans la voix. Un foyer, c'est comme un nid : à peine les ailes ont-elles poussé que les oisillons s'envolent. Et puis, la mort s'en mêle, elle vous ravit des êtres bien chers.

Le silence tombe sur cette dernière réflexion. Les trois femmes songent à ceux que la mort a fauchés en moins d'un an : Pierre Maugras le 2 juillet, le capitaine Jacques-René de Varennes le 28 suivant et puis sa femme, Thérèse Le Moyne de Ste-Hélène, décédant, à huit jours de distance, le 6 août.

— Ce sera bientôt mon tour, ajoute l'aïeule. Il est moins dur de mourir en des temps comme ceux-ci. La guerre, c'est si affreux ! Que nous réserve l'avenir ? Tu ne réponds pas Marguerite ? Tu désapprouves mes craintes sans doute, toi, la grande confiante.

— Je songeais pour ma part aux bontés de Dieu à notre endroit, mère. Ce que vous dites de la vie est vrai, l'isolement se creuse autour de nous à mesure que l'on avance sur le deuxième versant du coteau. Peut-on parler d'isolement cependant, quand on possède Dieu ? C'est si bon d'agir sous son regard, de travailler avec et pour Lui. Puis de regarder à l'avance la place qu'Il nous prépare. Comme il fera bon d'habiter là, puisque accomplir « quelque petit bien » est déjà si doux sur la terre !

— Évidemment toi, tu nages dans le surnaturel, remarque Clémence, mais il n'est pas donné à tous d'atteindre ces hauteurs.

— Hauteurs si accessibles, Clémence, il suffit d'un peu de foi et de confiance. Nous ne sommes pas faits pour la terre et Dieu nous attire toujours à Lui, surtout par les épreuves qu'Il nous envoie. Et puis, il y a des grâces qui se paient très cher. Le Sacerdoce de ton fils est de celles-là. Tout s'éclaire lorsqu'on regarde les choses avec les yeux de la foi.

La Supérieure s'arrête, comme regrettant d'avoir laissé apercevoir ses sentiments intérieurs, mais le regard de sa mère et celui de Clémence sollicitent d'en entendre davantage et Mme d'Youville poursuit : « Dieu a été si bon pour nous. Songez : nous sommes, vous mère, Louise et moi-même, mères de Prêtres. Ton fils Mathieu est encore jeune, ajoute-t-elle en s'adressant à Clémence, mais sa vocation ne saurait inspirer le moindre doute… et tu seras mère d'un prêtre, toi aussi. »

— Tu as raison ma grande, murmure Mme Sylvain, tandis qu'elle ajoute intérieurement : « Et moi, je suis de plus, mère d'une fondatrice de communauté religieuse. » Elle continue à voix haute :

— Nous te prenons un temps précieux, Marguerite. Il vaut mieux tout de suite nous faire des adieux.

— Pourquoi nos adieux mère ? Disons-nous au revoir.

— Eh bien ! au revoir ma fille, sinon en ce monde, du moins en l'autre. Mes affaires sont en ordre, tout est d'ailleurs bel et bien stipulé sur le testament du docteur. Mon second mariage m'aura procuré au moins cette consolation de vous laisser quelque bien.

Mme la Supérieure presse sur son cœur cette vieille maman voûtée par l'âge et le chagrin et la reconduit au-delà de la porte de sortie, jusqu'à la voiture stationnée près de l'entrée principale. Mme Sylvain monte dans le carrosse aidée de ses deux filles ; un dernier au revoir, puis le véhicule se met en branle. Après quelques instants de silence, Clémence prononce lentement :

— Cette chère Marguerite, n'est-ce pas qu'elle est «unique» mère ? Et dire qu'il fut un temps où sans la méconnaître, je n'ai entretenu que de lointaines relations avec elle. Ses entreprises me semblaient, pour le moins, osées. Marguerite a dû souffrir de cet état de choses et surtout de cette fameuse requête que Pierre signait, il y a vingt ans. Jamais elle n'y a fait allusion cependant.

— Oui, Marguerite a dû souffrir, reprend la mère, car elle nous est restée si attachée. C'est curieux, on la sent loin et tout près de nous à la fois. Loin, par les sacrifices, le genre de vie qu'elle s'impose et, tout près, par l'affection qu'elle nous porte. Quand je l'ai vue embrasser cette vie austère, je me suis figuré la perdre à jamais et pourtant, elle est bien restée ma fille. Étrange, n'est-ce pas, de la savoir toute à Dieu et si toute à nous ?

— C'est peut-être cela la sainteté, déduit Clémence...

Les deux voyageuses en ont pour de longues heures à causer ; elles atteindront Varennes alors que le soleil, après un dernier flamboiement, sombrera à l'horizon.

Ce même soir, Mme d'Youville, assise à sa table de travail, relit la réponse reçue hier matin de Mgr de Pontbriand, à la lettre qu'elle lui adressait, vers la fin de juin, en vue d'obtenir l'autorisation de donner «l'habit religieux à des filles d'un ordre subalterne», les douze administratrices ne suffisant pas à la tâche.

«Donner l'habit à ces filles déjà formées au labeur et remplissant leurs devoirs à la satisfaction de tous, serait de nature à les engager à se comporter avec encore plus de régularité», expliquait la Supérieure. «Cela les investirait aussi d'une sorte d'autorité sur les pauvres et cette appartenance à la maison les inciterait, en outre, à en épouser les intérêts. Enfin, cet habit mettrait une sorte d'émulation parmi ces domestiques qui s'efforceraient de le mériter par leurs bons services. En leur donnant la robe, on ne leur donnerait pas le crucifix, ce qui les distinguerait des administratrices.»

Or, Monseigneur l'Évêque accorde plus qu'on n'a demandé. Il permet de recevoir quatre novices et six postulantes. Aux premières, on donnerait la croix simple sans crucifix et aux secondes, l'habit sans la croix. Les deux catégories seraient appelées par ordre d'ancienneté à remplir les places laissées vacantes par le décès de l'une ou l'autre administratrice.

Après avoir étudié la proposition avec ses conseillères et l'avoir soumise à MM. Normant et Montgolfier, il appert que cette succession «automatique» des novices et postulantes aux administratrices, présente de sérieux inconvénients: toutes n'étant pas également douées pour l'administration. Il serait préférable pour le moment du moins, de donner l'habit à quelques candidates pour les recevoir ensuite sous le titre de sœurs domestiques, en leur donnant une croix de bois, en les admettant à prononcer les mêmes vœux que les autres et surtout en les considérant comme membres de la même famille.

C'est la solution à laquelle on en est venu, après en avoir longuement conféré. Sa Grandeur d'ailleurs, ayant elle-même chargé M. Montgolfier «d'avoir l'œil à tout», on se rallie à son opinion. Comme il est doux cependant au cœur de la Mère, de tenir cette autre marque de bienveillance de Monseigneur l'Évêque! Oui, vraiment, les préventions sont tombées et Sa Grandeur saisit toutes les occasions d'en donner de nouvelles preuves. Lorsque la Supérieure lui soumettait, par exemple, le projet d'agrandissement, au début de janvier, la permission arrivait par retour du courrier avec, en plus, un gracieux commentaire: «J'admire Madame, votre confiance en la Providence, j'en ai connu des traits marqués depuis que j'ai eu l'honneur de vous connaître. Le plan de M. Montgolfier me paraît d'un bon goût. Je vous souhaite, Madame, et à vos charitables compagnes, les plus abondantes bénédictions.» En se rappelant ces bénédictions souhaitées par le digne Pasteur, Mme d'Youville sourit à la perspective qui se présente à son esprit: les travaux d'agrandissement doubleront la capacité d'hospitalisation «et nous pourrons recevoir plus de pauvres» se dit-elle tout bas. Puis, elle range sa correspondance, et se dirige vers la chapelle, pour un dernier bonsoir à l'Hôte du tabernacle. À sa grande surprise, elle se rend compte que les sœurs s'attardent à la salle communautaire; les bougies allumées laissent filtrer un rai de lumière sous la porte. «Que se passe-t-il, se demande la Supérieure. Les sœurs s'attarderaient-elles au travail sans en avoir obtenu la permission? Non, il ne faut pas laisser passer cet excès de zèle, les pauvres sœurs sont si fatiguées.»

Au moment où elle s'apprête à intervenir, Mme d'Youville reconnaît la voix grave de son assistante, sœur Lasource, disant aux sœurs : «Il s'agit de confectionner des articles utiles, bas, chaussettes pour nos vieillards, petits vêtements pour enfants. Le tout sera offert à notre Mère au jour de sa patronale. Nous ne pourrions lui procurer de plus grand bonheur que celui de faire des heureux. Je sais que je puis compter sur chacune de vous pour utiliser le moindre moment et travailler, en secret, à ce bouquet de fête.»

Le mystère s'éclaire! Ainsi, il s'agit de sa fête! La semaine dernière, sœur Lasource affectant un ton indifférent, lui a représenté qu'il était d'usage dans les autres communautés, de fêter la Supérieure au jour de sa patronale : «Nous vous fêterons donc le 20 juillet, Mère, puisque sainte Marguerite d'Antioche a vos prédilections.»

Tout simplement, Mme d'Youville a répondu : «Oui, Marguerite a triomphé du démon par le signe de la croix et ce trait de sa vie me plaît énormément.» Mais elle était loin de se douter des conséquences d'une telle réponse... «Ainsi, les sœurs vont s'imposer un surcroît de besogne pour m'offrir des présents? non, cela est inadmissible; il faut les en dissuader, tout en leur disant comme je reste sensible à l'intention.»

Mme d'Youville hésite quelques instants puis se ravise. Une diversion à l'austère programme quotidien sera agréable aux sœurs, pourquoi alors les priver de ce plaisir, même s'il apporte un surcroît de travail? De plus, les chères compagnes ne travailleront pas pour elle, mais pour les pauvres, ce ne sera donc pas du temps perdu. Enfin, la coutume existant dans les autres communautés, c'est donc qu'elle a fait ses preuves en fait d'opportunité. Mme la Supérieure juge bon faire «celle-qui-n'a-rien-vu» et poursuit son chemin vers la chapelle.

* * *

Le 20 juillet est venu. Personne ne se doute que la Supérieure, fêtée joyeusement, hier soir, dans une réunion tout intime des sœurs à la communauté et reçue aujourd'hui dans chacune des salles par les différentes catégories du personnel, était au courant du projet en préparation.

Ce matin, les sœurs ont chanté leurs plus beaux cantiques à la messe et il y a eu communion générale pour les sœurs; plusieurs hospitalisés les ont imitées, car il y avait aussi l'offrande d'un bouquet spirituel. Après le déjeûner, la Supérieure escortée de ses conseillères s'est rendue voir les bons vieux et les chères vieilles ainsi que les soldats français et... anglais. Gracieusement, elle a écouté les hommages et a distribué les cadeaux reçus la veille. Sœur Relle, avec une incomparable patience, a fait apprendre aux orphelines un chant de fête, elles l'ont interprété gentiment. Sur les berceaux des pauvres petits enfants trouvés, étaient disposés les vêtements pour bébés, confectionnés par les sœurs. Josette et Marie ont été adoptées, il est vrai, mais il reste Jean-Baptiste recueilli l'année dernière et trois autres nouveaux-venus depuis le début de cette année.

Mme la Supérieure a reçu ensuite la somme de 90 francs, offerte par les amis de l'hôpital. La petite Marie-Louise O'Flaherty la lui a présentée avec un joli compliment, très court et en français.

À tous et à toutes, Mme d'Youville a exprimé avec la simplicité qui la caractérise, ses plus sincères remerciements puis est retournée à la salle communautaire. Il est entendu qu'aujourd'hui, elle appartient entièrement à ses sœurs. On ne peut faire trêve à la besogne, c'est vrai, mais on s'assemblera à la salle en plus grand nombre possible et là, on s'occupera à des travaux de couture, ceux qui favorisent davantage l'intimité. Madame la Supérieure suggère : « Si nous confectionnions une tente ? Nous ne ferions ainsi qu'un cercle. »

La proposition est acceptée. Bientôt les jeunes sont allées quérir le matériel, on étale les longues pièces et chacune prend son poste. C'est charmant de voir le tableau, la Mère, assise sur l'unique chaise, et les filles l'encerclant, assises sur leurs talons.

— N'est-ce pas que Marie-Louise a bien récité son petit compliment Mère ? interroge la sœur Varambourville.

— Très bien en effet. À peine pouvais-je discerner le léger accent anglais. Dire que cette petite compte à peine trois ans et qu'elle est entrée ici le 29 juin seulement !

— Elle est si intelligente, explique l'institutrice, sœur Relle, et de plus, elle est douée d'une mémoire remarquable, c'est un plaisir que de l'avoir comme élève.

— Elle a vite repris goût à la vie, elle, reprend la sœur Lasource, il n'en est pas de même pour sa pauvre mère, je crois qu'elle ne reviendra jamais au normal, la commotion a été trop forte.

— Pauvre femme ! murmure Mme d'Youville tandis que les sœurs évoquent la pénible histoire. Mme O'Flaherty et sa fillette, capturées par les Indiens, étaient déjà attachées au poteau d'éxécu-tion et seraient mortes dans les plus effroyables tortures, si M. Pierre Huet de Lavalinière, sulpicien, n'était heureusement intervenu pour les délivrer. Il y est parvenu à force de supplications. C'est à l'hôpital qu'il conduisait les rescapées, disant à Mme d'You-ville : « Voici un autre présent du Père des miséricordes, je vous le confie, certain qu'il est en bonnes mains. » De fait, l'accueil de la Supérieure s'est fait cordial, la fillette y a bientôt répondu, mais la mère reste indifférente. Le ressort de l'âme semble brisé, une idée fixe accapare le peu qui lui reste d'énergie : retourner en Irlande.

— Je crois que si la mère réalise son dessein de regagner sa patrie, elle nous abandonnera son enfant, ajoute la sœur Lasource.

— Je n'en serais nullement surprise, admet la Supérieure, d'au-tant plus qu'elle nous laisse toute liberté de l'élever dans les principes catholiques. C'est une âme de plus qui pénètre dans l'unique bergerie, Dieu en soit loué !

La pendule égrène les coups de dix heures. Sœurs Lasource, Relle et Beaufrère interrompent leurs travaux. Le devoir d'état les appelle ailleurs.

Restée seule avec ses novices, la Supérieure redit son contente-ment des cadeaux offerts pour les pauvres en l'honneur de sa fête.

— Je me demande où vous avez pu trouver le temps de tricoter toutes ces chaussettes, mes pauvres enfants, puisque nous n'avons même pas le loisir de nous tricoter des bas.

En effet, on doit recourir à un expédient, découvert par la si débrouillarde sœur Geneviève Gosselin : en guise de bas, les sœurs s'enroulent des bandes de toile autour des jambes, bandes de toile, retailles disparates des diverses étoffes qu'on manipule. Qu'importe le malaise, pouvu que modestie et propreté soient sauvegardées.

— Rien ne vaut le bonheur de faire plaisir, de soulager, ajoute la Mère. Et vous m'avez procuré ce bonheur en m'offrant toutes ces choses.

La voix de la Mère est contenue ; dans ses yeux, brille la douce lumière que l'on y surprend dès qu'elle traite de tels sujets. Les novices apprécient ces instants où il leur est donné de percevoir en quelque sorte, les battements d'un grand cœur. Avides d'écouter encore, elles ne soufflent mot, mais voilà que tout à coup, des pas précipités se font entendre dans l'escalier. Ils se rapprochent, on dirait de grosses bottes heurtant les marches de bois qui en gémis-sent. Un regard interrogateur se peint sur la physionomie des jeunes sœurs, mais avant qu'on ait le loisir de prononcer une seule parole, la porte de la salle communautaire s'ouvre toute grande, tandis que s'y encadre un soldat portant l'uniforme anglais. Pâle, hagard, il hésite quelques secondes. L'incomparable Supérieure a tôt fait de deviner : «Un autre malheureux poursuivi par un Indien sans doute»… D'autres pas qui résonnent, faisant grincer le même escalier, la confirment dans son sentiment. Vivement, Mme d'Youville soulève la tente et fait signe au fuyard. Il se précipite sous le frêle abri que, d'un commun accord, les novices laissent retomber sur lui. Électrisées par l'exemple de la Supérieure, les jeunes sœurs font mine de s'occuper à coudre. Sur le seuil de la porte se dresse déjà le poursuivant ; les yeux en feu, brandissant son tomahawk, il cherche évidemment sa proie. Sans se départir de son calme, Mme d'Youville indique de la main, la porte de gauche. L'Algonquin s'y élance, l'ouvre et se croyant sur la bonne piste, descend l'autre escalier et file à toutes jambes vers la porte de sortie. Le tout a duré l'espace de quelques minutes. Sans faire de commentaires, la Supérieure soulève un coin de la tente, de cette tente destinée à l'armée française et qui, pour l'instant, abrite un ennemi…

Le soldat se redresse, mais il est si faible que Mme d'Youville l'invite à prendre place sur la chaise qu'elle vient de quitter, puis elle chuchote à sœur Dussault :

— Allez prévenir John que l'un des siens a besoin de son aide. Nous ne saurions nous faire comprendre de ce pauvre fuyard.

— Je parle français, Madame, murmure lentement le soldat.

— Oh ! alors, rassurez-vous, Monsieur. Vous n'avez rien à craindre de nous. Reposez-vous un peu, vos forces vous trahissent.

Sœur Dussault revient après quelques instants avec John qui, toujours courtois, explique en français à son compatriote, qu'il devra se résigner à passer le reste de la journée dans les caveaux de l'église. Trop heureux d'avoir échappé à la mort, le soldat accepte et, docilement, s'apprête à suivre son guide.

Avant de quitter, il dit à la Supérieure, en un français impeccable :

— Jamais je n'oublierai ce que vous avez fait aujourd'hui pour moi, Madame, foi de Southworth. Et si jamais j'en ai l'occasion, je vous prouverai que vous n'avez pas obligé un ingrat.

Il salue à la militaire et disparaît derrière John. Les sœurs reprennent leurs places autour de la Mère.

— En voilà un autre qui a échappé à une mort horrible grâce à vous, ma Mère, observe la petite sœur Dussault.

— Grâce à Dieu plutôt, corrige aimablement la Mère. C'est lui qui dirige ici les fuyards. On dirait qu'une fois rendus dans la maison, ils bénéficient d'une sorte de droit d'asile. J'en suis fort aise.

Son regard se porte sur le tableau du Père Éternel, puis, elle continue :

— La guerre, la triste guerre nous réserve encore de ces situations imprévisibles, sans doute…

Elle s'interrompt. Ce sujet de la guerre lui est extrêmement pénible, tant de souffrances en résultent ! Afin que les pauvres ne manquent pas de pain, les sœurs se sont condamnées à ne manger que du blé d'Inde au déjeuner et à la collation. On a fait des emprunts pour nourrir les soldats et les prisonniers de guerre et malgré tout, il faut envisager comme prochaines, les affres de la faim. Tristesse plus grande encore : Dieu est plus offensé que jamais. À preuve, ces petits abandonnés dont le nombre va se multipliant. Le péché, ce mal qui s'attaque à Dieu, comme il torture l'âme de la Mère ! La physionomie si expressive trahit un instant la souffrance intime et les novices devinent le cours des pensées. Mme la Supérieure continue à voix haute :

— Mes chères enfants, la guerre est un abominable fléau, elle entraîne d'innombrables souffrances dans son sillage. À nous de vivre de façon à répondre chaque jour, aux exigences divines.

Puis, se ressouvenant que c'est sa fête, elle oriente insensiblement la conversation sur un thème plus joyeux : ces pauvres enfants, il faut bien leur donner l'occasion de rire un peu, elles en ont besoin à leur âge… Et puis, les heures joyeuses vécues ensemble ne constituent-elles pas comme une halte bienfaisante où se retrempent les courages et dont le souvenir s'avère si précieux lorsque sonnent les heures sombres ?

* * *

Hélas ! ces heures sombres ont sonné… et très tôt après l'heure glorieuse de la victoire de Carillon à laquelle a succédé la perte de Louisbourg et des Forts Frontenac et Duquesne. L'annonce des revers de nos armes a tinté comme un glas par toute la colonie. À l'hôpital, on partage la tristesse générale : cette « douce France » que l'on n'a jamais vue, mais d'où ont essaimé les ancêtres, cette Mère patrie que l'on aime et admire depuis toujours, elle serait donc vulnérable ? Et se pourrait-il que la Nouvelle-France, après avoir longtemps et vaillamment lutté, soit soumise à la domination de l'étranger ? On se refuse à croire la perspective possible et dame Rumeur assure que Bougainville ira prochainement plaider auprès de Sa Majesté Louis XV, la cause des « quelques arpents de neige ». On s'agrippe à cet espoir suprême : la France ne saurait abandonner ses colonies d'outre-mer. Les sœurs Grises qui, depuis longtemps, ont appris à fonder leurs espoirs en Dieu, attendent de Lui d'abord, le secours souhaité. Comme elles montent ferventes, leurs supplications pour que flottent toujours sur nos bords, les lys de France !

À cette épreuve commune est venue s'ajouter pour Mme la Supérieure, une croix personnelle : hier matin, 24 octobre, sa mère Mme Sylvain, décédait à Varennes. Mme d'Youville apprenait la nouvelle hier soir : Louise, sa sœur, venait la lui communiquer sans pouvoir ajouter ces détails qu'on aime entendre, même s'ils tournent le fer dans la plaie.

Depuis ce matin, les sœurs sont venues à tour de rôle exprimer à la Supérieure leurs filiales condoléances, toutes ont trouvé ces mots du cœur que l'affection inspire. La journée s'est écoulée, partagée entre les occupations coutumières ; vers la fin de l'après-midi cependant, une légère halte permet à la Mère de méditer les grandes, les austères leçons de la mort.

La clochette réglementaire annonçant cinq heures trente, heure de la récitation de l'office et du chapelet, met fin à la méditation. Aussitôt, la Mère se dirige vers la chapelle. À quelques pas de la porte, elle croise le pauvre ouvrier à l'appétit gargantuesque. Actuellement, on l'occupe à quelques réparations à l'intérieur de la maison. Aussitôt la Mère s'informe :

— Ça va dans le travail ?

— Oui, Madame, j'achèverai bientôt.

La Mère n'ose s'enquérir si le brave homme « mange à sa faim », car la famine resserre son étreinte ; la plus sévère ration s'impose à l'hôpital ainsi que partout ailleurs.

— Mon Dieu, donnez-nous le pain quotidien, demande de nouveau la Supérieure, sinon à nous, du moins à nos pauvres.

1759 – Le pain quotidien...

Le Seigneur resterait-il sourd afin d'éprouver la foi de ses servantes? On le croirait, car même si les sœurs prolongent leur jeûne, le pain se fait plus rare dans la huche et la provision de fleur de farine baisse tragiquement, au point que sœur Demers confiait à mi-voix à la Supérieure, la semaine dernière : «Il ne nous reste plus de farine que pour une dernière fournée.»

Sœur Josette Gosselin a pétri ce reste il y a deux jours : quinze pains dorés, croustillants, sortaient du four, et la cuisinière, depuis lors, mélancoliquement, les regarde disparaître. On ne peut guère escompter de secours venant de l'extérieur : l'or le plus précieux ne pourrait acquérir ce qui n'existe pas.

Ce matin, sœur Gosselin est venue informer sa Supérieure que les derniers restes de pain seront servis aux pauvres au repas du midi.

— Dieu nous viendra en aide, ma sœur, si nous le méritons par une confiance éperdue, car c'est sa Providence qui nourrit les pauvres, lui a répondu la Mère. Continuons de prier, de nous en remettre à sa bonté.

Sœur Gosselin n'est pas la seule âme que Dieu dirige vers la Supérieure au cours de la matinée. Mlle de Lanoue est venue lui confier son problème personnel. Elle sort toute souriante de la procure et se dirige chez Mlle Le Gardeur.

— Heureuse nouvelle, annonce-t-elle, Mme d'Youville consent à m'aider de ses conseils dans l'exploitation de ma seigneurie. Si vous saviez quel soulagement cela signifie pour moi. Évidemment, je procéderai lentement, mais j'ai bien l'intention de me défaire de cette seigneurie. Il faudra que j'emmène Mme d'Youville visiter ce domaine un jour. Croyez-vous qu'elle accepterait?

— Peut-être au cours de l'été, répond Mlle Le Gardeur, mais c'est peu probable, ma cousine n'ayant guère de dévotion pour les voyages de plaisir. Il faudrait lui présenter votre projet sans couleur de service à rendre.

— Je m'en charge, promet Mlle de Lanoue et, ce faisant, je n'altérerai en rien la vérité.

Tandis que les deux amies poursuivent leur causerie, Mme d'You-ville reçoit une autre visite : celle de sa nièce et filleule Louise, mariée à Joseph Porlier-Bénac, depuis le 5 février dernier ; Louise, dont les talents de cordon-bleu se trouvent circonscrits par le rationnement, est venue copier ces fameuses recettes au moyen desquelles on arrive tout de même à préparer un repas présentable.

— Quel cauchemar de vivre en de telles conditions ! s'exclame la nièce. Les choses ne reprendront-elles jamais leur cours normal, dites tante ?

— C'est le secret de Dieu, ma pauvre enfant, je ne connais pas l'avenir et me défends bien de le sonder. « À chaque instant suffit sa peine », conseille-t-elle en indiquant du doigt le livre de l'Imitation posé sur sa table de travail.

— Je n'ai pas cette force de m'en tenir à aujourd'hui, confesse la nièce, je redoute toujours quelque chose.

— Question d'habitude à prendre, ma fille. Chaque fois que tu te surprendras à redouter l'avenir, ressaisis ton âme et remets-la entre les mains de Dieu. Tu verras ce que tu y gagneras de paix, de patience. Dieu, d'habitude, n'attend que cela de nous, pour prendre nos affaires en mains.

— C'est sans doute votre secret, tante Marguerite, votre secret pour ne pas perdre confiance au milieu de tant d'épreuves. Avec des recettes culinaires, je rapporterai une recette de bonheur à mon foyer…

La jeune femme se lève en disant :

— Merci, marraine, pour toutes vos bontés. Ça fait du bien à l'âme ce brin de causette. J'essaierai de le mettre à profit maintenant. Comment vont les tout-petits, tante ?

— Assez bien, ma fille, seulement, leur nombre se multiplie de façon alarmante. Dieu veuille qu'aucun d'eux ne meure sans baptême ! Nous en avons recueilli sept l'an dernier ; depuis janvier, trois nouveaux nous ont été apportés. Je ne puis leur fermer ma porte même si la Cour ne m'a pas autorisée à les recevoir !

— Je passe voir ces pauvres enfants, murmure Louise, compatissante. Au revoir marraine, et merci de nouveau.

La nièce a quitté la procure et la Supérieure s'est dirigée quelques instants après à la chapelle, pour l'examen particulier précédant le repas du midi. Lorsque, l'exercice terminé, les sœurs entrent au réfectoire, quelle n'est pas leur stupéfaction d'apercevoir, rangés en bon ordre dans l'angle de gauche, six barils de farine, ainsi qu'en attestent leur forme et leur couleur. Silencieusement, les sœurs prennent place autour de l'unique table et la Supérieure prononce la formule du Bénédicité. Quelques instants de réflexion au cours desquels, selon le conseil de l'Apôtre, on renouvelle sa résolution «de tout faire pour la gloire de Dieu» puis, la Mère délie les langues en disant : *Deo Gratias...* Mais c'est curieux, les langues restent mystérieusement liées ; personne n'ose aborder le sujet, par contre, les regards tournés vers la Mère semblent demander une explication.

— Notre économe aura voulu nous ménager une surprise, dit celle-ci en souriant, les yeux fixés sur la sœur Demers.

— Ce que je serais flattée d'avoir pu organiser une surprise de ce genre ! s'exclame l'économe. Je dois pourtant confesser que je n'y suis pour rien. J'ignore même qui aurait déposé ces barils ici.

Et le regard de la sœur Demers va de l'une à l'autre, demandant qu'on élucide le mystère. Tous les yeux trahissent la plus vive émotion : de la fleur de farine, en telle quantité et précisément en ce temps où le pain manque partout ailleurs, c'est plus qu'une coïncidence, cela touche même au prodige.

— La portière pourrait peut-être éclairer le secret ? suggère la sœur Despins.

— La seule visite reçue depuis la matinée est celle de Mme Bénac, répond la petite sœur Beaufrère.

— Je n'ai pas quitté l'économat, reprend à son tour la sœur Demers ; rien n'est venu de mon côté.

— Il faut bien avouer d'ailleurs que ces barils n'auraient pu être déposés là à l'insu de tout le monde, renchérit la cuisinière. Il y a tant de va-et-vient dans le couloir.

Seule, la Mère ne conjecture pas. De nouveau, tous les regards se tournent vers elle qui, d'un air joyeux, conseille :

— Il vaudrait mieux pour l'instant prendre notre repas tout simplement ; les mystères finissent toujours par s'éclaircir. Ne différons pas cependant de remercier notre Père du ciel.

L'attitude, le ton de la voix, rien ne semble dénoter la moindre émotion. Entraînées par l'exemple, les sœurs consomment leur maigre pitance qu'on assaisonne de fraternelles joyeusetés.

La sagace économe se promet pourtant de poursuivre l'enquête, laquelle est menée auprès du personnel valide, au cours de l'après-midi.

Peine perdue, tous ignorent la provenance des mystérieux barils de «belle fleur de farine». Sœur Demers fait part à sœur Despins de ses vaines tentatives. La maîtresse des novices conclut tout simplement:

— Je garde la persuasion que le fait tient du prodige. Dieu a voulu bénir la confiance de notre Mère. Avez-vous remarqué d'ailleurs, qu'elle s'est abstenue de tout commentaire? À mon avis, il est inutile de chercher ailleurs. Notons l'événement toutefois, pour l'édification de celles qui viendront après nous et, comme l'a conseillé notre Mère, ne différons pas de remercier le Père Éternel qui nous assure une fois de plus, le pain quotidien.

* * *

Or, ce pain quotidien, les sœurs et les pauvres s'en nourrissent tout en y mêlant l'amertume de leurs larmes. Le 18 juin dernier, décédait M. Louis Normant de Faradon, supérieur du Séminaire depuis vingt-sept ans. Les obsèques ont eu lieu dès le lendemain 19, et les restes mortels étaient inhumés dans le sanctuaire de l'église paroissiale du côté de l'Évangile.

La population a déploré la perte de cet apôtre zélé, justement appelé «la Providence des pauvres et des petits».

Mme d'Youville et ses compagnes ont fait célébrer un service solennel dans la chapelle de leur institution afin de signifier, par cet hommage, que la petite communauté a perdu un Père vénéré et l'hôpital général, un infatigable et victorieux défenseur. Il ne se passe pas un jour sans que l'on évoque le souvenir de ce «fidèle serviteur» qui a su discerner les voies de Dieu sur l'âme de la fondatrice.

Aujourd'hui, 25 août, les réminiscences surgissent d'elles-mêmes, car la Saint-Louis est devenue une des fêtes patronales de l'institut. Mme la Supérieure établissait cette coutume en disant hier: «Non, jamais cette maison n'oubliera ses bienfaiteurs.»

Ce matin, M. Montgolfier a célébré la messe et après un frugal déjeuner, il cause avec ses filles spirituelles, à la salle communautaire.

— J'ai prié pour M. Normant à la messe, commence-t-il, car c'était bien votre désir, n'est-ce pas?

— Notre désir et notre devoir, répond aimablement la Mère, nous n'aurions garde d'oublier ce que nous lui devons, ainsi qu'à tous nos Messieurs, d'ailleurs.

— La reconnaissance est l'une des plus aimables vertus, souligne M. le Supérieur, et je vous félicite de la cultiver en cette maison. Prions pour nos défunts, même si nous avons tout lieu de les croire déjà en possession de l'éternelle récompense.

Après quelques instants de pause, M. le Supérieur poursuit :

— Il faut remercier Dieu de lui avoir épargné le spectacle des malheurs que nous traversons et de ceux qui s'apprêtent à fondre sur nous. Il n'y a pas à nous le dissimuler, nous devons envisager comme prochaine, la capitulation de Québec.

Un silence profond accueille ces dernières paroles : depuis quelque temps déjà, M. le Supérieur fait allusion à ce malheur... national, mais on se refuse à croire la défaite possible.

— Prions que Dieu nous vienne en aide, continue M. Montgolfier qui n'ignore pas les angoisses où se trouve plongée Mme d'Youville par suite de la captivité de son fils Charles.

Conformément aux ordres du Gouverneur de Québec, l'abbé Charles avait fui dans les bois, accompagné de ses ouailles, dès l'apparition des Anglais, à la fin de juin, mais depuis le 24 juillet, «il a été fait prisonnier avec 297 paroissiens à bord des frégates anglaises mouillées en face de la Pointe-de-Lévy». Depuis, aucune nouvelle n'est venue assurer à la Mère que son fils vit encore.

— Espérons contre toute espérance, conseille M. le Supérieur ; il n'arrivera que ce que Dieu voudra et Lui restera toujours avec nous. Il me semble que c'est là ce qu'a voulu vous signifier M. Normant par le dernier don qu'il vous a fait : une chapelle d'argent pour votre église.

Quelque temps avant sa mort, le digne Vicaire général a donné un dernier témoignage de sa charité en faveur de l'hôpital : «calice d'argent avec patène, burette et assiette, soleil d'argent doré, encensoir et navette d'argent, six chandeliers avec croix d'argent haché, deux chandeliers pour acolytes, deux aubes à dentelles avec ceintures de ruban et cinquante livres de cire blanche» ont été commandés à Paris et viendront suppléer à la pauvreté des objets de culte chez les sœurs Grises.

— L'Eucharistie est le Pain des forts, commente M. Montgolfier. C'est en ce Pain que nous puiserons la force de la fidélité, quoi qu'il arrive.

M. le Supérieur sait mieux que tout autre combien d'occupations sollicitent ses filles, aussi se retire-t-il bientôt, accompagné de Mme d'Youville et de son assistante jusqu'à la porte de sortie.

Lorsque celles-ci reviennent assumer leur part de la tâche commune, la Mère confie à sœur Lasource :

— Il m'est venu à l'idée de faire peindre le portrait de M. Normant. Un portrait de lui existe-t-il déjà ? En ce cas, il faudrait faire reproduire ou obtenir les services d'un artiste qui l'aurait connu. Ayez une intention pour que ce projet se réalise.

La chère assistante approuve pleinement et propose :

— Si nous découvrons l'artiste en question, il faudrait alors en profiter Mère, et lui demander de peindre aussi le vôtre.

— Si l'on veut absolument avoir mon portrait, on ne l'aura qu'après ma mort, répond la Supérieure, en adoucissant son refus d'un sourire.

Sœur Lasource a saisi la nuance d'irrévocabilité dans la voix, et pourtant, comme elle voudrait voir, fixés sur toile, les traits de cette incomparable Mère !

« Qui sait, l'occasion se présentera peut-être d'elle-même ! » songe la sœur. « Tenons l'œil ouvert. »

* * *

Trois mois ont passé. La résolution de sœur Lasource dure toujours, mais hélas, des préoccupations d'un autre ordre l'ont reléguée au dernier plan. Le jeune Canada a vécu des jours tragiques, jours de deuil et de larmes, depuis la catastrophe des Plaines d'Abraham… Au faîte du Cap Diamant, les couleurs britanniques ont supplanté les lys de France !

L'armée française a rétrogradé vers Montréal ; là, également, se sont réfugiés tous ceux qui ont pu échapper à l'étroite surveillance ennemie, notamment, Sa Grandeur Mgr de Pontbriand, MM. Pressart et Gravé, directeurs du Séminaire de Québec, ainsi que les finissants de cette institution. Monseigneur l'Évêque a d'abord logé chez les sœurs Grises, puis s'est retiré au Séminaire de Saint-Sulpice. C'est de là qu'il dirige la portion encore libre de son diocèse.

La défaite de « nos armes » a jeté le peuple dans la plus grande consternation. Quoi, après une résistance héroïque, après des épopées comme celles d'Oswego, de William Henry et de Carillon, il faudrait accepter la conquête ? Non, on refuse de s'avouer vaincu, l'armée se réorganise, on élabore un plan de campagne et dès le printemps prochain, on reprendra la citadelle. Les préparatifs, fiévreusement se poursuivent tandis que, escomptant des renforts de la Mère patrie, on renaît à l'espoir.

Tous n'inclinent pas vers l'optimisme cependant, de pénibles nouvelles circulent quant à la situation européenne; les lys de France connaissent aussi des échecs en Allemagne.

M. François Gravé de la Rive songe à cet état de choses alors qu'il s'achemine vers l'hôpital général y célébrer la messe, ainsi que le comporte son programme quotidien, depuis le 27 octobre dernier.

M. Gravé accélère le pas, car en ce matin de décembre, il fait un froid sec. Le froid, la faim, l'anxiété, voilà ce qui constitue le pain quotidien en ces tristes temps. Le digne professeur du Séminaire ne s'en plaint pas; volontiers, il accepte sa part des souffrances communes pour que tout «se rétablisse dans la paix».

Au cours de la soirée d'hier, Monseigneur de Pontbriand s'entretenait avec ses prêtres de ses appréhensions quant à l'avenir:

«Nos Séminaires désorganisés, incapables de se rétablir sans l'autorisation des conquérants, voilà le coup fatal porté à la jeune Église. Déjà nos prêtres sont en nombre insuffisant.»

Ces craintes, chacun des auditeurs les avait déjà exprimées dans le secret de son cœur.

«Il y aura toujours la ressource de diriger les vocations vers le Séminaire de Paris... Qui pourtant, pourra défrayer le coût du voyage et des études? Notre population est si pauvre! Il faudra compter de plus, avec la dévaluation du papier-monnaie et l'exode de ceux qui ne voudront pas accepter le joug... Je vous brosse un sombre tableau, mes pauvres amis, et pourtant nous en sommes réduits à cette extrémité.»

M. Gravé se remémore l'accent de tristesse de son Évêque, tristesse qu'il partage filialement.

«Il n'arrivera que ce que Dieu voudra, avait poursuivi Sa Grandeur. Fasse le Ciel que survive l'Église canadienne. Je vous engage, chers fils, vous qui serez témoins de si tristes jours, de ne poser aucun geste susceptible d'irriter le gouvernement nouveau. Priez l'ennemi d'épargner le sang des paroissiens et les églises.»

La conversation s'était achevée sur cette ultime recommandation. M. Gravé a maintenant atteint l'hôpital. Il est bientôt rendu à la sacristie et, tandis qu'il revêt les ornements sacerdotaux, il formule l'intention d'offrir le Saint Sacrifice pour la survivance de l'Église canadienne.

Il priera aussi spécialement, tel que promis, pour les trois nouvelles professes d'hier : les sœurs Varambourville, Dussault et Gosselin ; cette dernière a pris le nom de sœur Marie afin d'éviter la confusion avec son aînée ; l'oblation de ces nouvelles professes revêt un caractère d'héroïsme en cette époque troublée.

Les trois sœurs se sont agrégées à la petite société en tant que sœurs domestiques et c'est le Supérieur qui recevait leurs vœux, hier matin, dans la salle Sainte-Croix ou salle communautaire.

Lorsque, le Saint Sacrifice et l'action de grâces terminés, le célébrant a consommé le maigre déjeuner que les sœurs prélèvent sur le menu de leurs pauvres, il s'achemine vers la porte de sortie. En apercevant Mme d'Youville qui l'attend au parloir, le prêtre la salue avec affabilité.

— Puis-je solliciter quelques instants d'entretien ? demande la Supérieure.

— Il va sans dire, répond aimablement M. Gravé. Que pourrais-je faire pour vous, Madame ?

— Voici, il s'agit de Pierre Ménard qui s'est adressé à moi pour l'aider à poursuivre ses études en vue d'atteindre à la prêtrise. Vous savez qu'il a fait sa philosophie chez les Pères Jésuites et qu'il est actuellement sous les armes ?

— Il lui faudra d'abord obtenir de Rome, l'absolution « *a gestatione armorum* », observe M. Gravé. Ses parents sont-ils en état de se suffire ?

— Nous les recevions ici en février dernier, explique Mme d'Youville et c'est alors que j'ai fait la connaissance du jeune homme. Je voudrais l'aider à réaliser son dessein.

— Il s'agirait alors de lui trouver un bienfaiteur capable d'assumer les frais du voyage et des études à Paris, Madame. Nous en causions précisément hier soir et c'est la seule issue qui se présente. Réalisez-vous cela ? l'appel de Dieu restant une fois de plus sans réponse, à cause d'une misérable question d'argent, ajoute le directeur du Séminaire.

— Nous assumerons notre part de ces frais, dit tout simplement la Mère. J'en ai conféré avec mes compagnes, la chose nous sera possible, j'en suis sûre.

M. Gravé réprime un geste de surprise : « Quoi, ces femmes déjà soumises à tant de privations acceptent un nouveau fardeau ? »

Mme la Supérieure poursuit sans se douter de l'émotion qui serre la gorge de son interlocuteur.

— L'aumône n'a pas l'habitude d'appauvrir personne, j'en ai eu maintes preuves déjà. Que dire lorsqu'il s'agit de donner un prêtre au Seigneur ? Nous nous imposerons un peu plus de sacrifices, voilà tout. Nous ferons passer Pierre Ménard en France dès que le voyage sera possible. Nous manquons de prêtres, et notre sainte Religion est si menacée !

— Oui, les temps sont mauvais, Madame, et sans vouloir être pessimistes, il nous faut envisager des heures plus tragiques encore. La France ne peut plus nous tendre une main secourable.

La Mère pâlit mais ne profère aucune parole. M. Gravé n'ignore pas cependant qu'il s'adresse à une femme forte, aussi continue-t-il :

— L'ennemi dispose d'effectifs écrasants, il nous est supérieur en nombre. Montréal devra se rendre. La capitulation garantira-t-elle la liberté religieuse ? Probablement, puisqu'on l'accorde à Québec, mais il nous incombera à nous de sauver notre foi.

La Mère tressaille, puis prononce lentement :

— C'est pourquoi il nous faudra des prêtres capables d'instruire et de diriger les âmes. Puisse le jeune Ménard être un de ceux-là ! Notre plus grand réconfort sera de lui avoir facilité l'accès aux saints Ordres.

Ces derniers mots marquent la fin de l'entretien. M. Gravé quitte l'hôpital ; le froid ne désiste pas malgré le soleil qui brille dans un clair firmament.

À peine rentré au Séminaire, il se présente à son Évêque. Celui-ci, d'un geste las, dépose sur sa table de travail, le document qu'il était en train de parcourir.

Monseigneur de Pontbriand compte cinquante ans ; il en accuse bien davantage. Particulièrement frappé ce matin par l'aspect des cheveux blancs, du regard voilé et des mains qui tremblent, M. Gravé se dit intérieurement : « Jeûnes, insomnies, privations, soucis de la charge pastorale ont fait de cet homme un vieillard avant l'âge ; le spectacle est beau tout de même, de ce capitaine tenant vaillamment la main à la barre, en dépit de la tourmente. Non, l'Église de tant de souffrances, de tant de larmes, ne saurait périr ! »

Puis, il fait part à son Évêque du pieux dessein de Mme d'Youville.

— Je n'en suis pas surpris, murmure le digne Prélat. Cette femme a une invincible confiance en la Providence. Dieu lui donne le sens des besoins actuels de l'Église et elle n'hésite pas à en accepter les conséquences. Ce sont des âmes de cette trempe qu'il faut à notre époque troublée.

Après quelques instants, Sa Grandeur interroge :

— Est-on toujours sans nouvelles du Curé Dufrost à l'hôpital ?

— Toujours, Monseigneur, silence de mort depuis l'annonce de sa captivité. Dieu veuille qu'il soit encore vivant. Devinez-vous les angoisses de sa mère, d'une telle mère ?

— Je les devine et les partage, mais je reste persuadé qu'une telle mère, comme vous dites, saura les supporter. Mme d'Youville est mère des âmes... et il lui en reste tant à aimer !

1760 – O lys de France, adieu...

Il est vrai qu'à cette femme au grand cœur, il reste beaucoup d'âmes à aimer et pourtant, leur nombre ne saurait combler la place de l'absent : Charles, le fils bien-aimé dont le sort reste enveloppé de mystère. Vit-il encore ? A-t-il succombé aux privations, à la faiblesse, à la maladie ? La Mère se pose ces questions dans le secret de son cœur. L'immense confiance qui la caractérise tempère son chagrin, mais n'en atténue pas toutefois l'intensité. Et si l'âme fondée en Dieu conserve sa sérénité, le cœur souffre, comme seul sait souffrir le cœur des mères, c'est-à-dire en portant, outre sa part, celle de l'être aimé ; tout cela, chez elle, dans la paix, la soumission, l'amour. Elle souffre « sous l'œil de Dieu », tandis que l'épreuve ne ralentit en rien les ardeurs de son zèle.

Février achève, il n'a pas été clément. La bise a soufflé, elle a hurlé durant les longues nuits noires et les chers vieillards ont eu froid. Comme il fera bon revoir le soleil printanier !

Malgré l'épaisse couche de neige couvrant le sol, on aperçoit les fondations de l'aile nouvelle ; on a suspendu ces constructions dès la fin de l'été dernier. Par contre, l'agrandissement de l'église étant terminé, Mme la Supérieure a décidé, malgré la tristesse des temps, et très probablement à cause de cela même, de réaliser un dessein qui lui tient à cœur : l'érection de deux chapelles, l'une dédiée au Père Éternel, l'autre au Sacré-Cœur. Ces travaux, qu'elle dirige elle-même, sont exécutés par les hommes employés, aidés des sœurs.

Comme le recueillement de l'esprit s'avère facile lorsqu'on travaille ainsi dans la maison de Dieu! La chapelle du Sacré-Cœur occupe le transept de droite; elle est presque terminée, déjà on a commencé un travail identique dans le transept de gauche et la Mère se complaît dans la pensée que la dévotion au Sacré-Cœur de Jésus conduira les âmes au Père Éternel en vertu de la parole évangélique: «Nul ne vient au Père que par moi».

Ce trésor que le Ciel lui a départi: la pénétration savoureuse de la sublime prière du Seigneur, comme elle désire le partager avec tous! Et combien plus en ces moments de désarroi général où la multiplicité des malheurs suscite l'étonnement, voire même le doute, dans les âmes non affermies en Dieu! Mme la Supérieure est absorbée par ces pensées et son travail, lorsque sœur Lasource, porteuse d'une heureuse nouvelle — cela se voit à sa physionomie souriante — pose la main sur l'avant-bras de la Mère et lui demande une minute d'entretien. La Supérieure précède sa fille dans le couloir et là, sœur Lasource lui confie:

— Mère, une grande joie nous arrive ce matin. Devinez...

«Une grande joie!» L'expression est plutôt rare de ce temps-ci. «Une grande joie», ce ne pourrait être que la signature de la paix, chose qui tiendrait du miracle vu les circonstances présentes, ou bien... des nouvelles de Charles. Et la Mère, après une brève hésitation, interroge d'une voix frémissante:

— Charles?

— Oui, Mère, Charles est sain et sauf. Il est même au parloir qui vous attend. Il m'a mandée d'abord pour vous préparer à tant de joie.

Les yeux de la Mère s'embuent, elle ne prononce aucune parole. Les deux sœurs se tiennent tout près de la sacristie, là ou siège le Dieu eucharistique, tandis que les ouvriers s'affairent dans son temple. Instinctivement, la Mère déclenche la porte et va se prosterner aux pieds de son Seigneur et Maître, dans un merci éperdu. Puis, elle se relève et s'en va vers son fils que l'épreuve a visiblement touché: les cheveux parsemés de fils d'argent, les yeux caves, les joues pâles attestent des longs mois de souffrance. Avec quel empressement affectueux la Mère accueille ce fils bien-aimé qu'elle croyait ne plus revoir ici-bas! Le premier moment d'émotion passé, Charles commence d'une voix grave:

— J'avais hâte de vous revoir, Mère, je devinais vos angoisses. Je me suis d'abord présenté à Sa Grandeur, au Séminaire, hier soir; j'ai déposé entre ses mains les papiers les plus précieux rapportés de ma paroisse. Monseigneur a remis à plus tard le récit des péripéties de ma fuite et m'a dit ce matin, après ma messe : « Allez vite rassurer Mme d'Youville. » Je n'attendais que la permission... Votre fils est vivant, Mère.

— Rendons grâces à Dieu. Mais vous devez être épuisé.

— Rassurez-vous, Mère, si mon voyage a été pénible au début, il s'est achevé dans des conditions presque normales. Nous avons été charitablement hébergés partout et nous avons parcouru le trajet par petites étapes. Nous étions quatre ; trois paroissiens, après avoir facilité l'évasion, m'ont accompagné jusqu'ici. On vous avait appris ma fuite dans les bois ?

— La nouvelle était même venue que vous étiez prisonnier, mon fils.

— La nouvelle était exacte. Nous avons été faits prisonniers le 24 juillet. Monckton m'a traité avec égards, mais j'ai dû rester en captivité sur la frégate anglaise jusqu'à ce que la capitale tombe aux mains de l'ennemi.

Charles s'arrête ; il est évident que l'évocation de tels souvenirs fait saigner une plaie non encore cicatrisée. Le jeune curé poursuit :

— Remis en liberté à la fin de septembre, j'ai retrouvé mon église transformée en hôpital ; pour ma part, je me suis transformé en « sœur de charité », ajoute-t-il avec un sourire. Tout se passait assez bien et j'étais heureux de procurer à mes ouailles les secours de la religion, mais voilà qu'en janvier, un détachement de la 1ère armée anglaise est venu s'installer dans mon presbytère. La vie alors s'avérait plus compliquée, d'autant plus qu'on me surveillait de près, trouvant sans doute que je ne m'anglicisais guère. La situation n'était pas rose, j'étais pourtant résolu à tenir, mais l'expulsion des Jésuites de Québec, à cause de leur patriotisme, me laissant entrevoir une deuxième captivité, j'ai collectionné nos documents historiques et j'ai fui vers le territoire resté français, vers la liberté, quoi !

Charles s'est efforcé de prononcer ces derniers mots d'un accent d'enthousiasme, mais il est facile de percevoir le fléchissement de la voix. La Mère saisit la nuance, ainsi que la portée du silence qui suit. Elle l'interrompt la première :

— Vous logerez sous notre toit, Charles ? demande-t-elle, affectueusement.

— Très probablement, Mère, je dois pourtant me présenter de nouveau à Sa Grandeur qui me dira « où dresser ma tente ». J'ai tout lieu de croire que Monseigneur me dirigera de ce côté-ci.

M. le Curé se lève en disant :

— À présent que vous possédez la certitude que je suis encore vivant, je retourne au Séminaire, ayant plusieurs problèmes à soumettre à Sa Grandeur. Je vous reviendrai dès la première occasion, je verrai alors « mes aînées et mes cadettes » ajoute-t-il, en faisant allusion aux filles spirituelles de Mme d'Youville.

La Mère accompagne son fils jusqu'à la porte de sortie. Au moment de quitter, Charles confie :

— Vous ne sauriez croire ce que j'ai éprouvé en revoyant ce matin, les lys de France frissonner dans le vent ! C'était comme une invite à l'espoir. Quel symbole tout de même, qu'un drapeau ! On dirait que ce morceau d'étoffe a une âme, l'âme de la race… et cette âme ne peut pas consentir à mourir. Vivent les lys de France, Mère !

— Dieu vous entende et vous garde, mon fils, répond la Mère dans un murmure. Dieu veuille surtout raffermir nos cœurs au sein de tant de calamités.

* * *

Ce que les montréalistes regardent comme la suprême calamité : l'encerclement de leur ville par l'armée ennemie, se produit en ces premiers jours de septembre. La consternation est à son comble. La victoire de Sainte-Foy, en fin d'avril, avait, un moment, ressuscité les espoirs, espoirs que l'arrivée de frégates anglaises, un beau matin de mai, a réduits à néant. Depuis lors, pour une seconde fois, l'armée française a retraité à Montréal et les trois détachements de l'armée ennemie ont poursuivi leur marche vers la victoire finale. Lévis opterait pour la résistance, Vaudreuil s'y oppose ; le peuple demande qu'on parlemente afin d'obtenir une capitulation honorable. Aucune décision n'est encore prise, les esprits sont en ébullition, l'angoisse ne connaît plus de bornes.

À l'hôpital, les vieillards, les orphelins, tout le monde pleure, sauf la Mère qui, Dieu merci, conserve son calme et inspire à ses sœurs le même courage.

Il est environ une heure de l'après-midi. Depuis la matinée, tout le personnel valide se succède sans interruption à la chapelle, et l'on supplie le Cœur de Jésus d'épargner à la maison, l'irréparable malheur de la destruction. Mme d'Youville, pour sa part, va d'une salle à l'autre et réconforte les malades, les infirmes.

— N'ayez crainte, mes pauvres amis, les boulets n'atteindront pas ce refuge. On ne canonne pas les hôpitaux.

Et pourtant, dans la plaine Sainte-Anne, à quelque distance de l'institution, les artilleurs anglais, mèche allumée en main, s'apprêtent actuellement à exécuter la manœuvre. Le commandant, croyant faire face au dernier retranchement français, va selon toute vraisemblance, déclencher l'attaque, lorsqu'un remous se produit parmi l'état-major. Southworth, le rescapé d'il y a deux ans, a obtenu de parler au Général.

Mme d'Youville, qui ne saurait se douter de ce qui se produit par-delà le mur d'enceinte, continue sa fonction de consolatrice. Sœur Demers la rejoint à la salle des pauvres chères vieilles. L'économe qui, jusqu'ici a fait preuve d'un calme imperturbable, manifeste pourtant une hâte fébrile de parler à la Supérieure.

— Mère, lui chuchote-t-elle à l'oreille, j'arrive du grenier. D'une des lucarnes, j'ai pu apercevoir les batteries anglaises. Je ne sais trop ce qui se prépare, mais cinq ou six « uniformes rouges » se dirigent ici.

— Demeurez près de vos protégés, murmure à son tour Mme d'Youville, en avisant sœur Bourjoly. Je dois accueillir des visiteurs.

Elle disparaît, suivie de sœur Demers. Dans le couloir, elles rencontrent les autres sœurs qui ont également aperçu les officiers anglais. En peu de mots, Mme d'Youville émet les directives :

— Regagnez vos postes respectifs ; sœur Lasource et moi-même recevrons ces Messieurs. Un mot encore, souvenons-nous de la dernière recommandation de notre Évêque : conduisons-nous de manière à ne mériter aucun reproche des conquérants. Courage mes sœurs, Dieu est avec nous !

Puis elle ajoute quelques mots en secret à sœur Demers et se porte au-devant des officiers dont l'un a déjà agité la clochette d'entrée.

Les soldats ont franchi le seuil.

— Mesdames, nous sommes vos prisonniers, annonce le chargé de mission, sans doute pour calmer les appréhensions qu'il voit poindre dans les regards. Puis il ajoute simplement : Nous venons effectuer une reconnaissance des lieux.

— Permettez alors que je vous escorte dans cette visite, répond calmement la Supérieure.

Les talons des bottes militaires martèlent le plancher et les escaliers qui en grincent. On traverse la salle des vieillards, des blessés, des mutilés français, puis c'est la salle des bonnes vieilles. On arrive ensuite au département des orphelins et des pauvres petits abandonnés ; enfin, on termine par la salle des blessés anglais. John est là sur le seuil.

Une conversation rapide s'échange en anglais, conversation dont le sens échappe à la Supérieure et à son assistante, mais dont elles ont la clé en quelque sorte lorsque le chargé de mission dit à la Mère :

— Inutile de poursuivre plus avant, Madame, nous sommes fixés.

Le groupe s'achemine vers la porte de sortie. Sœur Demers a déjà posé sur la table du parloir, rafraîchissements et biscuits, derniers vestiges d'un garde-manger à peu près démuni. Les officiers font honneur au goûter et se retirent visiblement enchantés de la réception. Mme d'Youville les regarde s'éloigner, puis confie à son assistante :

— Tout s'est bien passé, Dieu merci. Ils ont été on ne peut plus civils, n'est-ce pas ? Rejoignons nos compagnes maintenant, je crois que nous n'avons plus rien à craindre.

Quelques instants plus tard, alors qu'elle rencontre John dans le corridor du premier étage, la Mère apprend à quel danger réel, l'hôpital vient d'échapper grâce à la médiation de Southworth, le rescapé de juillet 1758 !

* * *

Le lendemain de ce jour mémorable dans les annales de l'hôpital, de Vaudreuil signait la capitulation de Montréal. La reddition de la ville l'a sauvée de la destruction par les conquérants résolus de la réduire au moyen de leur artillerie.

Depuis ce jour néfaste, c'est l'exode des Gouvernants, des officiers et des soldats vers la France. De Vaudreuil et Bigot ont quitté avec les premiers vaisseaux, ce dernier, poursuivi par l'indignation populaire.

— Dieu a épargné à Monseigneur de Pontbriand, comme il l'a fait pour Montcalm à Québec, le spectacle des Anglais maîtres de cette ville, observe M. Montgolfier, alors qu'il cause avec le jeune Pierre Ménard.

Avec un compagnon d'études, l'aspirant au Sacerdoce prendra place à bord du prochain bâtiment quittant pour la France.

— Monseigneur est mort saintement entre mes bras le 8 juin, dans la matinée. Je lui ai fermé les yeux, continue le Supérieur. Quelques instants avant d'exhaler le dernier soupir, il me confiait : «Vous direz aux pauvres que je ne leur laisse rien en mourant, parce que je meurs moi-même plus pauvre qu'eux !» Pour Monseigneur, la mort a été une délivrance, mais pour la colonie, un grand malheur. La vacance du siège épiscopal en un pareil moment, songez-y ! Le successeur sera-t-il accepté des Anglais ?

— La capitulation garantit la liberté religieuse à ce qu'on dit, remarque l'interlocuteur.

— Oui, en général, spécifie le Supérieur ; elle réserve pourtant au Roi d'Angleterre la reconnaissance de la juridiction épiscopale. La capitulation de Montréal a été plus rigoureuse que celle de Québec : on nous a explicitement refusé la reconnaissance des lois françaises ainsi que les honneurs de la guerre pour notre armée.

Le Supérieur s'interrompt ; les deux hommes ne peuvent s'empêcher de songer à l'indignation de Lévis qui a, dit-on, brisé son épée et brûlé ses drapeaux plutôt que de les rendre.

— Nous n'avons plus d'Évêque, poursuit M. Montgolfier, après quelques instants. La Cour se réserve la reconnaissance des privilèges des communautés d'hommes. Serons-nous tolérés, nous, les prêtres français ? L'avenir le dira. Si je vous fais part de ces soucis, c'est pour graver dans votre esprit que la survivance de la religion tiendra en grande partie au zèle des prêtres d'origine canadienne. Il faudra que les vocations se multiplient afin que la flamme continue de briller, non pas en veilleuse, sous le boisseau, mais bien haut sur le candélabre.

— Nous essaierons d'être dignes de nos devanciers, M. le Supérieur. C'est là ma ferme détermination. J'ai hâte de partir et j'ai non moins hâte de revenir exercer en mon pays le ministère auquel Dieu a bien voulu me destiner.

Le jeune homme se lève, puis s'agenouille.

— Veuillez bénir ma résolution, mon Père.

Le Supérieur trace un grand signe de croix sur le futur prêtre, le relève ensuite et, lui donnant l'accolade, prononce :

— Allez, mon fils, je prierai le Seigneur de vous conduire dans ses voies. Souvenez-vous que vous êtes Pierre, ajoute-t-il en souriant.

Pierre Ménard s'éloigne, emportant la recommandation du Supérieur. Il la médite tandis qu'il franchit la distance séparant le Séminaire de l'hôpital général. Oui, il faudra être ferme et gravir sans regarder en arrière, la montagne où Dieu invite... puis redescendre dans la plaine et « livrer le bon combat », afin que la foi ne connaisse pas d'éclipse sous le ciel canadien. Absorbé par ces pensées, le jeune homme a bientôt atteint l'hôpital.

Familier avec les lieux, il se dirige vers la procure. La porte entrebâillée laisse apercevoir Mme la Supérieure en compagnie de son fils François, le curé de la paroisse Saint-Ours, arrivé à l'hôpital au cours de la journée d'hier.

« Je ferai antichambre, décide Pierre, car je tiens absolument à prendre congé de Mme d'Youville ce matin. Nous partirons avant le jour, demain. »

La Mère a prêté une oreille attentive au récit que lui a fait son fils de l'état de sa paroisse. Elle écoute non moins attentivement sa dernière confidence.

— Mon église, Dieu merci, n'a pas subi d'avaries. Il nous reste cependant à l'achever, mais la Fabrique manque de fonds. Vous serait-il possible, Mère, de nous avancer un prêt de 5 à 6,000 L. Vous avez bien voulu déjà, nous fournir de matériaux.

En effet, la Mère a aidé à la reconstruction de l'église. Ce prêt sollicité par François portera la dette à quelque 9,000 L. Il serait très probablement possible de donner suite à la demande, moyennant les biens de l'hôpital.

— Je consulterai mes conseillères, répond Mme d'Youville ; j'ai tout lieu de croire à une réponse favorable. Relevons, terminons vite nos églises, il faut que le peuple s'assemble autour des clochers si nous voulons qu'il traverse la crise actuelle. Vous me rembourserez ce prêt à mesure que la chose vous sera possible et si, de mon côté, un besoin urgent surgissait, je vous en informerais, entendu ?

— Entendu, Mère. Quand devrai-je passer prendre cette somme ? Je compte partir demain.

— En ce cas, je vous ferai le versement au cours de l'après-midi.

Le Curé de Saint-Ours s'épanouit dans un sourire de satisfaction. Il se lève joyeux, et annonce :

— Je m'absente pour le reste de la matinée en compagnie de Charles, nous avons quelques courses à faire.

— Allez mon fils, nous nous reverrons bientôt.

À peine François a-t-il quitté la procure que Pierre Ménard y fait son apparition. La figure de la Mère s'éclaire en reconnaissant son protégé.

— Madame, puis-je vous dérober quelques minutes?

— Vous ne les dérobez pas, mon enfant, je vous les donne.

— Je partirai de bonne heure demain matin, aussi je ne veux pas remettre à plus tard de vous remercier pour toutes vos bontés. Vos bontés à l'égard de mes parents et à mon endroit. Je tiens à vous assurer que j'essaierai de me montrer digne de la confiance qui m'est faite.

— Je n'en doute pas, mon cher enfant, je sais à quoi m'en tenir sur votre générosité. À l'aide matérielle, nous joindrons le secours de nos prières, n'en doutez pas. Je vous adopte, ajoute-t-elle, vous êtes mon fils devant Dieu.

— J'en suis honoré, ma Mère, murmure le jeune Ménard avec respect. Fasse le Ciel que je sois un digne fils!

— Vous nous tiendrez au courant de vos nouvelles?

— Je vous le promets, et je prierai moi aussi pour vous ainsi que pour toutes les sœurs, en attendant que je puisse offrir la prière par excellence: le Saint Sacrifice.

— Merci mon fils. Demandez que les sœurs Grises réalisent les desseins de Dieu sur elles. C'est tout ce qui compte ici-bas. Pour ce qui est de vous, lorsque vous serez rendu là-bas, pensez au pays que vous avez quitté et dites-vous bien que de votre sainteté personnelle dépendra l'efficacité de votre Sacerdoce et, en grande part, la fidélité de vos compatriotes à notre sainte Religion. Cela vous aidera à poursuivre votre but, en dépit de tout.

Mme d'Youville s'arrête; le jeune Ménard — c'est évident — n'a pas perdu une seule syllabe des paroles qu'elle vient de prononcer; son regard exprime une admiration respectueuse et la Supérieure, pressentant qu'il tentera peut-être d'exprimer cette admiration, termine l'entretien sur un ton souriant.

— Vous avez médité toutes ces choses, j'en suis sûre. Je ne fais que vous répéter ce que, bien souvent, vous vous êtes dit tout bas. Je prêche un «converti», c'est probablement la dernière occasion que j'en ai, car bientôt, ce sera lui qui viendra nous entretenir de Dieu. Courage, mon enfant! partez vers la Mère patrie, cette France que nous ne cessons pas d'aimer. Revenez vite cependant, un dépôt sacré vous attend ici: nos saintes croyances à transmettre aux générations futures.

Pierre Ménard est ému ; il s'incline dans une salutation silencieuse, puis se retire à pas lents. Tandis qu'il s'en va vers la salle des vieillards y saluer son père, il formule la résolution de ne pas y aller à demi dans le don de lui-même : elles apparaissent si belles, les âmes entièrement données !

1761 – Lendemain de conquête

Les âmes courent de grands dangers par suite des malheurs de la guerre. Il n'est pas exagéré l'appel au secours lancé par les religieuses de l'Hôtel-Dieu de Ville-Marie à leurs consœurs de France : « Priez, priez pour la conservation du peu de religion qui reste dans ce pays ; elle paraît prête à s'éteindre ; le libertinage est à son comble ; il se commet tous les jours des crimes atroces et les femmes, même, semblent avoir perdu la crainte de Dieu. »

Ces « crimes atroces », on en parle à voix basse dans les milieux où la foi et le sens de l'honneur ont survécu à la tourmente.

En cet après-midi de janvier, assises près de l'âtre où crépite une joyeuse flambée, Mme Louis Coutlée cause avec sa voisine, Mme Claude Benoit. Cette dernière est venue avec sa fillette Suzanne âgée de dix ans, rendre à son amie, sa visite des fêtes. Et comme, pour les deux mamans, la moindre minute s'avère précieuse, on s'occupe à un travail utile tout en s'entretenant de choses sérieuses. Geneviève Coutlée, belle jeune fille de dix-huit ans, s'occupe à un tricot tandis qu'elle enseigne à sa jeune compagne Suzanne, l'art de glisser les mailles sur les aiguilles. À certains moments, les deux têtes blondes se rapprochent jusqu'à se toucher et l'institutrice bénévole explique, avec une inlassable patience pourquoi « il y a un grand jour » dans le tricot encore mal réussi. Geneviève pourtant, ne perd pas un mot de ce qui se dit tout près.

— Quels dangers menacent notre jeunesse ! s'exclame Mme Coutlée. Je vous avouerai franchement que j'en perds le sommeil.

— Je vous comprends, murmure Mme Benoit et je partage vos inquiétudes. Je ne connais pas de mère qui ne tremble pour ses filles de ce temps-ci.

Les mamans songent aux conséquences du libertinage : les cruautés commises à l'endroit des pauvres enfants abandonnés. L'automne dernier, deux petits cadavres flottaient à la dérive sur la rivière Saint-Pierre et Mme d'Youville en découvrait un, gisant à demi-enterré aux abords de la ville. Il paraît que les trouvailles macabres se continuent.

— Figurez-vous que la Supérieure de l'hôpital apercevait, hier matin, un pauvre petit, gelé dans la glace, avec un poignard dans la gorge, confie Mme Coutlée.

Mme Benoit a un frisson d'horreur : de telles atrocités dépassent tout ce qu'on pourrait imaginer.

— La Supérieure en a été touchée jusqu'aux larmes, continue Mme Coutlée.

— Ce n'est pas surprenant, reprend l'interlocutrice, quand on la connaît ! Elle a déjà donné des preuves de sa sympathie pour ces pauvres enfants. Ne s'est-elle pas chargée de cette œuvre depuis l'automne dernier... chargée définitivement, j'entends, car il y a déjà quelques années qu'elle donne asile à quelques-uns de ces pauvres petits.

— Oui, elle a obtenu, de la nouvelle administration, certain secours. Le Gouverneur Gage lui a promis d'appliquer les amendes de justice à cette fin. Sur cette promesse, Mme d'Youville a recueilli dix-sept petits illégitimes dès l'an dernier. Ce nombre sera largement dépassé cette année, si l'on en juge d'après ce que je viens de vous raconter... les amendes de justice ne pourront suffire à leur entretien.

— Mais, la maison sera surpeuplée, interrompt Mme Benoit.

— On terminera l'aile dès le printemps prochain, s'il y a possibilité.

— En attendant, où les logera-t-on ?

— Les sœurs placent les poupons en nourrice ; quant aux autres, elles leur réservent une salle de la maison, salle exiguë, c'est vrai, mais l'agrandissement remédiera à cela.

— Et qu'en fera-t-on de ces pauvres petits ? interroge Mme Benoit.

— Les sœurs les garderont à l'hôpital. Elles leur enseigneront les vérités de la foi, leur donneront une instruction élémentaire et leur apprendront un métier pour les mettre en état de gagner honnêtement leur vie. Garçons et filles pourront rester à l'hôpital jusqu'à l'âge de dix-huit ans.

— C'est là une mesure charitable, conclut Mme Benoit. Il serait préférable toutefois, que cesse le libertinage. Les malheurs présents devraient pourtant suffire à nous éclairer, mais non, on semble avoir perdu le sens de l'honneur.

— Voilà pourquoi il nous faut exercer une surveillance si étroite sur nos filles. Geneviève comptera bientôt dix-neuf ans, poursuit Mme Coutlée en baissant le ton, vous dirai-je pourtant que je ne la laisse même pas aller à l'église toute seule?

— Vous n'avez pourtant rien à craindre, observe Mme Benoit. Votre fille est un modèle. Et puis, il y a une telle pureté dans ses yeux! J'ai toujours cru Geneviève destinée à la vie religieuse.

— Dieu vous entende! murmure la mère, émue. Elle ne m'en a jamais parlé, pourtant.

Si Mme Coutlée se retournait en ce moment, elle verrait trembler légèrement les mains de sa fille, la rougeur lui envahir les joues et les larmes remplir ses yeux de pervenche. Fort heureusement, le ramage de la chère petite Suzanne donne le change. Mais voilà que la fillette apercevant les perles dans les yeux de sa grande amie, lui demande candidement:

— Vous pleurez, Geneviève?

— Mais non, répond l'interpellée, je ne pleure pas, je souris, tu vois bien Suzanne.

— Vous ne m'avez pas raconté d'histoire aujourd'hui, remarque l'enfant.

— Alors, commençons, propose la jeune fille, ravie de la diversion. Il était une fois une dame charitable…

Dans cette histoire que Geneviève raconte à l'enfant, un auditeur averti reconnaîtrait plus d'un trait s'apparentant avec Mme d'Youville, mais la petite ne saurait faire le rapprochement; elle semble toutefois vivement intéressée.

L'histoire s'achève bientôt cependant, car Mme Benoit s'est levée et signifie du regard à Suzanne que la visite est terminée. Le départ s'effectue après l'échange du plus cordial au revoir.

Geneviève profite des instants de solitude qui se présentent pour confier à sa mère, un grand secret.

— J'ai prêté l'oreille à votre conversation avec Mme Benoit, mère, commence-t-elle, un peu confuse d'accuser cette petite indiscrétion. Si vous le permettez, j'irai me joindre aux sœurs Grises et je les aiderai dans leurs œuvres.

— Tu y songes sérieusement, Geneviève?

— Oui, mère. Ce ne serait pas avant l'an prochain, cependant. M. le Curé me conseille de différer mon entrée jusque-là.

La maman si chrétienne est ravie de la vocation de sa fille. Elle est heureuse aussi du laps de temps accordé pour préparer les esprits au grand sacrifice.

— Réfléchis beaucoup, Geneviève, la démarche est sérieuse. Tu t'en iras vers une vie de privations : on dit que les sœurs ne mangent pas à leur faim, ajoute cette femme que les mots n'effraient pas.

— J'ai pensé à tout cela, mère, et l'attrait persiste. Jeûner est bon de temps à autre et puis ce doit être si réconfortant de pouvoir se dire, à la fin d'une journée, à la fin d'une vie : tous mes instants ont été employés au soulagement des pauvres ! Comme la mort doit être douce, alors !

À ces derniers mots, le visage maternel s'est ému. La jeune fille, primesautière, ajoute incontinent :

— Je ne mourrai pas de sitôt cependant, rassurez-vous, mère. Je vivrai même très vieille, j'en suis sûre, et j'aurai la chance de travailler de longues années au service des pauvres.

* * *

« Travailler de longues années au service des pauvres ! » Voilà un programme dont on ne saurait jauger la portée, tant qu'on n'y a pas mis la main, car si le labeur austère recèle de véritables consolations pour l'âme à la foi profonde, combien de tourments n'entraîne-t-il pas nécessairement dans son sillage, surtout en ces lendemains de conquête où les problèmes dégénèrent en crises parfois aiguës !

Le souci du ravitaillement par exemple : comme il pèse lourd sur l'âme de la Directrice de l'hôpital général ! car l'institution a perdu sa principale source de revenus avec le départ de l'armée française. Nonobstant le nouvel état de choses, la fondatrice n'en a pas moins assumé l'œuvre de la crèche. Rien ne saurait ébranler la confiance de cette femme en la Providence du Père Céleste. Ce qui ne constitue pas, en soi, une immunisation contre la souffrance pas plus d'ailleurs, que l'héroïsme ne dispense du courage. Et la Mère, soucieuse du bien-être de sa grande famille, découvre des moyens nouveaux de lui procurer le pain quotidien.

On en est déjà à la fin de septembre, le jour a été superbe et il meurt en beauté. Mme d'Youville arrivait, hier, à « Chasteau-Gué », en compagnie de sœur Despins. L'automne dernier, elle y venait pour la première fois avec Mlle de Lanoue, la pauvre seigneuresse deux fois désolée depuis le départ de son frère Joachim pour la France.

« Ce fief couvre une superficie de deux lieues de front sur trois de profondeur, avait expliqué Mlle de Lanoue au cours du voyage. Concédé par Frontenac en 1676 à Charles Lemoyne, il devenait pour nous, possession de famille lorsque le baron de Longueuil le vendit à son cousin — mon père — en 1706. Les censitaires sont peu nombreux et je n'ai pas l'intention de leur compliquer la vie. Je m'en tiendrai volontiers à l'exploitation de l'Île Saint-Bernard; cette île, ainsi que les huit îles de la Paix, font partie de la concession ».

Mme d'Youville avait visité le domaine; mentalement, elle en avait évalué les possibilités et lorsque Mlle de Lanoue s'était exclamée: « Comment tirer profit de ces terres quand on ne possède aucune expérience ? », la Supérieure avait suggéré: « Alors, pourquoi ne pas affermer l'Île ? » — « Je ne demanderais pas mieux, mais où trouver le fermier en question ? Si vous vous chargiez de le découvrir, Madame, je vous abandonnerais le produit des terres. »

L'offre tombait à point. Mme d'Youville s'assurait, quelques jours plus tard, les services de M. Saint-Onge; il entrait en fonctions dès l'arrivée du printemps.

En ces premiers jours d'automne, la Supérieure est venue constater « de visu » les résultats d'une première saison de travail. Au cours de la matinée, on a visité le « Chasteau-Gué » aux dimensions de 45 pieds sur 22 pieds, puis les dépendances: la grange et l'étable de pierres munies de meurtrières, preuves tangibles du voisinage plutôt hostile du moins dans les débuts, des Iroquois du Sault Saint-Louis. L'après-midi a été employé à écouter les explications et suggestions du fermier ainsi que des projets qu'il mettra à exécution « si la Supérieure en accorde l'autorisation ». Sur 690 arpents de superficie, à peine 90 sont défrichés et mis en culture.

La journée a été bien remplie et les sœurs qui repartiront demain, profitent de l'après souper pour escalader la colline au pied de laquelle s'élève le petit moulin banal dont la roue, au repos, dresse ses jolis contours, sur un firmament d'opale. Sœur Despins, suggère:

— Si nous prenions le sentier où la pente est plus douce, Mère ? Nous avons tant marché aujourd'hui.

La Mère acquiesce; âgée maintenant de soixante ans, elle est moins résistante à la fatigue. Sa compagne, toujours soucieuse et délicate, s'attarde devant les quelques pommiers afin de procurer à la Supérieure une halte bienfaisante.

— Voyez donc Mère, ces branches courbées sous le poids de leur fardeau, n'est-ce pas significatif?

— Image d'une vie pleine, commente la Mère.

On escalade lentement la colline, cette butte qu'on croit être faite de main d'homme tant elle est régulière. Enfin, on arrive au sommet. Les deux sœurs, saisies par la majesté du panorama qui se déploie sous leurs yeux, offrent au Seigneur, l'hommage de leur admiration silencieuse. Le lac Saint-Louis présente l'aspect d'une nappe de satin bleu; aucune ride ne le sillonne. Là-bas, au loin, se profilent le Mont-Royal et les Deux-Montagnes. En face, c'est Lachine, la Pointe-Claire, l'Île Perrot. À gauche, Beauharnois, et là, tout près, la petite rivière du Loup qui fuit en serpentant entre deux rives boisées. Le chêne, l'érable, l'orme et le noyer dominent dans ces forêts touffues que l'automne a dorées, brunies ou roussies au gré de ses caprices. Le soleil sombre lentement, sur tant de beauté, le ciel se colore des feux du couchant et, miroir fidèle, le lac reflète la féerie.

Mme d'Youville s'est éloignée de sa compagne de quelques pas. Sœur Despins pressent que l'âme de la Mère évoque sans peine l'omniprésence de Dieu devant cette immensité du lac qui s'étale, immobile. On dirait maintenant une améthyste, car le ciel s'est violacé. Le globe de feu disparaît derrière la ligne sombre des arbres lointains; le crépuscule enveloppe les alentours de son voile mystérieux et les feuilles frissonnent dans le soir déjà frais.

— Descendons, propose la Mère simplement; le serein tombe, vous allez prendre froid.

Les deux sœurs marchent lentement, toujours en silence. La Mère promène un œil connaisseur sur cette Île. Une idée a germé dans son esprit.

— Si nous pouvions acquérir ce domaine! confie-t-elle après quelques instants. Combien d'avantages n'offre-t-il pas! l'isolement relatif, la fertilité, la proximité de Montréal. Nos sœurs malades pourraient venir refaire leurs forces au bon air de la campagne.

Sœur Despins à qui les mêmes pensées sont venues, adhère pleinement aux suggestions.

— Il ne faudrait pas hésiter à employer mon patrimoine à cette fin, Mère, si vous le jugez bon. Ce fief ayant appartenu aux

Le Moyne, il me serait agréable de contribuer à l'acquérir, quoique cette considération vienne en dernier lieu, ajoute-t-elle aussitôt.

— Je n'oserais prendre de mon propre chef, une telle décision, reprend la Mère. D'ailleurs, les conditions présentes sont trop précaires pour que nous donnions suite au projet. Le nouveau Gouvernement ne nous laisse rien deviner de son attitude vis-à-vis les Communautés religieuses. Nous tolérera-t-on? Dieu seul le sait. Laissons les événements suivre leur cours et, si nous survivons à la tempête, nous vendrons le fief de Chambly pour acquérir celui-ci.

Les deux sœurs Grises ont terminé la descente, elles arrivent maintenant au petit moulin. À gauche, se trouvent les quelques pommiers aperçus tantôt. Mme d'Youville appuie la main sur le tronc de l'arbre à sa portée et dit:

— Nous pourrions convertir ce coin en verger. Ce pommier prouve que le sol s'y prête. Quant au moulin, il n'est pas facile d'accès pour les censitaires, il faudrait en construire un autre sur le fief même, qu'en pensez-vous?

Sœur Despins sourit et répond:

— Je partage entièrement votre avis, Mère. Je ne puis m'empêcher de sourire cependant en constatant avec quelle rapidité vous voyez toutes ces choses.

— Question d'habitude, explique la Mère. Quand vous aurez atteint mon âge, il en sera de même pour vous.

Sur le velours du firmament s'allument déjà les étoiles, et le croissant de lune jette une pâle lueur sur la petite rivière du Loup.

— Il se fait tard, murmure la Mère, rentrons au manoir. Nous quitterons très tôt demain. Nous rapporterons autant de produits que possible. Figurez-vous à l'avance, la joie de la cuisinière!

La Mère et la fille, après avoir échangé un fraternel bonsoir, se retirent dans l'alcôve que la fermière leur a préparée. Toutes deux prolongent leur prière du soir: le spectacle du soleil couchant a ravivé en ces âmes, leur besoin d'infini. Et parce qu'elles se rapprochent de la source de l'Amour — Dieu lui-même — demain, elles aimeront davantage encore ceux qu'il leur a confiés: les pauvres.

* * *

La fête par excellence des pauvres, — la Noël — approche à grands pas: à minuit ce soir, elle aura sonné. Impossible hélas, de procurer aux hospitalisés la moindre joie supplémentaire à cette occasion, pas plus qu'on ne pourra souligner l'arrivée de l'an nouveau. Du moins, Mme La Supérieure a-t-elle décidé que la crèche de la chapelle sera plus belle que l'an dernier.

Depuis quelques jours, elle y consacre le moindre moment libre. Ces moments de liberté se raréfient, car les sœurs sont littéralement accaparées par les travaux d'aiguille. Depuis le départ de l'armée française, les recettes annuelles ont baissé de 60,000 à 9,000 L. Mme d'Youville vient d'en informer la fidèle économe que la question intéresse directement.

— Reste la dette de l'hospitalisation des soldats que le Trésor de France honorera sous peu, je présume, remarque sœur Demers.

— À la signature du traité de paix, sans doute, répond la Mère. en attendant, il nous faut payer l'intérêt de ces 120,799 L. que nous avons empruntées. Heureusement que la Providence nous a suscité des bienfaiteurs en la personne de Messieurs Ranger et Rhéaume et de Mademoiselle Guy. Et puis, les fermes de Châteauguay et de la Pointe Saint-Charles nous ont été d'un précieux secours. « À brebis tondue, Dieu ménage le vent », comme il est vrai, ce vieux dicton ! Nous serions coupables de redouter l'avenir, car, reconnaissons-le, « toujours à la veille de manquer de tout, nous ne manquons jamais pourtant du nécessaire ».

L'économe acquiesce d'un signe de tête, elle qui depuis vingt-quatre ans partage la vie de la fondatrice, a vu le vieux dicton se réaliser à plus d'une reprise. Certaine que la réponse sera affirmative, elle interroge :

— Nous maintenons l'œuvre de la crèche, Mère ?

— Oui, ma sœur, en dépit de tout. J'ai même l'intention de retirer sœur Josette Gosselin de la cuisine, afin de la consacrer à cette œuvre. Excellente fermière, elle initiera les garçons aux travaux des champs. Sœur Dussault gardera toutefois sa fonction d'hospitalière, elle s'en acquitte à merveille.

— Elle inspire son zèle à sa jeune aide, Catherine Dulude. Je ne serais pas surprise que cette employée vous demande son admission quelqu'un de ces jours.

— Dieu le veuille ma sœur ! j'ai admiré plus d'une fois l'humilité, la douceur de cette jeune fille. Je me demande si nous pourrons la recevoir tant que nous ne serons pas fixées sur l'attitude des Anglais à notre égard. Quelque chose me dit que le gouverneur Murray nous sera sympathique, c'est même ma persuasion depuis qu'il a permis à Charles de retourner à la Pointe-Lévy.

Charles a réintégré sa cure après quelques mois de ministère à Sainte-Rose de Laval.

— Dans quel état aura-t-il retrouvé son église ? poursuit la Mère.

— La fête de Noël sera triste pour lui, observe la sœur Demers.

— Triste aussi pour M. Gravé : le séminaire de Québec n'est pas encore relevé de ses ruines. Le Directeur est parti plein de courage avec l'idée arrêtée de le rétablir. Il lui faudra y mettre le temps et le tact, ajoute la Supérieure.

L'entretien se termine sur ces paroles. Sœur Demers retourne à sa besogne tandis que Mme d'Youville se met à la recherche de sœur Varambourville contre laquelle elle a dû sévir ce matin ! Oh ! ce devoir de la correction, comme il répugne à la Mère ! Ce n'est pas là une raison pour s'en dispenser cependant, mais elle y procède maternellement.

Au cours de l'avant-midi, sœur Varambourville, chargée d'alimenter la cheminée de la salle Sainte-Marie est allée quérir du bois, non pas dehors, mais au réfectoire des sœurs sous prétexte qu'il était plus sec. La Supérieure qui, fortuitement, a eu connaissance du fait, a rappelé à la sœur, la règle d'or : «ne pas faire aux autres ce qu'on n'aimerait pas qu'on nous fît à nous-mêmes» et l'hospitalière a dû aller reporter le bois là où elle l'avait pris. Elle s'est exécutée de bonne grâce, mais la Mère connaît la nature humaine. Elle sait bien que la pauvre sœur se sentira gênée vis-à-vis sa Supérieure. Voilà pourquoi, l'inviter à venir partager son travail de sacristine — invitation considérée comme un privilège par toutes les sœurs — rétablira la confiance.

La grâce travaille de pair avec la Supérieure puisque sœur Varambourville traverse justement le couloir.

— Auriez-vous l'obligeance de m'aider à mettre la crèche au point, ma sœur ? demande gentiment Mme d'Youville.

— Avec plaisir, Mère, répond la sœur avec empressement.

Le regard de la Mère est si bon que sœur Varambourville sent toute gêne disparaître.

Arrivées à la sacristie, les deux sœurs retirent les «personnages» du placard. Sœur Bourjoly s'est vraiment surpassée : L'Enfant-Jésus de cire est réussi à merveille. De follettes boucles blondes auréolent son front, de même que ce sont des cheveux du même blond qu'on aperçoit sous le voile bleu de la Vierge penchée sur son fils. Ces cheveux naturels produisent le plus joli effet et Mme d'Youville qui en connaît la provenance, ne peut s'empêcher de songer au Jéricho.

Et comment évoquer cette œuvre sans se rappeler le dévouement de M. Antoine Déat qui l'a soutenue au prix de tant de sacrifices? Un autre serviteur fidèle que la mort a fauché il y a déjà plus de sept mois. L'an dernier, c'était M. Joseph Hourdé, ami et protecteur de la maison; et au cours de l'hiver, ici même, à l'hôpital, mourait M. l'Abbé Beaudoin. La Mère a ouvert les portes de l'institution aux ministres du Seigneur acculés à la retraite par la vieillesse ou la maladie. Les secourir, eux, c'est obliger le Christ lui-même. Voir se clairsemer les rangs du Clergé, comme c'est alarmant toutefois, alors qu'on déplore partout la pénurie de prêtres!

En échangeant directives et suggestions, la Mère et la fille spirituelle achèvent leur travail vers cinq heures: la Nativité est reconstituée avec un réalisme saisissant.

— Reste à glisser l'écran, murmure la Supérieure, il faut cacher notre trésor jusqu'à ce soir.

— Je m'en charge, répond la sœur Varambourville.

Et tandis qu'elle s'acquitte de ce dernier détail, Mme d'Youville, agenouillée devant cette scène qui parle tant à son cœur, remercie Dieu qui a voulu se faire tout-petit afin de nous prouver son grand Amour. À ce Dieu-avec-nous, elle recommande ses filles, les chers vieux, les bonnes vieilles, les malades, les orphelins et ces pauvres petits abandonnés dont la pauvreté est si grande qu'ils ne connaissent même pas la douceur d'un sourire maternel saluant leur venue en ce monde! Les sœurs en ont reçu quarante-sept depuis l'an dernier!

— Ces petits pauvres, aidez-nous, Seigneur, à les conduire jusqu'à Vous, implore la prière de cette femme forte et compatissante.

1762 – La Providence des tout-petits

L'HÔPITAL devient vraiment l'asile des petits infortunés. De temps à autre, on en découvre un pauvrement emmailloté et gisant sur le perron. Ce matin même, l'un d'eux était déposé subrepticement dans le vestibule d'entrée.

Sœur Dussault manifeste toujours le même zèle infatigable auprès de ces petits abandonnés. Actuellement, elle prépare un nid douillet pour accueillir l'un d'eux qui reviendra de nourrice au cours de la journée. Le nid est bien humble, certes, toutefois l'hospitalière a découvert un reste de ruban bleu que ses doigts manipulent en ce moment.

— Ma sœur, si vous le permettez, j'irai voir Mme la Supérieure ce matin, vient de lui confier Mlle Dulude, en rougissant un peu.

— Allez, allez, mon enfant, accorde sœur Dussault qui devine ce que la jeune fille n'ajoute pas.

Catherine Dulude quitte la salle et se dirige vers la procure. Elle va frapper à la porte lorsqu'elle perçoit un son de voix : « Quelqu'un m'a précédée, constate-t-elle, déçue. Devrais-je faire antichambre ? »

Après quelques instants d'hésitation, elle opte pour l'affirmative. Un moment de réflexion n'est jamais à dédaigner, et elle est si sérieuse cette démarche, que Mlle Dulude entreprend aujourd'hui. Car c'est une chose décidée : Catherine va demander son admission au noviciat. Elle ne saurait se douter qu'en ce moment, une autre jeune fille, dénommée Catherine également, traite du même sujet en compagnie de Mme d'Youville. Il s'agit de Mlle Catherine-Françoise-Gabrielle, fille de Pierre-Joseph Céloron de Blainville, brillant officier d'artillerie, glorieusement tombé au service du pays, et de Catherine Eurry de La Pérelle ; la jeune fille pensionne à l'hôpital général depuis le 4 novembre dernier. Gratifiée d'une parfaite éducation et d'un caractère très sérieux, Mlle Céloron est, de plus, remarquablement charmante et jolie. Elle a fait part à Mme d'Youville qu'elle entrera chez les Hospitalières de Saint-Joseph de l'Hôtel-Dieu. La Supérieure a félicité la jeune fille et l'a encouragée dans sa voie.

— Il ne faut jamais contrarier le choix de Dieu, observe la Mère. Il vous a donné un attrait spécial pour ce genre de vie, vous ne serez pleinement heureuse que là ! Nous prierons l'une pour l'autre, n'est-ce pas ?

— C'est promis, répond la jeune fille qui, après un dernier remerciement pour les bontés de Mme la Supérieure, se retire et croise en sortant Catherine Dulude. Les deux homonymes se saluent d'un sourire. Les conditions sociales diffèrent et les rapports entre ces deux jeunes filles sont tout à fait occasionnels ; cependant, les âmes se sont reconnues dès la première rencontre.

À peine Mme d'Youville a-t-elle repris sa plume d'oie, que les coups discrets de Mlle Dulude se font entendre.

— Bien, entrez, invite la Mère, de sa voix grave, en interrompant son travail.

Et Catherine Dulude entre, confiante. En toute simplicité, elle fait part du motif de sa venue et présente sa demande d'admission. La Mère, qui a observé la candidate, n'a aucun doute sur l'authenticité de cette vocation solide et pourtant, elle pose une objection.

— Le nouveau Gouvernement ne s'est pas encore prononcé sur le sort des communautés religieuses, de sorte que vous joindre à nous, comporte un véritable risque.

— Risque auquel je m'expose volontiers, Madame, je suis prête à partager votre sort, si vous voulez m'accepter.

Cette réponse virile, venant d'une si frêle jeune fille, est visiblement inspirée par la grâce et Mme d'Youville accueille maternellement celle qui l'a prononcée. L'entrée est fixée au premier février prochain, c'est-à-dire dans quinze jours environ. La candidate sort de la procure et se hâte vers la salle pour annoncer la bonne nouvelle à sœur Dussault.

La Supérieure, restée seule, reprend de nouveau sa plume et le registre des pauvres ; elle trace le nom de ce petit, reçu ce matin : il s'appellera Pierre. Et tandis qu'elle inscrit la date d'admission, elle songe inévitablement à la fille-mère qui, après avoir donné naissance à cet enfant, l'a abandonné à son sort. Le pauvre petit, conséquemment, ne connaîtra jamais la plus exquise douceur de la vie : l'amour d'une mère !

Et le parallèle s'établit de lui-même entre cette « fille tombée » et ces deux autres jeunes filles, venues successivement à la procure, depuis la matinée, informer la Supérieure de leur décision de se vouer entièrement à Dieu.

* * *

— J'ai vu sœur Céloron à l'Hôtel-Dieu hier, annonce Mme Pierre Maugras, à sa sœur, Mme d'Youville, alors que celle-ci traverse le bocage, en revenant du chantier de construction. Elle m'a priée de te saluer, de même que Mme de la Corne que je suis allée voir. Mme de la Corne va un peu mieux, quoique les conditions actuelles continuent de l'affecter, observe Mme Maugras avec mélancolie.

Les montréalistes ne se réconcilient guère avec les conséquences de la conquête, entre autres, la cohabitation sous le même toit, du vainqueur et du vaincu. Faute de casernes en bon état, des détachements de soldats anglais prennent logement chez les particuliers et ce rappel constant de la défaite n'est pas de nature à cicatriser la plaie. Nombreux sont ceux qui préfèrent retourner en France, d'autres quittent leur foyer plutôt que de subir ces ennuis quotidiens.

Depuis le 2 juin dernier, Mme Maugras et sa fille Renée, Mme de Bleury, ont élu domicile à l'hôpital général; elles y disposent de deux appartements, car Mme de Bleury est mère d'un garçonnet de sept ans, nommé Christophe.

— Je suis heureuse d'apprendre que Mme de la Corne se porte mieux, répond la Supérieure. Nous avons bien prié à ses intentions; je me souviens de tout ce que nous devons à cette bonne Dame. Le Ciel lui accordera de traverser cette période de crise.

— Vous savez la nouvelle, tante Marguerite? Il paraît que Messire Bigot est emprisonné à la Bastille depuis novembre dernier, annonce Mme de Bleury en fixant attentivement sa tante, car la nièce n'ignore pas les épreuves qui lui sont venues par l'entremise de l'Intendant.

— Dieu ait pitié de son âme! murmure la Mère, sans ajouter le moindre commentaire.

Sur ce, elle s'apprête à quitter. Mme Maugras lui glisse une aumône dans la main.

— Voici pour tes pauvres, Marguerite. Bientôt, je pourrai t'offrir davantage.

— Je te remercie en leur nom Clémence.

— Nous travaillons pour ta grande famille, renchérit Clémence. Nous sommes venues nous installer ici, il fait si beau cet après-midi.

— Vous avez bien fait, approuve la Supérieure. Pour ma part, je reviens de visiter la maison des employés et la boulangerie, ces constructions tirent à leur fin.

— Tu n'en entreprendras pas d'autres, dis? interroge Mme Maugras.

— Les moyens manquent, avoue la Supérieure. Nous devrions agrandir, car les demandes affluent. Je ne puis m'attarder, Clémence, excuse-moi, on me demande à la maison. Au revoir et merci à nouveau.

Mme d'Youville poursuit son chemin vers la procure où sœur Dussault l'attend à quelques pas de la porte. Lorsque toutes deux en ont franchi le seuil, l'hospitalière des petits abandonnés annonce:

— Mère, la petite Françoise vient d'arriver et la nourrice réclame son dû.

— Combien lui devons-nous exactement?

— Elle demande une piastre, Mère.

«L'aumône de Clémence tombe à point», songe Mme d'Youville intérieurement, tandis qu'elle plonge la main dans sa poche. À sa grande stupéfaction cependant, elle perçoit le crissement de plusieurs billets. Sans chercher à comprendre, elle saisit le tout et dépose sur la table une poignée de piastres. La Mère qui, d'habitude, ne s'étonne pas facilement, n'en revient pas cette fois.

— Voyez donc, ma sœur, fait-elle en indiquant les billets. Et dire que je n'avais qu'une seule piastre!

Sœur Dussault s'avance de quelques pas, constate la présence de la liasse de billets, puis regarde la Mère sans songer à dissimuler son admiration. Et devant ce regard expressif, la Mère réalise l'intervention du Ciel en faveur des petits abandonnés. Prenant un de ces billets, elle le remet à sœur Dussault en disant d'une voix où perce l'intensité de sa gratitude:

— Voici, ma sœur, allez acquitter notre dette. Revenez me voir cependant avant de retourner à votre office.

Sœur Dussault se dirige vers le parloir voisin; la Mère, elle, s'anéantit une fois de plus devant les «multiples ressorts de la Providence divine».

L'hospitalière des petits abandonnés est bientôt revenue; la distance est si courte entre le parloir et la procure. Mme d'Youville, humblement, lui confie:

— J'ai cédé à un mouvement de surprise en attirant votre attention sur ce qui vient de se passer, ma sœur. À mon âge, on devrait pourtant se posséder, ajoute-t-elle avec un sourire. Que mon expérience vous incite à faire mieux, conseille-t-elle simplement. Il ne faudrait pas répandre le fait, cependant.

Sœur Dussault garde le silence. Elle n'ose rien promettre. En retournant à son travail, elle se dit intérieurement: «Je voudrais bien pouvoir me taire, mais je suis à peu près sûre que j'en serai incapable, et puis mes compagnes me pardonneraient-elles de garder pour moi seule, ce trait de Providence?»

* * *

Comme bien l'on pense, le trait a été connu, il a même franchi les murs du couvent. Geneviève Coutlée l'a entendu raconter, ce lui a été une occasion de réitérer sa demande à sa mère. L'autorisation a été accordée et cet après-midi, Madame et sa fille sont venues à l'hôpital pour fixer la date d'entrée. Ce sera dans un mois environ, le 14 octobre exactement, veille de l'anniversaire de Mme d'Youville. La maîtresse des novices a suggéré cette date en disant à l'aspirante : « Vous constituerez le bouquet de fête. » Quant à Mme Coutlée, elle a confié son « trésor » à la Supérieure.

« Je vous donne mon rayon de soleil, lui a-t-elle murmuré en aparté. C'était un plaisir de la voir aller et venir dans la maison, ayant toujours une chanson aux lèvres. Cette enfant ne m'a donné que des consolations. Je vous la confie, Madame, je sais que vous en ferez une sainte comme vous. »

La Supérieure a souri, indulgente, en songeant : « Comme on a tôt fait de nous canoniser ! » Puis elle a répondu : « Dieu accomplira cette tâche, soyez-en persuadée. Nous nous contenterons de la guider dans l'apprentissage de la vie religieuse et, surtout, nous l'aimerons beaucoup. »

À son tour, Mme Coutlée a souri en assurant : « Vous ne pourrez jamais l'aimer autant que moi, Madame. »

Puis les deux visiteuses ont quitté en échangeant avec les sœurs, le plus cordial au revoir.

L'heure de la récréation du soir a sonné. Presque toutes les sœurs se sont rassemblées à la salle communautaire, sauf les deux infirmières, retenues au chevet de M. de Normanville, prêtre retiré à l'hôpital, et dont le trépas approche visiblement.

Apercevant les sœurs Josette Gosselin et Thérèse Beaufrère, Mme d'Youville leur sourit tout particulièrement et s'enquiert :

— Voilà nos deux fermières rentrées ? Quel bon vent vous amène mes sœurs ?

— Une occasion, répond sœur Beaufrère. Nous avons pensé rentrer ce soir pour jouir de la récréation ; il aurait fallu franchir la distance à pieds demain matin, vu que c'est notre tour de communier.

Le projet de Mme d'Youville s'est réalisé ; sœur Gosselin est devenue fermière de la Pointe Saint-Charles, elle entraîne les orphelins aux travaux des champs et sœur Beaufrère lui est adjointe comme cuisinière.

— Ça va bien là-bas, à la ferme ? interroge sœur Demers.

Regard limpide de l'enfant où se mire le ciel...

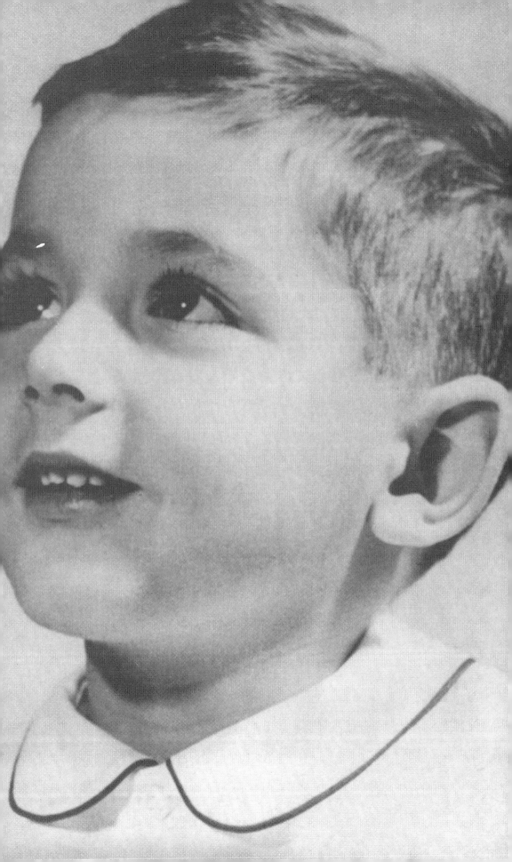

— Oui, nous achevons de faucher le blé, explique sœur Gosselin, lentement. L'été a commencé tard, mais il s'est racheté, vous auriez dû voir le blé debout... de l'or! tout simplement. Nous aurons un peu de pain, Mère, ajoute-t-elle, le regard tourné vers Mère d'Youville.

La Supérieure aime entendre sa fille parler de la «bonne terre», ainsi qu'elle l'appelle. Sœur Gosselin professe un culte à l'égard de la «grande nourricière de l'humanité», et Mme d'Youville sait bien que cette âme contemplative ne s'arrête pas aux réalités matérielles, elle va toujours à la Source : la Providence fécondant les champs, afin que vivent les hommes.

— Nous aurons du pain, reprend sœur Gosselin. Et les légumes ont bien levé ; seulement, l'an prochain, il faudra agrandir le terrain de culture et le jardin. Je crois que ce sera possible, mes élèves vont bien, commente-t-elle en souriant. Joseph, surtout, se distingue, il est «allant» à la besogne.

Il s'agit de Joseph Lepage, orphelin âgé de douze ans, mais qui en accuse quinze tant il est grand et bien musclé.

— Avec deux engagés de plus pour les gros ouvrages, nous pourrions tirer notre subsistance de cette ferme, conclut sœur Gosselin.

La Mère apprécie le compte-rendu, elle va en exprimer son contentement, lorsque la cloche réglementaire annonce la fin de la récréation.

Au sortir de la chapelle, après la prière du soir, Mme d'Youville regagne la procure ; elle pose le bougeoir sur sa table de travail, exhibe une feuille de parchemin et saisit sa plume d'oie. Elle écrit à Étienne-Guillaume Figuery que sa femme, Josette Gamelin, va rejoindre en France, ainsi que l'a appris Mme d'Youville, par Josette elle-même la semaine dernière.

Charmante Josette qui s'en va vers celui que le Ciel lui a uni et qui laisse à jamais : pays, famille, parenté.

«J'écrirai à ton mari» a promis Mme d'Youville. Et c'est cette lettre qu'elle se met à rédiger. Lentement, elle trace :

16 septembre 1762

M. Figuery (par sa femme)

Monsieur,

Vous voyez notre chère Josette et nous la perdons à jamais. Il y a plusieurs jours que je n'ai été voir les siens et je n'irai pas que je ne la sache partie ; je n'ai pas assez de courage pour lui dire adieu.

Promesses de fécondité.

Elle s'interrompt, les larmes lui montent aux yeux. Puis, elle continue :

«Je ferai de mon mieux pour consoler son père, sa mère, ses frères et ses sœurs quand elle ne sera plus. Je crains bien que ce départ ne cause de grande révolution au père et à la mère.»

Nouvelle interruption. À force de se pencher sur la souffrance d'autrui, cette femme la devine, la partage dans toute son acuité. Oui, bien des cœurs seront brisés par le départ de Josette et tante Marguerite ne sera pas la moins affectée, à preuve, ces larmes qui ruissellent sur ses joues. Non, l'amour de Dieu n'insensibilise pas le cœur, comme d'aucuns le prétendent, au contraire, il affine sa puissance d'aimer et de souffrir avec ceux qu'il aime.

Simplement, comme elle fait toutes choses, la Mère ne songe même pas à expliquer ou à excuser sa peine. Elle termine sa lettre sur cet accent pathétique :

«Je finis, les larmes m'aveuglent.»

Mais ces larmes qui l'aveuglent, la Mère les verse sans amertume. Signes extérieurs des chagrins qui pressurent l'âme, les larmes de résignation, tribut réclamé par la nature, ne constituent-elles pas, mêlées au Sang du calice, l'offrande par excellence qui ravit le Cœur de Dieu?

1763 – Deuils et départs

L'ACCEPTATION du sacrifice a suffi à Dieu, il n'en a pas exigé la consommation. Josette n'a pu quitter par le bâtiment d'octobre tel qu'annoncé ; son départ est même remis à une date incertaine : Ignace Gamelin, son père, et Étienne Figuery, son époux, étant dans l'incapacité de verser les 100 L. requises pour le voyage.

Les occasions de chagrin n'en sont pas épuisées pour autant. En cette matinée du 24 juin, les sœurs ont assisté, émues, au trépas de la novice sœur Catherine Dulude, âgée de vingt-trois ans, que la phtisie a terrassée.

M. l'Aumônier et le docteur Feltz quittent actuellement l'hôpital. Le médecin ne cache pas son émotion.

— Je reviendrai dans le courant de la journée exprimer ma sympathie aux sœurs. Je ne m'habitue pas à ces morts prématurées. Les sœurs de l'Hôtel-Dieu ont perdu cinq sujets depuis deux ans; des constitutions plutôt frêles, incapables de supporter les privations des temps actuels. Il faudrait suralimenter ces pauvres malades, mais, allez donc suralimenter quelqu'un, quand tout fait défaut dans ce pays!

— Vous ne vous réconciliez pas avec la conquête, Docteur, répond M. de Féligonde.

— Aucunement. Je liquide mes biens-fonds et je retourne en France; la vie n'est pas tenable par ici.

— Vous retournerez en France, la Mère patrie; d'autres s'en vont au ciel, l'éternelle patrie. Ce sont encore les plus heureux, ajoute M. de Féligonde, avec un léger soupir.

— Retourneriez-vous en France si la liberté vous en était laissée? interroge le Docteur, après quelques instants.

— Ce serait manquer à ce que j'estime mon devoir, répond l'interpellé. La religion a besoin de défenseurs et je compte en être.

— Vous accepteriez de devenir sujet britannique?

— Oui même cela, Docteur. L'enjeu mérite bien tous les sacrifices.

— Les temps sont à l'héroïsme. Il se pourrait même que sonne l'heure du martyre.

— Vous broyez du noir, cher Docteur. Je ne crois pas que nous en viendrons là. Je penche même vers l'optimisme. Il me semble que le voyage de M. Montgolfier à Londres, réglera bien des problèmes.

— En attendant, Murray refuse de se prêter à l'élection d'un évêque pour remplacer Monseigneur de Pontbriand. Il n'est pas sans se douter que M. Montgolfier lui-même serait élu, murmure le docteur Feltz, à mi-voix. Nous aurions un Évêque à la hauteur de la situation; il exerce une telle influence sur le peuple! Et avec cela, il est d'une prestance propre à commander le respect. Quelque chose me dit pourtant que Murray le regarde d'un mauvais œil; on dirait qu'il prend ombrage de la considération qui entoure votre Supérieur.

— Cela n'empêchera pas le Seigneur d'arriver à ses fins; j'apprends, depuis que je réside dans ce pays, que rien n'arrive sans sa permission et cette certitude me tient lieu de tous les autres biens.

— J'envie votre sécurité, votre détachement. Pour m'exprimer comme mon vieux patient, le père Jules, on dirait que vous avez déjà un «pied de rendu de l'autre bord».

Le prêtre sourit et le Docteur en fait autant. Tous deux ont atteint le vestibule.

— Montez dans ma voiture, propose le médecin en ouvrant la porte.

— Non, merci, je préfère marcher. De plus, j'ai un malade à visiter non loin d'ici. Au revoir, Docteur.

À l'intérieur de l'hôpital, les sœurs quittent, l'une après l'autre, la couche funèbre où repose leur jeune compagne. Les deux postulantes se retirent à regret de cette chambre où elles se sont relayées depuis quelques mois. Lorsqu'elles ont franchi le seuil du noviciat, sœur Coutlée confesse tout simplement:

— Dire que je me figurais que ce devait être terrible que de mourir: je n'ai jamais rien vu de si beau!

Sœur Pampalon acquiesce d'un signe de tête. Arrivée au noviciat depuis exactement six mois aujourd'hui même, elle semble avoir pris pour devise de «franchir en peu de temps, une longue carrière» et la lutte de générosité est belle entre elle et sœur Coutlée.

— Mourir ainsi, n'est-ce pas la plus belle récompense? prononce lentement sœur Pampalon. Vous vous rappelez à quel point sœur Dulude avait hâte de voir le bon Dieu? Elle doit nous trouver sottes de pleurer ainsi, ajoute-t-elle, tandis que ses lèvres esquissent un sourire.

— Vous avez raison, ma sœur, conclut sœur Coutlée, en s'essuyant les yeux de son mouchoir — mouchoir à carreaux, confectionné moyennant les retailles d'étoffe — je ne sais trop pourquoi, mais je me suis sentie pressée de faire une promesse tandis que je la regardais mourir, si confiante. J'ai promis de ne pas perdre un seul instant au service de Dieu; puisque c'est cette vie qui prépare l'autre, pourquoi lésiner?

Et la novice tient parole. Elle embrasse toutes les besognes avec un courage égal. Avec non moins d'entrain, elle se plie à toutes les exigences du règlement et c'est un plaisir de voir cette âme sincère, se dépouiller volontairement de toute attache afin que Dieu accapare toute la place. La maîtresse des novices veille avec sollicitude afin que tant de générosité ne tourne pas en excès et Mme d'Youville ne perd aucune occasion de la prémunir contre les dangers de l'activité trop naturelle, car c'est le «péché mignon» de la candidate.

— Rien d'alarmant, confie la Mère à sœur Despins. Ce qu'il y a de trop naturel en cette activité sera bien vite absorbé par l'esprit d'oraison, l'exercice de la présence de Dieu, car la petite sœur est très pieuse. L'Esprit-Saint lui révélera ses secrets et cela ne tardera guère; n'a-t-Il pas l'habitude de se saisir bientôt des âmes qui se livrent?

— Sœur Madeleine Pampalon présente aussi de belles promesses pour l'avenir, Mère. J'ai remarqué qu'elle choisit de préférence les tâches les plus humbles : songez qu'elle compte à peine huit mois d'entrée.

— Bénissons Dieu de nous envoyer de telles recrues. Ce sont des âmes fortes qu'il faut à nos temps si mauvais. J'écrirai à M. le Supérieur pour lui demander l'autorisation de donner l'habit à ces jeunes sœurs. Il m'avait dit, avant son départ, qu'il sonderait l'opinion de nos gouvernants à ce sujet. Mais tant de problèmes l'assaillent ! Je crains qu'il ne nous oublie.

— Vous rejoindrez M. le Supérieur à Québec ?

— Oui, on me dit que son départ pour Londres est encore retardé, ce qui me porte à croire qu'il ne sera pas de retour de sitôt.

La Mère est interrompue par l'arrivée de l'abbé Charles qui, s'encadrant sur le seuil de la porte, dit avec un sourire :

— Bonjour, Mère, bonjour ma sœur. Puis-je interrompre votre tête-à-tête ?

Sœur Despins cède sa place au Curé de la Pointe-Lévy, dont les apparitions à Montréal sont plutôt rares.

— À propos, Mère, continue aimablement le fils, vous m'avez parlé de quelques lettres hier, M. Jorien s'en chargera volontiers.

— J'en suis heureuse, Charles, car je tiens absolument à écrire à M. le Supérieur.

— Bientôt nous appellerons M. le Supérieur, Monseigneur Montgolfier, prononce Charles à mi-voix. On assure qu'il a été élu en secret par le Chapitre, comme remplaçant de Monseigneur de Pontbriand. Reste à savoir si Londres acceptera l'élection ! En attendant, il nous faut apprendre à patienter, car Messieurs les Anglais procèdent avec une lenteur désespérante ; ils nous tiennent en suspens !

— Je n'aurais jamais cru que la France nous abandonnerait, avoue la Mère. Le traité de Paris a fait couler bien des larmes. Heureusement, nous n'avons pas été inquiétés quant à notre religion, nous sommes libres ; seulement, il y a plus de misère quant au temporel. On ne trouve pas à gagner sa vie avec eux comme avec les Français.

Charles regarde sa mère avec sympathie : « Quel fardeau doit représenter pour elle la direction de l'hôpital, songe-t-il ! Alors que tout le monde a peine à vivre, elle doit procurer du pain à sa nombreuse maisonnée. Et la dévaluation de la monnaie française... et l'inquiétude quant au droit d'existence, car les bruits circulent que la Cour de Londres supprimera les couvents d'hommes et de filles «inutiles dans les colonies». Autant de tracas qui mineraient la plus forte constitution.»

Charles interroge :

— Vous êtes fixée sur votre nouveau procureur, Mère ?

— Ce sera M. Savary. M. l'abbé de l'Isle-Dieu le mettra au fait de ce qui nous regarde. M. Villard du Séminaire des Missions Étrangères accepte également de s'intéresser à nos affaires. Je compte que ces Messieurs pourront percevoir ce que la Cour de France jugera bon nous verser pour l'acquit de nos lettres de change.

— Vous recevez toujours les amendes de justice pour l'œuvre de la crèche ?

— Le changement de régime apporté par le traité de Paris, mettra fin à cet arrangement, à ce qu'on me dit.

— Mais comment ferez-vous pour survivre ?

— Je refuse de m'inquiéter, Charles. D'autres sont incomparablement plus à plaindre que nous. «Nous n'avons pas vécu dans l'abondance», mais nos fermes ont produit suffisamment pour subvenir à nos plus pressants besoins. La charité de M. le Supérieur et de quelques bonnes âmes a comblé les lacunes.

La Mère n'ajoute pas l'incident des barils de fleur de farine trouvés au réfectoire, ainsi que la multiplication des billets, mais Charles est au courant des faits. Les sœurs les lui ont racontés. Par délicatesse, il s'abstient de la moindre allusion, mais en son for intérieur, il admire la confiance inébranlable de sa mère qui obtient de telles faveurs de la Providence divine. Le jeune Curé sait bien cependant que tout se paie ici-bas ; il n'ignore pas la croix que Dieu impose à sa servante comme rançon... le fils aîné François, suscite quelque difficulté pour le remboursement de son emprunt. Il le considère, dit-on, comme sa part d'héritage. Même si cela était, un héritage ne se perçoit qu'à la mort du testateur. C'est là une souffrance aiguë pour le cœur de la Mère. Charles le devine et veut lui apporter quelque réconfort, car elle n'abordera certainement pas le sujet d'elle-même.

— Mère, j'ai rencontré François au commencement d'août. Il m'a fait part de questions plutôt intimes. Il a consulté durant son séjour ici, au cours de l'été. M. Montgolfier lui a conseillé de vous remettre la somme empruntée.

— Oui, François m'a fait part de sa décision, répond la Mère. Seulement, il nous faudra attendre car ni la Fabrique ni lui ne sont en état d'entrer en paiement, du moins pour le moment ; le délai s'éternisera. Comme je voudrais pouvoir lui dire : « je vous donne tout », mais hélas, cela n'est pas en mon pouvoir.

Charles sait que le Curé de Saint-Ours est « ardent au bien, mais un peu brouillon et qu'il dispose de très maigres ressources ». Mme d'Youville ne touchera-t-elle jamais son dû ? Il en doute fortement, mais à sa Mère qui souffre, il exprime sa sympathie compréhensive.

— Soyez certaine, Mère, qu'à l'occasion, j'encouragerai François à régler cette affaire ; je l'aiderai même, si jamais la fortune me sourit. François est un peu entêté, mais il a bon cœur, ajoute-t-il, comme pour s'inciter lui-même à la confiance. Je vous laisse terminer votre lettre, Mère, je viendrai la chercher vers la fin de l'après-midi.

— Bien, mon fils, elle sera prête.

Cette lettre sollicite de M. Montgolfier, l'autorisation de donner le saint habit aux deux postulantes car, même si « le nombre de douze administratrices est complet, nous sommes quasi-moitié qui ne sommes plus bonnes à rien », écrit la Mère avec une humilité touchante. Puis, elle annonce la venue de Mme Saint-Blain et de sa fille, ainsi que de Mme de Ligneris, comme pensionnaires à l'hôpital ; les deux premières arriveront ces jours-ci et la dernière, dans un mois environ, c'est-à-dire, vers la fin d'octobre.

* * *

Octobre tire à sa fin. Depuis une semaine déjà, Mme de Ligneris est installée à l'hôpital. Marie-Thérèse Migeon de la Gauchetière, est plutôt songeuse cet après-midi. Son profil de médaille se détache sur la draperie de velours bleu — vestige des années de bonheur — qui encadre sa fenêtre.

Veuve depuis quatre ans, du chevalier François-Marie Marchand de Ligneris décédé des suites de ses blessures au Fort Niagara le 28 août 1759, Mme de Ligneris continue de porter le deuil.

La porte de la chambre est restée entrebâillée ; de temps à autre, Mme de Ligneris regarde dans la direction du couloir ; elle attend une visite, c'est évident. Des pas se font entendre, ils vont se rapprochant.

« C'est elle », se dit Mme de Ligneris, et elle s'apprête à se lever, mais les pas s'arrêtent à son seuil... sans le franchir. C'est une postulante qui visite la maison en compagnie de sœur Coutlée. Mme de Ligneris tressaille. Cette petite sœur ressemble un peu à sa propre fille Marie-Anne ou plutôt Nanette, ainsi qu'on l'appelle depuis sa tendre enfance. Nanette aux cheveux de blé mûr, aux yeux pailletés d'or. Nanette, longue et souple comme un roseau, mais dont la seule évocation suffit à embuer les yeux de la mère.

Mme de Ligneris, prise par ses pensées, n'a pas entendu quelqu'un frapper à sa porte. Quelques secondes s'écoulent et Mme d'Youville réitère les coups discrets. Cette fois, la pensionnaire se lève et se dirige vers la porte qu'elle ouvre toute grande. Un sourire de bienvenue illumine les yeux de l'hôtesse, mais Mme la Supérieure a tout de même eu le temps de saisir la nuance de tristesse qui y régnait d'abord. La porte se referme et Mme de Ligneris offre sa bergère à Mme d'Youville.

— Je vous remercie Madame, je suis plus familière avec les simples chaises.

Elle atténue son refus d'un si charmant sourire que Mme de Ligneris ne saurait s'en offusquer.

— Vous vous acclimatez à votre nouveau milieu? interroge la Mère avec bonté.

— Oui, Madame. Du calme et de la paix, c'est tout ce qu'il me faut avant de partir pour la France. J'aurai le temps d'achever mon inventaire et de me préparer au voyage. J'ai hâte de quitter le pays.

Elle s'interrompt. Deux larmes coulent silencieusement le long des ses joues.

— Pleurez, Madame, les larmes ne sont pas défendues et parfois, elles soulagent tant! explique la Supérieure, compréhensive.

— Vous avez sans doute entendu parler de ce qui arrive à Nanette? questionne Mme de Ligneris.

Mme d'Youville incline la tête affirmativement; oui, on lui a parlé de Nanette de Ligneris, sa filleule, qui a, malgré les objurgations maternelles, uni sa destinée à celle de Francis Mackay, soldat du 60e régiment de Wolfe…

— Nanette n'a rien voulu entendre, reprend Mme de Ligneris. J'ai cru d'abord à un engouement passager, à une amourette de jeune fille, mais non, c'est le grand amour. Je n'ai d'autres griefs contre Mackay que sa nationalité et sa foi, mais vous avouerez que c'en est là assez!

Ce sont des sanglots qui secouent la maman éplorée, en cet instant.

«Ah! si Nanette voyait quel cœur elle a brisé! songe la Mère. Mais non, la jeunesse inconsciemment égoïste, ne s'arrête pas toujours aux conséquences de ses coups de tête.»

— L'enfant de tant de larmes ne saurait périr, murmure lentement la Supérieure. Reprenez courage, Madame, conseille-t-elle, et priez, priez pour elle. Dieu lui ouvrira les yeux, elle ne lui échappera pas à Lui !

— Il me semble que j'ai fait mon devoir vis-à-vis cette enfant, observe Mme de Ligneris, je l'ai élevée chrétiennement et je l'ai entourée d'affection. Et dire que mes soins, mes précautions sont anéantis.

— Non, Madame, ne désespérez pas ainsi. « Avec Dieu, rien ne se perd. » Ces larmes que vous versez, obtiendront la lumière pour Nanette, vous verrez !

— Comme il faut souffrir pour et par nos enfants ! s'exclame l'affligée.

— Vous l'avez dit, Madame. Devenir mère, c'est devenir apte à souffrir…

Mme d'Youville parle en connaissance de cause, elle qu'inquiète l'obstination de François, elle qui souffre lorsque ses filles spirituelles manifestent moins d'ardeur dans la recherche de la perfection. Sans doute, faut-il faire la part de l'humaine faiblesse, de l'inconstance du cœur, mais pactiser avec l'effort amoindri, consentir à la tiédeur sournoise et envahissante, n'est-ce pas le malheur des malheurs ? Deux des filles de Mme d'Youville lui inspirent quelque anxiété et cette plaie secrète torture son cœur si noble et si bon. Existe-t-il un fondateur d'ordre à qui n'ait été réservé de tremper les lèvres à ce calice amer ?

— Consolons-nous à la pensée que nos souffrances achètent le bonheur éternel de nos chers aimés, poursuit Mme d'Youville. Nous avons donné la vie physique à nos enfants, méritons-leur maintenant les grâces qui les conduiront à bon port. Votre peine est de celles auxquelles Dieu ne résiste pas.

Mme de Ligneris se sent réconfortée : « Oui, cela vaut la peine de souffrir si j'arrache cette faveur suprême à Dieu, pour ma Nanette », se dit-elle intérieurement. Puis à haute voix, elle interroge :

— Comment se nomme la petite sœur qui est passée tantôt ? Elle semblait visiter la maison…

— C'est sœur Françoise Prud'homme. Elle compte dix-sept ans et demi d'âge ; elle est née au Fort Saint-Frédéric ; ses parents habitent maintenant Montréal. Elle entrait ici il y a dix jours.

— Elle ressemble à Nanette, ne trouvez-vous pas ?

— J'en ai été frappée, confesse Mme d'Youville. La même taille et les mêmes traits réguliers. Un beau brin de fille elle aussi, ajoute-t-elle.

— Elle a consacré sa beauté à Dieu, remarque Madame de Ligneris, tandis que Nanette…

Mais elle n'achève pas, se sentant devinée.

— Je partirai pour la France l'an prochain avec mes autres enfants, Madame. Puis-je compter que vous me tiendrez au courant des nouvelles de mon… exilée ? Vous veillerez sur elle ?

— Je vous le promets, soyez sans crainte, elle est un peu à moi aussi, puisque je suis sa marraine. Nous unirons nos prières et, vous verrez, Dieu se laissera toucher.

— Je vous remercie Madame. Vos paroles m'ont fait du bien, il me semble que désormais, j'aurai plus de courage.

— Il faut s'entraider sur cette terre, puisque nous serons jugés sur l'amour.

Mme d'Youville se lève, sa tâche est accomplie ici. D'autres affligés l'attendent dans cette grande maison. À tous, elle doit aller porter le réconfort des chrétiennes espérances.

— Puisque je ré-adopte votre fille aujourd'hui, ajoute-t-elle gentiment, puis-je compter sur les prières de sa mère pour m'aider dans cette mission ?

— Vous pouvez y compter, promet Mme de Ligneris, quoique j'aie la ferme conviction que si Nanette a le bonheur de croiser votre sentier, vous trouverez les paroles qui la feront réfléchir.

— Dieu vous entende, murmure Mme d'Youville en se retirant !

1764 – La survivance de l'Église canadienne

« Si Nanette a le bonheur de croiser votre sentier, vous trouverez les paroles qui la feront réfléchir », a dit Mme de Ligneris.

Mais comment espérer que viennent à se croiser deux sentiers si différents : celui de la Supérieure de l'hôpital général et celui de la belle jeune fille de dix-huit ans ?

Tout ne semble-t-il pas indiquer d'ailleurs, que la filleule ne cherchera pas à rencontrer sa marraine ? Celle-ci reste pourtant confiante : elle sait à quoi s'en tenir sur les voies du Seigneur. Il saura bien guider l'oiseau vers le filet miséricordieux de son pardon ! La vie a révélé bien des secrets à la Mère, entre autres, que l'heure de Dieu sonne à un moment marqué dans toute existence.

« Cette heure, quand sonnera-t-elle pour Nanette ? » Madame d'Youville se le demande alors que, l'index posé sur la grande aiguille de l'horloge, elle lui fait faire trois tours ; elle l'arrête à la demie de dix heures. Le tic tac de l'horloge, arrêtée depuis deux jours, reprend son refrain monotone. « Je fuis, je fuis », disent les secondes qui scandent les parcelles du temps. Et Mme d'Youville à qui tout parle du monde invisible de l'au-delà, entend dans ce refrain comme une invite à hâter le pas, à combler la mesure dans le don qu'elle a fait d'elle-même à Dieu, car le soir vient… « Bientôt, ce sera mon tour », se dit-elle en songeant aux événements récents.

Cette horloge dont elle vient de remonter les poids pour la remettre en mouvement, elle la tient de M. J. Yzambert, prêtre, ex-curé de Longueuil, retiré à l'hôpital au mois d'août et décédé le 14 décembre dernier. Il léguait aux sœurs, avec ce souvenir de famille, des lettres de change au montant de 3,500 L. Le legs en soi n'est pas considérable, mais Dieu tiendra compte de l'hospitalité offerte à l'un de ses ministres, surtout en ces temps de misère générale.

L'horloge, depuis qu'elle a passé aux sœurs Grises, a marqué un autre deuil de famille. En avril s'achevait l'existence de sœur Agathe Véronneau, la victime de la petite vérole. L'aliénation des facultés, coupée d'éclairs de lucidité, n'a jamais arraché une plainte à cette courageuse servante de Dieu. Oh ! oui, pourtant, une seule ! c'était le jour où sœur Despins avait été nommée pour s'approcher de la Table sainte en lieu et place de sœur Véronneau dont c'était le tour. Les sœurs s'acheminaient vers la salle communautaire y prendre leur maigre déjeuner, lorsque l'éclair de lucidité se produisant à ce moment-là, sœur Véronneau s'approcha de la maîtresse des novices et lui dit d'un accent peiné : « Vous m'avez volé mon tour ! » Toutes avaient pu comprendre le reproche exprimé à voix haute et toutes en avaient été fortement impressionnées.

Ainsi, dès qu'il plaisait à Dieu de redonner à sa servante l'usage de ses facultés, aussitôt, elle se tournait vers Lui comme l'aiguille revient sans cesse vers l'aimant. Que dire? même lorsque revenait l'étrange torpeur, sœur Véronneau, inlassablement, redisait à Dieu son amour. Satisfait de la générosité de la sœur Grise, le Maître la rappelait à Lui au matin du 20 avril alors que le printemps s'apprêtait à tout revigorer dans la nature.

Ce printemps de 1764 est exceptionnellement beau, on dirait que le soleil veut inciter le peuple à l'espoir. M. Montgolfier et M. Étienne Charest de Lauzon, les deux délégués à la Cour de Londres, débarquaient à Québec au début de juin. Depuis l'annonce de cette nouvelle, on soupire après le retour du vénéré Supérieur à Montréal; M. Montgolfier aura sondé les intentions de la Cour britannique et il saura donner les conseils appropriés relativement à l'agrégation de nouveaux sujets. Et puis — on l'espère fermement — l'honneur lui reviendra de piloter l'Église canadienne et comme on sait à quoi s'en tenir sur sa valeur, on escompte la tourmente passée.

Sœur Despins que la Mère a mandée à la procure, arrive en ce moment.

— Venez, fait la Mère avec un sourire, j'ai à vous parler d'affaires ce matin. Mlle de Lanoue m'a réitéré l'offre de me vendre la seigneurie de Châteauguay, confie la Supérieure. J'ai l'intention, si le nouveau Gouvernement nous souffre ici, d'accepter l'offre; je liquiderai moyennant nos lettres de change. L'arrangement serait accepté de son frère. Sœurs Lasource et Demers approuvent le projet. Qu'en pensez-vous vous-même?

— J'y souscris de tout cœur, Mère, et je vous réitère ma disposition d'y consacrer une partie de mon patrimoine selon que vous jugerez bon.

— Merci ma sœur, nous essaierons cependant de n'y pas toucher si possible.

La Supérieure informe maintenant sœur Despins que si permission en est donnée par M. le Supérieur, la petite sœur Coutlée remplacera sœur Véronneau comme administratrice. La maîtresse des novices va lui en exprimer son contentement, lorsqu'un branle-bas inaccoutumé se produit dans le couloir. La Mère s'en va vers la porte qu'elle ouvre toute grande.

Quelle heureuse, quelle indicible surprise d'apercevoir sur le seuil, l'abbé Pierre Ménard, le cher protégé, un peu pâle, mais souriant d'émotion et de plaisir!

— Je n'ai pas voulu m'annoncer, Madame, explique-t-il. J'arrive de Québec, j'ai voyagé en compagnie de M. Montgolfier. Je m'arrête ici d'abord pour vous dire mes remerciements, encore une fois.

— Et m'accorder une de vos premières bénédictions, n'est-ce pas, mon fils? dit la Mère en s'agenouillant.

Sa compagne l'imite et le jeune prêtre appelle les bénédictions de la Sainte Trinité sur les deux religieuses; il pose ensuite, respectueusement, sur les têtes inclinées, des mains qui tremblent légèrement.

Lorsque les sœurs se relèvent, un moment s'écoule avant que la voix de la Mère interrompe le silence.

— Je connais quelqu'un qui a bien hâte de vous voir, mon cher Abbé, murmure-t-elle. Allez vite vers vos parents. Vous nous donnerez les nouvelles plus tard.

Le jeune prêtre n'attendait que l'invitation; il dépose sur la table de travail, quelques lettres apportées de France, puis il s'en va vers le foyer de ses parents domiciliés maintenant à peu de distance de l'hôpital.

* * *

Dès le lendemain, l'abbé Pierre célébrait à l'hôpital, l'une de ses permières messes en sol canadien. Il renouvelait ensuite connaissance avec les sœurs dans sa visite à la salle communautaire. Là, on apprenait qu'il avait reçu l'onction sacerdotale, samedi le 7 avril précédent et que, depuis, il n'avait entretenu qu'un désir: revenir à son pays natal, y exercer son ministère. Évidemment, pour le jeune prêtre, il ne s'agissait que de se mettre à l'œuvre…

Mais des obstacles ont surgi qui, sans compromettre immédiatement le ministère des prêtres, entretiennent l'anxiété dans les cœurs. La Cour d'Angleterre, tout en approuvant l'élection de M. Montgolfier au siège épiscopal de Québec, y a mis quelques conditions: 1° — Il sera sur le même pied que les évêques catholiques de Londres et de Dublin, c'est-à-dire, sans aucune marque extérieure de sa dignité; 2° — Le Chapitre sera constitué des quelques membres du Séminaire, sans marques de distinction ostensibles; 3° — L'agrément du Gouverneur est requis avant de procéder au Sacre.

Or, Murray a refusé son agrément; il a même exigé que le Supérieur cesse d'exercer ses pouvoirs de grand Vicaire. La mesure a suscité non seulement l'étonnement, mais l'indignation dans bien des cœurs, sauf en celui du Supérieur, ravi de se démettre d'une charge que, seules, les circonstances exceptionnelles et la volonté de ses Supérieurs, lui avaient fait accepter. Il signait sa démission le 9 septembre.

Le docteur Feltz et M. Charles Héry, riche négociant et citoyen notable, sont venus au Séminaire cet après-midi, exprimer à M. le Supérieur leurs regrets, leur sympathie.

M. Montgolfier explique en souriant:

— Le malheur serait plus grave si M. le Gouverneur refusait au Chapitre le droit d'élire un Évêque. Au contraire, il a lui-même recommandé M. Olivier Briand, secrétaire de Mgr de Pontbriand et je trouve le choix des plus heureux. Il est tout indiqué pour tenir la barre en ces temps orageux. Jouissant, de plus, de la protection du Gouvernement, il dispose d'un avantage appréciable.

— Il n'a pas votre expérience des hommes et des choses pourtant, remarque M. Héry, et il est plutôt timide.

— Il n'a pas eu l'occasion de faire ses preuves, corrige M. le Supérieur. Vous verrez qu'il sera à la hauteur de la situation. La grâce d'état conférée avec la consécration épiscopale n'est pas un élément à négliger... qu'en pensez-vous?

— Je pense que vous voulez nous «dorer la pilule», répond le docteur Feltz; les rôles sont intervertis pour une fois, entre vous et moi. Je m'empresse d'ajouter cependant, que je n'ai aucun grief contre M. Briand dont je reconnais le mérite; ce qui me dépaît, c'est l'opposition du Gouverneur à votre élection.

— N'en parlons plus alors, conclut le Supérieur en riant. M. Cousturier et son conseil désiraient d'ailleurs que je puisse décliner le fardeau peu compatible avec notre raison d'être. Dieu a arrangé les choses. M. Briand quittera bientôt pour la France et nous aurons un Évêque.

— Cela n'altère en rien ma décision de retourner en France, réplique M. Héry; je n'augure rien de bon de la situation actuelle. Je partirai au début d'octobre et j'emmène ma fille, professe de l'Hôtel-Dieu. J'ai même offert aux sœurs de les passer gratis avec tout leur bagage.

Le front de M. le Supérieur se rembrunit en entendant ce langage ; il va prendre la parole lorsque le docteur Feltz poursuit :

— Je profite des dix-huit mois de délai accordés par le Traité pour vendre mes biens-fonds et j'irai vous rejoindre à mon tour. Vous seul parmi nous trois, consentez à devenir sujet britannique, M. le Supérieur.

— Oui, j'y consens, car le salut de la religion l'exige en quelque sorte.

Les trois hommes font silence. M. Montgolfier et vingt-sept collègues sur quarante, ont accepté le changement d'allégeance. Les douze autres retourneront en France bientôt. Le Conseil de la Société a abandonné la possession des biens-fonds canadiens aux sulpiciens acceptant les conditions de la conquête.

— Croyez-vous vraiment que les Communautés tant d'hommes que de femmes survivront à la crise actuelle ? interroge M. Héry.

— J'en suis persuadé, affirme M. le Supérieur.

Tandis que le Supérieur du Séminaire essaie de communiquer sa conviction à ses visiteurs, Mme d'Youville, au parloir de l'hôpital, incite également à l'espoir, sa nièce Josette, qui lui fait sa visite d'adieu.

— Cette fois, c'est bien sûr, je pars avec M. Héry, murmure la jeune femme. C'est curieux, j'ai tant désiré la venue de ce jour et à présent qu'il se rapproche, j'en ai un peu peur. Je quitte tout : parents et amis pour m'en aller vers l'inconnu.

— Tu t'en vas vers la France, Josette, notre Mère patrie ! Ce n'est pas l'inconnu. Je voudrais m'y voir avec tous les miens. Mais le devoir me veut ici.

— Vous veillerez sur les miens, tante Marguerite ? Vous me tiendrez au courant des nouvelles ?

Oh ! ces requêtes ! Combien la Mère n'en a-t-elle pas entendues depuis quelque temps ! Mme de Ligneris, lors de son départ le 18 septembre dernier, la suppliait de la tenir au courant des nouvelles concernant Nanette… Cette fois, encore, elle répond affirmativement.

— Oui, Josette, je te tiendrai au courant des nouvelles et j'entourerai les tiens qui sont aussi les miens, de mon affection, tu peux en être sûre.

Les yeux de Josette se remplissent de larmes.

— Sois forte, ma fille. Le devoir me garde ici, le tien t'appelle là-bas. Ne pensons plus aux tristesses de la séparation. Pas de bonheur parfait sur terre, mais petits bonheurs morcelés, suffisants pour nous donner un avant-goût du bonheur du paradis. C'est là que nous nous rencontrerons pour ne jamais plus nous séparer!

La nièce pleure, mais la Mère reste forte. Tendrement, elle presse sur son cœur cette «petite» qui s'en va vers la France et dont le départ est fixé au 10 octobre.

* * *

Et le 10 octobre est venu; il est même passé puisqu'on en est aujourd'hui au vingt-troisième jour du mois. Demain, sœur Geneviève Coutlée fera profession à l'hôpital général. Ce matin, c'était sœur Catherine Céloron de l'Hôtel-Dieu qui se donnait au Seigneur. Mme d'Youville et son assistante reviennent de visiter un grand malade. Il fait un temps superbe, le soleil brille à sa force tout comme en plein été.

— Comme il fait beau, s'exclame sœur Lasource! Notre chère Josette aura une agréable traversée. J'en suis des plus heureuses, elle redoutait un peu la mer.

— Chère enfant, elle est partie le cœur gros, mais en se consolant avec l'espoir qu'un jour, sa famille ira la rejoindre. Je ne ferai certes rien pour les retenir ici, mais je doute qu'ils ne puissent jamais rencontrer la dépense du voyage. Songez, il y a bientôt dix ans qu'ils ne font plus de commerce. C'est bien la séparation définitive, je crois.

Les sœurs font quelques pas en silence, puis la Mère poursuit:

— Le temps passe si vite! Il me semble que Mlle Céloron vient à peine de nous quitter et déjà, elle a prononcé ses vœux! Quel spectacle consolant pour le Cœur de Dieu que ces jeunes lui consacrant leur vie! En ces temps que nous traversons, il me semble que le geste a plus de prix.

— L'avenir semble moins sombre cependant, depuis la nomination du nouvel Évêque, ne trouvez-vous pas, Mère?

— Sans doute, nous avons même tout lieu de croire qu'on nous donne par là, droit de cité. C'est cette considération qui porte M. le Supérieur à admettre les sujets à la profession, de même qu'il nous a permis l'acquisition du domaine de Châteauguay. Il est trop prudent pour donner de telles autorisations sans garanties suffisantes.

La seigneurie de Châteauguay passait aux mains de Mme d'Youville le 25 août dernier, moyennant: un versement de 2,000 L. comptant, de 6,000 L. en lettres de change, à Joachim de Lanoue, la promesse d'acquitter une obligation de 7,122 L. aux héritiers de Francheville et de Charly et enfin, une rente viagère de 900 L. à Mlle de Lanoue. Celle-ci, tout heureuse de la transaction, voyait disparaître l'une des ses plus grandes inquiétudes. La Mère, par contre, assumait une lourde responsabilité, mais le domaine est productif et la Providence continuera sans doute, ses secours à la petite société.

La Supérieure et son assistante sont parvenues à destination. Sœur Martel, qui durant deux termes a présidé aux destinées de l'Hôtel-Dieu, accueille Mme d'Youville. La Supérieure actuelle, sœur Agathe LeMoyne de Sainte-Hélène vient bientôt rejoindre le groupe des trois religieuses.

— Félicitations, Mère Supérieure! lui dit Mme d'Youville, cordialement. Vous avez admis parmi vous aujourd'hui, un sujet d'élite, digne de poursuivre l'idéal de cette maison.

— Merci, Madame, nous partageons votre opinion. Le Ciel nous a favorisées en nous dirigeant cette excellente recrue. Puisse-t-il nous en venir d'autres aussi généreuses!

La conversation porte ensuite sur les récents départs pour la France.

— Notre chère sœur Héry nous a quittées au début d'octobre. Son père se refusait absolument à la laisser ici. Un peu pessimiste, il n'envisageait que des malheurs pour l'avenir. Il nous a offert à plusieurs reprises de nous traverser à titre absolument gracieux. Plusieurs de nos sœurs auraient accepté, mais M. le Supérieur les en a détournées: «Persévérez dans votre maison, nous a-t-il dit; sacrifiez votre vie à Dieu, pour le salut des âmes et la santé des pauvres malades.» M. le Supérieur a raison, ce n'est pas au moment où paraît le danger que nous devons disparaître... au contraire, c'est alors que nous devons faire face à toutes les éventualités.

Mme d'Youville aime entendre ces assertions énergiques. Elle souligne délicatement:

— Vous tenez le langage propre aux LeMoyne. Je partage entièrement votre manière de voir. Restons sur la brèche, allons-y de notre part. Dieu fera le reste et Il a pour habitude d'accomplir œuvre durable.

Mère de Saint-Hélène conduit Mme d'Youville au parloir adjacent où la jeune professe est entourée de sa famille. Mme Céloron de Blainville, sa mère, cause d'abondance. Après quelque dix minutes d'entretien, Mme d'Youville, anxieuse de ne pas dérober aux parents, un temps si précieux, esquisse le geste de se retirer. Profitant d'un instant d'aparté, Mademoiselle Madeleine, la cadette de sœur Céloron, demande à Mme de Blainville :

— Mère, pourquoi ne pas profiter de ce que Mme d'Youville est ici pour t'enquérir si mon projet est réalisable ?

Mme Céloron acquiesce du regard et tandis que la conversation se poursuit entre les autres invités et sa fille, elle confie à Mme d'Youville :

— Madeleine est jeune, mais sérieuse, elle voudrait séjourner à votre hôpital quelque temps pour étudier sa vocation. Votre genre de vie l'intéresse énormément. Vous serait-il possible Madame, de la recevoir, comme il y a trois ans, vous avez reçu Catherine ?

— Comment pourriez-vous en douter, Madame ? Ce me sera un plaisir.

En prononçant ces mots, Mme d'Youville regarde cette belle jeune fille dont la tenue et l'aisance des manières indiquent déjà l'habitude du monde.

Puis elle se lève en sollicitant :

— Permettez-moi maintenant de prendre congé, mes loisirs sont comptés, ma grande famille m'attend là-bas.

Sœur Céloron arrive à ce moment et murmure à mi-voix :

— Je n'ai pas eu un seul moment d'entretien intime. J'avais tant de choses à vous dire, Madame.

— L'occasion se représentera, mon enfant. En attendant, continuons de prier l'une pour l'autre.

— Et pour Madeleine, renchérit la jeune sœur ; elle m'a fait des confidences qui me portent à croire qu'elle aime beaucoup les sœurs Grises.

— Alors, prions pour Madeleine, conclut la Mère, tandis que, après un dernier échange de salutations, elle revient vers son point de départ.

Là, ce sont de nouveaux « au revoir » qu'on prononce. Vraiment, la prochaine rencontre ne saurait être précisée. On se reverra certes avec plaisir — les rapports sont si fraternels — mais par contre, les devoirs d'état sont si exigeants !

1765 – « M'aimes-tu plus que... cela ? »

Combien de ces « au revoir » ne prononçons-nous pas et qui tournent en adieu ! Par contre, combien d'autres se réalisent à brève échéance, alors que nos pensées camouflaient sous ce mot d'espoir, la tristesse d'une séparation prolongée, voire même définitive !

Tout près de sept mois se sont écoulés depuis la profession de sœur Céloron et l'Hôtel-Dieu. En ce soir du 18 mai 1765, accueille de nouveau Mme d'Youville, Mme d'Youville et ses cent dix-huit protégés ! Un furieux incendie a consumé au cours de l'après-midi, cent quatre-vingt-deux bâtisses et mis deux cent quinze familles sur le pavé ; les sœurs Grises comptent parmi les sinistrés.

Le jour mémorable s'était levé beau, on avait tout lieu de croire qu'il s'écoulerait semblable aux précédents. Mais voilà que, vers deux heures de l'après-midi, sous le ciel rieur, a résonné tout à coup, le son lugubre du tocsin ! Du beffroi de Notre-Dame, la cloche « ce saint porte-voix des tristesses humaines, que la terre inventa pour mieux crier ses peines », appelait au secours toutes les bonnes volontés disponibles. Le feu, l'élément redoutable et redouté des montréalistes, s'était déclaré à la maison de Livingstone, sise à l'angle des rues Notre-Dame et Saint-François-Xavier. On accourait bientôt de partout ; impossible pourtant de contrôler le fléau : la brise folâtre s'était muée en vent violent et l'incendie prenait bientôt les proportions d'une véritable conflagration.

Mme d'Youville n'a pas fait la sourde oreille au signal d'alarme. Dès les premiers sons de la cloche, elle a dépêché ses filles à l'exception de sœur Relle, sur les lieux du sinistre, en songeant : « Seigneur, vous ne permettrez pas que brûle notre maison, l'asile des pauvres et des miséreux. »

Hélas, son espoir a été déçu ! Flammèches et brandons ont multiplié les brasiers ; en moins d'une heure, il devenait évident que l'hôpital serait englobé dans le désastre. Et les sœurs ainsi que plusieurs employés qui n'étaient pas là ! Sans se départir de son calme, la Supérieure a paré au plus urgent : elle a mis ses protégés à l'abri. Elle en était à transporter la dernière invalide, lorsque ses compagnes, apprenant que le feu menaçait l'hôpital, revenaient en toute hâte. Déjà, les matières enflammées se posaient sur les bardeaux de cèdre de la toiture. Bientôt, la flamme courait, rapide, et envahissait les quatre coins de la bâtisse.

« Dieu nous a tout donné et il nous enlève tout », a dit Mme d'Youville à ses filles. Ne cherchons pas à comprendre. L'heure, d'ailleurs, est à l'action. Sauvons le plus possible. Sœur Rainville et sœur Bourjoly, voyez à vos hospitalisés ! assurez-les que nous ne les abandonnerons pas. »

Déjà, sœur Dussault avait rejoint les orphelins qui l'entouraient en pleurant. Le groupe des pauvres faisait pitié à voir. Rien qu'à se le rappeler, la Mère en frémit encore. Non, jamais, elle n'oubliera la scène de désolation. Elle a tenu bon cet après-midi ; Dieu lui a donné le courage et la présence d'esprit nécessaires pour émettre les sages directives, mais ce soir, elle profite de sa solitude pour répandre son âme devant Dieu qui l'a si rudement éprouvée.

On aurait dit que les flammes s'acharnaient à dévorer ce qu'on s'acharnait à leur soustraire. Consumé sur place, le linge d'église, sorti précipitamment par la petite sœur Relle qui en reste inconsolable. « Si je l'avais déposé là où vous me l'aviez indiqué, est-elle venue confier à la Supérieure, il aurait été épargné ». — « Que l'expérience vous serve, mon enfant, a répondu la Mère. N'allez pas maintenant vous épuiser en vains regrets. Dieu pourvoira à tout. »

Consumés sur place, les vingt coffres que les employés étaient allés quérir à grands risques, dans les chambres des pensionnaires.

La lutte n'a pas été abandonnée pour autant et les tentatives de sauvetage n'ont pas toutes avorté. On a réussi à transporter pièces de mobilier, hardes, lingerie, hors de la maison, et des particuliers s'étant présentés avec des voitures, on les en a chargées ; du moins ces différents articles sont-ils en sécurité !

Mme d'Youville ferme les yeux et revoit, par le souvenir, l'hôpital en flammes et cela, sous l'azur et le soleil de mai ; le feu anéantissant — et si rapidement — le résultat matériel de vingt ans de travail ; vingt ans se sont écoulés depuis l'incendie de la maison Le Verrier. Le feu n'épargnant rien et ne consentant à s'amortir qu'une fois l'œuvre destructrice achevée. Seuls, les murs restent debout. Une seconde fois, il plaît au Maître d'acculer les sœurs à la pauvreté absolue.

La Mère ne se doute guère qu'en cet après-midi catastrophique, elle s'est montrée admirable d'héroïsme. Pas un instant sa confiance ne s'est laissée abattre. En face des ruines fumantes, au milieu de ses pauvres, de ses filles qui pleuraient et gémissaient, elle a prononcé : « Récitons le *Te Deum* à genoux pour remercier Dieu de la croix qu'Il vient de nous envoyer. »

L'une des sœurs a protesté à la suggestion. La Mère l'a regardée avec douceur et, fondant en larmes, la sœur s'est agenouillée comme les autres. Toutes les voix se sont unies dans cette prière d'action de grâces. Tandis qu'elle prononçait ces strophes que si souvent elle a méditées, Mme d'Youville adorait les impénétrables desseins de Dieu et baisait de toute son âme cette nouvelle croix qu'Il lui tendait. Et puis, indomptable, elle consentait à recommencer lorsque, du cœur et des lèvres, elle terminait en disant : « *In te Domine speravi, non confundar in aeternum.* » - « J'ai espéré en toi, Seigneur je ne serai pas confondue. »

La prière avait procuré à tout le monde quelques instants de calme au milieu de la perturbation générale et les sœurs, subjuguées par l'exemple de leur Mère, avaient prononcé le « *Fiat voluntas tua* ».

Mme d'Youville a dit en se relevant : « Nous devons remercier Dieu tout spécialement car nous n'avons enregistré aucune perte de vie. » Et puis, avec un accent d'assurance : « Mes enfants, ayez bon courage, désormais la maison ne brûlera plus. »

On avait ensuite avisé quant à l'élection d'un domicile pour la nuit. D'un commun accord, les sœurs avaient opté pour la ferme de la Pointe Saint-Charles. On se disperserait dans la maison et les granges, jusqu'à ce qu'on puisse de nouveau, trouver un toit unique. Au moment où l'on allait prendre les mesures pour transporter les invalides, M. le Supérieur arrivait et offrait aux sœurs l'assurance de sa paternelle sympathie. « Je ne suis pas venu plus tôt, a-t-il expliqué, comme tous les autres, j'aurais assisté, impuissant, au triste spectacle. Aussi me suis-je occupé de vous trouver un asile. Nos Hospitalières de l'Hôtel-Dieu vous ouvrent leurs portes. Vous serez logées à la salle royale. »

En entendant ces paroles, le cœur de la Mère s'est ému : « Quelle bonté de la part de ces chères sœurs qui ont peine à subvenir à leurs propres besoins ! » Mais n'y aurait-il pas indiscrétion à accepter une telle proposition ?

M. Montgolfier a-t-il pressenti l'hésitation? Il ajoutait après quelques instants: «C'est, à mon avis, la solution la plus sage pour le moment.»

Mme d'Youville s'est inclinée sans dire mot: le véritable esprit de pauvreté consiste dans le détachement de la volonté propre. Le triste cortège s'est mis en branle, précédé de M. de Féligonde. M. le Supérieur, pour sa part, s'est occupé de faire véhiculer les impotents. Vers huit heures, les pauvres et les sœurs arrivaient à l'Hôtel-Dieu; à l'angle des rues Saint-Paul et Saint-Joseph, on croisait le bon docteur Feltz qui, ému de compassion, a pleuré sur les malheurs communs et a fait route avec le cortège jusqu'à l'Hôtel-Dieu.

Les dignes Hospitalières de Saint-Joseph ont ménagé au groupe des éprouvés, le plus charitable accueil. Mère Agathe LeMoyne de Sainte-Hélène a formulé une exquise bienvenue: «Nous partageons votre épreuve et souhaiterions que Dieu vous eût épargnées; mais Il avait d'autres desseins sans doute. Il a voulu nous procurer l'occasion de rendre à l'hôpital général, l'hospitalité que notre Communauté y recevait lors de l'incendie de 1721. Vous n'en étiez pas chargée alors, chère Madame; notre dette n'en est pas moins réelle envers cette institution. Vous êtes ici chez vous, mes sœurs.»

Elle conduisait ensuite le cortège vers le réfectoire et assurait avec ses filles, le service des tables. Puis c'était la dispersion pour la nuit. Religieuses et pensionnaires occupent l'étage inférieur de la salle royale; le second étage est assigné aux chères vieilles et les bons vieux ont envahi la salle des malades. Quatre pensionnaires: Mmes Maugras et Mouchette, Mlles Forestier et S.-Michel se sont retirées chez des parents.

Mme d'Youville a tenu à rassurer une fois de plus ses chers protégés: «Dormez bien et ne vous inquiétez pas, nous rebâtirons l'hôpital et bientôt, nous serons chez nous.»

Elle est revenue à sa chambre vers 10 heures 30. Épuisée par le labeur surhumain de la journée, elle n'a pas consenti à reposer immédiatement ses membres las. Agenouillée dans l'obscurité, elle prolonge son oraison. La fenêtre largement ouverte laisse pénétrer la brise redevenue douce; la nuit est superbe, ce n'est pas une nuit sans étoiles, car des myriades de clous d'or criblent la voûte sombre. Le calme de cette nuit parle de l'immutabilité de Dieu et remet toutes choses en place. «Qu'importent les fluctuations de la vie, Seigneur, pourvu qu'un jour, nous nous reposions en Vous!»

Pas un instant ne s'arrête-t-elle à considérer l'immense tâche qu'entraîne la tragédie de ce jour, pas plus qu'elle ne s'arrête aux considérations qui la touchent personnellement : ses forces déclinant avec l'âge, car la Mère comptera soixante-quatre ans bientôt ! Dieu a voulu que le labeur de sa vie soit anéanti, eh bien ! que Sa volonté soit faite. Elle emploiera le temps qui lui reste à relever sa maison des ruines de l'incendie. Et il lui faudra faire diligence car on ne saurait abuser de l'hospitalité si gracieusement offerte ici. Sa résolution énoncée dans le secret de son cœur, la Mère renouvelle à Dieu l'expression de son indissoluble amour et s'apprête enfin à prendre un peu de repos. Mais voilà que tout à coup, une détonation formidable se produit. En un rien de temps, tout le monde est sur pied. La Supérieure accourt vers la salle des pauvres femmes ; elle n'y a pas atteint que deux autres explosions se font entendre coup sur coup et sèment la terreur parmi les chères vieilles. Mme d'Youville a tôt fait d'allumer une bougie ; elle va d'un lit à l'autre et sa seule présence rétablit le calme. Ses compagnes la rejoignent bientôt à l'exception des sœurs Demers et Rainville qui se sont rendues directement à la salle des hommes.

— Notre dernière heure est-elle arrivée ? interroge une pauvre vieille, d'une voix blanche.

Comme pour la confirmer dans ses appréhensions, une autre détonation déchire l'air et ébranle les murs.

— Peut-être, répond Mme d'Youville dont le courage ne saurait dissimuler la vérité. Aussi, si vous le voulez bien, nous allons réciter ensemble l'acte de contrition.

Dans le silence de la nuit, les voix montent vers Dieu, voix chevrotantes, voix graves ou aiguës, mais voix sincères et à l'accent profondément contrit. À peine ont-elles prononcé l'Ainsi soit-il, qu'un cinquième baril de poudre éclate avec fracas et fait crever la voûte d'une des maisons voisines : celle des Lespérance. Cette fois, tout le monde croit sa dernière heure venue. Personne n'ose enfreindre le silence solennel qui s'est établi dans la salle. Un long moment s'écoule ainsi, dans l'attente d'une autre explosion… qui ne se produit pas ! Après quelque cinq minutes, Mme d'Youville met fin à la tension des nerfs en disant :

— Je crois que nous n'avons plus rien à craindre, tout semble calmé.

La Supérieure de l'Hôtel-Dieu arrive sur ces entrefaites et confirme l'avancé, en expliquant :

— La maison des Lespérance contenait cinq barils de poudre. Tous ont éclaté, le danger est donc conjuré.

Cette dernière alerte a fortement secoué les frêles organismes des pauvres vieilles et de longs moments passent avant que la Mère puisse quitter la salle. Quelque deux heures de repos, voilà tout ce qui lui reste de cette nuit mouvementée.

Lorsque la cloche sonne, dès cinq heures, Hospitalières de Saint-Joseph et sœurs Grises commencent une autre journée en se rendant à la chapelle pour l'oraison. Sœur Demers glisse à Mme d'Youville :

— Mère, nous n'avons plus qu'une seule grande coiffe; les autres ont brûlé.

— Nous la porterons à tour de rôle, répond simplement la Supérieure. Aujourd'hui nous goûterons vraiment à la pauvreté.

Et c'est précisément parce qu'on ne possède plus rien, que les cœurs s'ouvrent tout grands pour recevoir l'Hôte des âmes, le Dieu-Eucharistie, le Dieu-plénitude.

Au cours de cette journée, de nombreux témoignages de sympathie arrivent à la Mère, entre autres, l'aide matérielle des Messieurs de Saint-Sulpice avançant 15,000 L. pour la reconstruction de l'hôpital et assumant en grande partie la nourriture des pauvres. Les Filles de Mère Bourgeoys et des paroissiens charitables, envoient des aumônes généreuses; en outre, les premières ainsi que MM. Deschambault et LeMoyne offrent même de loger quelques sinistrés sous leur toit. Mme d'Youville remercie sincèrement mais ne juge pas devoir accepter. D'ailleurs, un plan a germé dans son esprit. Le moulin et la brasserie étant restés intacts, on pourra y diriger les hommes. M. le Supérieur n'aura pas objection qu'un autre groupe habite la maison de la ferme Saint-Charles. On pourrait peut-être même habiter la ferme Châteauguay? Les sœurs accepteront ces morcellements du groupe, elles sont si généreuses.

Quant à l'unique novice, sœur Françoise Prud'homme, jeune fille appartenant à une famille aisée de la ville, la Mère croit préférable de la rendre à ses parents jusqu'à ce qu'on ait regagné l'hôpital. La chère enfant ne se doute guère de ce qui l'attend lorsque, au cours de l'après-midi, Mme d'Youville lui murmure à l'oreille : « Veuillez me suivre, j'ai à vous causer. »

La conversation s'engage entre la Mère et la fille.

— Ma chère enfant, l'épreuve qui nous arrive était imprévisible; elle bouleverse notre vie régulière. Les travaux de reconstruction nous apporteront un surcroît d'occupations, de fatigue. Votre vocation ne fait aucun doute, cependant, je crois qu'il serait préférable que vous retourniez à votre foyer.

La novice est d'abord devenue rouge d'émotion, mais à ces derniers mots, elle a pâli. La Mère se hâte d'ajouter:

— N'ayez crainte, vous nous reviendrez quand nous aurons réintégré notre logis.

— C'est-à-dire lorsque toutes, vous aurez contribué au relèvement, tandis que moi, je n'aurai rien fait?

La voix est frémissante et des larmes remplissent les yeux.

— Vous êtes jeune, explique la Mère. Il vous restera de longues années à vous dévouer pour les pauvres. Vous garder dans les conditions actuelles, compromettrait peut-être votre belle santé.

— Ma santé appartient à Dieu, je la lui ai remise, ma Mère. Je vous en prie, gardez-moi. En entrant au service des pauvres, je n'ai pas posé de conditions. Aujourd'hui comme hier, je reste disposée à tout accepter.

Tant de générosité émeut la Mère. Va-t-elle se laisser fléchir? Elle ouvre la porte de sa chambre. À sa grande surprise, elle aperçoit, suspendu au mur, le cadre du Père Éternel. Qui donc l'a arraché à l'incendie? Étonnée, Mme d'Youville tourne vers sa compagne un regard inquisiteur: elle surprend un sourire dans les yeux encore tout humides.

— Vous pouvez expliquer? demande-t-elle.

— M. de Féligonde a réussi le sauvetage, aidé d'une sœur, explique la novice.

«Cette sœur, ne serait-elle pas la novice elle-même?» suppose Mère d'Youville. Elle n'en serait pas surprise, car sœur Prud'homme a déjà donné maintes preuves d'une remarquable dévotion envers le Père Éternel.

Sœur Prud'homme continue:

— J'ai eu le privilège de transporter le cadre moi-même hier et malgré le branle-bas général — peut-être même à cause de cela — j'ai veillé personnellement sur ce trésor. J'espère bien que le Père Éternel qui a été «sauvé» me sauvera à son tour!

La Mère sourit. La novice plaide si bien sa cause qu'elle est gagnée, indépendamment du sauvetage. Il est néanmoins infiniment doux au cœur de la Mère de lier les deux faits.

— Eh bien! oui, le Père des miséricordes vous sauvera à son tour, car nous vous gardons parmi nous, prononce-t-elle avec un intraduisible accent de bonté. Mettons-nous à genoux, ma petite sœur, remercions le Père Céleste de vous garder à notre Communauté et demandons-Lui de rester Lui-même parmi nous toujours, ainsi qu'Il nous en donne le gage, en quelque sorte, par le sauvetage de ce tableau.

* * *

Quatre semaines ont passé au cours desquelles les événements se sont multipliés. Le 21 mai dernier, M. Étienne Marchand, vicaire général et administrateur du diocèse en la vacance du siège épiscopal, mandait au peuple, qu'étant donné «la nécessité d'une pareille œuvre (l'hôpital général), permission était accordée de faire une quête générale dans toutes les paroisses du district de Montréal. Permission de travailler aussi les dimanches et fêtes pour fins de reconstruction, après avoir entendu la sainte messe».

Dès le lendemain, les ouvriers bénévoles commençaient leur besogne de déblaiement. L'un d'eux a vu briller quelque chose sous les décombres. Prestement, il a ramassé l'objet : une statuette de cuivre et l'a remis à sœur Lasource. Celle-ci est bientôt allée faire part de la trouvaille à la Supérieure. «Voyez, Mère, la base de même métal que la statue, est entièrement fondue, tandis que Notre-Dame est intacte. Elle n'a pas consenti à nous quitter !» — «Notre-Dame est chez elle, chez-nous, a dit simplement la Mère et j'espère qu'elle y demeurera toujours.»

La statuette apportée à l'Hôtel-Dieu a suscité une manifestation de joie. On y réfère maintenant comme à une statue miraculeuse.

Une autre trouvaille a été faite dans la cave : une barrique de vin aux deux tiers pleine ; l'ouvrier, cette fois, a succombé à une tentation, avant d'en signaler la présence : il l'a goûté et l'a déclaré excellent ; et pourtant il s'agissait d'un vin d'une qualité très commune. À cette observation, il a répondu : «Il faut croire que le voisinage du feu lui aura fait du bien, car je n'ai jamais bu de si bon vin !»

La barrique était transportée à l'Hôtel-Dieu à la grande joie des pauvres ; plusieurs parmi les chers vieux, ceux qui viennent d'outre-mer surtout, ne pouvant se résigner à l'absence de vin au repas principal.

Ces quelques joies s'entremêlent de peines. Ainsi, on a maintenant l'assurance que les voituriers bénévoles venus à l'aide le jour de l'incendie, étaient de piètres amis, puisqu'ils n'ont pas reparu et que tout ce qu'on leur a confié est bel et bien perdu.

C'est encore l'échéance de la promesse d'acquisition de la Seigneurie de Châteauguay faite aux de Lanoue l'année précédente et à laquelle il a fallu faire honneur le 8 juin dernier...

C'est enfin le silence absolu de François que n'émeut pas l'épreuve arrivée à sa mère. Après avoir semblé se rendre aux avis de M. Montgolfier, il a demandé l'arbitrage de deux personnes choisies par lui : MM. Ignace Gamelin et Charles Héry. Et il ne s'est pas rendu à leur décision datant déjà d'un an. Si, du moins, en ces jours d'épreuve, le fils apportait à sa mère, l'expression de sa sympathie, de sa bonne volonté, avec quelle joie elle oublierait le passé ! Mais non, il « plaît à Dieu » de la soumettre à cet amer tourment : souffrir à cause d'un fils bien-aimé ! Elle se refuse à désespérer : François comprendra un jour ! Fasse le Ciel que ce jour ne retarde pas, car en dépit de la bonne volonté de toute la population, les aumônes n'abondent pas, tous ayant été plus ou moins affectés par l'incendie. Recouvrer les 9,000 L. prêtées à François constituerait un véritable soulagement en cette phase ardue.

Le Gouvernement anglais se montre des plus sympathiques toutefois. Ce matin même, Mme d'Youville recevait de la part du Gouverneur général lui-même, abondantes rations pour sa maisonnée. Des bruits circulent en sourdine, disant qu'on va faire appel à la charité de Londres : l'honneur national des conquérants se trouvant touché du fait que l'incendie a éclaté chez un des leurs.

Les sœurs ont repris leurs travaux de couture et les commandes commencent d'affluer. Dieu soit loué ! c'est un rayon d'espoir qui permet d'entrevoir des jours meilleurs. Aussi, les minutes, les heures, les journées fuient-elles avec une rapidité incroyable, tant on les remplit de labeurs ! La Mère ne le cède à personne en fait d'activité. Elle qui a si longtemps manié l'aiguille, elle l'a reprise avec plaisir, comme on accueille une vieille amie avec qui on a partagé bien des joies ! Car enfin, ce travail favorise l'oraison, cette oasis où d'elle-même l'âme se retire dès qu'elle n'est plus sollicitée par les exigences du devoir d'état. Et l'aiguille va et vient, diligente, accomplissant fine besogne.

En cet après-midi de juin où la pluie rend impossible la visite du chantier, la Supérieure poursuit son travail, tandis qu'elle évoque la joie arrivée hier, la plus grande à son avis. Les Indiens du Sault-Saint-Louis et du lac des Deux-Montagnes la mandaient au parloir au cours de la matinée et leur interprète, traduisait pour elle, le discours imagé des Chefs.

«Tu es venue vers nous quand la maladie est entrée sous nos tentes, quand la mort a fauché les nôtres. Tu as fermé les yeux à nos vieillards, tu as guéri nos enfants. Le malheur t'accable à ton tour ; le feu a détruit ta maison et tu n'as plus rien, toi qui aimes tant donner du bonheur aux autres. Pour te prouver que nous nous souvenons de tes bontés, nous t'apportons notre offrande.»

Et les pauvres gens des bois ont découvert leurs présents : épinglettes d'argent, grains de porcelaine, couvertures, couteaux, mitasses, mocassins ; en un mot, articles hétéroclites auxquels ils avaient joint des espèces sonnantes ! Fiers de leur aumônes, ils l'étaient, cela était facile à percevoir à l'éclat non équivoque des yeux de braise, plus pétillants que jamais.

La Mère les a remerciés avec effusion, par l'entremise du porte-parole. Les Indiens se sont retirés bruyamment ; la Mère les a regardés partir, tandis qu'un passage de l'Imitation lui revenait en mémoire : «Combien de fois ai-je rencontré la gratitude là où je l'attendais le moins !»

Elle savoure encore cette joie en cet instant... Pour elle, la démarche de ces pauvres enfants des bois signifie que Dieu a noyé dans son infinie miséricorde les agissements du «traiteur» François d'Youville.

Oh ! comme il s'y entend le bon Maître à rasséréner les âmes qui s'abandonnent pleinement à Lui ! Ne serait-ce pas lui faire injure que de redouter l'avenir, alors que les preuves surabondent de sa sollicitude paternelle ? Voilà pourquoi, sans se plaindre, elle a recommencé. Ce que l'incendie a détruit, ce sont des résultats matériels. Le Maître n'a pas perdu souvenance des labeurs qui les avaient préparés, de même qu'Il voit aujourd'hui l'immense tâche qu'impose la reconstruction. Il ne permettra pas que le but poursuivi dépasse les possibilités de ses servantes ; elle le sait, d'une conviction profonde, une conviction qui surpasse en suavité, tout ce que l'épreuve recèle d'amer et de décevant !

* * *

Décembre a paru avec son froid cortège. Le séjour des sœurs Grises à l'Hôtel-Dieu touche à sa fin. Déjà, les vieillards entraient à l'hôpital le 23 septembre dernier.

Il y a un peu plus de quinze jours, le 5 décembre exactement, les sœurs à leur tour, réintégraient leur ancienne demeure, à l'exception des hospitalières des chères vieilles, restées avec leurs protégées dans l'enceinte charitable qui les abrite depuis sept mois. Aujourd'hui, 23 décembre, c'est le départ définitif.

Les sœurs Grises rassemblent leur pauvre avoir et les Hospitalières de Saint-Joseph trouvent le moyen d'y ajouter : «Emportez ceci, nous nous en passerons bien. Gardez cela en souvenir.»

Ces délicatesses s'accompagnent d'une émotion qui pointe dans les yeux brillants. Autour de la table où les deux Comunautés ont partagé maintes récréations et plus d'un labeur, toutes circulent aujourd'hui dans la fièvre des préparatifs. Mme d'Youville remarque :

— Quels bons moments nous aurons passés ici !

— Pour en perpétuer le souvenir, permettez-moi de vous offrir la table alors, a répondu finement la Mère Agathe de Sainte-Hélène.

Pressentant les protestations de Mme d'Youville, elle ajoute aussitôt :

— Nous la ferons transporter chez vous dès demain. Elle signifiera que, malgré la séparation, nous vous resterons unies d'esprit et de cœur.

Comment protester devant tant d'amabilité ? La Mère remercie gentiment.

— J'apprécie vivement votre geste ; ce meuble aura son «histoire» et nous verrons à ce qu'elle soit transmise à celles qui nous suivront.

Il est question d'une autre «histoire» en ce moment à la cave : celle de la barrique de vin. Sœur Céloron qui s'est signalée par ses prévenances envers les sœurs Grises durant leur séjour à l'Hôtel-Dieu, demande à sœur Marie, la dépensière.

— Est-ce là la barrique découverte sous les décombres ?

— Oui, ma sœur, nous n'en avions qu'une, d'ailleurs.

— Et elle a duré jusqu'à maintenant ?

— C'est quasi-incroyable, n'est-ce pas ? Et je ne sais comment expliquer le fait. À la fin de septembre, il n'en coulait plus qu'un mince filet. J'ai alors averti notre Mère que le vin s'épuisait. Elle m'a dit tout simplement : «Tirez, tirez toujours, ma sœur et ne vous lassez pas.» La barrique non plus ne s'est pas lassée puisqu'elle a duré jusqu'à maintenant.

— C'est relativement facile à expliquer lorsqu'on connaît l'épisode des barils de fleur de farine, commente sœur Céloron.

— J'ai fait le rapprochement moi aussi. Comment expliquer cela autrement ?

Les deux sœurs remontent au premier étage et s'acheminent en silence vers la salle communautaire où la cloche convoque les sœurs pour les adieux. Mme d'Youville cause avec Mère Supérieure dans l'office de cette dernière.

— Il est entendu Madame, que vous venez frapper à notre porte s'il vous manque quoi que ce soit, n'est-ce pas? Nous sommes pauvres nous aussi, mais du moins nous n'avons pas brûlé. Il est vrai que la dévaluation des lettres de change et des ordonnances nous affecte péniblement, mais nous trouverons moyen de vous aider.

Mère Agathe de Sainte-Hélène a fait allusion à la pénible nouvelle reçue il y a quelques mois: par un arrêt de la Cour de France, les lettres de change sont réduites de moitié et les ordonnances, au quart.

— C'est un nouvel incendie pour nous que cette dévaluation inattendue, commente Mme d'Youville. L'habitude de regarder toutes choses selon l'optique de la foi, lui fait ajouter aussitôt: «Dieu soit béni! il faut porter sa croix, encore qu'Il la donne en abondance dans ce triste pays.»

Après quelques secondes, elle continue:

— Nous serons à l'étroit dans notre demeure, car nous n'avons pas reconstruit selon les anciennes dimensions. Nous ne manquerons pas de moyens de faire pénitence, mais comme nous en avons besoin, nous tâcherons d'en profiter.

— Vous me permettez de vous donner un conseil, Madame?

— Un conseil est toujours bienvenu, Mère Supérieure.

— Il faudrait ménager votre cœur, que les travaux, les privations de ces derniers temps ont surmené. Oh! je sais bien que le cœur ne s'use pas à aimer, ajoute-t-elle avec un gracieux sourire, mais il s'use à travailler. Vous savez à quel point notre sœur Martel s'y entend à diagnostiquer dans de tels cas. Eh bien, c'est à son instigation que je vous conseille de diminuer votre somme de travail quotidien; si vous pouviez vous reposer davantage…

Mme d'Youville sourit à son tour et répond simplement:

— C'est là une prescription pour laquelle je vous remercie.

— Et à laquelle vous ne vous conformerez guère, je le devine à votre sourire. Mais je vous comprends, notre vie ne nous appartient plus… donnons-la sans compter.

Les deux Supérieures se dirigent vers la communauté. Leur entrée dans la salle est accueillie par le plus profond silence. La Mère des sœurs Grises, prend la parole:

— Je n'essaierai pas de traduire nos sentiments, mes sœurs, vous les devinez. Notre gratitude est inexprimable. « Heureusement que nous pouvons, comme membres de Jésus-Christ, puiser dans ses trésors pour reconnaître la charité qui nous a accueillies ici. Seule cette divine monnaie pourra nous acquitter de notre dette ; mes sœurs et moi y puiserons largement à vos intentions, soyez-en persuadées. » Nous partons, mais nous vous restons unies par la prière et le souvenir.

Mère Agathe de Sainte-Hélène suggère :

— Pour commémorer votre séjour ici, je propose que nous nous associions de façon toute spéciale à la joie des jours de vêture et de profession de nos Communautés respectives. Disons que ces jours-là, ce sera récréation pour le monastère et l'hôpital…

La proposition est acceptée d'emblée. Les sœurs s'embrassent fraternellement et l'on se quitte puisqu'il le faut, mais il n'est pas présomptueux de croire que, par le souvenir, les sœurs Grises reviendront souvent visiter cet asile de paix… et les Hospitalières de leur côté, iront non moins souvent s'enquérir, par l'intermédiaire d'amis dévoués, s'il n'y aurait pas lieu de tendre de nouveau aux sœurs Grises, une main secourable.

1766 – La « bâtisseuse de Dieu »

COMMENT les amis les plus dévoués parviendraient-ils à deviner les privations intimes de ces femmes qui, acceptant de bon gré les « moyens de faire pénitence », n'en perdent rien de leur gaieté, ce patrimoine de famille ?

La convention intervenue entre l'Hôtel-Dieu et l'Hôpital Général persiste pourtant, et si les Hospitalières ne parviennent pas à deviner les souffrances des sœurs Grises, du moins s'associent-elles à leurs joies : ainsi, en ce jour du 22 avril, il y a récréation au monastère car ce matin, sœur Françoise Prud'homme faisait profession chez les sœurs Grises.

Les sœurs viennent de terminer leur déjeuner, déjeuner un peu moins frugal qu'autrefois, puisque depuis l'incendie, la Mère y fait servir de l'orge, et sœur Prud'homme, souriante et confiante, vient se mettre à la disposition de sa Supérieure.

— J'ai l'intention de vous adjoindre à sœur Rainville, lui annonce la Mère. Vous serez hospitalière en second auprès de nos chers vieillards.

Un éclair brille dans le regard vif de la petite sœur. Mère d'Youville poursuit :

— Vous n'entrerez pas en fonctions dès maintenant cependant. Aujourd'hui, vous travaillez avec moi, nous irons visiter nos pauvres à domicile.

Cette fois, c'est un radieux sourire qui épanouit la jolie figure. L'instant d'après, les deux sœurs s'en vont vers les foyers éprouvés par la maladie, la pauvreté ou les chagrins de la vie. La Mère a pour habitude de se réserver l'initiation des jeunes sœurs à cette œuvre sociale.

Trois foyers ont été visités ; la jeune professe a pu s'émerveiller de la joie non équivoque suscitée par l'arrivée de la Mère, sous chacun des humbles toits.

Les sœurs sont sur la voie du retour, lorsque, en passant devant la demeure de sa sœur, Mme Ignace Gamelin, Mme d'Youville reconnaît le carosse de Samuel Mackay, beau-frère de Nanette, arrêté devant la porte. La Mère sourit imperceptiblement, tandis qu'elle glisse à la petite sœur Prud'homme :

— Nous nous arrêterons ici quelques instants.

Le commerce des Gamelin reprend vie peu à peu. Certes, ce n'est pas encore l'abondance, mais tout s'annonce assez bien. La présence de Mackay chez les Gamelin ne saurait avoir d'autre motif qu'une question d'affaires. Mme d'Youville poursuit un autre but en s'arrêtant là aujourd'hui, car si invraisemblable que cela paraisse, elle est en excellents termes avec les deux frères Mackay.

Cela date d'un an environ. Francis Mackay, immédiatement après l'incendie du 18 mai, décidait de mettre en vente sa maison de la ville, tant la récente conflagration avait ému la population. Juge de Laprairie, il avait décidé d'y établir ses quartiers et c'est dans le brouhaha des jours suivant le fléau que Mme d'Youville l'a rencontré. Elle s'est enquise des nouvelles de Mme Mackay et a même chargé Monsieur de lui transmettre ses affectueuses salutations. En une autre occasion, il lui présentait son frère Samuel et depuis, les deux gentilshommes semblent la considérer comme une alliée.

Tel que prévu, les sœurs croisent Samuel Mackay au moment où il va franchir le seuil. Apercevant Mme d'Youville, il s'écarte pour la laisser passer tandis qu'il répond à son salut par un respectueux : «Bonjour, Madame.» La conversation s'engage; très intuitive, la petite sœur Prud'homme s'est retirée un peu à l'écart et Mackay cause volontiers avec la Supérieure des sœurs Grises, qui apprend des nouvelles assez intéressantes : Francis Mackay, sa femme et leur fils Jean — car Nanette est maman depuis le 10 juin dernier — traverseront bientôt avec le Gouverneur Murray rappelé en Angleterre.

— Je crois que mon frère Francis procurera à sa femme le plaisir d'aller passer le prochain hiver avec Mme de Ligneris en France.

La voix s'est faite hésitante, il est facile de déceler que Mackay interroge plutôt qu'il ne statue.

— Ce serait une excellente idée, approuve Mme d'Youville. Quel bonheur pour Mme de Ligneris et sa fille ! Souhaitons que le projet se réalise.

Mackay ne manquera pas de rapporter le propos à son frère et celui-ci à Nanette; la Mère en est certaine et elle s'en réjouit : est-il rôle plus agréable que celui de rapprocher deux affections qui s'appellent ?

À la maman, maintenant installée comme pensionnaire dans une communauté de France, elle donne régulièrement des nouvelles de sa fille; ainsi, elle lui annonçait délicatement en juin dernier, la maternité de Nanette. Ce sera avec non moins de délicatesse qu'elle saisira la première occasion de lui apprendre la venue de sa fille en France. La conversation est interrompue par les cris de joie du petit Louis Bénac, fils de Louise, la filleule, qui vient d'apercevoir Mme d'Youville et qui accourt vers elle avec la certitude évidente d'être bien reçu.

Samuel Mackay, à la vue du petit homme, devine que les moments de quiétude sont maintenant finis, il se retire après un dernier hommage respectueux.

Louis a saisi la main de la Mère et il l'entraîne vers sa grand-maman.

— Quel bon vent t'amène? interroge Louise, heureuse de la visite imprévue de sa sœur.

Mme Bénac, alertée par son petit furet, arrive bientôt et c'est une exclamation de joie de la part de la filleule.

— Tante Marguerite, comme il fait bon vous revoir ! Vos visites sont rares depuis...

Elle s'arrête, n'osant prononcer le mot : incendie.

— Depuis l'incendie, achève Mme d'Youville

— Je ne me rappelle jamais la tragédie sans voir se raviver mon chagrin, explique la filleule.

— Merci de ta sympathie, ma fille. Elle me rappelle celle de Josette. La pauvre enfant se désole de notre épreuve, elle a si bon cœur, je n'en suis pas surprise. Je compte la rassurer, dès ma prochaine lettre. L'incendie est maintenant chose du passé, il n'y faut plus penser. La Providence permet d'ailleurs que nous nous en relevions graduellement.

Mme Gamelin regarde sa sœur. « L'âge, les épreuves même extraordinaires, tel le désastre de l'an dernier par exemple, rien ne parvient à abattre son courage » se dit-elle intérieurement. « L'amour des pauvres que Marguerite manifestait dès les premières années de son veuvage n'a donc fait que s'accroître ? »

— À quoi penses-tu ? demande aimablement la Mère, remarquant la fixité du regard de sa sœur.

— Je pense au passé et à l'avenir, répond Louise qui, pour le prouver, interroge à son tour :

— Rebâtiras-tu l'hôpital au complet ou vous contenterez-vous du coin que vous habitez actuellement ?

— Nous rebâtirons au complet, Louise. Les dimensions présentes ne suffisent pas ; il nous faudrait même songer à agrandir. Si tu connaissais le nombre de ceux qui demandent asile !

— Tu auras acquis de l'expérience dans la construction, taquine aimablement la cadette ; on pourrait t'appeler la « bâtisseuse ».

— La bâtisseuse de Dieu, puisque tante Marguerite ne bâtit que pour recevoir les pauvres de Dieu, murmure lentement la filleule, comme se parlant à elle-même.

La « bâtisseuse de Dieu », l'appellation fait sourire la Mère qui en reconnaît la justesse.

Puis, voyant l'attention centrée sur elle, d'une question, elle change d'à-propos.

— Vous avez aussi reçu une lettre de Josette ?

— Oui, répond Mme Gamelin. Elle se dit des plus heureuses là-bas. Il n'y a qu'une ombre au tableau : notre absence.

— « Il faut des croix pour aller là-haut », commente la Mère. Votre absence constitue celle des Figuery qui par contre, trouvent une compensation dans leur union parfaite. Est-il un bonheur comparable à celui d'un ménage uni ? Tous les biens du monde n'en approchent pas.» Je remercie Dieu de l'avoir accordé à Josette et je Le prie de le lui continuer.

Le petit Louis que sœur Prud'homme essaie d'intéresser, échappe à l'institutrice bénévole et vient, avide de caresses, se frôler près de tante Marguerite.

Mme d'Youville sourit, indulgente, et profite de la diversion pour lever la séance.

— J'écrirai bientôt à Josette. Je lui parlerai de son beau filleul, dit-elle à Mme Benac, en aparté.

— Pardonne-moi de t'avoir reçue ici, dit Louise. Ignace étant absent aujourd'hui, nous sommes les gardiennes du magasin.

— Ne t'excuse pas Louise, tu sais bien que je comprends. Bonjour et surtout, au revoir.

Et les deux sœurs Grises reprennent le chemin de l'hôpital où elles arrivent tout juste pour le dîner.

À la récréation qui suit le repas, alors que la gaieté préside comme à l'accoutumée même si l'on s'entretient actuellement de la brièveté de la vie, sœur Coutlée, joyeuse, vient de dire :

— La vie est courte, c'est vrai ; voilà peut-être qui explique pourquoi je suis un peu portée à l'empressement. Je ne voudrais rien laisser d'inachevé.

Mme d'Youville regarde intensément la jeune sœur et lui dit :

— Ce sera vous qui demeurerez la dernière, vous nous survivrez à toutes.

Le ton d'assurance accompagnant cette parole, frappe les auditrices, particulièrement la nouvelle professe de vingt ans et l'aspirante, sœur Madeleine Céloron, entrée le 15 mars dernier et dont le dix-huitième anniversaire est encore à venir.

«C'est moi qui resterai la dernière», se dit sœur Coutlée, tout émue.

Les sœurs ne doutent pas un instant que la prédiction ne se réalise : la Mère ne prononce jamais de paroles oiseuses. La récréation se continue, mais cette phrase s'est burinée dans les mémoires. Il reste que seul, le temps, en attestera la véracité.

* * *

Et le temps fuit à tire-d'aile. Mai a reparu et avec lui, les douceurs du printemps qui ranime la vie dans la nature et l'espoir au cœur de l'homme.

Depuis quelques jours, Mme d'Youville est à Châteauguay; elle y a accompli bonne besogne. L'arpenteur Jean-Baptiste Perrot est venu sur sa demande, tirer les lignes de démarcation de la seigneurie, ce qui a procuré à la Supérieure et seigneuresse, l'occasion d'explorer son domaine, de rencontrer les censitaires et de fixer l'endroit où sera construit le moulin à eau, projeté depuis l'année dernière, mais dont l'incendie a différé l'érection.

À son assistante, la Mère donne ses dernières directives, car ce sera sœur Lasource qui surveillera ces travaux, la Mère étant accaparée par ceux de l'hôpital. Le canal est déjà creusé et selon toute vraisemblance, on commencera à défricher dès aujourd'hui, le terrain où s'élèvera le moulin.

— Je vous remets l'œuvre en mains, de confier la Mère avec un sourire, tandis qu'elle s'achemine vers la grève où l'attend Joseph Lepage, le rameur attitré qui traversera les sœurs jusqu'à Lachine. De là, on prendra la charrette jusqu'à l'hôpital.

— Nos censitaires sont des plus heureux de l'initiative, poursuit la Mère. De dimensions plus spacieuses que l'autre, le nouveau moulin répondra mieux à leurs besoins. Lorsqu'il sera achevé, je vous confierai la construction de la boulangerie, de la grange et de l'étable, prédit la Mère avec un sourire significatif...

Sœur Lasource lui avouait tantôt: «Je n'ai pas le talent de bâtisseuse»...

— À vos ordres, Mère, prononce aussitôt l'assistante qui ne se méprend pas sur le sourire de la Supérieure. D'ici-là, sœur Coutlée aura eu le temps de s'initier aux secrets du métier et je lui céderai la place. En voilà une qui possède tout ce qu'il faut pour vous seconder dans vos diverses entreprises, Mère.

— Voilà pourquoi je vous l'ai adjointe, ma sœur, je sais que vous lui procurerez toutes les occasions d'acquérir de l'expérience. Quant à sœur Beaufrère, le séjour à la campagne lui sera bienfaisant.

En ce moment, les sœurs Beaufrère, Coutlée, Varambourville et Prud'homme sortent du manoir et s'empressent de rejoindre la Mère et son assistante. Sœur Prud'homme, étant la compagne de voyage, s'est chargée du baluchon. Quant à sœur Varambourville, elle reste à Châteauguay à titre de cuisinière.

La Mère regarde venir ses filles et murmure à sa compagne:

— Nous devenons vieilles, n'est-ce pas, à côté de ces jeunesses. Patience, bientôt ce sera pour nous la jeunesse éternelle. En atten-

Fruits mûrs, image d'une vie pleine...

dant, accomplissons notre tâche, celle pour laquelle Dieu nous a marquées.

— Partez sans crainte, Mère, je deviendrai bâtisseuse de Dieu, à mon tour. La journée sera belle, voyez : pas un nuage au ciel. Les bûcherons commenceront leur tâche de défrichement dès ce matin.

— Des arbres tomberont sous les coups de hache. C'est triste de voir tomber ces titans de la forêt. Un arbre, c'est si éloquent.

Sœur Lasource devine à quel arbre la Mère fait allusion : l'arbre de la Croix !

Finis les instants d'intimité : c'est l'heure du départ. Joseph Lepage stabilise la chaloupe, Mme d'Youville y embarque ainsi que sa compagne. Joseph imprime une vigoureuse poussée à l'embarcation dans laquelle il saute prestement. On a quitté la rive ; après un dernier échange de saluts et de recommandations, le jeune homme de seize ans, fier de sa force, fait valoir son habileté de rameur.

— N'allez pas trop vite, mon enfant, conseille la Mère avec bonté. Vous vous fatigueriez et la route est longue.

Tandis que l'embarcation file dans la direction de Lachine, les «missionnaires» de Châteauguay s'en vont vers le devoir qui les appelle : sœurs Beaufrère et Varambourville au manoir, sœurs Lasource et Coutlée vers le chantier. Une autre chaloupe conduit ces dernières. Le contremaître des travaux, salue leur arrivée en disant :

— Vous êtes juste à temps mes sœurs, nous nous apprêtons à abattre le premier arbre.

— Hâtons-nous, glisse sœur Lasource à sa compagne.

Lorsqu'elle est parvenue à l'endoit où causent le contremaître et son employé, elle sollicite comme faveur d'abattre le premier arbre. Le bûcheron lui passe sa hache et, lui indiquant un jeune bouleau où monte déjà un renouveau de sève, il lui conseille :

— Abattez celui-là, ma sœur, vous aurez moins de misère.

Et il s'en va rejoindre ses compagnons de travail qui pénètrent plus avant dans le bois. Avant de mettre la cognée à la racine, pressentant que si la Mère était ici, elle poserait le même geste, sœur Lasource récite à trois reprises avec sa compagne le « *O Crux, Ave, spes unica* », ainsi qu'il est d'usage aux prières d'actions de grâce.

C'est à l'arbre de la Croix qu'un jour a été appendue la Rançon de l'humanité. Les arbres, depuis lors, en semblent marqués d'un mystérieux caractère de noblesse et l'humble sœur Grise qui abat le bouleau songe à ce «doux bois» auquel la jeune Communauté voue un culte spécial. Cette méditation sur la Croix du Sauveur attirera à

Ces arbres marqués d'un mystérieux caractère de noblesse !

l'entreprise naissant aujourd'hui, les bénédictions de Celui pour qui on accepte l'immolation, le travail, la souffrance.

* * *

Il arrive ce qui se produit toujours : «Lorsqu'on s'attend à de la souffrance toute pure, on est plutôt surpris de la moindre joie.» Hier, s'est reproduit à l'hôpital le même fait merveilleux d'il y a quelques années. Mme d'Youville «qui n'aime pas à garder de l'argent sur elle», voulait déposer dans la caisse le billet qu'elle venait de recevoir. Plongeant la main dans sa poche, elle en a retiré une poignée de billets. Instinctivement, elle porte la main à l'autre poche, et là encore, abondance inattendue! La Mère n'a eu qu'un cri : «Ah! mon Dieu, je suis une misérable!» Et c'est ce cri qui fait actuellement l'objet de la conversation entre sœur Despins et sœur Prud'homme qui, ne parvenant pas à s'en expliquer la signification, est venue chercher la lumière auprès de la maîtresse des novices. Elle a raconté le trait lentement, à voix basse; on croirait qu'elle a peur d'en voir se dissiper le souvenir.

— Pourquoi notre Mère qui n'est nullement une «misérable» a-t-elle eu cette exclamation? interroge la jeune sœur, décidément perplexe.

La maîtresse sourit et explique :

— Lorsqu'on se regarde à la lumière de Dieu, on se trouve misérable, mon enfant.

— Oui, cela va pour le monde en général, pour moi en particulier, précise sœur Prud'homme, mais notre Mère est si bonne!

— Il est difficile de pénétrer ces âmes qui nous dépassent et pourtant une explication me semble plausible, continue sœur Despins. Peut-être notre Mère a-t-elle voulu dire : «Faut-il que ma foi soit faible, misérable, Seigneur, pour que vous croyiez devoir la fortifier par ces faits extraordinaires?»

Sœur Prud'homme a saisi, cette fois. Cordialement, elle remercie pour l'explication et retourne à son travail. Son âme acceptera désormais plus volontiers les humiliations, petites ou grandes, inévitablement rencontrées le long du sentier de la perfection.

La jeune hospitalière longe le couloir du premier étage lorsque Mme d'Youville l'aperçoit. Elle lui fait signe : le docteur Feltz et sa dame ainsi que le docteur Louis-Nicolas Landriaux, beau-frère de sœur Prud'homme sont au parloir.

— Vous arrivez bien, ma sœur, justement le docteur Landriaux sollicitait le plaisir de vous saluer.

Sœur Prud'homme, d'un regard, salue les visiteurs et s'adressant à son beau-frère :

— Vous remplacerez notre bon docteur Feltz à ce que j'apprends ? Il m'est donc deux fois agréable de vous souhaiter la bienvenue.

— Vos protégés seront en bonnes mains, ma sœur, ajoute aimablement le docteur Feltz. Quant à vous, mon cher collègue, vous constaterez bientôt à quel point sœur Prud'homme sait nous seconder au chevet des malades.

Comme l'hospitalière ne saurait s'attarder sans préjudice à ses fonctions, elle se retire presque immédiatement. Les deux disciples d'Esculape restent seuls. Mme Feltz a entraîné Mme d'Youville dans l'embrasure d'une porte.

— La semaine prochaine, à pareil jour, vous voguerez vers la France, observe le docteur Landriaux ; souhaitons que la température soit aussi favorable, la traversée sera moins longue.

— Il y a deux ans que je désire partir, avoue le docteur Feltz. À présent que le temps en est venu, je réalise à quel point je suis attaché à ce pays. Je le quitte alors que s'annoncent des jours meilleurs.

— En effet, poursuit son collègue. Nous avons maintenant un Évêque, Monseigneur Briand. Notre nouveau Gouverneur, Sir Guy Carleton, semble un parfait gentilhomme. Quant à la sympathie de Londres pour nos sinistrés, on ne saurait la mettre en doute ; des secours ont déjà été reçus et il paraît que les souscriptions se continuent là-bas.

— On assure cependant que Londres ne permettra ni aux Communautés d'hommes ni aux communautés de femmes de se recruter.

— Je reste optimiste. Le rétablissement de M. Montgolfier dans ses pouvoirs de vicaire général m'incite à l'espérance. Vous verrez, tout finira par se stabiliser… et dans les meilleures conditions.

La conversation est interrompue par l'arrivée de Mme Feltz qui explique :

— Si j'ai retenu pour moi seule, Mme d'Youville, c'était pour lui demander de nous écrire à l'occasion, afin de nous donner des nouvelles.

— Ce sera une manière de vous exprimer notre reconnaissance, Docteur, pour vos longues années de dévouement à cette maison, ajoute Mme d'Youville.

Après un dernier adieu de la part des Feltz et un au revoir de la part du docteur Landriaux, les visiteurs quittent l'hôpital. La Mère n'a guère le loisir de songer à ce nouveau départ: Mlle Madeleine Céloron la mande au parloir. Oui, Mlle Céloron ayant quitté le noviciat le 20 août, vient demander d'y être réadmise; une semaine ne s'est pas écoulée depuis son départ puisqu'on n'en est qu'au 26.

La Mère accueille avec bonté la jeune fille qui lui avoue:

— Le voyage en France, projeté par ma mère, n'aura pas lieu. J'en suis ravie, car j'ai prié à cette fin: si vous saviez comme les jours me semblent longs, Madame, depuis que j'ai quitté cette maison!

La jeune fille a-t-elle cédé aux représentations de sa mère, ou simplement à la tentation de voir du pays? Qui pourrait le dire? Certainement pas la Mère qui respecte le secret des consciences. Cependant, elle n'accède pas immédiatement à la demande de la candidate. Avec douceur, elle répond à la requête:

— Nous vous laisserons encore le temps de réfléchir, ma chère enfant. Méditez sur la Croix, le mystère de la souffrance, et demandez au Seigneur d'y vouer votre vie entière. Vous nous reviendrez dans quinze jours.

Mlle Céloron comprend que cette sorte de retraite lui sera salutaire; de bon cœur, elle accepte le délai imposé.

1767 – Celle qui prie dans le secret

LE délai imposé à Mlle Céloron prenait fin en la veille de l'Exaltation de la Sainte-Croix, la novice a célébré, avec les sœurs Grises, cette patronale du jeune Institut et depuis six mois, elle poursuit son initiation à la vie religieuse. Mme Céloron de Blainville est venue cet après-midi — un bel après-midi de mars — visiter sa cadette. Elle s'achemine maintenant vers la porte de sortie, la demi-heure de parloir étant achevée, Mme Céloron n'a plus de doutes: Madeleine, à l'instar de Catherine, a trouvé le bonheur en se donnant à Dieu. « Si j'étais plus jeune, peut-être pourrais-je imiter mes filles... mais à quarante-quatre ans, m'accepterait-on ? » se demande-t-elle.

À quelques pas du vestibule, elle rencontre Mme d'Youville. Aimablement les deux dames se saluent.

— Je n'espérais pas vous voir, observe Mme Céloron. Sœur Madeleine m'avait dit que vous étiez très occupée. Votre neveu, l'abbé Mathieu Maugras vous a gratifiées de l'une de ses premières messes ce matin ? C'est un nouvel honneur pour votre famille que cette autre vocation sacerdotale.

— Oui, un grand honneur, reprend Mme d'Youville, Dieu nous octroie un privilège inestimable en choisissant ses « amis » parmi les nôtres.

— L'honneur deviendra historique cette fois, du fait que votre neveu est le premier sulpicien canadien-français à être ordonné en Canada.

— Je suis heureuse que ma famille ait donné une vocation à cette Société à laquelle nous sommes si redevables, nous, les sœurs Grises.

— Puis-je vous demander de féliciter Mme Maugras en mon nom ?

— Certainement Madame, et dès maintenant je vous en remercie de sa part.

— Je m'en voudrais de ne pas saisir cette occasion de vous dire à quel point Madeleine est heureuse sous votre toit. Je n'aurais jamais cru qu'une vie si mortifiée puisse procurer tant de joie réelle et profonde.

— Et pourtant, il en est ainsi. La paix de l'âme, l'amour de Dieu, la certitude de voguer vers Lui, voilà des biens qui remplissent le cœur mieux et plus que ne le sauraient faire toutes les joies d'ici-bas.

Mme Céloron a recueilli, un à un, les mots prononcés par Mme d'Youville, elle poursuit avec un soupir :

— Dommage qu'on ne connaisse pas ces vrais biens plus tôt !

— Il n'est jamais trop tard pour les exploiter, une fois connus, répond la Mère avec un sourire.

« Décidément, Mme la Supérieure lit ma pensée », se dit Mme Céloron.

Cette constatation ne l'empêche pas de poursuivre ses confidences.

— Souvent, il me vient à l'idée de me retirer dans un couvent à titre de pensionnaire. Pourrais-je espérer que vous me receviez ici, Madame?

— Vous seriez plus que bienvenue, chez nous, Madame, n'en doutez pas.

— Alors je me déferai de mon mobilier et je viendrai probablement à l'automne. Il me semble que ce sera beaucoup plus facile ici d'exploiter ces biens dont nous parlions tantôt.

Mme d'Youville sourit aimablement, pour toute réponse, et reconduit la visiteuse jusqu'à la porte de sortie. Puis, elle s'en va servir le souper de ses pauvres.

De nombreuses occupations requièrent encore son temps avant que, pour elle, la journée de labeur soit finie: à toutes, elle se prête aimablement, comme si, pour elle, la fatigue n'existait pas. L'heure de la retraite nocturne la trouve pourtant épuisée, épuisée mais non vaincue. Indomptable d'énergie, elle s'agenouille sur son prie-Dieu, ce fidèle appui soutenant son oraison coutumière, son prie-Dieu qui porte visible, la trace qu'y ont patinée ses mains jointes. Avant de prendre le repos de la nuit, chaque soir, elle aime faire la revue de la journée pour remercier le Père Éternel de ses sollicitudes inlassables.

Aux grâces quotidiennes s'est jointe aujourd'hui, l'une des premières messes de Mathieu. Avec quelle ferveur, la Mère remercie pour cette vocation sacerdotale! avec quelle ferveur, elle implore les bénédictions divines sur ce ministère commençant! Le jeune lévite a compris la beauté du don total. «Je suis nommé à la paroisse», a-t-il confié à sa tante, et j'entends bien consacrer jusqu'au moindre de mes instants au service des âmes.» La Mère lui a répondu: «C'est ça que Dieu attend de vous, et c'est ce qui constituera votre bonheur.» Elle se rappelle, ce soir, cependant, comme il a l'air frêle ce grand jeune homme d'une maigreur extrême et d'une pâleur que tous ont remarquée. Le jeune prêtre serait-il destiné à une brève carrière? Mais la Mère ne s'arrête pas à cette considération; d'un coup d'aile, son âme s'élève plus haut. «Notre sort est entre vos mains, Seigneur, vous n'abandonnez pas ceux qui se confient en Vous.»

Sa prière commence et finit toujours par l'action de grâces; il en va de même ce soir, car en plus de l'événement de ce matin, il lui a été donné de s'entretenir avec son neveu Ignace Gamelin, curé de Laprairie où réside Nanette. Nanette n'est pas encore de retour de son voyage d'Europe, on l'attend cependant par les premiers vaisseaux. Le Curé Gamelin a ouï dire que Mackay estimait grandement Mme d'Youville et il a confié à sa tante: «Je ne serais nullement surpris que cette estime vous ouvre un foyer où je n'ai pas encore accès moi-même. Les Mackay sont très charitables, je crois qu'il y a lieu d'espérer le retour au bercail de votre filleule et protégée.» — «Puissiez-vous dire vrai, Ignace», a prononcé la Mère. Et ce soir, elle adresse au Ciel ses supplications afin qu'un jour — le plus tôt possible — Nanette reprenne sa place d'enfant de Dieu au sein de notre «Mère la Sainte Église.»

* * *

Le printemps est venu, puis l'été, mais ils n'ont pas ramené Nanette au Canada. Mme Mackay est devenue mère d'une petite fille: Marie-Anne Françoise, née à Londres, à ce que disent les nouvelles d'outre-mer. Mme d'Youville ne désespère pas: les Mackay reviendront: Samuel, le frère de François, le lui assure.

Une triste nouvelle l'a atteinte elle-même: celle du décès de M. Savarie, le procureur de la communauté. En ce temps où le règlement des papiers français traverse une crise aiguë, la perte est doublement ressentie. Qui veillera sur les intérêts des sœurs Grises auprès de la Cour? Certes, M. de l'Isle-Dieu est toujours là, mais il vieillit, sa vue baisse et chaque lettre de lui apporte un alarmant bulletin de santé. M. de Lanoue s'impatiente pour les derniers versements dus sur la dette. Tant de soucis ne ralentissent en rien les travaux de relèvement de l'hôpital cependant. Depuis le 30 avril, les ouvriers reconstruisent l'église. Bien plus, Mme d'Youville a entrepris de faire élever, à la Pointe Saint-Charles, une maison de pierres, à deux étages. Elle dirige ces travaux elle-même, ainsi que ceux de Châteauguay, lesquels ne nécessitent plus qu'une surveillance intermittente, vu qu'on les poursuit à mesure que les ressources le permettent.

Au cours de la matinée, elle est arrivée à la Pointe avec un groupe de sœurs venues y prendre congé. La température est idéale, les sous-bois charmants d'ombre et de fraîcheur. Sœur Coutlée, diligente comme toujours, choisit l'emplacement où se prendra le dîner. Elle prépare le repas, mais donne à ses compagnes la consolation d'apporter leur part à la besogne. À un certain moment, elle aperçoit sœur Céloron en train de soulever, seule, une lourde pierre.

— Attention, ma petite sœur! Ne soulevez pas ce poids toute seule. Vous savez que notre Mère nous interdit ces efforts démesurés.

— Ne craignez rien, répond la jeune sœur, je suis solide.

— Tout de même, attendez, je vais vous prêter main-forte.

Et l'on accomplit aisément, à deux, ce qui aurait été impossible à une particulière.

— Vive la vie de communauté! conclut sœur Coutlée, en guise de commentaire.

Comme il fait bon vivre ainsi, sous le soleil du bon Dieu et changer quelque peu l'horaire quotidien! Mais si l'on se figure que les sœurs Grises se familiarisent, pour autant, avec la douce «farniente», que l'on y regarde à deux reprises!

On a pris le dîner ensemble et voilà qu'après avoir tout rangé, il se trouve que chacune ayant apporté sa broderie ou son tricot, on se retrouve en rond autour de la Mère qui, elle aussi, termine une paire de chaussettes pour un bon vieux.

Avisant sœur Prud'homme qui semble perplexe, sœur Coutlée lui glisse:

— Vous avez perdu votre beau sourire, ma sœur. Il faudrait prier saint Antoine pour le retrouver.

Les rires fusent, car les sœurs connaissent la dévotion de sœur Coutlée pour le thaumaturge franciscain. Cette dévotion lui a même valu, l'an dernier, la promesse d'hériter du tableau «miraculeux» de Mlle Vitré, pensionnaire à l'hôpital. Ce tableau aurait protégé la demeure de la bonne demoiselle lors du dernier incendie.

Docile, sœur Prud'homme s'exécute:

— Saint Antoine, je retrouverai mon sourire quand vous m'aurez fait découvrir le secret qui rendra mes fleurs artificielles conformes à la réalité...

La petite sœur a des doigts d'artiste, Mme d'Youville l'a chargée de la confection des fleurs artificielles, ce à quoi elle s'occupe aujourd'hui. Elle a choisi comme modèle, l'humble marguerite au cœur d'or et aux ailes blanches. Les champs en sont émaillés et l'artiste n'a qu'à baisser les yeux pour comparer avec l'original. Comme tous les artistes cependant, sœur Prud'homme n'est pas satisfaite de son œuvre.

— Il y manque quelque chose, déplore-t-elle, voyez l'énorme différence. Et elle pose la marguerite artificielle près de la marguerite naturelle. «Corps sans âme», ajoute-t-elle à mi-voix.

— Vous avez trouvé le secret, explique Mme d'Youville qui a saisi la dernière remarque. Il manque la vie à votre marguerite et c'est ce qui constitue la différence. Dieu est l'artiste suprême, mon enfant, seul Il anime ce qu'Il crée.

Le silence s'est fait autour de la Supérieure; elle regarde affectueusement ses sœurs et poursuit:

— Lorsque Notre-Seigneur dit dans l'Évangile, que Salomon dans sa splendeur n'était pas vêtu comme l'humble lis des champs, j'ai l'impression qu'il a voulu nous signifier qu'un tissu, si riche soit-il, ne saurait être comparé à ce tissu vivant que sont les pétales des fleurs! La source de la Vie, c'est Dieu lui-même, et ces fleurettes tirent leur beauté de cette Source.

Et comme elle voit les jeunes âmes avides d'exploiter le sujet de méditation, elle suggère aimablement:

— C'est bon, consolant, de croire que Dieu habite en nous, mais quelle source de force ne puisons-nous pas à la pensée que nous sommes en Lui, qu'Il nous entoure de toutes parts, qu'Il nous dépasse, en un mot, que nous participons à sa vie!

Ce disant la Mère lève la séance; les jeunes sont venues se récréer, il ne faut pas l'oublier. Et puis les ouvriers ont repris le travail là-bas ainsi que l'attestent les coups de marteau. Mme d'Youville s'en va vers le chantier et les jeunes poursuivent leur causerie, mais on n'oubliera pas de sitôt ce qu'on vient d'entendre.

Les sœurs Bourjoly et Dussault regagnent elles aussi la maison en construction: elles y arrivent un peu après la Supérieure: vainement, elles la cherchent.

— J'ai pourtant vu notre Mère se dirigeant ici, observe sœur Bourjoly.

— Voyez, répond sœur Dussault en indiquant du regard, un réduit inachevé, attenant à la bâtisse: Mme d'Youville à genoux, y semble plongée dans une méditation profonde.

— Ce n'est pas la première fois que je la surprends ainsi, chuchote sœur Dussault. J'ai remarqué qu'à chaque congé, notre Mère s'accorde de longs moments de prière surérogatoire. Rien que de la regarder me met en appétit. Oh! comme je voudrais savoir prier comme elle!

Les deux sœurs ne se pardonneraient pas d'interrompre le colloque de la Mère avec son Dieu. Elles s'éloignent du petit réduit et sœur Bourjoly, émue, confie à sa compagne:

— Notre Mère savoure sans doute, ces vérités dont elle nous a parlé tantôt : Dieu est en nous et nous sommes en Lui ! À l'avoir surprise ainsi, je comprends mieux le sens de cette demande que, souvent, elle nous propose de présenter à Dieu : «Père qui aimez ceux qui vous prient dans le secret, donnez-nous la science et l'amour de la prière.»

— Pour ma part, je comprends mieux que l'action et la contemplation ne s'excluent pas, nous en avons une preuve vivante sous les yeux. Dites donc, sœur Bourjoly, en serons-nous là bientôt, nous aussi ?

— Très probablement... si nous acceptons d'y mettre le prix !

* * *

Elle continue d'y mettre le prix cette femme que le poids des années ne parvient pas à ralentir dans sa marche à l'étoile. Ce soir, 7 octobre, elle rentre de Châteauguay, en compagnie des sœurs Despins et Coutlée. Le voyage a été harassant, car on a traversé d'abord à la Pointe-Claire où la Mère avait quelques affaires à régler, puis l'on a pris la charrette jusqu'à l'hôpital. Il est près de sept heures lorsque les sœurs descendent de voiture. Comme à l'accoutumée, l'assistante, sœur Lasource, attend anxieusement l'heure du retour. Sa figure s'illumine lorsqu'elle se porte à la rencontre de la Supérieure et de ses compagnes.

Le groupe atteint maintenant la porte principale. Les sœurs viennent d'un peu partout accueillir la Mère qui, aimablement, adresse un bon mot à chacune. Lorsque les voyageuses ont pris leur réfection, la Supérieure et l'assistante se rendent à la procure et là, sœur Lasource fait part des nouvelles.

— Madame Robineau de Portneuf est arrivée ce matin.

— Merci de m'en informer, je vais immédiatement lui souhaiter la bienvenue, elle ne doit pas être retirée déjà ?

— Non, je ne le crois pas. Votre visite lui fera plaisir.

— La bonne dame est âgée, la transplantation doit lui être sensible et je veux l'assurer qu'elle est ici chez elle. Veuillez bien m'excuser quelques instants, je serai bientôt de retour.

De fait, Mme Robineau est touchée par la démarche de la Supérieure.

— Vous êtes bien bonne d'avoir pensé à moi, Madame. Je croyais que vous ne seriez pas de retour ce soir.

— Je suis rentrée tantôt et tenais à vous saluer ce soir. Le rai de lumière aperçu sous votre porte m'a rassurée, je n'aurais pas voulu troubler votre repos.

— Je n'ai pas l'habitude de me retirer avant neuf heures, assure la bonne dame. J'ai encore de bons yeux, je lis et je couds. Je compte bien pouvoir rendre quelque service ici : ça me fera oublier que j'ai passé l'âge de la vie active.

— Eh bien ! nous verrons, chère Madame ; en attendant, je vous souhaite une bonne nuit, nous nous reverrons demain, n'est-ce pas ?

— Entendu Madame et merci.

La Mère revient vers son assistante et celle-ci lui tend un large pli.

— Voici ce qu'un commissionnaire vous apportait ce matin.

La Supérieure brise le sceau et parcourt rapidement.

— Vous ne sauriez deviner, murmure-t-elle après quelques instants. Le Gouvernement anglais m'informe que 7,000 L. nous seront versées sous peu comme indemnité pour les dommages subis dans l'incendie d'il y a deux ans !

Les deux sœurs se taisent. Ce qu'elle tombe à point cette indemnité ! On a tant de peine à relever ce que le feu a détruit ! L'église a été bénite le 30 août dernier, oui, mais sans les chapelles du Père Éternel et du Sacré-Cœur, et voilà que ce secours providentiel vient en quelque sorte, signifier aux sœurs que le temps est venu de les reconstruire.

— Qui aurait dit que le secours viendrait de là ? s'exclame sœur Lasource.

— Le bon Dieu se joue de nos prévisions, constate la Mère, une fois de plus. Il se plaît, croirait-on, à faire surgir le secours du côté où nous l'attendons le moins. C'est tout comme s'Il voulait nous signifier : cette œuvre est MON œuvre, non la vôtre. De quoi nous glorifierions-nous ? Nous avons peiné depuis que nous sommes ici et le bon Maître aura enregistré nos labeurs, certes, mais l'œuvre, c'est Lui qui l'aura établie et ré-établie. Oh ! comme il y a lieu de s'abandonner à un Dieu si bon !

Nouveau silence et pèlerinage dans le passé. Les sœurs revoient les ruines de 1747, puis les réparations, les agrandissements effectués au cours des années suivantes et enfin le feu dévastateur de 1765, consumant en quelques heures le résultat de tant de travail ! La maison renaîtra, oui, mais c'est Dieu qui l'aura relevée et moyennant les ressources de sa Providence infinie. La Mère et la fille n'ont pas à se communiquer leurs pensées, toutes deux se devinent si bien !

L'assistante a allumé une seconde bougie, elle la pose sur le coin de la table de travail.

— Allons prendre notre repos, suggère la Mère. Il est déjà neuf heures.

Chacune saisit un bougeoir et les deux sœurs s'en vont vers la salle communautaire. Comme elles vont la traverser, la Mère se ravise et revient sur ses pas. Elle s'arrête près de la jarre d'eau et cherche en vain le gobelet pour y puiser. Sœur Lasource approche son bougeoir vers l'angle à droite : sur une planchette récemment fixée au mur, la Mère aperçoit l'article.

— Qui a fait poser cette planche ? interroge la Mère.

— C'est moi, Mère, confesse l'assistante humblement.

— Nos pauvres n'en ont pas, remarque la Supérieure avec douceur. Il ne faudrait pas que nous soyons plus commodément qu'eux.

Sœur Lasource a compris. Dès demain, elle demandera à l'ouvrier d'enlever la planchette et si quelqu'une des sœurs demande une explication, elle la lui donnera sans déguisement. Les plus jeunes compendront, moyennant ce trait, que le titre le plus cher au cœur de la Mère est celui de « servante des pauvres », la servante en esprit et en vérité, qui ne consentirait pour rien au monde à être « plus commodément » que ceux-là qu'elle sert.

1768 – La mère au cœur d'apôtre

— MARGUERITE est d'une bonté sans pareille, murmure faiblement Mme Maugras à sa sœur Louise, mandée à son chevet au cours de l'après-midi.

Mme Maugras, alitée depuis quinze jours, décline rapidement. La fin est douce cependant : Mme Maugras est parfaitement résignée à la volonté divine. « Ma vie a eu ses joies et ses croix, confiait-elle à sa sœur Marguerite, il y a quelques mois. Il me reste

maintenant à bien mourir, veux-tu m'aider à faire ce dernier pas?»
La Supérieure avait répondu : « C'est si simple, tu n'as qu'à te
laisser cueillir, je dirais.» — «Je ne suis pas une sœur de charité,
moi, avait répondu Clémence. Dieu sera-t-il content de me
recevoir?» — «Sans doute, ma pauvre Clémence. Dieu est ton
père, la rencontre sera heureuse.» — «Malgré mes pauvres
mérites?» — «Offre-lui les mérites de son Fils, il en faut toujours
revenir là d'ailleurs, car ce sont ses mérites qui nous sauvent!»

Clémence a compris, elle s'est admirablement préparée par la
confiance, l'abandon à l'amour, et ses derniers jours portent les
caractères de la mort du juste.

— Ce qu'elle doit être agréable à Dieu, notre sœur! continue
lentement Mme Maugras, elle qui s'est toujours sacrifiée pour le
bonheur des autres.

— Tu as raison, Clémence, admet Louise, je n'ai pas toujours
compris Marguerite, il me semblait qu'elle exagérait un peu ; à
présent, j'y vois mieux. Marguerite était marquée d'une vocation
spéciale. Je ne saurais me pardonner de n'avoir pas su persuader
Ignace de ne pas signer la requête de 1738 !

— Rassure-toi Louise, Marguerite a oublié cela. J'ai voulu lui
en parler l'autre jour, elle m'a interrompue, et comme j'insistais,
elle a répondu : « Est-ce que la requête de 1751 pour me maintenir
en charge de l'hôpital n'a pas tout réparé?» C'est ainsi que pardonnent les saints, Louise, et si je ne me trompe, Marguerite est de
ceux-là.

— Je te remercie de me rassurer là-dessus. Causer ainsi doit
t'occasionner de la fatigue cependant.

— Qu'importe, ce ne sera plus long désormais. Renée et
Clémence reviendront-elles bientôt? s'enquiert-elle.

— Oui, elles sont allées prendre un peu de repos, nous resterons
avec toi cette nuit.

— Et Mathieu, viendra-t-il?

— Probablement, répond Louise qui ne saurait rien ajouter, car
Mathieu lui-même est souffrant, ce que l'on n'ose apprendre à Mme
Maugras.

Heureusement, une diversion se produit par l'arrivée de la
Supérieure. En l'apercevant, la figure de la malade s'éclaire d'un
sourire.

— Tu ne souffres pas trop, Clémence? demande la Mère,
affectueusement.

— Non, pas trop, et puis ce sera bientôt fini. Puis-je te demander une dernière faveur, Marguerite?

— Dis Clémence!

— Je voudrais être inhumée ici à l'hôpital et non pas au cimetière de la paroisse. Je veux rester sous ton toit même par-delà la mort. Tu feras prier les pauvres pour moi, n'est-ce pas?

— N'aie crainte, ils n'y manqueront pas.

— Maintenant je puis mourir tranquille. Tu avais raison, Marguerite, c'est assez facile de mourir, si l'on songe que l'on s'en va vers le Père du ciel. Prie à voix haute, veux-tu?

La Supérieure acquiesce à la demande. Lentement, elle prononce des oraisons jaculatoires. Lorsque, vers sept heures, Mme de Bleury et Mme de la Broquerie, filles de Clémence, pénètrent dans la chambre, elles trouvent une malade paisible qui «a reposé un peu».

— Tu ne me quitteras pas Marguerite? Je veux que tu sois là quand...

— Ne crains rien, assure la Supérieure, je reste à tes côtés.

Les longues heures de la nuit se succèdent. Un peu avant l'Angélus matinal, en ce vingt-deuxième jour de mars 1768, Mme Maugras exhale le dernier soupir. La Supérieure est là, fidèle, pour recommander à Dieu la chère âme.

Sa faction de veilleuse est achevée: la mission de consolatrice lui incombe désormais. Ce qu'elle en a consolé de chagrins, cette femme qui, depuis quarante ans, se penche sur les souffrances de l'humanité! Et parce que, inlassablement, elle a voulu porter sa part des tribulations qui assaillent ses «frères dans le Christ», elle y a acquis un talent merveilleux. Elle inspire à qui l'écoute, sa conviction profonde: la croix accomplit l'œuvre de Dieu en l'âme qui l'accepte avec amour!

* * *

Ce don merveilleux d'entraîner les âmes à sa suite dans la voie de l'amour, la Mère l'exerce tout le long du jour par le seul prestige de son exemple. «On croirait que notre Mère voit ce que nous cherchons encore», confiait sœur Coutlée à l'une de ses compagnes, tout récemment. «Ce que je donnerais pour en être rendue là!»

La jeune économe voudrait brûler les étapes dans la voie de la perfection, ainsi qu'elle vient de l'avouer à la Supérieure alors que, en ce bel après-midi de novembre, les deux sœurs regagnent le manoir de Châteauguay.

La Mère a souri en entendant cet aveu ; l'ardeur de sœur Coutlée ne se dément pas ; il importe pourtant d'inciter la jeune sœur à la patience.

— Il faut aller au pas de Dieu, mon enfant ; ne pas désirer franchir distance plus longue que ne le comportent ses desseins sur nous. La semence que l'on met en terre se développe lentement ; il en va ainsi d'habitude pour l'œuvre de Dieu dans l'âme. Ne mettez pas de bornes à vos désirs, mais sachez attendre l'heure du Maître, Il n'arrive jamais en retard. Voyez par exemple : cette année, les pluies continuelles de la mi-mai à la mi-juillet ont inquiété les cultivateurs ; on croyait tout perdu et pourtant, la divine Providence nous a donné du blé... et la récolte était rentrée au même temps que les années passées.

Sœur Coutlée comprend, moyennant cette comparaison, que la confiance, poussée jusqu'à l'abandon parfait entre les mains de Dieu, constitue la spiritualité de la sœur Grise.

— Nos censitaires semblent heureux de la récolte, dit-elle tout haut. J'ai pu causer avec quelques-uns d'entre eux.

— Oui, ils sont satisfaits pour la plupart ; ce n'est pas l'abondance, mais il y aura du pain dans la huche. Tous ne sont pas en état de payer leurs rentes, mais je ne les ennuierai pas de mes réclamations pour autant ; les années de guerre ont été si dures !

Dures elles l'ont été pour tout le monde, ces années mémorables, et leur poids continue de se faire sentir, surtout depuis le dernier arrêt de la Cour de France, convertissant les effets payables au porteur, en contrats portant rente annuelle de quatre et demi pour cent. Sœur Coutlée n'ignore pas les ennuis financiers de la Supérieure qui l'initie graduellement au maniement des affaires. Aussi lorsque la jeune sœur lui demande :

— Croyez-vous, Mère, que nous ne récupérerons jamais les sommes avancées pour l'hospitalisation des soldats ?

— J'en doute fort, ma sœur, répond la Mère.

— Alors les charités de Londres sont arrivées à point. Vous n'attendiez pas le second versement qui nous a été fait, n'est-ce pas ?

— Non, c'est une agréable surprise que nous a ménagée le Seigneur, un de ces réconforts dont Il est prodigue et qu'Il nous dispense à point.

Les deux sœurs continuent leur route en silence. Sœur Coutlée ne saurait se douter pourquoi la Mère a employé le mot : réconfort. L'économe n'est pas au fait quant à la dette de François, elle ignore que, lors de son passage ici même à Châteauguay, au commencement de juillet, Sa Grandeur Monseigneur Briand abordait le sujet... Quelle humiliation pour la Mère d'avoir à traiter de ce problème personnel ! Mais comme elle n'est pas de nature à reculer devant l'accomplissement d'une tâche pénible, elle a exposé brièvement la situation. Sa Grandeur a conclu :

— J'écrirai à votre fils, je vous ferai parvenir la lettre à vous d'abord, afin que vous soyez au courant des directives que je lui donnerai. Il importe que cette situation se clarifie au plus tôt.

« Comme il est pénible qu'il faille en venir là », déplore la Mère dans le secret de son cœur. Ah ! si François voulait reconnaître sa dette, elle accepterait tous les délais de l'amortissement proposé. Mais le fils aîné soutient n'être pas lié par aucune obligation vis-à-vis de l'hôpital. Comme il tarde à la Mère que le triste incident soit clos ! car, elle le pressent, l'heure du grand départ sonnera bientôt pour elle. Il lui faudra, comme l'a dit le poète :

« Par un beau soir, discrètement, souffler la flamme

De sa lampe et mourir, parce que c'est la loi ! »

Les sœurs atteignent le but de leur marche : sur la grève, près de la chaloupe, une troupe enfantine s'est réunie. Les petits prenaient leurs ébats sous le soleil de l'été de la Saint-Martin. En voyant venir Mme d'Youville et sœur Coutlée, loin de fuir, ils sont allés se poster tout près du quai avec l'espérance que se répétera l'aubaine des jours précédents.

— Vos amis sont là, annonce joyeusement sœur Coutlée, interrompant les pensées de la Mère.

La figure de la Supérieure s'illumine. Oui, ce sont bien ses amis, ces chers enfants qui viennent à elle en toute simplicité. Chaque jour, le groupe augmente. Ainsi, il en est un nouveau aujourd'hui. Sans timidité, il regarde cette « Madame » dont les autres lui ont fait l'éloge enfantin par excellence : « Elle nous aime et nous donne des tartines quand on sait nos prières. »

— Je devrai donc préparer d'autres tartines, prévient sœur Coutlée.

— Oui, ma sœur, répond la Mère, et allez-y généreusement de la confiture.

Le fermier a traversé avec une seconde chaloupe, tout le monde pourra prendre place à bord des deux embarcations. Sœur Coutlée part avec les plus grands et Mme d'Youville se charge des plus petits. Lorsque, la rivière traversée, on accoste à l'autre rive, l'économe se hâte vers le manoir y préparer le goûter, et la Supérieure commence sa leçon de catéchisme. Oh! ce n'est pas une leçon en règle, avec questions et réponses classiques, mais un entretien famillier.

Avisant d'abord le nouveau venu, Mme d'Youville lui demande avec ce sourire irrésistible, fait de tendresse et de sympathie, qui lui a conquis le jeune auditoire :

— Et toi, comment te nommes-tu, mon petit?

— Étienne Duranceau, arrive la réponse ferme et précise.

— Quel âge as-tu?

— Cinq ans, Madame.

— Demeures-tu loin d'ici?

— Non, la maison là-bas, indique le doigt rose, pointé vers l'autre rive.

— Sais-tu ta prière? interroge doucement la Mère.

— Je sais faire mon «nom du père», répond l'enfant en esquissant le signe de la croix, assez gauchement, d'ailleurs.

La Mère ne va pas décourager tant de bonne volonté; maternellement, elle guide la main qui effectue cette fois, un signe parfait.

Le sujet est amorcé avec quelle facilité elle se met à la portée de ses jeunes amis et avec quelle attention ils écoutent ce qu'elle leur dit, tant il est vrai que les cœurs purs aiment entendre parler de Dieu, Dieu-Amour que la Mère prêche si éloquemment. Les petits comprennent, quoique confusément encore, qu'il est au ciel, un Père très bon, dont nous sommes tous les enfants bien-aimés et que c'est Lui qui nous a tout donné.

La leçon a maintenant assez duré; est venue l'heure de la récompense. La gent enfantine escorte la Mère vers la porte de la cuisine; les tartines sont là, appétissantes et aujourd'hui, chacun est gratifié en plus, d'une tasse de lait. Le petit monde est parfaitement heureux, cela se voit à l'éclat des yeux et aux fossettes bien dessinées sur les joues vermeilles où adhère déjà un peu de confiture.

Et parce que, aux yeux de la Mère, rien n'est plus doux que d'acheminer les âmes sur le sentier qui mène à Dieu, ce soir encore — le dernier soir puisque le départ est fixé à demain — elle réunira les serviteurs et les pauvres des environs pour leur apprendre les vérités essentielles de la religion.

«Je suis venu allumer le feu et que désiré-je sinon qu'il brûle?» s'écriait autrefois le Maître. Ce même désir consume, au cours des âges, ces répliques du Cœur du Christ qu'on nomme les cœurs d'apôtres.

* * *

Et cette femme au cœur d'apôtre, en raison de la mission qui lui incombe, cultive en ses filles les fortes vertus caractérisant les apôtres. Il en est une primordiale sur laquelle elle insiste tout particulièrement et c'est l'obéissance, car l'obéissance constitue l'essence même de la vie religieuse.

Or, il s'est produit une infraction dans ce domaine. Hier, la novice sœur Madeleine Céloron, malgré la défense maintes fois répétée de ne pas soulever seule, un poids lourd, s'est risquée à porter un cuvier de linge mouillé. L'effort démesuré a causé une lésion interne et la jeune sœur de vingt ans s'est écrasée sous le faix. Elle gît maintenant sur un lit d'agonie, car le docteur Landriaux, mandé à son chevet, a déclaré l'impuissance de la science à sauver cette jeune vie. Informée de son état, sœur Céloron se prépare à paraître devant son Dieu. Munie des sacrements, elle a sollicité de plus, la faveur de prononcer ses vœux «*in articulo mortis*».

Mme d'Youville a rassemblé son conseil : nonobstant le fait que le noviciat de l'aspirante touchait à sa fin, la faveur ne lui sera pas accordée : le maintien de la discipline dans une Communauté nécessite parfois l'application de mesures sévères.

La Supérieure se rend à la chambre de la pauvre accidentée et demande qu'on la laisse seule avec elle. Comme elle est pénible, en certaines circonstances, la charge de Supérieure!

La belle figure de la novice repose sur l'oreiller. La Mère se penche sur cette jeunesse qui va payer, de sa vie, un acte d'imprudence. Sœur Céloron a reconnu la Supérieure; confiante, elle réitère sa demande.

— Mère, voulez-vous me permettre de prononcer mes vœux? Je sais bien que je meurs des suites de ma désobéissance, mais Dieu m'a pardonnée.

— Oui, mon enfant, Dieu vous a pardonnée, soyez sans crainte.

— Et vous aussi, Mère?

— Comment pourriez-vous en douter, mon enfant, répond la Supérieure.

— Et les pauvres ? Ils me pardonnent aussi ?

La Mère a saisi l'allusion : à la dernière retraite mensuelle, la lecture a porté sur le véritable esprit de pauvreté et la Supérieure a commenté : « La sœur Grise est si pauvre qu'elle doit considérer ses talents, ses forces, sa vie comme appartenant à ceux qu'elle a mission de servir. » La novice réalise, en cette heure suprême, avoir abrégé, par son imprudence, une existence qui promettait de longues années au service des pauvres. La tâche de la Mère s'en trouve singulièrement facilitée.

— Je vous pardonne au nom de nos pauvres, demeurez en paix, mon enfant. Pour ce qui est de prononcer vos vœux de façon officielle, je ne puis vous en accorder l'autorisation, vous le pressentez, j'en suis sûre, mais pour la consolation de votre âme et pour ne pas vous priver des mérites précieux de cet acte, je vous autorise à les prononcer dès maintenant, tandis que nous sommes seules.

La figure de la novice s'éclaire d'un doux sourire. Sur la table, au chevet du lit, deux cierges brûlent près du crucifix. La Supérieure a bientôt placé le meuble de façon à ce que la pauvre enfant voie le signe de la Rédemption. L'instant est solennel : lentement, la jeune sœur prononce la formule d'usage. Quel accent de sincérité vibre dans chacun de ses mots : de quelle lumière surnaturelle les réalités invisibles ne brillent-elles pas lorsque va se rompre le fil de la vie ?

Sœur Céloron, heureuse de s'être consacrée entièrement à Dieu, tourne vers la Mère un regard ému.

— Merci, ma Mère, je vous dois ce grand bonheur, je puis mourir maintenant.

La Mère trace une croix sur le front de la novice, c'est ainsi qu'elle implore la bénédiction de Dieu sur ses filles. Puis, elle ouvre la porte et invite la maman éplorée à pénétrer dans la chambre et se retire elle-même. On respecte ce tête-à-tête suprême.

L'entretien a duré quelque dix minutes ; la porte s'ouvrant de nouveau en indique la fin. Lorsque Mme d'Youville entre dans la chambre, elle juge par l'altération des traits que la novice n'en a plus pour longtemps. Déjà, l'agonie voile le regard et entrecoupe la respiration. Les sœurs s'agenouillent tout près de la maman qui pleure, comme pour épauler son chagrin, et la Mère commence les prières de la recommandation de l'âme ; avant qu'elle ne les termine, la mort accomplit son œuvre et le dernier vœu de paix tombe sur un corps que l'âme a déjà quitté.

Rompue par l'émotion, Mme de Blainville va se retirer; la Supérieure lui offre l'appui de son bras et la reconduit à sa chambre. Aucune parole n'a été échangée le long du trajet. Mme d'Youville guide Mme Céloron vers sa bergère, l'y installe comme elle le ferait d'une enfant. Elle pose le châle sur les épaules frileuses et suggère :

— Reposez-vous un peu, je m'occupe de ranimer le foyer.

Lorsque, du feu qui couvait sous la cendre, une flamme jaillit, s'attaquant à la proie nouvelle, Mme d'Youville se relève et pro-nonce simplement :

— L'émotion vous a transie, je vais vous préparer un cordial, veuillez m'attendre quelques instants.

Mme Céloron répond d'une voix grave :

— Votre sympathie me touche énormément, Madame, je vous en remercie, de même que je vous remercie pour les bontés mani-festées à mon enfant.

Les regards se croisent. Sœur Madeleine aurait-elle fait part à sa mère de la faveur accordée? Peut-être! Mme d'Youville ne s'en informe pas, elle explique délicatement :

— Votre enfant était aussi la mienne, Madame.

Puis, elle quitte discrètement. Mme Céloron, restée seule, laisse libre cours à son chagrin, son chagrin profond que tempère pourtant un espoir secret.

«Je remplacerai ma fille, Seigneur» répète-t-elle intérieure-ment, et elle puise, dans cette résolution, une force mystérieuse qui lui fait embrasser la croix.

1769 – La mère qui pardonne

Il y a trois mois que sœur Céloron a échangé l'exil pour la patrie. Mme de Blainville ne manque pas chaque jour, d'aller prier sur la tombe de sa fille à la crypte. Aujourd'hui, quelqu'un l'y a précédée : Mme la Supérieure et les Gamelin sont agenouillées près de la tombe de Clémence. Mais déjà ils se retirent.

— Il y aura bientôt un an que cette chère Clémence nous a quittés, dit Mme Gamelin avec un soupir. Nous lui ferons chanter un service anniversaire le 22 mars. J'ai communiqué avec nos nièces Clémence et Renée, elles pourront être des nôtres et c'est Mathieu qui célébrera. Nous avons pensé de fixer à ce jour-là aussi, le partage des biens Sylvain, qu'en dis-tu, Marguerite ?

— L'idée me semble opportune.

— Alors, c'est entendu. Nous nous rendrons à l'étude du notaire ou bien il viendra chez nous selon que mon pauvre Ignace pourra ou non assumer la fatigue du déplacement.

— Comment se porte ton mari ? interroge la Supérieure, avec bonté.

— Il fait bien pitié, répond Louise, il n'y voit presque plus maintenant. Cette maladie est pour le moins étrange, on dirait une sorte de paralysie qui immobilise graduellement tous les membres. Ignace est admirable, il ne se plaint jamais.

— L'épreuve ne fait pas l'homme, elle révèle ce qu'il est, répond la Mère.

Louise accueille ce témoignage avec émotion, il lui semble que Marguerite en soulignant les qualités de son mari, veut lui signifier que le passé est aboli.

La conversation des deux sœurs prend fin, car Mme Bénac provoque une interruption.

— Figurez-vous, tante Marguerite, que j'ai rencontré Mme Mackay hier, annonce-t-elle en se rapprochant. Nous avons même causé, elle cherche une domestique. Je lui ai conseillé de s'adresser à vous. Vous aurez probablement sa visite sous peu.

Chère Louise qui entre « dans le jeu » avec sa bonté coutumière !

— Dieu veuille t'entendre, ma chère enfant. Mme Mackay est la bienvenue et si elle s'adresse à moi, j'aurai quelques bonnes personnes à lui recommander.

Un impérieux coup de sonnette à la porte d'entrée annonce l'arrivée du courrier. Un peu de brouhaha se produit, car les visiteurs partent. Le commissionnaire annonce qu'il s'agit d'une missive urgente.

Mme d'Youville reçoit le pli et retourne à la procure en le soupesant : Est-ce l'annonce d'une heureuse ou d'une triste nouvelle qui lui arrive? Hier, lui parvenait de Québec, la lettre que Sa Grandeur Monsigneur Briand destine à son fils François. L'Évêque n'a guère usé de formes pour signifier à l'abbé Youville de régler l'emprunt fait à l'hôpital. Il lui dit même sans ambages que le retard a assez duré et de prendre les mesures d'y mettre fin. Mme d'Youville n'a pas encore ré-adressé le message au destinataire; il lui répugne tant de causer de la peine! Le pli qu'elle tient actuellement concerne-t-il encore cette question épineuse? Elle en brise le cachet de cire, mais voilà qu'on frappe à sa porte.

— Entrez, invite aimablement la Supérieure, sans manifester aucun ennui.

Et c'est Mme de Blainville qui s'encadre sur le seuil, une Mme de Blainville un peu pâle, mais au regard décidé.

— Pouvez-vous m'accorder quelques moments d'entretien, madame?

— Certainement, veuillez vous asseoir, je vous prie. Que puis-je pour vous, Madame?

— Vous pouvez beaucoup, Mère, répond lentement Mme de Blainville, employant à dessein la dénomination de Mère. Je viens solliciter mon admission à votre noviciat.

Mme d'Youville ne manifeste aucune surprise: elle sait à quoi s'en tenir sur la générosité de cette âme. De plus, elle a remarqué que, depuis le décès de la chère petite novice, Mme Céloron s'est graduellement dépouillée de toute recherche dans sa mise... premier pas — et toujours coûteux — pour une femme s'acheminant vers le renoncement complet. La Supérieure sourit maternellement.

— J'ai quarante-six ans, Madame, ce n'est pas l'âge tendre, mais avec la grâce de Dieu, tout est possible, n'est-ce pas?

Décidément, Mme Céloron a prévu les arguments.

— Je suis veuve, continue-t-elle, mais j'ai tout lieu de croire que ce ne sera pas là un obstacle; vous, entre toutes les autres, aurez égard à la prière d'une veuve.

— Je vois que vous avez considéré le problème sous tous les aspects, répond la Mère.

— Oui, Madame, j'ai beaucoup réfléchi et je crois que le temps est venu d'agir maintenant. J'attends votre décision.

— Je vous félicite de votre générosité, Madame. Je crois cependant préférable de ne pas accéder immédiatement à votre demande.

La physionomie de l'interlocutrice exprime une surprise peinée.

— Remarquez bien, j'ai dit : immédiatement, ajoute Mme d'Youville, vous êtes encore sous le coup de l'épreuve ; il vaut mieux laisser le temps cicatriser cette plaie ; ensuite, nous verrons.

— L'idée m'est venue souvent même avant le décès de ma fille, Madame. Cependant, je me soumets à votre décision ; j'attendrai patiemment que vous m'ouvriez votre porte.

Sans même s'en douter, Mme Céloron vient de remporter la victoire ; la souplesse manifestée à l'égard de la décision qui la contrecarre prouve à la Supérieure qu'elle saura, plus tard, accepter les renoncements impliqués dans le vœu d'obéissance.

— Ce délai ne sera pas temps perdu, chère Madame ; vécu dans la prière, la réflexion et le travail, il accomplira une œuvre remarquable en votre âme et nous permettra probablement par la suite, d'écourter la période de probation. Soyez certaine que je vous recevrai avec joie, si vous persévérez dans votre dessein.

Cette assurance dissipe les dernières appréhensions de Mme de Blainville.

— Merci, Madame, de ce que votre bonté vous inspire à mon égard, ajoute-t-elle, j'accepte le délai imposé. Combien de temps durera-t-il ?

— Ne fixons pas d'échéance. Vous reviendrez tout simplement si l'attrait persiste.

— Merci, Madame. Je puis compter sur le secours de vos prières ?

— Il va sans dire, assure la Mère qui, spontanément, tend la main à la candidate.

On se quitte après cette pression de mains. Mme d'Youville, restée seule, laisse libre cours à sa prière de reconnaissance. Oui, Dieu veille sur la petite communauté, il vient de le prouver de nouveau en lui dirigeant ce sujet de choix. Certes, Mme Céloron n'est plus jeune, mais de quelle vertu éprouvée ne fait-elle pas déjà preuve ? Mme d'Youville a plus d'une fois admiré cette grande dame qui, en dépit de sa situation sociale, son état de fortune, ses talents musical et littéraire, sait faire oublier tous ces avantages pour se pencher aimablement sur les misères de ceux avec qui elle traite, comme elle en a déjà donné maintes preuves. « Sois loué, mon Seigneur, pour tant de sollicitude », précise-t-elle intérieurement, tandis que ressaisissant le pli qu'on lui remettait il y a quelques instants, elle l'ouvre lentement. Elle a bientôt lu le message.

On lui mande la nouvelle de l'accident arrivé au Curé de Saint-Ours, c'est-à-dire, François, le fils aîné. En reconduisant une visite, il est tombé et s'est fracturé le bras grauche à quatre doigts de l'épaule. L'accident se produisait le 2 février dernier, il y a déjà une semaine. Le cœur de la Mère s'est alarmé en lisant le message. Pauvre enfant! il souffre déjà depuis quelques jours sans qu'elle l'ait appris. Seul, là-bas, l'épreuve doit lui sembler doublement pénible. Qui sait, peut-être quelque complication a-t-elle surgi dont on n'a pas voulu lui faire part, de peur de l'inquiéter? Les choses ne vont pas se passer ainsi, car l'idée de la Mère est fixée; elle se rendra au chevet de son fils et le plus tôt possible.

Le soir tombe déjà, inutile de songer à partir aujourd'hui. Ce sera pour demain, dimanche. On a pour habitude de n'effectuer aucune sortie le jour du Seigneur, mais il n'y a pas d'hésitation possible pourtant en ce cas qui se présente. François souffre, il faut accourir auprès de lui. Oubliés, les ennuis causés par ce fils «ardent au bien, mais un peu brouillon»; oubliées aussi ses tergiversations quant au remboursement du bien des pauvres.

La Supérieure va quitter sa table de travail lorsque ses yeux rencontrent la semonce de Sa Grandeur Monseigneur Briand. «Heureuse inspiration que j'ai eue de ne pas l'expédier tout de suite», se dit-elle intérieurement.

Et la compatissante Mère va soumettre à son assistante, son désir d'aller porter à son fils qui souffre là-bas, le réconfort de sa présence et les services de ses talents d'infirmière.

* * *

Sœur Lasource a secondé le projet, la Mère s'est rendue à Saint-Ours, elle en revenait trois jours après; l'état de l'accidenté ne présentait aucun symptôme inquiétant. Par mesure de prudence pourtant, elle promettait à son fils de lui envoyer compagnie. Sœur Laserre et Mlle Le Gardeur sont allées à leur tour se constituer les infirmières du Curé d'Youville. La démarche de sa mère a touché le fils, mais il ne démord pas de son opinion quant à la somme empruntée. Ce matin, la Supérieure a dû réunir ses conseillères qui, ayant consenti au prêt, sont par le fait même au courant de la situation. Elle les a informées de sa décision: devant l'obstination de son fils, elle se résigne à lui expédier la semonce de Sa Grandeur Monseigneur Briand. L'injonction de l'Évêque réussira peut-être là où les représentations de la Mère ont été infructueuses.

— Il me tarde de clore ce chapitre avant que la mort me surprenne, dit la Supérieure.

Les sœurs se récrient : « Mère, la mort ne viendra pas de sitôt, l'œuvre a encore trop besoin de vous. »

— Dieu n'a besoin de personne, reprend la Mère. Il veut bien nous employer à son service par bonté et il lui est facile de nous remplacer. Le divin Voleur viendra nous chercher chacune à notre tour, il faut nous tenir prêtes.

La séance se lève sur cet accent de finalité. Sœur Lasource trouve tout de même le moyen de se rapprocher de la Supérieure.

— Je devine ce que vous coûte le parti pour lequel vous optez, Mère, lui dit-elle à mi-voix. Ce qu'il vous en faut de la force morale !

— « Je ne fais que mon devoir », répond la Mère qui ne laisse rien paraître de sa souffrance intime. Mais l'œil exercé de l'assistante ne saurait s'y tromper. Comme elles sont lancinantes ces larmes qu'on ne verse pas ! Sans rien ajouter, la Mère se dirige vers la salle des enfants ; elle s'y rend quotidiennement depuis le décès de la sœur Beaufrère, survenu le 29 avril. Cinq de ses filles l'ont précédée au séjour de la félicité éternelle ! Comme elle est prise par le désir du ciel, cette femme qui pourtant ne dédaigne pas les labeurs de la terre ! Une véritable nostalgie lui envahit l'âme parfois. Il lui tarde d'être établie en cette patrie de l'Amour et de la paix véritables. Elle accepte pourtant d'attendre l'heure de Dieu et de se sacrifier jusqu'à la fin, à l'instar du Maître, pour le bonheur des autres ! Car le bonheur des autres constitue le sien en quelque sorte. Aussi, comme il lui est pénible de savoir qu'une âme, celle de son fils François, souffrira par elle, lorsque lui parviendra l'injonction de l'Évêque. Martyre du cœur des mères, forcées de sévir à l'endroit d'un enfant bien-aimé !

La Supérieure, absorbée par ces pensées arrive à la salle des enfants en même temps que Marie-Louise O'Flaherty qui, toute souriante lui annonce :

— Mère, M. de Lavalinière aimerait vous voir au parloir si vous pouvez facilement vous y rendre.

— Merci ma fille. Je m'y rends immédiatement.

Elle retourne sur ses pas et se dirige vers la gauche.

— Pardonnez-moi Madame de vous dérober ces précieux instants, explique le digne Sulpicien. J'avais spécifié à Marie-

Louise d'ajouter à mon message : « Si vous pouvez facilement vous rendre au parloir».

— Le message a été fidèlement transmis, Marie-Louise est douée d'une remarquable mémoire.

— Dieu a ses vues sur cette enfant, ajoute M. de Lavalinière.

Je ne serais nullement surpris qu'un jour, elle demande son admission à votre noviciat, c'est aussi l'avis de M. Poncin. Il va de soi que le temps pourra altérer ces dispositions ou les affermir. Pour le moment, il importe de respecter la liberté de cette âme et laisser la grâce de Dieu accomplir son œuvre en elle. J'en viens maintenant à l'objet de cet entretien. J'ai lu attentivement les litanies à la Divine Providence contenues dans votre livre de prières ; je les trouve très belles, très significatives. Je ne m'étonne pas que vous les aimiez : elles expriment bien l'attitude de votre âme envers la Providence divine.

La figure de la Mère s'éclaire d'un sourire. Ces litanies à la Providence, il y a longtemps que sa méditation les savoure. Elle veut les constituer caractéristiques de sa communauté, de même que les litanies au Père Éternel, dont elle a demandé la rédaction à son interlocuteur, il y a quelques semaines. Lorsque, ainsi, elle aura résumé les dispositions d'âme propres à la sœur Grise, elle pourra quitter la terre ; son œuvre possédera toutes les garanties de pérennité. Comment le Père céleste resterait-il sourd à l'appel d'enfants confiantes, lui redisant chaque jour qu'elles s'abandonnent à Lui en ce qui regarde le détail et l'ensemble de leur vie ?

— Ce n'est pas mince besogne que vous m'avez confiée de rédiger les litanies au Père Éternel, reprend le Sulpicien en souriant à son tour. J'ai besoin de l'assistance du Saint-Esprit, je vous l'assure, pour répondre à ce que vous attendez de moi. Aussi ma visite a pour but de m'enquérir des points que vous voulez me voir développer plus précisément en ces litanies. J'ai bien compris, vous désirez en faire une prière de louange et de demande n'est-ce pas ?

— Oui, louange au Père en union avec son divin Fils, l'Esprit-Saint et l'auguste et immaculée Vierge. Nos louanges à nous sont si pauvres, il nous faut l'aide de Notre-Seigneur et de sa Mère. Je voudrais grouper si possible tous les titres de gloire que l'Église décerne au Père des miséricordes et lui demander, par chacun de ces attributs, d'accomplir en nous, son œuvre de miséricorde et d'amour.

M. de Lavalinière a prêté une oreille attentive à l'exposé de la Mère.

— Je crois avoir saisi votre idée, prononce-t-il lentement. D'ailleurs, nous en avions déjà causé. Vous voulez vénérer le Père, source de tous les dons et les déversant sur le monde avec prodigalité, le Père rassasiant la faim de ses enfants, faim matérielle, faim spirituelle surtout; le Père, principe et fin des actions bonnes; le Père qui sauve et glorifie les âmes moyennant la médiation de son Fils; le Père qui répand l'Esprit-Saint sur ses fils d'adoption...

La Mère a acquiescé d'un signe de tête à chacun des attributs. «Oui, c'est bien cela», murmure-t-elle, mentalement.

— Vous le louerez aussi d'avoir établi Marie Mère de Dieu et d'avoir confié son Fils à saint Joseph, ajoute-t-elle, lorsque M. de Lavalinière s'est tu. Je tiens à ce que la Sainte Famille, modèle de la nôtre, soit spécifiée en cette prière. Je voudrais aussi qu'il y soit question du mystère de la Croix, ce mystère de vie. Que le divin Père nous en donne l'intelligence et qu'Il nous rende dignes des trésors de grâces cachés en ce mystère!

M. de Lavalinière songe intérieurement: «Dieu a donné à cette femme l'intelligence du mystère d'amour — don précieux entre tous — et comme toutes les âmes qui ont compris, elle désire partager avec ses filles. Inspirez-moi, Seigneur, les mots, les accents qui rendront sa pensée!»

— C'est bien, Mère, j'entreprendrai le travail, continue-t-il à voix haute. Vous ne me fixez pas d'échéance j'espère, car je prévois qu'il y faudra mettre le temps!

— Nous ne saurions rien exiger mon Père, nous vous sommes déjà si obligées d'accepter.

— En ce cas, je compte sur le secours de vos prières et je consacrerai mes premiers loisirs à cette rédaction. Et maintenant, si vous le permettez, je me rends voir le bon vieux Jules. C'est entendu entre nous deux qu'il me faut lui porter le réconfort d'une visite quotidienne.

M. de Lavalinière s'en va vers la salle des bons vieux et la Mère revient au coin des tout-petits. Elle se met à l'humble tâche avec une extrême liberté d'âme: prier, travailler, souffrir, méditer, aimer, pour elle c'est tout un, car ne cherchant que Dieu en tout, elle Le trouve toujours et Il lui suffit!

* * *

Oui, Dieu suffit pleinement à cette femme. D'où vient cependant que, cet après-midi, elle apparaît dans la salle des chères vieilles avec, dans les yeux, une expression de tristesse ? On en est pourtant à la veille de Noël et la venue de cette fête, d'habitude, remplit son âme de joie.

Et puis, la maison regorge d'hospitalisés. Elle recevra même tantôt, une pauvre octogénaire absolument impotente qui viendra occuper le dernier lit libre. Elle en a notifié sœur Bourjoly et celle-ci à son tour, l'a annoncé à sa compagne sœur Élizabeth Bonnet, professe depuis le 27 octobre dernier, et qui prendra bientôt la direction du département ; elle y est initiée par sœur Bourjoly, promue elle-même à l'emploi de pharmacienne.

Quel nuage a donc pu éclipser le rayon de joie qu'on discerne toujours dans le regard de la Mère ? C'est qu'une infraction au précepte de la charité s'est produite parmi ses filles. L'une d'elles — celle qui inspire quelque inquiétude à la Supérieure — a eu des paroles désobligeantes à l'égard d'une consœur. La Mère n'en aurait jamais rien su si, Dieu guidant ses pas, elle n'était arrivée à la salle communautaire précisément à l'instant où l'incident venait de se produire. La surprise et le malaise qu'elle détectait ont suffi à la renseigner. À ses questions précises, la coupable a répondu avec sincérité, ce qui atténuait déjà la faute qu'il lui a fallu tout de même réparer : la sœur a dû baiser les pieds de ses compagnes malgré la confusion de ces dernières. La Mère est pourtant indulgente, elle sait si bien à quoi s'en tenir sur la faiblesse de la nature humaine, mais il est un précepte, celui du Seigneur, auquel elle donne dans son appréciation la seule place qui lui convienne : la première.

Depuis les jours lointains de 1737, la Supérieure s'est employée à cultiver chez ses filles l'amour mutuel, se traduisant par la cordialité, l'affabilité des rapports, l'uniformité de vie, la délicatesse de procédés et elle y a réussi, car la politesse des sœurs Grises est devenue proverbiale. Mais il lui faut connaître cette souffrance aiguë, ménagée à presque tous les fondateurs d'Ordres religieux, de compter parmi ses enfants spirituelles, une âme qui ne s'est pas entièrement adaptée aux directives reçues ; le cas n'est certes pas désespéré — à preuve, la soumission de la sœur à la pénitence imposée — mais quel chagrin elle éprouve en constatant que se trouve menacée l'union parfaite parmi ses filles ! Et puis, pour son âme délicate, ce n'est pas matière négligeable que de peiner « son frère », puisque Dieu tient ce qu'on fait pour les siens, comme fait à Lui-même. La Mère a pardonné, elle pardonne toujours. À l'instar du Maître, elle aura même des attentions spéciales pour la chère enfant, mais elle déplore le fait de toute son âme.

Sœur Bonnet s'avance vers la Supérieure qui a raffermi son visage.

— Puis-je vous aider, Mère ?

— Oui, ma chère sœur. Il s'agit de préparer le lit de la pauvresse, nous y mettrons trois couvertures de laine, la grand-mère vient de loin, elle sera transie. Il faut aussi préparer un breuvage chaud. J'ai de plus averti Mme Robineau d'être sur les lieux vers la fin de l'après-midi, elle a un talent spécial pour acclimater les arrivantes, ajoute la Mère.

— N'est-ce pas extraordinaire, Mère, à son âge, à quatre-vingt-un ans ?

— La dame est familiarisée avec le sacrifice. Songez qu'elle jeûne et fait abstinence tous les jours commandés ; elle travaille pour les pauvres sans se lasser bien qu'elle soit à sa pension. Et puis, elle est charmante de gaieté et de bonne humeur. Preuve que la dévotion ne complique pas la vie. Vous m'accompagnerez au parloir, n'est-ce pas ? Nous ne serons pas trop de deux pour aider à transporter la malade.

Mais à l'étonnement des deux sœurs, voilà que la malade arrive. Les sœurs Bourjoly, Coutlée et Prud'homme transportent assez facilement l'arrivante qui pèse une «plume», remarque sœur Bourjoly. On l'a bientôt installée dans le lit achevé de justesse, vraiment ! Et tandis qu'on s'affaire autour d'elle, la future pharmacienne murmure à la Mère :

— Figurez-vous qu'une autre pauvresse vous attend au parloir. Son état est pitoyable, elle vous demande avec insistance.

— Nous n'avons plus de places libres ? interroge la Mère en scrutant chaque coin de la salle pour s'assurer s'il n'y aurait pas moyen d'installer un lit provisoirement.

— Aucune, répond sœur Bourjoly à voix basse.

— Il nous faudra donc la refuser ? s'exclame la Mère. J'ai le cœur bien gros lorsqu'il me faut renvoyer ces pauvres à leur misère ! Ah ! que je voudrais pouvoir agrandir. « Si je savais où il y a de l'argent et que je puisse en prendre sans voler, j'aurais bientôt fait un logement qui en logerait deux cents. Le bon Dieu devra se contenter de ma bonne volonté. »

L'accent peiné avec lequel la Mère a prononcé ces mots a vivement impressionné sœur Bonnet. Elle regarde s'éloigner la Supérieure et demande avec tristesse :

— Notre Mère devra refuser cette femme qui l'attend ?

— Auriez-vous une autre solution à suggérer ? questionne à son tour sœur Bourjoly. C'est bien pénible surtout pour notre Mère. Nos sœurs plus anciennes nous disent bien que, au début de la communauté, notre Mère donnait son propre lit et se contentait d'une alcôve pour sa part, mais cela ne lui est plus permis, les conseillères s'y opposent, notre Mère est trop âgée et malade maintenant.

Sœur Bourjoly a prononcé le mot : alcôve et il a suscité un dessein en l'esprit de son interlocutrice. Il est une alcôve dans la salle des chères vieilles. Jusqu'ici on ne l'a jamais employée, vu qu'elle se trouve à proximité d'une fenêtre et qu'il y fait froid. « Froid pour les grand-mères, songe sœur Bonnet, mais pour moi qui suis jeune, peu importe. Je masquerai mon grabat avec un rideau et donnerai ma chambrette bien volontiers. »

Aussitôt, la jeune hospitalière se hâte vers le parloir. Il est temps, la Supérieure s'en va expliquer à la pauvresse l'impossibilité pour elle de l'accueillir.

— Mère, une bonne nouvelle, chuchote sœur Bonnet à Mme d'Youville. Nous avons découvert une place.

— Dieu soit loué, murmure la Supérieure. Venez avec moi, nous allons recevoir la nouvelle venue.

La joie rayonne dans l'expression des deux sœurs et l'arrivante devine qu'elle est acceptée, de sorte qu'en ses yeux tristes, la joie monte aussi. La Mère s'apprête à escorter sa protégée vers la salle lorsque M. Laforce un ami de l'hôpital, arrive et demande à la voir.

Lorsque le visiteur a quitté, la Mère doit retourner à la procure ; quelques hospitalisés l'y attendent. Bref, on ne lui laisse aucun répit. Il est près de dix heures lorsque sonne pour elle, l'heure du repos. En longeant le couloir près de la salle des chères vieilles, l'idée lui vient de s'y arrêter pour voir où l'on a pu caser la dernière arrivée. Doucement, elle déclenche la porte et entre à pas feutrés. La bougie qu'elle tient à la main jette une faible lueur, suffisante cependant pour que la Mère remarque quelque chose d'insolite dans l'alcôve. « Y aurait-on logé la pauvre vieille ? se demande-t-elle : elle y sera certes mieux que dans son pauvre gîte, mais elle y aura froid. »

Avec des précautions infinies, elle soulève le rideau, tout en se penchant à demi. La flamme vacille quelque peu, puis se stabilise et la Mère reconnaît sa fille, sœur Élizabeth Bonnet qui dort à poings fermés, comme on dort à dix-neuf ans, lorsque, après une journée bien remplie, on se couche littéralement fourbue. Tout s'éclaire : la vaillante hospitalière a installé la pauvresse à sa place. La Mère en sourit d'attendrissement tandis que ses yeux s'embuent.

L'amour du pauvre, elle s'est efforcée de l'inculquer à ses filles ; celle-ci — la plus jeune — a déjà compris et elle marche résolument dans la voie des renoncements qui en résultent. Le spectacle de cette chère enfant s'immolant sans bruit de paroles, n'est-il pas de nature à consoler la Mère, de la peine lui étant venue par cette autre, moins souple aux insinuations de la grâce ? Oui, le manque d'amour, ce seul mal véritable, est bel et bien réparé par cet excès d'amour pour les petits et les humbles.

La jeune sœur a déjà acquis l'habitude du don de soi. Mentalement, la Mère bénit sa fille, de peur que le signe de croix tracé sur son front ne l'éveille, et puis elle se retire discrètement, sans songer qu'elle recueille en ce moment, le fruit des exemples donnés par elle, à celles qui, désireuses de l'imiter, se sont engagées à sa suite !

1770 – Cette brebis qui errait...

LE privilège de marcher à la suite de Mme d'Youville dans la voie royale de la charité, elle l'a enfin obtenu, cette tenace Mme de Blainville que, depuis le 5 février dernier, on nomme sœur Catherine Céloron. Le délai imposé a duré un an, il a été employé par elle à s'initier aux œuvres de la Communauté ; à la fin de janvier, elle réitérait sa demande d'admission : Sa persévérance lui valait de recevoir cette fois, une réponse affirmative.

Sœur Céloron étonne ses anciennes connaissances par la facilité avec laquelle elle se plie aux exigences de sa nouvelle vie, tandis qu'elle édifie ses compagnes par sa simplicité de manières et sa docilité remarquables.

Cet après-midi, elle relit lentement, ainsi que le lui a conseillé sa maîtresse, sœur Despins, les litanies à la Divine Providence et au Père Éternel, afin de se les mettre en mémoire et peupler ainsi le silence intérieur de son âme.

Ces litanies, on les a récitées pour la première fois en commun le 4 avril dernier, sœur Céloron n'oubliera jamais ce souvenir mémorable. Toutes les sœurs, ainsi que la nouvelle venue, avaient été convoquées à la salle communautaire pour les lectures de la matinée et de l'après-midi et c'est la Supérieure elle-même qui, chaque fois, a récité ces prières. Est-ce l'accent qu'elle y a mis? Ou simplement l'émotion des chères aînées incapables pour la plupart de retenir leurs larmes, mais sœur Céloron a été particulièrement frappée par ces invocations; son esprit vif et pénétrant en a saisi la beauté et le lien. Et les commentaires faisant suite à la lecture, lui ont appris que ces prières résument les sentiments de la sœur Grise envers le Père Éternel et sa Providence céleste; de même qu'elles lui indiquent où doivent porter les désirs de son âme. En un mot, elles renferment un programme de vie capable de conduire aux plus hautes cimes de la perfection pourvu qu'on ne tergiverse pas avec le sacrifice. Et sœur Céloron continue sa méditation sans se douter qu'il est question d'elle actuellement à la procure où sont rassemblées la Supérieure, les conseillères et la maîtresse des novices.

— Sœur Céloron a vécu comme l'une de nous avant de se joindre à nous, observe la Supérieure. Elle fait preuve depuis son entrée d'une vertu peu commune, croyez-vous que nous pourrions abréger en sa faveur, la durée de la probation et lui donner le Saint-Habit vers la fin de juin?

— Je n'y vois aucun inconvénient, répond sœur Lasource traduisant la pensée de ses compagnes.

— Et je puis vous assurer qu'elle le désire sincèrement, renchérit sœur Despins.

La décision est donc adoptée: sœur Céloron revêtira l'uniforme en fin de juin.

— Avant que vous ne vous dispersiez, ajoute la Mère, je tiens à vous faire part des nouvelles reçues d'outre-mer: M. Cousturier décédait le 31 mars ainsi que me l'apprend M. Maury. Vous savez comme nous sommes redevables envers ce bon Père. Allons-y généreusement de nos prières en faveur du vénéré disparu. Le courrier m'apportait aussi l'annonce que les rentes et les papiers du Canada sont réduits à deux et demi pour cent. « Nous sommes confondues avec ceux qui ont fait grand tort au Roi de France. Dieu sait pourtant que nous avions acquis ce bien honnêtement. Que Dieu pardonne à la Cour le tort qu'elle nous fait !... Je m'en consolerais même volontiers si un jour, nous retournions à la France »... lui fait ajouter son cœur resté éminemment français.

Mais la Mère est trop reconnaissante pour laisser croire par ce regret qu'elle sous-estime les charités anglaises à son endroit, aussi elle continue :

— N'oublions pas cependant que nous devons à nos nouveaux Gouverneurs d'avoir pu nous rebâtir.

— À propos de bontés, annonce sœur Demers, nous venons tout juste de recevoir une autre offrande de la part de Sir Guy Carleton. On était en train de décharger vingt-cinq barils lorsque je suis montée ici. J'ignore ce qu'ils contiennent mais j'ai tout lieu de croire qu'il s'agit de victuailles. Je vérifierai et vous en informerai, Mère.

— Et j'adresserai nos remerciements le plus tôt possible, achève la Supérieure.

— Pas de nouvelles de la chapelle d'argent commandée par M. Normant et que nous n'avons pas encore reçue après tant d'années ? interroge sœur Demers.

— Aucune. Je demanderai à M. Maury d'y voir dès ma prochaine lettre. La Providence nous a bénies en nous donnant ce procureur, il est d'un dévouement inégalable.

L'assemblée se clôt sur ces paroles. Les conseillères et la maîtresse des novices vont quitter ; Mme d'Youville retient sœur Rainville.

— Vous êtes allée faire la tournée des malades de l'extérieur ? lui demande-t-elle. Comment se porte mon pauvre beau-frère ?

— Toujours dans le même état, Mère ; la paralysie poursuit son œuvre. Mme Gamelin vous est profondément reconnaissante pour les services de l'infirmier.

De fait, depuis le début d'avril, un infirmier de l'hôpital va passer la nuit au chevet du malade afin de permettre aux membres de la famille de se reposer des fatigues de la journée.

— Vous n'avez pas de nouvelles de Mme Mackay ? interroge la Mère.

— On dit qu'elle va plus mal. Le Docteur déconseille même toute sortie. Finies, les promenades en calèche pour lui faire prendre l'air. Il paraît même qu'elle est alitée et qu'elle aussi aurait besoin d'une veilleuse !

«Cette veilleuse, viendra-t-on la chercher ici ?» se demande la Mère avec un peu d'anxiété, car la coutume tient toujours : on va chez les sœurs Grises qui ne refusent aucun service. Avec quelle joie, la Mère rendrait celui-là, et personnellement par surcroît ! Il reste néanmoins qu'elle ne peut faire aucune avance.

La Mère retourne à ses occupations ; elle y a vaqué quelques heures lorsque, vers le début de l'après-midi, elle est mandée au parloir par Samuel Mackay.

«L'imprévisible se produit», murmure la Supérieure en s'y rendant. L'Anglais est pâle, ses lèvres tremblent légèrement lorsqu'il annonce, après une brève salutation :

— Ma belle-sœur est très mal. Nous redoutons l'issue fatale et nous devons nous relayer à son chevet. Mon frère serait reconnaissant si vous daigniez lui envoyer une veilleuse.

Cela signifie sans doute que Mackay ne compte pas sur Mme d'Youville elle-même. La Supérieure serait malvenue de s'imposer, elle décide : «J'enverrai la bonne vieille Champigny qui s'est spécialisée auprès des malades.» Partout on la réclame lorsqu'on ne peut pas — ou ne veut pas, comme dans le cas présent — obtenir les services d'une sœur.

— J'acquiesce au désir de Monsieur votre frère, répond Mme d'Youville, j'enverrai à Mme Mackay notre meilleure veilleuse. Veuillez m'excuser je vais aller l'avertir de se préparer.

Et la Supérieure se dirige vers la chambre de la mère Champigny qu'elle rencontre dans le couloir au moment où elle s'apprête à monter l'escalier.

— C'est Dieu qui vous met sur mon chemin, lui glisse-t-elle. Figurez-vous que Mme Mackay est plus mal, on demande une veilleuse.

La petite vieille a compris ; son visage s'illumine d'un sourire.

— Je suis prête, Madame, quand faut-il partir ?

— Immédiatement, le carrosse vous attend à la porte.

Les préparatifs ne seront pas longs. Néanmoins, Mme d'Youville escorte la veilleuse jusqu'à sa chambre et discrètement la met au courant de ce cas très spécial.

— Je connais votre tact, votre délicatesse, lui confie la Mère en terminant. Je sais que vous n'importunerez pas Mme Mackay. Je sais aussi que vous saurez profiter des occasions pour lui rappeler le souvenir de ses croyances. Appuyez surtout sur la grande miséricorde de Dieu. Parlez-lui de la joie qu'Il éprouve à pardonner : Il est tellement meilleur que nous !

La bonne vieille a compris. Hâtivement, elle rassemble ses quelques effets et lorsqu'elle s'apprête à monter dans le carrosse, Mme d'Youville lui murmure :

— Nous prions la Sainte Vierge de vous venir en aide, de vous inspirer les paroles requises. Vous nous tiendrez au courant des nouvelles, n'est-ce pas ?

La veilleuse acquiesce. Mackay qui a pris place à côté du cocher, s'incline dans une dernière salutation et le carrosse démarre. La Mère le suit du regard : comme elle aurait voulu aller porter à Nanette l'aide et l'affection dont elle a tant besoin en ces moments pénibles. Il n'entre pas dans les desseins de Dieu de lui procurer cette consolation. Le sacrifice sans nul doute, contribuera à féconder la mission de la mère Champigny ? La Supérieure en est persuadée ; elle multipliera de plus ses supplications afin que Nanon — c'est le diminutif qu'on donnait à la chère enfant, autrefois — revienne à Dieu et meure dans sa paix !

* * *

Elles n'étaient pas outrées les craintes des Mackay, puisque Nanette est morte après quelques mois de maladie, le 13 septembre dernier, alors que l'Angélus de midi rappelait aux paroissiens que le « Verbe s'est fait chair et qu'Il a habité parmi nous ». À la tombée du même jour, les plaintes de l'airain annonçaient aux mêmes pieuses gens, qu'une âme avait paru devant son Dieu. Dès le lendemain, la terre recevait dans son sein, la dépouille mortelle de Nanette, en la fête de l'Exaltation de la Sainte-Croix : la coïncidence a été particulièrement douce au cœur de la Mère, car elle savait que la vertu de la Croix avait reconquis l'âme de sa filleule.

Dix jours ont passé ; aujourd'hui, 23, Mme d'Youville s'apprête à écrire à Mme de Ligneris. Le Curé de Longueuil, oncle de Nanette, lui a demandé d'annoncer la nouvelle à la pauvre mère. Mme d'Youville a déjà écrit au Docteur et à Mme Feltz ; elle glissera dans cette lettre, le pli destiné à Mme de Ligneris. Elle a demandé au bon Docteur « dont elle a reçu mille bontés et autant de bienfaits » d'annoncer à la maman éprouvée, le deuil dont sa lettre lui donnera les détails.

Les lettres de la Mère sont ordinairement coupées de plusieurs interruptions ; heureusement, il n'en va pas de même pour celle-ci.

Nanette a souffert avec une patience héroïque, écrit-elle en substance ; elle a reçu les sacrements ; c'est elle-même qui a demandé l'Extrême-Onction après laquelle, elle a voulu faire derechef une confession générale. Les Mackay se sont prêtés à tout pour qu'elle ne manquât de rien tant au spirituel qu'au temporel. « Cette assurance sera douce à la maman », songe la Mère tandis qu'elle évoque ses propres souvenirs : l'attachement réciproque des deux frères Mackay l'a toujours frappée. La peine de l'un a visiblement atteint l'autre, et elle trace sans exagération : « Ils sont dans une affliction que je ne puis vous dépeindre, ainsi que l'oncle M. de Ligneris. »

Mme d'Youville raconte, sachant bien que le moindre détail sera vivement apprécié là-bas. « Quelques heures avant la fin, Nanette a demandé à Francis de donner à l'église paroissiale sa belle robe de satin blanc. Il le lui a promis en pleurant » et Mme d'Youville apprenait hier que la promesse était déjà accomplie. Nanette a voulu sans doute que cette blanche parure se transforme en une muette supplication à la miséricorde divine. « Les enfants, Dieu soit loué, sont chez Samuel Mackay, marié à Louise Herbin qui les élève très bien. »

En un mot, la lettre apporte une nouvelle « des plus sensibles », mais elle souligne aussi les côtés consolants de cette mort. Nanette est partie la paix dans l'âme parce qu'elle était rentrée en grâce avec son Dieu. Que la maman trouve en cette assurance un palliatif à son immense douleur. Nanette a souffert héroïquement, elle a été entourée de bonté et le Dieu de miséricorde lui aura ouvert son paradis.

La Mère donne encore quelques nouvelles puis elle ajoute : « Mes fils vous adressent leurs saluts. » De fait, François et Charles l'ont chargée de présenter leurs hommages à Mme de Ligneris lors de leur passage ici la semaine dernière.

François est dans de meilleures dispositions pour le remboursement de sa dette, même s'il ne peut encore effectuer aucun versement. « Je l'aiderai à solder », a promis Charles avec bienveillance.

La Mère se résigne à ne pas voir la question réglée avant sa mort ; elle possède toutefois l'assurance que la dette sera liquidée un jour. « Je puis maintenant partir », songe-t-elle. « Mes filles savent ce que Dieu attend d'elles, la méditation des litanies et des prières de règle est là pour assurer le climat propice à la spiritualité de confiance et d'amour.»

Il est pourtant un autre désir qu'elle entretient: elle voudrait que chacune de ses filles s'engage à observer les engagements qu'on appelle «primitifs», ceux que M. Normant rédigeait au lendemain de l'incendie de 1745; elle projette même l'idée d'une retraite générale qui se clôturerait par le renouvellement ou l'émission de ces saintes résolutions. Elle en a traité avec ses conseillères: la proposition a été secondée avec joie.

«Allons, accomplissons ce dernier projet, se dit la Mère. Après, on verra ce que Dieu décidera.»

Elle relit attentivement sa lettre. Comme elle est belle sa physionomie que l'âge a marquée, certes, sans pourtant voiler l'éclat du regard! Aux commissures des lèvres, on distingue les rides du sourire...ce sourire lumineux qui inspire confiance.

Sa lecture achevée, elle appose sa signature sur le parchemin, puis elle appuie sa plume sur l'encrier et, joignant tout simplement les mains, elle continue à la chère Nanette, ses bons offices de marraine en suppliant le Seigneur de lui accorder l'éternel repos.

* * *

La lettre a quitté, par une occasion, selon l'habitude. Le bon docteur Feltz s'acquittera avec tact de la mission à lui confiée, Mme d'Youville n'en a pas la moindre inquiétude. Déjà le vaisseau portant le courrier a levé l'ancre, puisqu'on en est à la fin d'octobre, le 31 exactement. Octobre, mois royal aux parures somptueuses, dont le vent d'automne l'a lentement dépouillé toutefois. C'est la loi de tout ce qui existe ici-bas: le temps vient à bout de tout; heureux qui consent joyeusement à l'opération douloureuse et offre à l'avance ce que la vie graduellement lui prendra!

Les sœurs Grises ont posé ce geste d'offrande, officiellement, à la clôture de la retraite générale, laquelle se terminait la semaine dernière au matin du 23. Durant ces jours de récollection, M. le Supérieur a donné, deux fois le jour, des conférences sur les dispositions avec lesquelles les sœurs doivent se comporter dans l'exercice de leurs fonctions. Mme d'Youville, pour sa part, a expliqué à ses filles leur raison d'être: «C'est si simple, il s'agit de nous oublier et de travailler au bonheur des autres.» Simple en effet pour elle, la femme au grand cœur qui en a acquis l'habitude. Les filles, réalisant ce que le «simple» programme comporte, ont tout de même renouvelé la promesse de l'observer. Les anciennes ayant déjà signé les engagements primitifs, seules les plus jeunes y ont souscrit aujourd'hui; toutes comptent sur la grâce de Dieu pour y être fidèles.

«C'est mon désir que toutes celles qui viendront après nous, signent ce document et s'y conforment», a exprimé la Mère, certaine que le désir deviendra une directive pour ses filles bien-aimées.

Ce jour du 23 octobre marquait une étape dans la vie de la petite communauté; les cadres s'en précisaient davantage. Dans la vie de la fondatrice, il coïncidait avec un anniversaire bien mémorable à ses yeux: celui de sa consécration au Sacré-Cœur de Jésus. Le Sacré-Cœur de Jésus! L'Instigateur de l'œuvre, celui qui, en révélant peu à peu ses secrets à son âme, l'a amenée, à travers un dédale de circonstances, à faire comme Lui — toutes proportions gardées, évidemment — «ce qui est agréable au Père Céleste». Les années d'adolescence sont loin dans le passé, la vieillesse est venue et comme pour lui signifier qu'elle n'a pas «reçu la grâce de Dieu en vain», le Seigneur permettait cette coïncidence; d'autres âmes s'engageaient ce jour-là, à prolonger l'idéal qui l'a animée, soute-nue elle-même.

Mme d'Youville vit dans ce climat intérieur depuis la semaine dernière; la joie, la grande joie profonde qui s'est établie à demeure dans son âme, illumine son regard si bon. Semeuse de bonheur, elle continue sa mission sans se lasser: sa joie, elle la partage avec ceux qui en ont moins ou qui n'en ont pas du tout, parce qu'ils ne savent pas la reconnaître sous ses déguisements; il faut tellement de foi pour croire que le dépouillement conduit à la vraie richesse!

L'épreuve a pourtant, de nouveau, frappé la famille de la Supérieure. Marie-Renée Maugras, Mme de Bleury, sa nièce, mourait à trente-quatre ans, il y a quatre jours. Elle laisse des orphe-lins dont l'un, Jean-François, âgé de cinq ans, est à l'hôpital depuis la matinée. Mme de la Broquerie, tante de l'enfant, l'a ramené de Chambly et à sa visite de ce matin, l'a laissé à l'hôpital pour quelques heures. Le garçonnet aux yeux tristes est une autre conquête de la Mère. Le regard de bonté avec lequel elle l'a accueilli a dissipé toute gêne; l'enfant cause volontiers avec cette grande dame qu'on lui a dit d'appeler bien respectueusement : tante Marguerite.

La lecture de l'après-midi est terminée, Mme d'Youville se met à la recherche de Jean-François dont sœur Coutlée s'est chargée depuis le repas du midi ; elle rencontre l'enfant et son mentor dans le couloir du deuxième étage. Sœur Coutlée a une expression radieuse, elle en explique la raison.

— Mère, nous venons de recevoir le tableau de saint Antoine, conformément à la promesse que nous en avait faite Mlle Vitré. J'étais à l'économat, j'ai eu la bonne fortune de le voir la première.

— Délicatesse de votre préféré, réplique la Mère avec un sourire indulgent.

Et elle tend la main à l'arrière-neveu.

— Nous allons visiter les salles, explique-t-elle, nos chers vieillards seront heureux de voir un petit homme.

De fait, les bons petits vieux sourient en accueillant la Supérieure et adressent un souhait de bienvenue à Jean-François qui répond aimablement aux questions posées.

On passe ensuite à la salle des chères vieilles et là, le petit subit un interrogatoire en règle ; il s'y prête avec grâce et ne s'offusque pas lorsque l'une ou l'autre des grand-mères, pose des lèvres fanées sur son front.

En entrant dans la salle, Mme d'Youville a décelé les yeux rougis de l'hospitalière, sœur Bonnet ; elle l'a bientôt appelée à l'écart et, maternellement, s'est enquise de son chagrin. Sœur Bonnet lui avoue que la soupe ayant été manquée au repas du midi, il lui a fallu quand même la servir à ses pauvresses, faute de substitut.

— Pour ma part, ça m'est égal, poursuit l'ardente petite sœur, mais je ne m'en console pas facilement pour mes chères vieilles.

— La cuisinière a fait de son mieux, explique la Mère, touchée par tant d'oubli de soi ; un accident de ce genre arrive aux meilleurs cordons-bleus. Allez à l'économat et demandez qu'on vous donne des dragées, vous les distribuerez à vos chères vieilles au cours de l'après-midi, spécifiez-leur que c'est pour leur faire oublier la soupe.

La sœur sourit, consolée, et la Mère quitte la salle en serrant dans la sienne, la main du garçonnet. Sœur Relle qui vient dans le corridor, annonce que Mmes Bénac et de la Broquerie sont arrivées au parloir. Mme d'Youville s'y rend et salue affectueusement ses chères nièces Louise et Clémence ainsi que la fillette de cette dernière, Charlotte, dont la venue en ce monde a précédé d'une semaine, celle de Jean-François.

— Nous ne pouvons pas nous attarder, explique Louise, une pointe de regret dans la voix. J'ai trop peur que maman se fatigue auprès de notre malade.

— Elle est lourde la croix que Dieu a posée sur les épaules de l'oncle Ignace, ajoute Clémence. Il fait pitié à voir.

— La couronne sera plus belle, observe la Mère ; plus belle pour lui et ceux qui le soignent avec tant de dévouement. Avec Dieu, rien ne se perd, répète-t-elle.

L'enfant a endossé sa capote. Lorsque la Supérieure se retourne vers lui, il présente gentiment son front à baiser en disant :

— Merci, tante Marguerite pour le bon dîner et la visite.

Cher petit, déjà en proie aux épreuves de la vie. Ce n'est pas la moindre qui vient de l'atteindre par la mort de sa mère ! Dieu, sans doute, a de grands desseins sur cette âme puisque, déjà, il commence à creuser en elle le vide que son amour viendra combler. Après avoir profondément regardé l'enfant, la Mère lui tape amicalement l'épaule en disant : « Tu mourras prêtre mon petit homme. » Puis se tournant vers la fillette blonde et rose, du doigt, elle soulève le menton à fossettes et prononce : « Toi, ma petite fille, tu viendras mourir chez les sœurs Grises. »

Mmes Bénac et de la Broquerie n'ont rien perdu de la scène. Lorsque, après un dernier bonjour, elles ont quitté l'hôpital, Louise demande à Clémence :

— As-tu remarqué les paroles de tante Marguerite ?

— J'ai été surtout frappée de la façon dont elle les a prononcées.

— Tante Marguerite ne dit jamais de paroles inutiles, poursuit Louise. Nous ne vivrons peut-être pas assez vieilles pour vérifier si la prédiction se réalisera, mais je t'avoue que je n'en ai pas le moindre doute.

— Moi non plus, confesse Mme de la Broquerie. Tante Marguerite voit loin. Comme elle a un regard inquisiteur, n'est-ce pas, Louise ? On dirait qu'elle lit en notre âme comme en un livre ouvert.

La petite Charlotte a saisi la conversation ; elle conclut avec une moue :

— Je ne veux pas faire une sœur, moi, je veux me marier comme toi, maman.

1771 – La suprême invite

Il est inquisiteur le regard que la Mère pose sur Mlle Suzanne-Amable Benoit, brunette d'environ vingt ans, qu'elle vient d'introduire au parloir, car Mme d'Youville est portière d'occasion cet après-midi.

Mlle Benoit a demandé sœur Coutlée. L'économe, avertie moyennant quelques coups de cloche, se présente bientôt à la *porterie*.

— Une jeune fille vous attend dans le parloir à droite, lui dit la Mère.

— Ce doit être Suzanne Benoit, une «vieille connaissance», ajoute sœur Coutlée avec humour; on m'avait annoncé sa visite comme devant avoir lieu bientôt.

— Elle n'est pas banale votre «vieille connaissance», ajoute la Mère avec un sourire. Vous pouvez lui faire visiter la maison si cela l'intéresse.

Sœur Coutlée remercie d'une inclination de tête et se dirige vers son amie. En effet, c'est bien Suzanne, une Suzanne svelte et charmante dans sa mise soignée. On renoue connaissance.

— Il y a longtemps que je désirais venir vous voir, confesse la jeune fille, mais cela m'intimidait un peu.

— Ma pauvre enfant, intimidée vis-à-vis une vieille amie?

— Vous êtes devenue religieuse, explique la jeune fille.

— Qu'est-ce qui me vaut alors le plaisir de votre visite? interroge finement la religieuse.

Suzanne rougit légèrement, hésite un peu, puis avoue :

— Ma vocation. Dieu m'appelle, moi aussi. J'ai réfléchi, consulté et m'en suis ouverte à mes parents. Ils m'ont d'abord conseillé d'attendre puis, comme le désir persiste, ils consentent maintenant à ce que je suive ma voie. Croyez-vous que votre Mère Supérieure m'accepterait?

— Il faudrait le lui demander à elle-même, ma bonne amie. Vous êtes venue dans ce but?

— Précisément. Est-ce Mme d'Youville qui m'a ouvert la porte? Je ne lui ai jamais parlé mais je l'ai vue souvent à l'église, je l'ai même rencontrée dans ses courses aux malades. Je n'ai pas osé la saluer par son nom tantôt, je craignais de faire erreur.

La voix de la jeune fille est hésitante, on dirait qu'elle ne parvient pas à concilier l'office de supérieure et celui de portière. La sœur Coutlée a saisi la nuance.

— Oui, c'est Mme d'Youville qui vous a ouvert la porte, explique-t-elle, si notre Mère se distingue, c'est bien par cette facilité avec laquelle elle s'acquitte de toutes les fonctions; vous le constaterez par vous-même lorsque vous habiterez la maison. Laissez-moi vous avouer, ma chère enfant, comme je suis heureuse de votre choix. Allons, je vais vous présenter à notre Mère.

Mais «notre Mère» est en conversation avec un bon vieillard, ça menace de durer. Alors sœur Coutlée propose:

— La visite de la maison vous intéresserait-elle?

La réponse arrive sous forme d'un sourire non équivoque, de sorte que la religieuse et la jeune fille s'engagent dans le couloir.

Quant au cher vieillard, il est venu confier à la Mère Supérieure, ses ennuis, ses craintes: il redoute d'être frappé de paralysie et de «traîner longtemps avant de mourir». La Mère le rassure: le docteur Landriaux n'opine pas en ce sens.

— Et si Dieu vous envoyait l'épreuve, ajoute-t-elle, il vous donnerait la force de la supporter et de bonnes infirmières pour vous soigner…

— Ah! pour ça, oui, les sœurs sont «dépareillées», s'exclame le vieillard en souriant.

Après quelques instants, il annonce:

— Je m'en retourne à la salle…

Et la Mère le regarde partir, clopin-clopant, s'appuyant sur sa canne. Tout près de la tombe et redoutant encore l'immobilité, la mort! Comme on y tient à cette vie! La paralysie, c'est le cauchemar de tous les hospitalisés. Ignace Gamelin a vu s'achever son long martyre au début de mars, depuis, deux ou trois citoyens sont tombés, frappés de la même maladie et cela suffit à éveiller les craintes chez les vieillissants.

Une douce brise pénètre par la croisée largement ouverte; on en est au 20 mai, jamais le printemps n'a été si ensoleillé; Mme d'Youville l'a constaté surtout lors de son voyage à Châteauguay la semaine dernière; les travaux de la terre vont bon train, les constructions achevées depuis l'an dernier, constituent un fardeau de moins sur ses épaules; par contre, il se présente un autre ennui: les Indiens du Sault-Saint-Louis ont recommencé leurs incursions sur les Îles-de-la-Paix. Déjà, de semblables procédés avaient lassé la patience des de Lanoue. Après quelques années de trêve, les voilà qui récidivent et — ironie des circonstances — les Îles-de-la-Paix, menacent de devenir les îles-de-litige. La Mère n'a pas l'intention d'entrer en discussions; elle demandera au gouverneur Sir Guy Carleton, de vouloir bien indiquer un accommodement. Pourquoi faut-il rencontrer la malveillance, voire même la malice, alors qu'il serait tellement plus simple de vivre en paix sous le soleil de Dieu qui brille pour tout le monde? Mystère qu'elle ne s'essaie pas à élucider, elle à qui suffit le témoignage de sa conscience. Et elle la trouve belle cette terre que Dieu a donnée aux hommes, plus belle que jamais, dirait-on... est-ce parce qu'elle devra la quitter bientôt? Car, pour elle aussi, la fin approche, elle n'en saurait douter. L'organisme est usé, elle en a maintes preuves, ne serait-ce que cette fatigue qui la rend plus lente à la besogne...

La Mère a repris son tricot, elle s'aperçoit qu'une maille a glissé de la grande aiguille, à son insu... il lui faut défaire quelques rangs et recommencer. «Décidément, je vieillis», constate-t-elle de nouveau, mais loin de l'attrister, cette pensée la réjouit. «J'irai vous voir bientôt, mon Dieu», continue-t-elle, «il en est temps, ne croyez-vous pas?» Elle ne redoute pas cette heure, elle qui souvent l'a contemplée à la lumière de la foi, elle qui s'y prépare depuis si longtemps, elle qui désire de toute son âme cette rencontre avec Celui qu'elle a tant aimé. Sa confiance ne repose pas sur ce qu'elle a accompli, mais sur l'amour de Dieu lui-même.

Elle a achevé son œuvre, elle en a la conviction intime. À deux reprises, elle a relevé cette maison de ses ruines: délabrement de 1747, ruines fumantes de 1765. La tâche matérielle est terminée, l'édifice a repris ses proportions antérieures à l'épreuve, on achevait même l'an dernier, la construction des chapelles du Père Éternel et du Sacré-Cœur. L'édifice spirituel s'est précisé lui aussi, grâce à Dieu! La spiritualité de la sœur Grise, centrée sur l'Amour, rayonnera l'Amour; jusqu'ici on a accepté toutes les œuvres qui se sont présentées, mais on n'a pas essaimé. Il appartiendra à celles qui la remplaceront de déceler l'heure de Dieu et la Mère se réjouit à la pensée que ses filles seront appelées, un jour, à la tâche glorieuse de messagères du Christ en terre lointaine. Sa prière demande au Seigneur de multiplier à cette fin les ouvrières.

Sa méditation est interrompue par le retour de sœur Coutlée et de son amie. L'économe présente Mlle Benoit à la Supérieure en expliquant:

— J'ai connu Mademoiselle toute jeune, Mère, et je suis très heureuse de vous la recommander. Elle aimerait vous causer, vous permettez que j'assume votre fonction de portière, n'est-ce pas Mère?

— Merci, ma sœur.

Et la Mère s'en va vers la procure, en compagnie de la jeune fille qui lui fait part de son dessein. Lorsque, une demi-heure plus tard, Mlle Benoit reprend le chemin du retour, elle glisse à sœur Coutlée:

— Ce sera pour le 29 prochain, j'en suis ravie, j'avais demandé à la Sainte Vierge d'entrer avant la fin de mai!

* * *

Sœur Benoit est postulante depuis exactement six mois et quinze jours; elle les compte ces jours, tant elle est anxieuse d'être admise aux saints vœux et de pouvoir partager les labeurs des sœurs professes. Sœur Céloron possède maintenant ce bonheur, elle prononçait ses vœux le 3 juillet dernier et, depuis, elle va et vient de par la maison, tantôt à titre d'hospitalière des pauvres, de musicienne, car elle joue le clavecin et accompagne les sœurs chanteuses — elle-même chante très agréablement — tantôt on l'emploie aux écritures et, en général, elle séjourne au noviciat où sœur Despins l'initie au rôle de sous-maîtresse. On espère toujours que sera levée la réserve des lettres patentes fixant à douze le nombre des administratrices et que de nombreuses vocations viendront grossir les rangs.

La vie est paisible, joyeuse, au couvent, a constaté la nouvelle venue à plusieurs reprises; pourtant depuis le début de novembre, une sorte de tristesse plane non seulement sur la maison, mais aussi sur les âmes: au lendemain de la Toussaint, Mme d'Youville s'alitait et, depuis, même si elle peut marcher un peu, permission ne lui est pas accordée de quitter la chambre. C'est de là qu'elle continue de gouverner sa maison, c'est même là qu'on se réunit parfois pour la récréation. Oh! les bons moments, car la Mère n'est pas de ces malades dolentes à l'humeur mélancolique; au contraire, elle est joyeuse, on dirait même qu'elle ne souffre pas et pourtant, sœur Benoît a cru comprendre l'autre jour, que le docteur Landriaux reconnaissait chez elle les symptômes de la paralysie. La postulante de vingt ans ne s'y connaît guère en tout cela: pour elle, le mot paralysie est synonyme de mort prochaine et la petite sœur met toute sa ferveur dans sa prière afin qu'un tel malheur soit épargné au couvent! Tous les jours, on récite en commun prières et neuvaines à cette fin, la messe est célébrée à cette intention ; il est touchant d'entendre les vieillards réciter d'interminables chapelets pour la guérison de « notre Mère ».

Aujourd'hui, lundi, 9 décembre, le bulletin de santé est plutôt rassurant. Mme d'Youville s'occupe même actuellement de reviser sa correspondance. Voici la dernière lettre reçue de Mme de Ligneris. La chère dame lui exprime ses regrets de n'avoir pas appris par elle, la triste nouvelle du décès de sa fille. Elle ne fait pas de commentaires, mais Mme d'Youville lit entre les lignes : « Et pourtant, je vous l'avais confiée ! » La Supérieure s'est empressée d'expliquer la situation. Hasards du courrier, ce que vous occasionnez de souffrances ! Certes, l'incident n'aura pas refroidi l'amitié unissant ces deux dames, mais Mme d'Youville éprouve une véritable peine qu'il se soit produit. La Supérieure lit le duplicata de sa lettre d'explication, elle la terminait en recommandant aux prières de Mme de Ligneris, le repos de l'âme de Mme de Bleury et l'état de santé de Mathieu, son frère, souffrant d'hydropisie. Hélas, le 12 novembre dernier, le jeune prêtre était rappelé à Dieu. Une fois de plus, la Mère a souscrit aux décrets divins, elle SAIT, de certitude absolue, que le Père céleste agit toujours pour le plus grand bien de ses enfants.

Elle relit maintenant sa lettre à Sir Guy Carleton, la dernière qu'elle ait écrite, et où elle sollicite de l'aide pour continuer l'œuvre des enfants trouvés, l'œuvre pour laquelle elle a tant peiné ! « Nous manquons de moyens pour la soutenir, a-t-elle écrit. Et s'il nous fallait l'abandonner, vous devinez à quelles cruautés pourraient se porter les personnes qui voudraient ensevelir leur honte avec leurs enfants ! »

Le Gouverneur se laissera toucher, espère-t-elle encore ce matin, même si l'appel au secours date de deux mois et demi et n'a pas encore reçu de réponse.

Quelques coups discrets à la porte de sa chambre annoncent la visite coutumière de sœur Despins. Elle l'accueille avec le plus gracieux sourire.

— Vous arrivez à temps, ma sœur, j'allais vous mander ici.

— Que puis-je pour vous, Mère ?

— Je tiens à vous mettre au courant de ceci : sur ma dernière lettre à notre procureur, je lui ai demandé de m'informer quel serait le coût d'un tableau représentant saint Joseph travaillant à son atelier, en compagnie de l'Enfant-Jésus. Je voudrais que la croix paraisse au-dessus de l'Enfant. Il me semble que ce serait un moyen de nous rappeler en quel esprit nous devons nous livrer au travail : en compagnie de Jésus, tout comme saint Joseph, le grand contemplatif.

Sœur Despins approuve. La Mère va continuer, lorsque tout à coup, elle s'arrête, pâlit et se renverse sur sa chaise. La maîtresse des novices l'entoure de ses bras, tout en appelant l'infirmière, sœur Coutlée. Celle-ci accourt aussitôt et, à son tour, donne l'alarme aux sœurs. En un rien de temps, la nouvelle se propage : notre Mère est à l'extrémité. Les sœurs se rendent en toute hâte à sa chambre. La plus grande angoisse se lit sur toutes les figures. Sœur Lasource dépêche vivement deux commissionnaires : l'un vers le docteur Landriaux, l'autre au Séminaire. Puis, elle dit aux sœurs, calmement, mais avec un accent où perce l'émotion de son âme :

— Notre Mère, nous le craignons, est prise d'une attaque de paralysie. M. le Supérieur et le docteur Landriaux en sont avertis. Dieu permette qu'ils arrivent à temps !

Le coup a été si subit que les sœurs, comme frappées de mutisme, accueillent ces détails dans le plus profond silence.

— Je vous demanderais de vous rendre à la chapelle, mes sœurs — du moins celles qui le peuvent — et de supplier Dieu de nous laisser notre Mère. Ne craignez rien, si l'état s'aggrave, j'irai vous chercher moi-même.

Comme les sœurs vont se rendre à la suggestion, le docteur Landriaux arrive en toute hâte.

— Je me dirigeais justement ici lorsque j'ai rencontré votre commissionnaire, explique-t-il à l'assistante, au moment où il franchit le seuil de la chambre.

Plus rassurées, les sœurs s'en vont à la chapelle et là, elles assiègent littéralement le Père Éternel, afin que soit laissée à leur affection, leur Supérieure et Mère.

* * *

Dieu s'est laissé toucher : le traitement énergique prescrit par le docteur Landriaux a produit l'effet attendu. Le docteur a été admirablement secondé par sœur Martel, la supérieure de l'Hôtel-Dieu, accourue au chevet de la vénérée malade à la demande de M. Montgolfier, « afin d'aider à la conservation d'une personne si respectable, si chère à la religion et à l'humanité ». Sœur Martel jouit d'une grande réputation comme pharmacienne. Le docteur Landriaux la considère comme l'auxiliaire indispensable. Lorsqu'elle quittait l'hôpital, le même soir, Mme d'Youville, encore incapable de s'exprimer, témoignait par une pression de main — la main droite, car la paralysie affecte le côté gauche — sa reconnaissance envers la digne infirmière.

Le surlendemain, le mieux s'accentuait au point que la Supérieure recouvrait l'usage de la parole. Aujourd'hui, jeudi 13 décembre, l'amélioration de santé est si notable que Mme d'Youville a fait quelques pas dans sa chambre, soutenue par son incomparable infirmière, sœur Coutlée, maintenant installée en permanence à son chevet ; elle a transporté son grabat dans la chambre et veille, la nuit et le jour sur sa Mère bien-aimée.

— Je me sens si bien, ma sœur, que si vous le permettez, je prendrai mon dîner assise ici, dans la bergère.

« Quelle souplesse, quelle soumission chez cette femme habituée à gouverner ; dire qu'elle me demande des permissions à moi ! » remarque l'infirmière, profondément édifiée.

— Vous vous sentez réellement mieux, Mère ? questionne-t-elle cependant, par prudence, car le docteur Landriaux n'a pas caché qu'il redoutait une récidive.

— Beaucoup mieux, ma chère enfant.

— Eh bien ! la permission vous est accordée, Mère, d'autant plus que l'heure du dîner étant arrivée, vous pourrez vous remettre au lit bientôt.

Et l'infirmière s'en va chercher le dîner en question. La Mère reste seule dans sa chambre où elle est confinée depuis plus d'un mois ; elle sait bien qu'elle ne la quittera que pour s'en aller vers Dieu. Sa carrière active est terminée, l'épuisement de ces derniers temps et la récente attaque de paralysie le lui ont signifié de façon non équivoque. Avec une incomparable sérénité d'âme, elle envisage la Rencontre. Sa prière l'a si souvent mise en présence de son Dieu qu'elle appelle de ses désirs l'instant où Il déchirera le voile de la foi. Oh ! qu'il fera bon le voir enfin, se sentir submergée dans cette gloire qu'Il diffuse sur ceux qu'Il a prédestinés ! Elle ne s'arrête pas aux accidents physiques de la mort, mais seulement à la réalité surnaturelle du « face à face dans la lumière ! » Et sa confiance s'appuie sur l'infinie miséricorde. Ses misères, ses déficiences — et comme on s'en découvre lorsqu'on se regarde à la lumière de l'éternité ! — Dieu les a englouties parce que, chaque jour, elle le lui a demandé avec humilité, parce qu'elle s'est efforcée de marcher «sous son regard», dans la voie de l'amour, parce qu'elle l'a aimé, Lui, d'un amour souverain et qu'elle a aimé ses frères les hommes, en qui le Christ se prolonge ici-bas. Elle sera jugée sur l'amour, elle le sait, et cela lui est infiniment doux au cœur, car elle «a cru en l'amour» de Celui qui la jugera. «Quand vous voudrez, Seigneur», répète-t-elle, ainsi qu'elle le fait si souvent depuis ces jours derniers.

Sœur Coutlée revient apportant le repas léger, mais absolument à point : sœur Gosselin l'a préparé avec tant d'affection !

Tandis que la Mère consomme le potage, sœur Coutlée, attentive, épie les occasions de se rendre utile.

— N'irez-vous pas prendre votre dîner vous-même ? interroge la Mère.

— Lorsque vous aurez terminé le vôtre, Mère, et que ma remplaçante sera venue.

— Allez, allez immédiatement, mon enfant. Je puis me passer de de vos services, j'en suis sûre. Vous reviendrez ensuite. Bon appétit, ma sœur !

Sœur Coutlée s'exécute ; elle est si doucement persuasive cette voix. D'ailleurs, elle ne s'absentera pas longtemps.

Environ un quart d'heure s'est écoulé depuis que sœur Coutlée a quitté la Mère. «Je n'attendrai pas la fin du repas», se dit-elle intérieurement, mue par un pressentiment secret.

Immédiatement, elle va demander la permission de se retirer. Sœur Lasource acquiesce d'un signe de tête et l'infirmière remonte vivement à la chambre de la malade. Elle ouvre doucement la porte et s'en va vers la bergère. Quelle n'est pas sa stupéfaction d'apercevoir la Mère, appuyée sur sa petite table, la tête penchée en avant, la figure livide, apparemment sans vie ! Elle a bientôt agité la clochette. Sœur Despins est la première à porter secours. Sœurs Lasource et Laserre la suivent de près. Le docteur Landriaux a donné des instructions très précises en cas de récidive. Sœur Lasource, malgré sa vive émotion, les suit à la lettre. La maîtresse des novices perçoit les sanglots des sœurs que l'appel de la clochette a réunies dans le corridor attenant. Elle s'en va vers elles et les exhorte à ne pas désespérer.

— Notre Mère ne nous sera pas enlevée, assure-t-elle, comme pour donner plus de force à sa propre espérance. Cette attaque ne semble pas aussi grave que la première.

De fait, sœur Lasource se présente bientôt à son tour et déclare :

— Le danger semble conjuré, il appartient au médecin toutefois de se prononcer. Je crois tout de même, que vous pouvez retourner au travail, mes sœurs, nous vous tiendrons au courant des nouvelles.

* * *

Le docteur Landriaux est revenu, ainsi que cette chère sœur Martel; le médecin a constaté les ravages du mal et n'entretient plus d'espoir.

— Plus d'espoir vraiment? interroge M. le Supérieur.

— Non, plus d'espoir, Mme d'Youville n'en a plus que pour quelques jours; une troisième attaque sera fatale.

— Vous avez fait part de vos craintes à son assistante?

— Je ne m'en suis pas senti le courage. D'ailleurs, sœur Lasource s'en doute, j'en suis sûr. Mais, allez donc parler ouvertement de cette échéance inévitable… Les sœurs espèrent tellement la conserver longtemps encore!

La malade, elle, n'a plus d'illusions. Lorsqu'elle a recouvré l'usage de la parole, vers la fin de l'après-midi, hier, elle a dit simplement aux sœurs qui l'entouraient, ses chères filles dont la physionomie bouleversée exprimait le plus vif chagrin: «C'est la volonté de Dieu, mes chères sœurs, il faut que je m'y soumette. Soumettez-vous vous-mêmes à cette divine volonté. C'est Dieu qui exige de vous ce sacrifice.»

Ce matin, elle a reçu le saint Viatique et l'Extrême-Onction. M. le Supérieur vient de quitter la chambre. Les sœurs, agenouillées autour de leur Mère, s'attardent à la contempler. Ouvrant les yeux, elle les regarde avec affection et devine que ses filles attendent d'elle un mot, un souvenir, une directive. Tantôt, elle dictera son testament, les notaires ont été mandés pour dix heures, mais actuellement, l'heure est venue de faire connaître à ses filles sa recommandation ultime. Oh! c'est bien simple, elle leur redira ce que, toute sa vie, elle s'est efforcée de leur inculquer par ses paroles et ses exemples. Elle, la grande âme pacifique et pacifiante, leur recommandera l'union des cœurs et comme moyen de l'assurer: l'accomplissement parfait de leur mission d'amour…

«Mes chères sœurs, prononce-t-elle lentement, afin que ses paroles se burinent dans les mémoires, soyez constamment fidèles aux devoirs de l'état que vous avez embrassé. Marchez toujours dans les voies de la régularité, de l'obéissance et de la mortification; mais, surtout, faites en sorte que l'union la plus parfaite règne parmi vous.»

Saisies par la beauté du testament spirituel, et reconnaissant qu'il corrobore les enseignements reçus de cette Mère vénérable, les sœurs se pénètrent de chaque mot prononcé. Les larmes coulent abondamment: on l'aime tant cette Mère qui, privilégiée de Dieu, a su partager avec ses filles, les grâces spéciales accordées à son âme de fondatrice.

L'effort a coûté à la Mère, les sœurs le réalisent; elles se retirent une à une et lorsque sœur Benoit, la plus jeune, passe le seuil de la chambre, sœur Lasource s'apprête à y introduire MM. de Féligonde et Poncin, ainsi que les notaires Panet et Sanguinet.

* * *

Une semaine a passé depuis que Mme d'Youville a rempli cette dernière formalité: la disposition de ses biens. Partage égal a été fait; la moitié ira à l'hôpital avec obligation d'y recevoir ses fils lorsqu'ils seront dans le besoin et l'autre moitié à ses enfants, pour leur tenir lieu de légitime.

Lors de son testament de 1757, Mme d'Youville avait légué tout son bien à l'hôpital. Aujourd'hui, elle en a fait le partage entre l'hôpital et ses deux fils... S'agirait-il là, d'un pieux stratagème pour permettre à François d'acquitter ses dettes envers les pauvres? Le geste serait digne de son grand cœur...

Pour exécuter ses dernières volontés, la testatrice a choisi M. Thomas Ignace Dufy Désaunier, négociant.

Elle a, de plus, manifesté le désir que son corps soit inhumé à l'hôpital en «la place et avec les cérémonies que M. le Supérieur du Séminaire jugera à propos». Puis elle a demandé que trente messes soient dites pour le repos de son âme et s'est recommandée spécialement aux prières des pauvres et de toute la communauté.

Elle n'attend plus maintenant que le « *Veni* » du Maître, tandis que se continue toujours sa mission de semeuse de bonheur, car c'est encore et toujours elle qui soutient ses chères filles non résignées à l'idée de la séparation prochaine. Aimablement, elle les accueille lorsque leurs occupations leur accordent quelque loisir. Les visites sont nombreuses au cours d'une seule journée, mais la Supérieure entend bien consacrer à ses filles ses dernières forces.

Mme Gamelin est venue hier, Mme d'Youville l'a admise dans sa chambre, elle a consolé la chère Louise aux abois.

— Nous ne faisons que passer sur la terre, je touche au terme du voyage, pourquoi nous en alarmer? Notre vie prend son vrai sens au moment où elle s'achève.

Elle n'a pas peur des mots, cette femme qui a alimenté ses méditations des Retraites spirituelles de Bourdaloue.

Sa joie intérieure ne lui fait pas perdre de vue ce qui concerne ses pauvres. À sœur Bourjoly, elle vient de demander :

— Vous avez commencé la crèche à la chapelle? Noël s'en vient.

— Oui, j'ai commencé, Mère; j'ai moins d'entrain à la besogne, cependant.

— Il ne faudrait pas priver les pauvres de cette joie, Noël c'est leur fête, il ne faut pas l'oublier.

La conversation va se poursuivre lorsque sœur Despins, après s'être excusée, annonce la visite de M. de Ligneris, curé de Longueuil.

Sœur Bourjoly se retire et rejoint les autres sœurs groupées à quelques pas de la chambre.

— Comment avez-vous trouvé notre Mère? interroge sœur Relle.

— On dirait qu'elle parle avec plus de facilité, répond l'interpellée, et puis, elle se dit mieux.

Sœur Lasource arrive, portant la statuette de Notre-Dame-de-la-Providence. La Mère a exprimé tantôt le désir de la revoir. Et l'assistante, connaissant les souvenirs qui se rattachent à la statuette, tient à la déposer elle-même sur la table de chevet.

— Notre-Dame-de-la-Providence a veillé sur nous depuis les débuts, remarque sœur Demers; il lui appartient de guérir notre Mère, si Dieu le veut.

Les deux sœurs échangent un regard profond; elles espèrent encore, oui, mais pourtant, l'heure de la récompense ne serait-elle pas venue pour la servante des pauvres?

M. de Ligneris a béni la Mère; ils ont échangé un au revoir. Toutefois, le Curé de Longueuil n'entretient pas le moindre doute, l'au revoir est un adieu, cette âme est mûre pour le ciel. Aux sœurs qui lui demandent de prier pour que «Dieu leur conserve leur Mère même en cet état», il fait cette réponse virile :

— Je vous assure bien que je n'en ferai rien. Certainement, je prierai Dieu pour elle, mais non pas pour qu'Il vous la conserve, il est temps qu'elle aille au paradis.

Les sœurs protestent doucement.

— Que ferons-nous sans elle? a même demandé une voix anonyme.

— Elle vous protégera de là-haut et vous obtiendra toutes les grâces qui vous seront nécessaires, n'en doutez pas.

Sœur Demers reconduit le visiteur, tandis que l'assistante pénètre dans la chambre. Sans prononcer une parole, elle présente la statuette à la Mère. Sans parole également, mais avec un éloquent sourire, la Supérieure remercie pour la délicatesse. Elle regarde longuement la petite Madone; sans doute, lui murmure-t-elle: «Priez pour nous, maintenant et à l'heure de notre mort», ainsi qu'elle l'a fait si souvent au cours de son existence. Sœur Lasource respecte l'oraison silencieuse. Après quelques instants, la Mère prononce lentement, comme poursuivant à mi-voix, une pensée intime:

— Ah! que je serais contente si je me voyais dans le ciel avec toutes mes sœurs!

Sœur Lasource réprime ses larmes; elle voit dans ce désir énoncé avec tant de ferveur, comme l'annonce de la séparation prochaine. Dieu, elle le pressent, va combler — du moins en partie — le vœu de sa servante; «elle se verra bientôt au ciel» où ses filles iront la rejoindre en autant qu'elles seront fidèles à suivre le sentier par elle battu.

Le jour baisse, la chère assistante allume la lampe de chevet, après quoi, elle causera quelques instants, avec la bien-aimée malade. Mais ce soir, Dieu exige un sacrifice: M. de Féligonde, précédé de sœur Coutlée, vient donner une dernière bénédiction à la Supérieure avant de se retirer au Séminaire.

Comme il s'apprête à partir, il demande à l'infirmière:

— Ne croyez-vous pas que le fait de passer la nuit dans cette chambre ne fatigue notre malade?

Sœur Coutlée s'attendait si peu à l'interrogation qu'elle en demeure interloquée, tandis que sa physionomie exprime le plus vif regret à la pensée de devoir élire un autre domicile pour la nuit. Mais la Mère a tout saisi. Charitablement, elle vient au secours de sa fille.

— Oh! mon Père, il ne faudrait pas demander ce sacrifice à cette chère enfant, elle n'aurait pas la force de le faire.

M. de Féligonde n'insiste pas; il se retire après un dernier souhait de bonne nuit. Sœur Coutlée, tout heureuse, s'agenouille près du lit et murmure avec affection:

— Merci, Mère, de ce privilège que vous m'accordez de rester auprès de vous !

* * *

Une autre semaine commence et sous les meilleurs augures : l'amélioration de santé se précise graduellement. Aujourd'hui, lundi 23, Mme d'Youville a même pu causer un peu plus longuement et apparemment sans fatigue. Lorsqu'on lui a annoncé, ce matin, que François-Simon Belhumeur, du Sault-au-Récollet, pauvre infirme de vingt-six ans, attaqué de haut mal, demandait son admission, elle a immédiatement émis la directive de le recevoir.

Actuellement, le nouvel admis s'abandonne à la joie d'avoir trouvé un gîte où la vie s'écoulera paisible.

La filleule Louise, Mme Bénac, est arrivée vers quatre heures, pour faire à la Supérieure sa visite quotidienne.

— Je suis un peu en retard, tante Marguerite, et je ne m'attarderai pas longtemps, explique-t-elle. J'ai obtenu de votre assistante la permission d'être votre infirmière pour cette nuit. Je cours annoncer la nouvelle au foyer.

— Oh ! cette nuit, je n'y serai plus, répond la Mère d'un ton vif et décidé.

La joie de la nièce tombe. «Quoi, tante Marguerite n'y sera plus ? Ça ne se conçoit pas… et pourtant, elle l'a annoncé elle-même et avec une telle assurance ! Il s'agit peut-être d'une de ces réflexions qui nous échappent et à laquelle nous n'attachons pas beaucoup d'importance nous-mêmes. Et pourtant, si c'était vrai qu'elle allait partir avant la nuit !»

La figure de la chère nièce trahit tant de chagrin que, cette fois encore, la Mère croit devoir consoler : elle sourit, encourageante… et Louise, reprenant espoir, poursuit :

— Je serai bientôt de retour, au revoir, tante Marguerite.

— Au revoir, ma chère enfant.

Sœur Coutlée n'a rien perdu de la scène. L'annonce inattendue lui a vrillé le cœur ; elle se refuse d'y croire. Reconduisant Mme Bénac à la porte, elle lui murmure :

— Ne vous pressez pas de revenir, je ne la quitterai pas avant neuf heures.

Louise s'en va à pas menus et rapides vers son foyer. L'infirmière revient et interroge :

— Vous communierez demain, Mère?

— Oui, ma sœur.

Et, mentalement, elle ajoute : éternellement. Oui, elle en a maintenant la certitude, demain ce sera la communion éternelle, car elle ne verra pas la fin de ce jour.

Lorsque, un peu avant la prière du soir, les sœurs viennent lui souhaiter une bonne nuit, elle les regarde, une à une, avec affection. Sur ses traits ravagés par la maladie, erre cet ineffable sourire, ce sourire lumineux à force de bonté.

Les sœurs sont reparties vers la chapelle et l'une d'elles commence la récitation des litanies de la Sainte Vierge. Elle implore : Consolatrice des affligés..., priez pour nous, répondent les voix.

Or, à la chambre de la malade, sœur Coutlée s'acquitte de ses fonctions lorsque tout à coup, la Mère qui semble avoir perdu l'usage de la parole, lui fait signe de la main. L'infirmière accourt et comprend que la malade témoigne le désir de se lever. Tendrement, elle lui entoure la taille de son bras et la porte plus qu'elle ne la soutient. À peine quelques pas sont-ils ébauchés, que la Mère manifeste vouloir retourner à son lit. Elle n'y est pas aussitôt installée, que son visage se couvre de pâleur. Sœur Coutlée, prestement, agite la clochette. Sœur Despins dont l'ouïe très subtile, a décelé le carillon d'alarme, est la première à pénétrer dans la chambre. Un regard lui suffit pour constater que la Mère est saisie d'une apoplexie foudroyante. Elle l'entoure de ses bras et la soutient durant quelques instants. Un profond soupir indique la fin de la lutte : l'âme a quitté le corps. Il est huit heures trente. Sœur Despins, avec des précautions infinies, replace la Mère sur ses oreillers et commence les prières usuelles. Peine perdue, sa voix se brise, et seuls, les sanglots des sœurs lui répondent.

Bientôt accourent les pauvres, les pensionnaires, les domestiques, en un rien de temps, la nouvelle s'est propagée. Le couloir retentit des lamentations de tous, des sœurs et des pauvres, pleurant leur Mère. Cette scène, d'un pathétique extrême, s'offre à Louise, lorsque, fidèle au rendez-vous, elle arrive pour veiller celle qui déjà n'est plus ! Et Louise mêle ses pleurs à ceux de tous ces affligés.

* * *

Tandis qu'à l'hôpital, le passage de la mort a jeté la consternation dans les cœurs, au dehors, la nuit sereine parle déjà de «paix, aux hommes de bonne volonté». On dirait une nuit de Noël, tant la voûte est criblée d'étoiles; la nuit, vraiment, diffuse une lumière diaphane.

Jean Delisle de la Cailleterie, homme respectable, physicien distingué tant par «ses vertus sociales que par ses connaissances profondes et étendues», se dirige vers la Pointe-à-Callières. Il fait un froid de loup, mais il n'en a cure, enveloppé qu'il est dans sa pelisse de fourrure. Il aime contempler les splendeurs du monde sidéral et ce soir, il est servi à souhait. Il admire surtout l'étoile polaire si facile à localiser en raison de son éclat particulier. Mais voilà que, tout à coup, un phénomène attire ses regards: une croix lumineuse, «régulièrement formée», brille au-dessus de l'Hôpital Général. M. de la Cailleterie tourne le dos au prodige durant quelques instants, puis regarde de nouveau vers l'hôpital: la croix est toujours là.

«Inutile de nier l'évidence, se dit-il, tout bas, ah! si je pouvais donc rencontrer quelqu'un!.»

Comme pour répondre à son désir, voici qu'il croise une connaissance. Après échange de saluts, M. de la Cailleterie explique:

— Je crois que je suis en proie à une illusion d'optique. Apercevez-vous quelque chose d'insolite du côté de l'hôpital?

— Une croix lumineuse, reprend l'autre, après quelques instants. C'est vraiment extraordinaire!

Tous deux contemplent le signe mystérieux et lorsque, après quelques dix minutes, le prodige s'est évanoui, les deux amis s'acheminent vers le même foyer.

— Ah! quelle croix vont donc avoir ces pauvres sœurs Grises! s'exclame M. de la Cailleterie, exprimant la pensée de son compagnon.

* * *

La perplexité de M. de la Cailleterie a pris fin depuis que lui est venue la nouvelle du décès de Mme d'Youville. Cet après-midi, il se rend à l'hôpital exprimer ses vives condoléances aux sœurs et leur faire part du phénomène d'hier soir. Il est environ quatre heures de l'après-midi lorsqu'il arrive à la maison endeuillée. Mais M. de la Cailleterie est forcé de s'engager à la suite de ceux qui l'ont précédé. Des amis nombreux sont venus comme lui, rendre hommage à la vénérée disparue.

Les sœurs contemplent la figure si chère qui, chose étrange, a repris ses couleurs et sa beauté première. Les traits réguliers se détachent nettement sous la coiffe de gaze noire et la physionomie dénote une paix profonde, on dirait qu'elle va sourire.

Joseph Lepage, venu de Châteauguay il y a à peine une demi-heure, a raconté à sœur Gosselin que ce matin, alors qu'il distribuait le fourrage aux animaux de l'étable, il a entendu la voix de la Mère lui dire distinctement : « Mon fils, ménage le foin ! »

— Je le gaspillais, confesse le jeune homme.

— C'était peut-être la voix de votre conscience, mon enfant, explique la sœur.

— Pourtant, j'ai si bien entendu, que de retour au manoir, j'ai demandé si Mme d'Youville était arrivée. On m'a répondu qu'elle ne pouvait venir, vu qu'elle était malade. Et vers dix heures, on apprenait par le messager qu'elle était morte hier.

Sœur Gosselin ne se permet pas de commentaires ; elle racontera le fait à ses compagnes à la faveur de quelques moments d'intimité.

Les sœurs Lasource, Demers et Despins ont décidé de faire peindre la Mère. « Elle s'y est opposée de son vivant, a expliqué l'assistante, mais je me rappelle qu'un jour elle m'a dit : Si l'on veut absolument mon portrait, on ne l'aura qu'après ma mort ; ce n'est donc pas aller contre ses vues que de profiter de cette dernière chance. »

Christophe Gamelin, fils de Louise, est parti il y a à peu près une heure avec mission de solliciter les services de M. Philippe Liébert, à cette fin.

Le tour de M. de la Cailleterie est venu de s'agenouiller aux pieds de la Fondatrice ; il ne prie pas pour elle, mais il la prie, tant il est persuadé que cette femme jouit déjà de la vision béatifique, d'autant plus qu'il vient d'apprendre que le phénomène dont il a été témoin hier, a été également aperçu par les gens du faubourg Saint-Laurent ; il paraît même que le fait constitue le sujet des conversations depuis hier soir. Il est cependant le premier à l'annoncer aux sœurs qui, attentives et émues, écoutent le récit de ce citoyen dont la sincérité est incontestable. Lorsqu'il a terminé, sœur Lasource conclut :

— Le fait est en quelque sorte explicable : toute sa vie, notre Mère a voué un tel culte à la Croix, que Dieu a sans doute voulu qu'elle brille au moment où Il l'a rappelée à Lui !

Un brouhaha se produit en ce moment : M. Liébert est arrivé. Prestement, il désire se mettre au travail, travail qui devra s'achever ce soir, car demain c'est Noël. Il peindra une aquarelle. Il a installé son chevalet et va commencer l'esquisse, lorsque sœur Despins chuchote à sœur Lasource :

— Voyez donc ma sœur, comme les traits de notre Mère s'altèrent !

Le brusque changement étonne tous les témoins et surtout l'artiste qui ne parvient pas, malgré sa diligence, à fixer sur la toile, une image ressemblante... On dirait un dernier exemple d'humilité que la Mère veut donner à ses filles !

* * *

M. le Supérieur a délibéré quant aux cérémonies de l'inhumation, ainsi que l'a sollicité Mme d'Youville sur son testament ; ses instructions sont suivies à la lettre.

Hier soir, alors que s'achevait la Noël, cette fête de l'amour, le corps de la Mère vénérée, était transporté à l'église par « les pauvres aidés de quelques domestiques », ces derniers, afin de suppléer aux forces défaillantes des premiers. Le service sera solennel, a également prononcé M. le Supérieur.

Et de fait, il porte ce caractère, le service célébré actuellement par M. le Supérieur lui-même, assisté de MM. de Féligonde et Poncin, avec, au sanctuaire, plusieurs membres du Clergé ayant connu la Fondatrice et désireux de lui apporter un suprême témoignage d'estime. Leur présence compense en quelque sorte l'absence des deux fils prêtres qui, très probablement, en raison de la distance, ignorent encore le décès de leur Mère.

La nef déborde de parents et d'amis ; la voix du peuple met déjà la fondatrice au rang des bienheureux. Quant aux chères filles éplorées, chacune revit en la mémoire de son cœur — la plus longue, au dire de certains — telle ou telle circonstance de sa vie mêlée plus étroitement à celle de la fondatrice, et chacune reconnaît avoir trouvé auprès de cette femme forte, l'appui moral, la persuasion de l'exemple, et surtout la maternelle compréhension si propre à soutenir le courage dans la poursuite de l'idéal.

Le service est terminé. Les mêmes porteurs descendent les restes mortels à la crypte. M. Montgolfier a choisi comme lieu de sépulture, l'endroit en face du « regard » des pauvres, c'est-à-dire, la fenêtre intérieure de la chapelle d'où les pauvres pourront apercevoir le caveau où repose celle qui a voué sa vie à leur service.

L'inhumation achevée, l'assistance s'écoule lentement. Les sœurs, cependant, s'attardent, comme si elles ne pouvaient se résigner à quitter la tombe chère. Sœur Lasource, la compagne des débuts, l'assistante au dévouement inlassable, pressent que les sœurs attendent d'elle, un mot de réconfort, de consolation. Elle l'a connue intimement, cette Mère que toutes pleurent aujourd'hui ; à elle de résumer en une formule concise, le trait caractéristique de la chère âme envolée. Et sœur Lasource acquiesce au désir inexprimé des sœurs.

— Le jour où nous graverons une épitaphe sur cette tombe, il faudra souligner la mission d'amour de notre Mère. Il faudra confier son secret à celles qui nous suivront et leur dire que, oui, vraiment, ELLE A BEAUCOUP AIMÉ... Elle a beaucoup aimé Jésus-Christ — la voix fait une pause, mais elle complète bientôt : Jésus-Christ et les pauvres !

La Providence pourvoit à tout, elle est ma confiance, elle est admirable, elle a des ressources infinies pour le soulagement des membres de Jésus-Christ.

Paroles de Sainte
Marguerite d'Youville.

BIBLIOGRAPHIE

I

AUTOGRAPHES

MÈRE D'YOUVILLE : Lettres
— Registre des Pauvres, Pensionnaires, Religieuses, de 1747 à 1753
— Livres des comptes
DUFROST, l'abbé Charles-Madeleine d'Youville : Mémoires pour servir à la Vie de Mme d'Youville
— La vie de madame Youville, fondatrice des Sœurs de la charité à Montréal.
SATTIN, abbé Antoine, p.S.-S. : Vie de Madame Veuve Youville, fondatrice et première Supérieure de l'Hôpital Général de Montréal.
NORMAND DE FARADON, Louis, p.S.-S. : Engagements primitifs et Règlements.
— Cérémonial des Vêtures et des Professions.
— Suppliques.
MONTGOLFIER, Étienne, p.S.-S. : Recueil de règles et de constitutions à l'usage des Filles séculières, administratrices de l'Hôpital Général de Montréal.

II

ARCHIVES DES SŒURS GRISES DE MONTRÉAL

III

IMPRIMÉS

BEGON, Mme Claude-Michel — Correspondance 1748-1753 Rapport de l'Archiviste de la Province de Québec. Annuel depuis 1921. Année 1934-35.

BERTRAND, Camille : Histoire de Montréal 2 v., Montréal, Librairie Beauchemin Ltée, 1935 et 1942.

DE PALYS, le comte : Une Famille Bretonne au Canada — Madame d'Youville, Rennes, Librairie Générale J. Plihon et L. Hervé, 5, rue Motte-Flabet, 1894.

FAILLON, Étienne-Michel, p.S.-S. : Vie de Mme d'Youville, fondatrice des Sœurs de la Charité de Villemarie dans l'Île de Montréal en Canada. Villemarie, chez les Sœurs de la Charité, 1852.

FAUTEUX, Sœur Albina, S.G.M. : Vie de la Vénérable Mère d'Youville, Montréal, Imprimerie des Sœurs Grises, 1929.

FERLAND-ANGERS, Mme Albertine, de la Société Historique de Montréal : Mère d'Youville, première fondatrice canadienne, Montréal, Librairie Beauchemin Ltée, 1945.

GARNEAU, François-Xavier : Histoire du Canada. Cinquième édition revue par son petit-fils Hector Garneau, 2 v., Paris, Librairie Félix Alcan, 1913.

GOSSELIN, abbé Auguste : L'Église du Canada depuis Mgr de Laval jusqu'à la Conquête, Québec, Laflamme & Proulx, 1914.

— L'Église du Canada après la Conquête, Québec, Imprimerie Laflamme, 1916.

GROULX, Chanoine Lionel : Histoire du Canada français depuis sa découverte, 1er tome. Ed. : Action Nationale 1950.

HÔPITAL (L') GÉNÉRAL DES SŒURS DE LA CHARITÉ (Sœurs Grises) 2 v. anonyme, Montréal, Imprimerie des Sœurs Grises de Montréal, 1915 et 1933. (Tome 1: Sœur Albina Fauteux; tome II: Sœur Clémentine Drouin).

KALM, Pierre: Voyage dans l'Amérique du Nord, Mémoires de la Société Historique de Montréal, 7e et 8e livraisons, Montréal, 1880.

LEBLOND DE BRUMATH: Histoire populaire de Montréal depuis son origine jusqu'à nos jours, Ed. 1890. Granger Frères, libraires rue Notre-Dame, Montréal.

MANUEL DE PIÉTÉ, à l'usage des Sœurs de la Charité, dites vulgairement Sœurs Grises, Montréal, Imprimerie des Sourds-Muets, 1908.

MAURAULT, Olivier, p.S.-S.: La Paroisse, Histoire de l'église Notre-Dame de Montréal, Montréal et New York, Louis Carrier & Cie, 1929.

MONDOUX, Sœur: L'Hôtel-Dieu premier hôpital de Montréal, 1642-1763, Montréal, 1942.

MORICE, Père A.-G., O.M.I. Histoire de l'Église catholique dans l'Ouest canadien, du lac Supérieur au Pacifique, 3 v., Montréal, Granger Frères, 1912.

MORIN, L.P.: Le Vieux Montréal, 1611-1803, publié par H. Beaugrand, Montréal, 1894.

TANGUAY, abbé Cyprien: Dictionnaire généalogique des familles canadiennes, 7 v., Montréal, 1871-1890.

TABLE DES MATIÈRES

LA FONDATRICE
(1738 – 1747)

LA MÈRE À LA CHARITÉ UNIVERSELLE
(1748 – 1771)

Achevé d'imprimer sur les presses
d'Imprimerie Quebecor L'Éclaireur
Beauceville